HURRA!!! PO POLSKU 2

NOWA EDYCJA

Agnieszka Dixon
Agnieszka Jasińska

PODRĘCZNIK STUDENTA

Prolog
PUBLISHING

SPRAWNOŚCI JĘZYKOWE

Mówienie	Pisanie	Rozumienie ze słuchu	Rozumienie tekstów pisanych
– opisywanie osób z najbliższego otoczenia – wyrażanie opinii o osobach publicznych	– list prywatny	– opis znanych postaci z życia publicznego – minidialogi opisujące osoby – wywiad z Martą Guzy, specjalistką od wizerunku – film: *Kto popełnił przestępstwo?*	– *Polscy celebryci* – *Powiedz mi, jaki lubisz kolor – a powiem Ci, kim jesteś!*
– opowiadanie o swojej przeszłości, opisywanie sytuacji i faktów z przeszłości, umieszczanie ich w czasie	– opis w czasie przeszłym	– rozpoznawanie różnicy między liczebnikiem głównym i porządkowym – dialog między starymi przyjaciółmi, którzy opowiadają o swojej przeszłości – film: *Rozmowa starych przyjaciół*	– *Historia jednej rodziny* – *Polscy nobliści*
– opisywanie warunków pracy, wyrażanie opinii na temat pracy	– CV	– zawody – prezentacja – opinie na temat pracy – film: *Poszukiwanie pracy i rozmowa kwalifikacyjna*	– *O swojej pracy opowiedzieli...* – psychozabawa – opis klasyfikacji zawodów – oferty pracy
– planowanie przyszłości, wyrażanie nadziei, obawy, zmartwienia	– opis systemu edukacji w Polsce na podstawie danych statystycznych	– wywiad – miniprezentacje osób i ich wykształcenia – wybór kursu – miniprezentacje – film: *Wizyta u wróżbity*	– wywiad – miniprezentacje osób i ich wykształcenia – wybór kursu
– porównywanie życia w dużym i małym mieście, uzasadnianie swoich wyborów – mówienie o swoich preferencjach	– moje miasto: opis	– minidialogi w różnych miejscach publicznych – wypowiedzi argumentacyjne – opisy miast – film: *Rozmowa o miastach, porównanie Warszawy i Krakowa*	– *Moja przyszłość – miasto* – tekst argumentacyjny – *Kraków dzisiaj – kilka faktów z życia miasta* – miasta polskie
– uzasadnianie swoich wyborów – mówienie o swoich preferencjach – wady i zalety życia na wsi – ekologia	– *Zalety i wady życia na wsi* – tekst argumentacyjny	– minidialogi w różnych miejscach publicznych – wypowiedzi argumentacyjne – opisy wsi – film: *Przeprowadzka na wieś*	– *Jak zmieniła się polska wieś po wejściu do Unii Europejskiej* – *Ogrody zoologiczne*
– opowiadanie o swoim życiu uczuciowym – wyrażanie życzeń, oczekiwań, powinności	– list z gratulacjami – *Razem czy osobno / Szukanie partnera w sieci* – tekst argumentacyjny	– problemy w rodzinie, problemy w związkach, życzenia – film: *Co to jest miłość?*	– *Miłość z internetu* – *Moja druga połowa* – serwis randkowy
– wyrażanie warunku i przypuszczenia – opowiadanie o swoich przyjaciołach – opisywanie wzajemnych relacji, zaufanie w przyjaźni	– opis osoby	– *Co to jest przyjaźń* – wypowiedzi na temat przyjaźni – wyrażanie warunku, hipotezy, życzenia, prośby – film: *Spotkanie ze starą znajomą po latach*	– psychozabawa *Czy jesteś dobrym przyjacielem?* – *Co myślą o Ewie jej znajomi i rodzina?*

Mówienie	Pisanie	Rozumienie ze słuchu	Rozumienie tekstów pisanych
– opisywanie przedmiotów z najbliższego otoczenia, ich przeznaczenia – zachęcanie, reklamowanie	– streszczenie tekstu *Potęga designu*	– opisywanie sprzętów domowych – formułowanie prośby – wczoraj i dziś – film: *Opieka nad mieszkaniem podczas nieobecności gospodarzy*	– *Co się zmieniło w Polsce po 1989 roku?* – *Potęga designu*
– opisywanie urządzeń, wynalazków, ich przeznaczenia – wyrażanie zadowolenia i niezadowolenia – dialogi w punktach usługowych – formułowanie hipotez: *Co by było, gdyby...* – dialog w sklepie komputerowym	– list z reklamacją – notatka	– wypowiedzi na temat przedmiotów niezbędnych do życia – dialogi w punktach usługowych – rola wynalazków w naszym życiu: opinia psychologa – film: *Wizyta w salonie sieci komórkowej*	– list z reklamacją – *Wynalazki, które zmieniły naszą rzeczywistość* – tekst o polskich wynalazcach i wynalazkach
– doradzanie, odradzanie – mówienie o stanie zdrowia, o zdrowym trybie życia i odżywianiu	– artykuł o zmianie nawyków żywieniowych	– moje samopoczucie: krótkie wypowiedzi – doradzanie i odradzanie: krótkie wypowiedzi – prośba o pomoc – film: *Co ma wpływ na nasze samopoczucie?*	– *Co decyduje o naszym samopoczuciu?* – *Dieta naszych dzieci*
– lokalizowanie w przestrzeni – zachęcanie i zniechęcanie do różnych form spędzania wolnego czasu	– list prywatny	– zachęcanie i zniechęcanie – oferta biura turystycznego – fragmenty wywiadu z właścicielem biura turystycznego – wyrażanie relacji przestrzennych – film: *Wyjazd na wakacje*	– *Wakacje – Jak Polacy spędzają urlop?* – *Zmiana klimatu w rozwoju turystyki*
– wypowiedzi krótkie i dłuższe – zachęcanie – ankieta na temat jedzenia	– przepis na ulubioną potrawę	– zachęcanie, przekonywanie – wyrażanie upodobań związanych z kuchnią – film: *Rozmowa o diecie wegańskiej w firmie*	– przepisy kulinarne – *Dobre maniery w restauracji*
– opowiadanie o świętach, uroczystościach rodzinnych, tradycjach – składanie życzeń, kondolencji, wyrazów współczucia, wyrażanie żalu i radości	– kartki okolicznościowe – opis świąt, uroczystości rodzinnych z przeszłości	– składanie życzeń i kondolencji – opis świąt i uroczystości – wyrażanie radości, współczucia, żalu – składanie życzeń i gratulacji – film: *Sondaż uliczny o polskich zwyczajach*	– *Niezapomniane święta*
– mówienie o podstawowych funkcjach internetu – rola internetu w życiu człowieka – wyrażanie zdziwienia i zaskoczenia – zachęcanie do kupna sprzętu komputerowego	– Plusy i minusy bankowości internetowej / zakupów przez internet – tekst argumentacyjny	– *Bajka o Jakubie i Internecie* – rola internetu w naszym życiu – język oficjalny i nieoficjalny – film: *Rodzina w sieci*	– *Bajka o Jakubie i Internecie* – Anna Leśko: *Jak internet zmienił moje życie?* – fragmenty prasowe o udogodnieniach technologicznych
– wyrażanie opinii na temat filmu – mówienie o telewizji, jej funkcji i roli we współczesnym świecie – przytaczanie wypowiedzi innych osób	– recenzja – mail z opisem filmu	– prezentacja filmów – jakie kino lubisz – propozycja wyjścia do kina – wywiad o zarobkach gwiazd telewizyjnych – film: *Rozmowa o filmach*	– recenzja filmu *Ida* – recenzja i opis filmu *Wieża. Jasny dzień* – *Czy znasz i lubisz polskie kino?* – quiz: *Czy jesteś uzależniony od seriali?*

LEKCJA 1

SYTUACJE KOMUNIKACYJNE	opisywanie osób, porównywanie, wyrażanie opinii o ludziach
SŁOWNICTWO	opis osobowości
GRAMATYKA I SKŁADNIA	tworzenie liczby mnogiej przymiotników męskoosobowych, struktury porównawcze: *tak samo... jak...* • użycie zaimka względnego *który* w mianowniku liczby pojedynczej i mnogiej

POWTÓRZENIE: deklinacja przymiotników w liczbie pojedynczej (w strukturach: *wyglądać na* + biernik, *być* + narzędnik) • użycie prostych spójników: *a, i, ale, albo*

Osobowość

SŁOWNICTWO

1.

1a Proszę przeczytać tekst i uzupełnić tabelę.

Polscy celebryci

Są znani w Polsce, a niektórzy na całym świecie. Dostają nagrody filmowe, literackie, telewizyjne. Mają tysiące fanów, piszą o nich gazety i internauci. Ich profile na mediach społecznościowych dostają setki polubień dziennie.

Polscy celebryci to ludzie, którzy zdobyli sławę dzięki swojej ciężkiej pracy i talentom. Są kontrowersyjni, dlatego nie wszyscy ich lubią, zdarza się, że bywają ostro krytykowani.

Za co lubimy polskich celebrytów? Co nas w nich irytuje? Oto, co o swoich ulubieńcach piszą fani na Facebooku.

Robert Lewandowski

Piłkarz, członek polskiej reprezentacji, zawodnik klubu Bayern Monachium

Robert to świetny piłkarz, pracowity i ambitny. Robert jest bardzo przystojny, wygląda jak model. Niektórzy dziennikarze mówią, że wadą Roberta jest jego introwertyzm. Jest zamknięty w sobie i trochę zbyt poważny na boisku.

Andrzej Sapkowski   WIEDŹMIN

Pisarz, autor sagi „Wiedźmin" na podstawie której powstała znana na całym świecie gra komputerowa pod tym samym tytułem.

Bardzo tajemniczy człowiek, introwertyk. Ukrywa swoje życie prywatne i poglądy polityczne. Wygląda na przeciętnego, nudnego mężczyznę, ale tak naprawdę to wrażliwy artysta o niezwykłej wyobraźni literackiej, którego uwielbiają miliony czytelników i fanów gry *Wiedźmin*. Bywa cyniczny.

Lech Wałęsa

Polityk, legendarny przywódca Solidarności, polski prezydent w latach 1990 – 1995. Laureat pokojowej Nagrody Nobla.

Wałęsa jest żywą legendą, symbolem upadku komunizmu w Europie. Bardzo niezależny człowiek, odważny i charyzmatyczny. Ma wielu wrogów, którzy uważają, że jest arogancki. Wałęsa to bardzo kontrowersyjna postać w polskiej polityce.

Alicja Bachleda-Curuś

Aktorka znana w Polsce i za granicą. Światową sławę przyniosła jej rola w filmie „Ondine", gdzie poznała swojego przyszłego partnera Collina Farrella.

Alicja to przede wszystkim znakomita aktorka, ale też piękna kobieta. Ludzie, którzy znają Alicję prywatnie, mówią, że jest sympatyczna i skromna, typ „dziewczyny z sąsiedztwa". Wiele koleżanek aktorek zazdrości Alicji sławy i pieniędzy, mówią, że jest zarozumiałą snobką. Kto wie, jak jest naprawdę?

Agnieszka Holland

Reżyser filmowy, kręci filmy w Polsce i za granicą, laureatka wielu nagród filmowych. Trzykrotnie nominowana do Oscara, między innymi za film „W ciemności".

Pani Agnieszka jest świetnym reżyserem, moim zdaniem najlepszym w Polsce. Myślę, że to bardzo mądra i doświadczona kobieta i wrażliwa artystka. Jest zaangażowana politycznie i myślę, że jest czasami zbyt krytyczna i surowa dla ludzi.

Joanna Przetakiewicz

Projektantka mody, jej marka La Mania jest znana na całym świecie i sprzedawana w słynnym londyńskim sklepie „Harrods".

Pani Joanna ma wielu znanych przyjaciół i wielu wrogów. Wygląda na delikatną, ale myślę, że to twarda kobieta interesu, która wie, jak się sprzedać. Ludzie, którzy jej nie lubią, mówią, że jest niemiła i zbyt pewna siebie. Z pewnością to bardzo ambitna i dynamiczna osoba i oryginalna projektantka. Uwielbiam jej projekty. Jej największą zaletą jest wiara w siebie i optymizm.

	Zalety / mocne strony / plusy	Wady / słabe strony /minusy
Robert Lewandowski	świetny piłkarz, pracowity, ambitny, przystojny	introwertyzm, zamknięty w sobie, zbyt poważny
Andrzej Sapkowski		
Lech Wałęsa		
Alicja Bachleda-Curuś		
Agnieszka Holland		
Joanna Przetakiewicz		

GRAMATYKA

1b Proszę zmienić zdania według wzoru.

1. Robert / być / świetny / piłkarz – *Robert jest świetnym piłkarzem*
   • Robert / być / pracowity i ambitny / sportowiec –
   • Robert / być/ przystojny / mężczyzna –
   • Robert / być / zamknięty w sobie, zbyt poważny / człowiek –

2. Alicja / być / znakomita / aktorka –
   • Alicja / być / piękna, sympatyczna i skromna / kobieta –
   • Alicja / być / sympatyczna i skromna / dziewczyna –

3. Andrzej / być / tajemniczy / człowiek –
   • Andrzej / być / introwertyk –
   • Andrzej / być / nudny i przeciętny / mężczyzna –
   • Andrzej / być / wrażliwy / artysta –
   • Andrzej / bywać / cyniczny –

jasno- light ciemno- dark (handwritten)

1c Proszę uzupełnić zdania, a następnie wysłuchać dwóch wypowiedzi i porównać swoją wersję z nagraniem.

a) aktualny, dziennikarka, ciekawy, publiczny

Monika Olejnik jest ...*dziennikarką*.... . Pracuje w radiu i w telewizji, rozmawia z politykami i z osobami .... o .... problemach. Jej programy są bardzo ....

b) różny, znany, podróżować

Ryszard Kapuściński był .... w Polsce i w Europie pisarzem. Ten publicysta dużo .... i pisał książki – reportaże z .... kontynentów.

1d Proszę uzupełnić tabelę za pomocą podanych w ramce przymiotników o znaczeniu przeciwnym:

▨▨▨ **OPIS OSOBY** *przyjazna - friendly   wesoła - happy / joyful   cierpliwy - patient* (handwritten)

lekcja **1**

On jest:	
pracowity – *hard working*	leniwy – *lazy*
dynamiczny – *dynamic*	powolny – *slow*
pewny siebie – *confident*	nieśmiały – *shy*
otwarty – *opened*	zamknięty – *closed*
ciekawy – *interesting*	niecikawy – *uninteresting*
ambitny – *ambitious*	mało ambitny
mądry – *clever*	głupi – *stupid*
towarzyski – *sociable*	nietowarzyski – *unsociable*
wesoły – *joyful*	smutny – *sad*
spontaniczny – *spontaneous*	mało spontaniczny
wrażliwy – *sensitive*	niewrażliwy – *unsensitive*
romantyczny	mało romantyczny
odważny – *bold*	tchórzliwy – *coward*
zabawny – *funny*	mało zabawny
spokojny – *calm*	nerwowy – *nervous*
dobrze zorganizowany	roztargniony

Ramka (handwritten checks): leniwy✓   nerwowy✓   mało zabawny✓   niecikawy✓   mądry✓   smutny   towarzyski✓   romantyczny✓   otwarty✓

Antonimy w języku polskim
another word / another characteristic (handwritten)
inne słowo / inna cecha

smutny – wesoły
spokojny – nerwowy

nie + przymiotnik (pisane razem) / zaprzeczenie *(negation)* *(adj written together)*

miły – niemiły
uprzejmy – nieuprzejmy
kind

mało + przymiotnik (pisane osobno) / niska intensywność *(low intensity)*

ambitny – mało ambitny
zabawny – mało zabawny

looks like (handwritten)
On / Ona **wygląda na** *mądrego człowieka / mądrą osobę. (biernik)* *accusative / separately*
On **jest tak samo** miły **jak** *jego siostra.*
Ona **jest tak samo** miła **jak** *jej siostra. (mianownik)*
On jest *niezdecydowany. (mianownik)*
On jest *niezdecydowanym człowiekiem. (narzędnik)* *Instrumental*

Jak Pan / Pani myśli, jaka jest różnica? *difference*   *Kogo. Co? Who What*
a) On **jest** niezdecydowany.
b) On **bywa** niezdecydowany.

choose one   describe this person (handwritten)

1e Proszę wybrać jedną z osób znajdujących się na fotografiach. Proszę opisać tę osobę koledze / koleżance, a następnie zapytać, czy wie, o kim Pan / Pani mówi. *ask*

Myślę, że ta osoba pracuje w banku. Wygląda na osobę sympatyczną i bardzo spokojną. Nie jest spontaniczna, ale wygląda na dobrze zorganizowaną. Myślę, że bywa nerwowa, kiedy jest zmęczona, ale...

2. WYRAŻANIE OPINII O LUDZIACH

– To świetna dziewczyna, chociaż bywa niesympatyczna.

– Romek jest miłym chłopcem.

– To bardzo uprzejmy człowiek.

– Fajna dziewczyna!

– Marek jest super!

– On wygląda na mądrego. / Ona wygląda na mądrą.

– On / ona wygląda na inteligentną osobę.

– On / ona mnie irytuje.

– Trudno powiedzieć coś złego o... (+ miejscownik)

– ... to bardzo kontrowersyjna osoba.

– Nie rozumiem, dlaczego krytykujesz... (+ biernik)

– Nie rozumiem... (+ dopełniacz)

– Denerwuje mnie jego / jej... (+ mianownik)

– Zgadzam się z tobą. / Nie zgadzam się z tobą.

– Masz rację. / Nie masz racji.

2a Proszę wpisać numer dialogu, który dotyczy tych osób:
CD 02

a) kolega ze szkoły — `2`

b) uczeń *student* — `5`

c) żona kolegi — `6`

d) koleżanka ze studiów — `3`

e) chłopak koleżanki — `4`

f) koleżanka z pracy — `1`

niemożliwe –impossible

2b Proszę zaznaczyć, w którym dialogu przedstawione osoby wyrażają się o kimś z sympatią, a w którym z antypatią.
CD 02

	sympatia	antypatia
Dialog 1	☐	X
Dialog 2	☐	☐
Dialog 3	☐	☐
Dialog 4	☐	☐
Dialog 5	☐	☐
Dialog 6	☐	☐

2c Proszę posłuchać nagrania jeszcze raz, a następnie zanotować wady i zalety osób, o których jest mowa w dialogach.
CD 02

responsible *advantages* *defect*

	zalety	wady
1. Anka	*odpowiedzialna, pracowita, zorganizowana*	*sztywna, mało spontaniczna*
2. Wojtek	*wesoły, otwarty*	
3. Kaśka	*ładna!*	*bardzo pewna siebie, zarozumiała*
4. Mateusz	*mądry, spokojny*	*nieciekawy*
5. Artek	*inteligentny, niezależny, ambitny*	*arogancki*
6. Matylda	*oryginalna, wrażliwa*	*kontrowersyjna*

2d Role. Proszę przygotować, a następnie przedstawić scenki w grupach dwu- lub trzyosobowych.

a) Córka. Od tygodnia masz nowego chłopaka. Chcesz się z nim spotykać, ale twoi rodzice nie są zadowoleni.

b) Matka. Twoja córka ma nowego chłopaka. Nie lubisz go, ale uważasz, że córka może się z nim spotykać.

c) Ojciec. Twoja córka ma nowego chłopaka. Nie znasz go i nie chcesz, żeby córka się z nim spotykała.

a) Sąsiadka. Twój znajomy zrobił karierę w mediach – jest popularnym piosenkarzem. Nie lubisz go.

b) Sąsiad. Twój znajomy zrobił karierę w mediach – jest popularnym piosenkarzem. Bardzo go lubisz.

a) Osoba 1. Za tydzień są wybory do Parlamentu Europejskiego. Kandydatką jest burmistrz twojego miasta. Bardzo ją lubisz.

b) Osoba 2. Za tydzień są wybory do Parlamentu Europejskiego. Kandydatką jest burmistrz twojego miasta. Nie lubisz jej.

c) Osoba 3. Za tydzień są wybory do Parlamentu Europejskiego. Kandydatką jest burmistrz twojego miasta. Nie masz o niej zdania.

lekcja 1

3.

3a Proszę przeczytać tekst, a następnie zdecydować, o jakich kolorach mówią specjaliści. Czy uważa Pan / Pani, że rezultaty tych badań są prawdziwe? Proszę wyrazić swoją opinię na ten temat.

> biały   pomarańczowy   niebieski
> czerwony   zielony ✓   czarny

Powiedz mi, jaki lubisz kolor
– a powiem ci, kim jesteś!

Masz w szafie siedem białych bluzek? Lubisz czerwone buty? Właśnie kupiłaś następny czarny sweterek? Nasi specjaliści udowodnili, że pewne cechy charakteru decydują o tym, jaki lubimy kolor. Chcesz wiedzieć jaka jesteś naprawdę? Oto rezultaty badań:

1. pomarańczowy
Lubią go ludzie dynamiczni, pewni siebie i otwarci. Zawsze chcą dominować i kontrolować sytuację. Lubią być w centrum zainteresowania. Mogą mieć tendencję do manipulowania innymi ludźmi. Bywają agresywni i niewrażliwi.

2. biały
Wybierają go ludzie spokojni, ambitni i pracowici. Chcą osiągać sukcesy w pracy. Są bardzo dobrze zorganizowani, dokładni i punktualni, ale niezbyt spontaniczni. Bywają nudni i nietowarzyscy.

3. zielony
Lubią go ludzie towarzyscy, weseli i spontaniczni. Mają dużo przyjaciół. Kochają życie i ludzi. Są otwarci na świat i tolerancyjni. Bywają leniwi i nerwowi.

4. czarny
Kochają go ludzie wrażliwi, często zamknięci w sobie. Nie są praktyczni, interesują się literaturą i sztuką, zwykle mają dobry gust. Bywają nieśmiali i niezdecydowani.

5. czerwony
Wybierają go ludzie niezależni i energiczni. Są bardzo romantyczni, kochają muzykę i piękne pejzaże, lubią zwierzęta. Są bardzo krytyczni. Bywają smutni i depresyjni. Często są samotni.

6. niebieski
Uwielbiają go ludzie odważni, zdecydowani i pełni życia. Są bardzo oryginalni. Zawsze osiągają swój cel. Są ciekawi świata i chętnie podróżują. Bywają ekscentryczni i aroganccy. Ale zawsze interesujący.

A jacy ludzie lubią kolor szary?

Lubią go ludzie pracowity i zorganizowani. Są mało spontaniczny. Bywają niewrażliwi i mało zabawny. Ale myślę że to wszystko jest uogólnieniem.

• GRAMATYKA

PRZYMIOTNIK MIANOWNIK LICZBA MNOGA RODZAJ MĘSKOOSOBOWY: Jacy?

towarzyski – towarzyscy	-ki	-cy	
drogi – drodzy	-gi	-dzy	
dobry – dobrzy	-ry	-rzy	-y
interesujący – interesujący	-cy	-cy	
bogaty – bogaci	-ty	-ci	
tłusty – tłuści	-sty	-ści	
młody – młodzi	-dy	-dzi	
głuchy – głusi	-chy	-si	-i
lepszy – lepsi	-szy	-si	
miły – mili	-ły	-li	
smutny – smutni			
ciekawy – ciekawi	inne	-i	

lekcja **1**

UWAGA!
wesoły – weseli
ulubiony – ulubieni
zadowolony – zadowoleni

3b Proszę poszukać w tekście odpowiednich przymiotników i uzupełnić tabelę.

-ny / -ni	-wy / -wi
smutny / smutni	.... / leniwi
.... /	.... / ....
.... /	.... / ....
.... /	.... / ....
.... /	
.... /	**-ły / -li**
.... /	miły / ....
.... /	.... / ....

-ty / -ci	
.... / pracowici	**-ki / -cy**
.... /	.... / eleganccy
	.... / ....
	.... / ....

-ry / -rzy
.... / starzy

-ący / -ący
.... / gorący
.... / ....

-i / -i
ostatni / ....

Which

który, która, które, którzy, które

Liczba pojedyncza	Liczba mnoga
	MĘSKOOSOBOWE
Człowiek, **który** lubi porządek, jest dobrze zorganizowany.	Ludzie, **którzy** myślą pozytywnie, są często bardzo weseli.
	NIEMĘSKOOSOBOWE
Osoba, **która** uczy się języków obcych, jest ambitna.	Osoby, **które** pracują z ludźmi, muszą być kontaktowe.
Dziecko, **które** zaczyna naukę w szkole, jest podekscytowane.	Dzieci, **które** dużo czytają, mają bogatą wyobraźnię.

3c Proszę zbudować zdania według podanego wzoru, używając brakujących słów: *który, która, które, którzy*:

0. ambitny, człowiek, jest, lubi, pracować .... *Człowiek, który jest ambitny, lubi pracować.* ....
1. ludzie, są, otwarci, nowe, lubią, sytuacje ....
2. osoba, odważna, jest, boi się, nie, wyzwań, nowych ....
3. charyzmatyczna, jest, ma, silny, osoba, charakter ....
4. poważni, poważnie, traktują, ludzie, innych, są ....
5. ludzie, mają, zdanie, niezależni, są, własne ....
6. kontakty, nowe, człowiek, lubi, jest, towarzyski ....
7. mężczyźni, pracują, są, eleganccy, ze mną ....
8. zajęte, kobiety, pracują, studiują, i, są, bardzo ....
9. obrazy, oglądamy, bezcenne, w muzeum, są ....
10. drzewa, tysiąc lat, mają, są, stare, bardzo ....

3d Zgadzam się / Nie zgadzam się.

0. Człowiek, który jest ambitny, dużo pracuje.   Z / N
1. Człowiek, który jest wrażliwy, nie lubi ludzi.   Z / N
2. Ludzie, którzy są otwarci, chętnie poznają nowe miejsca.   Z / N
3. Osoba, która jest roztargniona, zawsze ma porządek.   Z / N
4. Ludzie, którzy są towarzyscy, lubią spotykać się ze znajomymi.   Z / N
5. Kobiety, które pracują na menedżerskich stanowiskach, to w moim kraju rzadkość. Z / N
6. Mężczyźni, którzy lubią szybkie samochody, są odważni.   Z / N
7. Ludzie zdecydowani szybko podejmują decyzje.   Z / N

Ortografia

CD 03 **3e** Dyktando. Proszę posłuchać tekstu i uzupełnić brakujące litery.

```
Dla mnie autorytetem
jest ......łowiek,
który ma ...lny
charakter. Ludzie
zdecydowan..., tak
samo jak pracowi...,
to ......ęsto ludzie
sukcesu.
My...lę, że autorytet
to tak...e osoba
wra...liwa i odwa...na.
Czy mu... być
romanty......na? To
...ekawe pytanie.
```

• GRAMATYKA

3f Proszę uzupełnić zdania za pomocą spójników.

> i   a   ale   albo

Ludzie popularni mają dużo pieniędzy, ...*ale*...... nie mają czasu.

a) Wieczorem pójdę do kina .... na koncert.
b) Lubię słuchać muzyki, ... nigdy nie chodzę na koncerty.
c) Wieczorem zjem kolację, ... potem pójdę do kina.
d) Dzisiaj wieczorem zostanę w domu. Najpierw zjem kolację, ...
   potem posłucham muzyki.
e) Dzisiaj wieczorem zostanę w domu. Zjem kolację .... posłucham
   muzyki.
f) Ludzie mediów są popularni, ... nie zawsze bywają sympatyczni.
g) Ludzie mediów są popularni .... często bywają autorytetem dla
   widzów.
h) Pojadę na wakacje na Mazury .... nad morze.
i) W lipcu pojadę nad morze, ... w sierpniu pojadę na tydzień w góry.
j) W tym roku nie pojadę na wakacje. Zostanę w domu .... będę się
   uczyć do egzaminu.

4.

4a Jaka jest Pana / Pani opinia na temat kolegów z pracy? Jakich ludzi lubimy, a jakich nie? Jakie zachowania akceptujemy, a jakich nie? Proszę przeczytać poniższy tekst i przedyskutować na forum grupy, czego nie akceptujemy w pracy.

CBOS przeprowadził badania „Etyka zawodowa – opinie społeczne i faktyczne zachowania Polaków". Wynika z nich, że:

- Jesteśmy bardzo krytyczni wobec osób, które piją alkohol w pracy. (96%)
- Nie lubimy też kolegów, którzy są nieuczciwi i niepunktualni. (78%)
- Jesteśmy bardziej tolerancyjni wobec pracowników, którzy w czasie pracy wychodzą do urzędu albo do sklepu. Jednak większość z nas nie akceptuje takich praktyk. (75%)
- Nie tolerujemy również prywatnych rozmów telefonicznych, używania faksu, drukarki i różnych materiałów biurowych dla własnych celów. (60%)
- Młodzi Polacy są bardziej „nieetyczni" w pracy niż starsi. Łatwiej akceptują negatywne wzory zachowań.

www.praca.gazeta.pl

• GRAMATYKA

4b Proszę znaleźć w powyższym zadaniu przymiotniki w liczbie mnogiej i podać ich formę w liczbie pojedynczej.

Przykład: krytyczni – ...*krytyczny*.... nieuczciwi – .... – .... – ....

4c Proszę zrobić w grupie następującą ankietę. Jacy ludzie powinni być w pracy?

a) uczciwi
b) punktualni
c) odpowiedzialni
d) pracowici
e) otwarci
f) dynamiczni
g) inni (jacy?)

Proszę przedstawić wyniki na forum grupy.

Przykład: Z naszych ankiet wynika, że ludzie w pracy powinni być przede wszystkim ....

4d Proszę przeczytać e-mail Anny do przyjaciółki, a następnie napisać odpowiedź w imieniu Gosi. Gosia jest niezadowolona ze stażu w banku. Proszę użyć maksymalnej liczby przymiotników pejoratywnych w mailu do Ani.

Temat: Pozdrowienia
Data: Czwartek, 20.08.2020
Nadawca: Anna Kowalska <anna.kowalska@wp.pl>
Adresat: Małgorzata Kowalik <gosia.kowalik@onet.pl>

Cześć Gosiu,
przepraszam, że nie pisałam tak długo, ale dwa tygodnie temu dostałam wreszcie staż w telewizji. Jako stażystka nie robię nic ciekawego, ale ludzie są tu fantastyczni. Otwarci i dynamiczni, bardzo pracowici. Atmosfera w pracy jest świetna! Mój szef też jest fantastyczny. Ambitny, ale wrażliwy na problemy pracowników. Zawsze mogę z nim pogadać.
A Ty? Co tam u Ciebie słychać? Mam nadzieję, że jesteś tak samo zadowolona z pracy jak ja.
Czekam niecierpliwie na Twoją odpowiedź.

Serdecznie pozdrawiam
Ania

Zanim napiszą Państwo maila do Ani, proszę się zastanowić, które z podanych zwrotów pasują do listu oficjalnego, a które do nieoficjalnego:

Kochana Gosiu	Dzień dobry	Witam serdecznie Moja droga
Z poważaniem Cześć Do zobaczenia wkrótce		
Nie mogę doczekać się spotkania Szanowny Panie Droga Mario		
Strasznie mnie to denerwuje Denerwuje mnie ta sytuacja Daj spokój		
Co słychać? Co nowego? Czy sprawy idą w dobrym kierunku?		
Serdecznie pozdrawiam Pani Mario Liczę na pozytywną odpowiedź		

5.

CD 04

5a Proszę wysłuchać fragmentu wywiadu ze znaną warszawską stylistką, przeczytać zdania i powiedzieć, czy są prawdziwe (P), czy nieprawdziwe (N).

the biggest

Marta Guzy jest znaną warszawską stylistką. Na co dzień ma kontakt z największymi polskimi gwiazdami, a obecnie pracuje dla uczestników popularnego programu telewizyjnego *Talenty*.

stars
participant

1. Marta Guzy pracuje obecnie z uczestnikami programu telewizyjnego *Talenty*. **P** / N
2. Marta Guzy woli pracować z młodymi ludźmi, bo akceptują wszystko, co im proponuje. **P** / N
3. Marta Guzy woli pracować z gwiazdami, które mają charyzmę. **P** / N
4. Marta Guzy nie pracowała nigdy z muzykami heavymetalowymi. **P** / N
5. Marta Guzy najbardziej lubi muzyków jazzowych. **P** / N

CD 04

5b Proszę posłuchać tekstu jeszcze raz i zaznaczyć określenia, które pasują do ludzi charakteryzowanych przez Martę Guzy.

	uczestnicy *Talentów*	sławni muzycy	muzycy pop	muzycy rockowi	muzycy reggae	jazzmani
zarozumiali	☐	☐	☐	☐	☐	☐
mili	☐	☐	☑	☐	☐	☐
nieśmiali	☑	☐	☐	☐	☐	☐
pewni siebie	☑	☐	☐	☐	☐	☐
otwarci	☐	☐	☐	☐	☐	☑
naturalni	☐	☐	☑	☑	☐	☐
zamknięci	☐	☐	☐	☐	☐	☐
spokojni	☐	☐	☐	☐	☑	☐
zdecydowani	☐	☑	☐	☐	☐	☐
inteligentni	☐	☐	☐	☐	☐	☑

5c Co Pan / Pani o tym myśli? Proszę podyskutować z koleżanką / kolegą i odpowiedzieć na poniższe pytania.

- Jacy są w Pana / Pani kraju popularni ludzie mediów? Czy są wrażliwi? A może cyniczni? Mądrzy czy otwarci?
- Co to znaczy „mieć charyzmę"? Jacy ludzie są charyzmatyczni?
- Jakie wady mają ludzie mediów?

– Moim zdaniem...
– Myślę, że...
– Myślę, że często są...

5d Proszę wspólnie z kolegą / koleżanką porozmawiać o znanych ludziach (osobowość telewizyjna, polityk, artysta, pisarz, muzyk...) i przedstawić grupie:

- osobę, którą oboje lubicie;
- osobę, której oboje nie lubicie;
- osobę, na której temat macie odmienne zdanie.

Proszę uzasadnić swoją sympatię lub antypatię do tych osób.

lekcja
1

6.

6a W jednym z banków ktoś zdefraudował dużą sumę pieniędzy. Policja podejrzewa trzy osoby. Proszę przeczytać ich charakterystykę przygotowaną przez psychologa sądowego i zdecydować, kto może być przestępcą. Proszę podzielić się na grupy, każda grupa przedstawia swoją hipotezę. Proszę uzasadnić swój wybór.

Podejrzany 1
dyrektor generalny banku, 45 lat, kawaler

Jest osobą wesołą i towarzyską. Koledzy z pracy bardzo go lubią, ale uważają, że nie jest dobrym dyrektorem banku. Jest roztargniony i niepunktualny. Od czasu, kiedy jest dyrektorem, bank ma problemy finansowe. Lubi kobiety i szybkie samochody.

suspect

→ Podejrzana 2
kasjerka, 36 lat, samotna matka trojga dzieci

Jest osobą bardzo pracowitą i solidną, ale koledzy z pracy nie bardzo ją lubią, bo jest zamknięta w sobie i nieśmiała. Wszyscy wiedzą, że jej sytuacja finansowa nie jest dobra. W zeszłym roku dostała kredyt z banku na mieszkanie, ale ma problemy ze spłatą.

lekcja
1

Podejrzany 3
dyrektor finansowy, 61 lat, żonaty

Jest bardzo spokojny i zdecydowany. Koledzy w pracy nie lubią go, bo jest zarozumiały i nietolerancyjny. Konfliktowy. Nie lubi dyrektora generalnego i robi wszystko, żeby ten zrezygnował z pracy.

zdradzać - betray
zemsta - revenge
babiarz - womanizer

spisek - conspiracy
śledztwo - investigation

chwila - moment
chciał - he wanted

- *Naszym zdaniem przestępcą jest..., bo ma problemy finansowe i...*
- *Uważamy, że przestępcą może być..., ponieważ...*
- *... wygląda na przestępcę, bo...*

6b Proszę obejrzeć film, aby dowiedzieć się, kto popełnił przestępstwo. Dlaczego ta osoba zdecydowała się zdefraudować pieniądze?

DVD 1

6c Proszę przygotować w grupach portrety psychologiczne przestępców, a następnie przedstawić grupie wybraną osobę. Proszę sprawdzić w słowniku znaczenie podanych niżej wyrazów.

Kieszonkowiec jest osobą pewną siebie i...

oszust

gangster

złodziej
kieszonkowiec

włamywacz

LEKCJA 2

SYTUACJE KOMUNIKACYJNE — opowiadanie o przeszłości, opis sytuacji i przedstawianie faktów z przeszłości • wyrażanie relacji czasowych (daty)

SŁOWNICTWO — życie człowieka, daty

GRAMATYKA I SKŁADNIA — liczebniki główne i porządkowe w datach

POWTÓRZENIE: tworzenie czasu przeszłego, użycie czasowników w czasie przeszłym (aspekt dokonany i niedokonany)

To już historia...

● SŁOWNICTWO

1. **1a** Proszę obejrzeć fotografie i zdecydować, kiedy urodziły się te osoby.

PP4

0. czternastego sierpnia tysiąc dziewięćset dziewięćdziesiątego czwartego roku

1. dwudziestego pierwszego września dwutysięcznego roku

2. w dwa tysiące osiemnastym roku; w listopadzie 2008 2/XII/2000

3. w tysiąc osiemset osiemdziesiątym ósmym; w styczniu 1888

4. dwunastego kwietnia tysiąc dziewięćset siedemdziesiątego piątego roku
1975   12/04/75

14.08.1994

3

Jan.

4

2

1

1b Proszę uzupełnić tabelę.

● GRAMATYKA

LICZEBNIKI		
mianownik	dopełniacz	miejscownik
1 pierwszy / a / e	pierwszego / ej	pierwszym / ej
2 drugi	drugiego	drugym
3 trzeci	trzeciego	trzecim
4 czwarty	czwartego / ej	czwartym
5 piąty	piątego / ej	piątym
6 szósty	szóstego / ej	szóstym
7 siódmy	siódmego	siódmym
8 ósmy	ósmego	ósmym
9 dziewiąty	dziewiątego / ej	dziewiątym
10 dziesiąty	dziesiątego / ej	dziesiątym
11 jedenasty	jedenastego	jedenastym
12 dwunasty	dwunastego	dwunastym
13 trzynasty	trzynastego	trzynastym
14 czternasty	czternastego	czternastym
15 piętnasty	piętnastego	piętnastym
16 szesnasty	szesnastego	szesnastym
17 siedemnasty	siedemnastego	siedemnastym
18 osiemnasty	osiemnastego	osiemnastym
19 dziewiętnasty	dziewiętnastego	dziewiętnastym
20 dwudziesty	dwudziestego	dwudziestym
21 dwudziesty pierwszy	dwudziestego pierwszego	dwudziestym pierwszym
30 trzydziesty	trzydziestego	trzydziestym
40 czterdziesty	czterdziestego	czterdziestym
50 pięćdziesiąty	pięćdziesiątego	pięćdziesiątym
60 sześćdziesiąty	sześćdziesiątego	sześćdziesiątym
70 siedemdziesiąty	siedemdziesiątego	siedemdziesiątym
80 osiemdziesiąty	osiemdziesiątego	osiemdziesiątym
90 dziewięćdziesiąty	dziewięćdziesiątego	dziewięćdziesiąty
100 setny	setnego	setnym
101 sto pierwszy	sto pierwszego	
2000 dwutysięczny	dwutysięcznego	
2001 dwa tysiące pierwszy		

[handwritten: wysta-exited] *[handwritten: nowllong zaczęta - started]*
[handwritten: Yak dtugo? trwała - lasted]

1c Proszę napisać na kartce swoją datę urodzenia i oddać ją nauczycielowi. Proszę wylosować jedną kartkę i zdecydować, kto z grupy ma taką datę urodzenia.

1d Proszę przeczytać datę i miejsce urodzenia sławnych osób. Co jeszcze o nich wiemy?

0. Adam Mickiewicz (24.12.1798), Litwa
1. Franz Kafka (3.07.1883), Czechy
2. Pablo Picasso (25.10.1881), Hiszpania
3. Fryderyk Chopin (22.02.1810), Polska
4. Tomasz Mann (6.06.1875), Niemcy
5. Fiodor Dostojewski (11.11.1821), Rosja

> *Adam Mickiewicz, znany polski poeta, urodził się 24 grudnia 1798 roku na Litwie. Był Polakiem, ale mieszkał na Litwie, w Rosji i we Francji. Mówił po polsku i po francusku.*

lekcja
2

MIESIĄCE *[handwritten: locative ✗]*

	mianownik	dopełniacz	miejscownik
1	styczeń	stycznia	w styczniu
2	luty	lutego	w lutym
3	marzec	marca	w marcu
4	kwiecień	kwietnia	w kwietniu
5	maj	maja	w maju
6	czerwiec	czerwca	
7	lipiec	lipca	
8	sierpień	sierpnia	
9	wrzesień	września	we
10	październik	października	
11	listopad	listopada	w listopadzie
12	grudzień	grudnia	

[handwritten: What day is it today]

Który jest dzisiaj?
• Dzisiaj jest 17.06 (siedemnasty czerwca). *[handwritten: mianownik dopełniacz]*

Kiedy się urodziłeś?
• Urodziłem się 2.02.1995 (drugiego lutego tysiąc dziewięćset dziewięćdziesiątego piątego) roku.

Kiedy Polska weszła do Unii Europejskiej?
• W maju 2004 (dwa tysiące czwartego) roku Polska została członkiem Unii Europejskiej.

[handwritten: W którym roku UK lewy do Unii Europejskiej]

W którym roku został wprowadzony w Polsce stan wojenny? *[handwritten: martial law]*
• Stan wojenny został wprowadzony w 1981 (tysiąc dziewięćset osiemdziesiątym pierwszym) roku.

Jak długo mieszkałaś za granicą? *[handwritten: abroad]*
• Mieszkałam za granicą od 1998 (tysiąc dziewięćset dziewięćdziesiątego ósmego) do 2000 (dwutysięcznego) roku.

[handwritten: od do]

1e Najważniejsze wydarzenia XX wieku. Kiedy to było? Proszę dopasować daty.

> 1.09.1939   21.08.1968   11.09.2001   ✓22.01.1905   29.10.1929
> 28.06.1914   8.05.1945   11.11.1918   9.11.1989   13.12.1981

22.01.1905 • krwawa niedziela w Petersburgu

.... • zamach w Sarajewie – zabójstwo Arcyksięcia Ferdynanda

.... • odzyskanie niepodległości przez Polskę

.... • „czarny wtorek" – krach na giełdzie w Nowym Jorku

.... • wybuch II wojny światowej

.... • zakończenie II wojny światowej w Europie

.... • „Praska wiosna" – interwencja wojsk Układu Warszawskiego w Pradze

.... • wprowadzenie stanu wojennego w Polsce

.... • upadek Muru Berlińskiego

.... • atak terrorystyczny na Nowy Jork

Jakie inne wydarzenia XX wieku były ważne dla ludzi?

Wymowa

CD 05 **1f** Proszę wysłuchać wypowiedzi sześciu osób i zaznaczyć, co słyszymy.

[handwritten: cardinal] *[handwritten: 12]* *[handwritten: 57]*

	1	2	3	4	5	6
liczebnik główny	☐	☒	☑	☑	☐	☐
liczebnik porządkowy	☑	☑	☐	☐	☑	☑

[handwritten: ordinal]

1g Proszę zadać kilku osobom w grupie poniższe pytania.

[handwritten: Recently I was]

– Kiedy ostatnio byłeś na wakacjach? – *Ostatnio byłem na wakacjach w sierpniu 2020 roku.*

– Kiedy ostatnio byłeś / byłaś za granicą?

– Kiedy skończyłeś / skończyłaś szkołę?

– Kiedy zacząłeś / zaczęłaś studiować / pracować?

– Kiedy ostatnio byłeś / byłaś nad morzem? *[handwritten: When were you last in the sea]*

– Kiedy ostatnio się przeprowadzałeś / przeprowadzałaś?

[handwritten: always dopełniacz]
[handwritten: W którym roku Wielka Brytania wyszła z Unii Europejskiej?]
[handwritten: W którym miesiącu lat? month]

2.
2a Proszę przeczytać tekst i przygotować zestawienie najważniejszych faktów.

Historia jednej **rodziny**

lekcja 2

1 Mój dziadek Antoni

urodził się 12 kwietnia 1910 roku
koło Wilna. Jego ojciec, znany
inżynier i kolekcjoner sztuki, czę-
5 sto wyjeżdżał za granicę. Mieszkali
w dużym, pięknym domu z ogrodem,
do którego matka co tydzień zapra-
szała swoich przyjaciół artystów.
W takiej atmosferze wychowywał się
10 mały Antoni.

Mój dziadek chodził do szkoły
w Wilnie, ale potem wyjechał do
Warszawy, gdzie studiował prawo.
Tam poznał moją babcię. W 1936
15 roku dostał stypendium we Francji.
Prawie trzy lata mieszkał w Paryżu
u swojej ciotki Wandy, siostry matki.
Wrócił do Polski w 1939 roku i w lipcu ożenił się z moją babcią.

20 Moja babcia Maria

urodziła się 4 października 1917 roku
w Warszawie. Jej ojciec, profesor uniwersytetu, zmarł, kiedy miała 2 lata.
14 lat później jej matka wyszła za
25 mąż za bogatego producenta kapelu-
szy. Babcia wyprowadziła się z domu.
Najpierw była nauczycielką, potem
dostała pracę w kancelarii znanego
warszawskiego adwokata. Tam po-
30 znała mojego dziadka.

Moi dziadkowie

pobrali się w lipcu 1939 roku, zaraz
potem wybuchła wojna. Przez całą
okupację mieszkali w Warszawie.
35 Dziadek pracował nielegalnie, publikował artykuły i uczył studentów
podziemnego uniwersytetu, babcia
studiowała historię. 8 maja 1945 roku
skończyła się wojna. Tego dnia bab-
40 cia urodziła córeczkę, moją mamę.

Kilka lat po wojnie

komuniści aresztowali mojego dziadka. Zmarł w więzieniu, wiosną 1955
roku.

45 Moja babcia i mama

zostały same. Przeprowadziły się do
Krakowa, gdzie moja babcia dostała
pracę jako archiwistka w Bibliotece Jagiellońskiej. Było im ciężko,
50 babcia nie zarabiała dużo, mieszkały
w obskurnym pokoiku na ulicy Smo-
leńsk, ale mama uczyła się dobrze
i w 1963 roku zaczęła studiować

polonistykę. Po studiach została na
55 uniwersytecie i tam poznała mojego
ojca.

Moi rodzice

pobrali się w 1970 roku, zaraz potem
urodził się mój brat. Oboje zaan-
60 gażowali się w działalność opozy-
cyjną. Kiedy 13 grudnia 1981 roku
zaczął się stan wojenny, mama była
w czwartym miesiącu ciąży. Mój ojciec został internowany. Moja mama
65 została sama.

Urodziłam się

8 maja 1982 roku, tak samo jak moja
mama, tylko 37 lat później. Moi
rodzice są już na emeryturze, brat
70 ma swoją rodzinę i prowadzi swoją
własną firmę. Babcia zmarła wiele lat
temu. Nigdy po raz drugi nie wyszła
za mąż.

wydarzenia	daty	mapy Polski
• Dziadek Antoni urodził	– 12.04.1910	
• Dziadek Antoni dostał stypendium we Francji.	– 1936	
• Wrócił do Polski i ożenił	– 1939	
• Dziadkowie mieszkali w Warszawie.	–	
• Skończyła się wojna	– 8.05.1945	
• Babcia i mama przeprowadziły się do Krakowa.	– 1955	
	– 1963	
• Rodzice pobrali się	– 1970	
• Zaczął się stan wojenny.	– 13.12.1981	
• Urodziła się	– 8.05.1982	

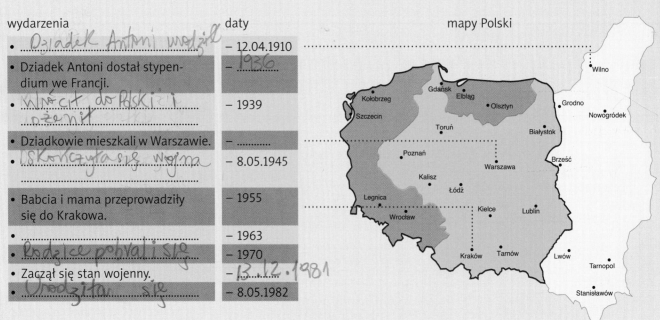

phrac się - get married
wziąć ślub - n n

● SŁOWNICTWO

Is that the same

2b Czy to jest to samo?

to die
urodzić się – umrzeć _nie_
wyjść za mąż – ożenić się _tak_
urodzić się – urodzić dziecko _nie_ _give birth to a child_
wyprowadzić się – przeprowadzić się _nie_
leaving home
moving out _moving house_
moving out and
moving in

underline   *which is real*

2c Proszę podkreślić informację, która jest prawdziwa.

0. Ojciec dziadka był inżynierem i interesował się sztuką.
   Ojciec dziadka był inżynierem i nie interesował się sztuką.
1. Dziadek pracował we Francji.
   Dziadek studiował we Francji.
2. Matka babci miała dwóch mężów.
   Matka babci miała jednego męża.
3. Babcia poznała dziadka, kiedy była nauczycielką.
   Babcia poznała dziadka, kiedy pracowała w kancelarii adwokackiej.
4. W czasie okupacji dziadkowie wyprowadzili się z Warszawy.
   in time
   W czasie okupacji dziadkowie mieszkali w Warszawie.
5. Babcia i mama wyprowadziły się do Krakowa po wojnie.
   Babcia i mama wyprowadziły się do Krakowa, kiedy zmarł dziadek.
6. Babcia i mama miały trudną sytuację materialną.
   Babcia i mama miały dobrą sytuację materialną.
7. Matka i ojciec interesowali się polityką.
   Matka i ojciec nie interesowali się polityką.
8. Brat pracuje na uniwersytecie.
   Brat pracuje na własny rachunek.
   own account

lekcja
2

2d Proszę napisać, co robiły w tych latach osoby opisane w tekście _Historia jednej rodziny_.

a) dziadek: 1936 – 1939   _Od 1936 do 1939 roku dziadek mieszkał we Francji._
b) babcia i dziadek: 1939 – 1945   _od 1939 do 1945 roku dziadek i babcia mieszkali w Warszawie_
c) babcia: 1955 – 1965
d) mama: 1963 – 1970   _od 1963 do 1970 roku mama studiowała polonistykę_
e) babcia i mama: 1955 – 1960
f) rodzice: 1970 – 1981   _od 1970 do 1981 roku oboje zaangażowali się w działalność_
                                opozycyjną.

2e Proszę opowiedzieć historię z perspektywy:

a) dziadka: _Urodziłem się na Litwie w 1910 roku..._
b) babci   c) matki   d) ojca   e) brata

Wymowa

CD
06   **2f Proszę wysłuchać wypowiedzi ośmiu osób. W których wypowiedziach słyszymy entuzjazm (E), a w których niezadowolenie (N)?**

1. Przeprowadziliśmy się!   E / N
2. Poznał fantastyczną dziewczynę. E / N
3. Zarobili dużo pieniędzy.   E / N
   they earned a lot of money
4. A więc pobrali się!   E / N
   and so
5. Wyjechali wcześnie.   E / N
   they left early
6. To ona dostała pracę.   E / N
   and she got a job
7. Nasza sąsiadka wyprowadziła się. E / N
   female neighbour
8. Ożenił się w ubiegłym tygodniu. E / N
   she got a
   husband last week
   sąs

Wymowa

2g Proszę powtórzyć powyższe wypowiedzi najpierw z entuzjazmem, a następnie z niezadowoleniem.

• GRAMATYKA

3.

3a Proszę przypomnieć, kiedy używamy czasowników w aspekcie niedokonanym, a kiedy w dokonanym.

Przykład: Kiedy mówimy o czynnościach zakończonych. *action finished*
– *aspekt dokonany*

a) Kiedy mówimy o czynnościach, które się powtarzają.
– *aspekt nie dokonany*

b) Kiedy mówimy o czynnościach, które miały miejsce tylko jeden raz. – *dokonany* *had occurred* *only once*

c) Kiedy opisujemy kogoś lub coś. – *nie dokonany* *describe someone / something*

d) Kiedy opisujemy stany emocjonalne albo fizyczne.
– *nie dokonany*.

e) Kiedy dana czynność trwa długo i ma podane odstępy czasowe (np. od… do…) – *niedokonany* *lasts long*

3b Które z wyrażeń czasowych używane są w zdaniach z czynnościami w aspekcie dokonanym, a które z czynnościami w aspekcie niedokonanym? Proszę uporządkować je w poniższej tabeli.

> zawsze ✓   nagle ✓   zwykle ✓   od czasu do czasu ✓
> od poniedziałku do piątku ✓   w pewnym momencie ✓
> długo ✓   dawniej ✓   raz dziennie ✓   co godzinę ✓
> w końcu ✓   wreszcie ✓   nareszcie ✓   raz na rok
> przez cały tydzień ✓   od czwartej do szóstej ✓
> w pewnej chwili   pewnego razu
> pewnego dnia   codziennie   co miesiąc

suddenly   *usually*   *finally*   *for a whole week*   *one day*

Aspekt niedokonany	Aspekt dokonany
czytać	przeczytać
pisać	napisać
robić	zrobić
poznawać *get to know*	poznać
kupować	kupić
przeprowadzać się	przeprowadzić się
spotykać	spotkać
zaczynać	zacząć
brać	wziąć
wyjeżdżać *to change*	wyjechać *to leave*
widzieć	zobaczyć

meet

Wyrażenia czasowe w czasie przeszłym aspekt niedokonany

> zawsze   zwykle   od czasu do czasu
> długo   raz dziennie   co godzinę
> od czwartej do szóstej   raz na rok
> codziennie   co miesiąc   dnia
> ~~momencie~~ ~~chwili~~   razu

Wyrażenia czasowe w czasie przeszłym aspekt dokonany

> nagle   w pewnym momencie
> od poniedziałku do piątku
> dawniej   w końcu   wreszcie
> nareszcie   przez cały tydzień
> w pewnej chwili   pewnego razu
> pewnego dnia

I used to dawniej in the past

3c Proszę podkreślić właściwe wyrażenie w podanych poniżej zdaniach:

1. Kiedy byłam mała, mama *często* / nagle czytała mi książki przed snem. *suddenly* *bedtime*

2. Kiedy byłam mała, *pewnego dnia* / często przeprowadziliśmy się do domu na wsi. *one day*

3. Kiedy byłem studentem, od czasu do czasu / *pewnego razu* poszedłem na imprezę i poznałem moją żonę.

4. Kiedy byłem studentem, *często* / pewnego dnia spotykałem się z kolegami z innych uniwersytetów.

5. *Wreszcie* / długo pisałem doktorat. *finally at last*

6. Wreszcie / *od poniedziałku do piątku* napisałem doktorat.

7. *Dawniej* / wreszcie uczyłem się francuskiego, teraz studiuję język niemiecki. *in the past*

8. *Wczoraj* / zwykle nauczyłem się kilku nowych słów po niemiecku. *after*

9. Raz dziennie / *nareszcie* wyszła za mąż! *once a day* *at last*

10. *Dwa lata temu* / rzadko ożenił się.

11. *Co dwa dni* / w pewnym momencie pisał jeden rozdział do swojej książki. *rarely* *chapter*

12. *W pewnej chwili* / całą noc napisał krótki list i wyszedł. *one moment* *a short letter* *and left*

3d Proszę podkreślić odpowiednią formę czasownika i uzasadnić swój wybór.

1. Zawsze *czytałam* / przeczytałam dużo książek.
   W zeszłym roku czytałam / *przeczytałam* 5 książek.

2. Dawniej ludzie *pisali* / napisali listy.
   Wczoraj pisałem / *napisałem* 2 maile.

3. Moja siostra wreszcie robiła / *zrobiła* doktorat.
   Moja siostra *robiła* / zrobiła doktorat od 2016 do 2020 roku.

4. Ja i moja żona poznawaliśmy się / *poznaliśmy się* 10 lat temu.
   Ja i moja żona przez 10 lat podróżowaliśmy po świecie i *poznawaliśmy* / poznaliśmy różne kultury.

5. Kiedyś często *kupowałem* / kupiłem książki papierowe, teraz wolę czytać ebooki na tablecie.

6. W zeszłym tygodniu kupowałem / *kupiłem* swój pierwszy czytnik książek elektronicznych.

lekcja 2

3e Proszę podkreślić odpowiednią formę czasownika.

Urodziłem się w Krakowie. Do siódmego roku życia *mieszkałem* / *zamieszkałem*[0] tylko z mamą w Krakowie. Potem moja mama *poznawała* / *poznała*[1] Johna, mojego ojczyma i *przeprowadzaliśmy* / *przeprowadziliśmy*[2] się do Warszawy. Pamiętam ten dzień, 21 grudnia razem z Johnem *mieszkaliśmy* / *zamieszkaliśmy*[3] w naszym nowym domu. John był Anglikiem, *uczył się* / *nauczył się*[4] polskiego – *brał* / *wziął*[5] prywatne lekcje, a ja w Warszawie *zaczynałem* / *zacząłem*[6] chodzić na kurs angielskiego. Kiedy miałem 12 lat, *wyjeżdżaliśmy* / *wyjechaliśmy*[7] do Anglii. Najpierw krótko *mieszkaliśmy* / *zamieszkaliśmy*[8] na wsi, potem w małym miasteczku nad morzem, potem we wschodnim Londynie, aż w końcu moi rodzice *kupowali* / *kupili*[9] dom w zachodnim Londynie. W sumie *przeprowadzaliśmy się* / *przeprowadziliśmy się*[10] 5 razy, a ja ciągle *zmieniałem* / *zmieniłem*[11] szkoły. Nie chciałem tego. Zawsze, kiedy *zaczynałem* / *zacząłem*[12] lubić nowe miejsce, musiałem *wyjeżdżać* / *wyjechać*[13]. Kiedy miałem 16 lat i *mieszkaliśmy* / *zamieszkaliśmy*[14] we wschodnim Londynie, *poznawałem* / *poznałem*[15] Daisy, moją dziewczynę. *Widziałem* / *zobaczyłem*[16] ją pierwszego dnia w szkole i od razu się *zakochiwałem* / *zakochałem*[17]. Pewnego dnia *spotykaliśmy się* / *spotkaliśmy się*[18] w szkolnej stołówce i *zaczynaliśmy* / *zaczęliśmy*[19] rozmawiać. Daisy urodziła się w Londynie, ale jej rodzice byli Nigeryjczykami. *Przeprowadzali się* / *przeprowadzili się*[20] do Anglii, kiedy byli dziećmi. Od tamtego dnia *spotykaliśmy się* / *spotkaliśmy się*[21] codziennie po szkole i *uczyliśmy się* / *nauczyliśmy się*[22] razem. Oboje – Daisy i ja chcieliśmy studiować medycynę, ale po maturze postanowiliśmy *robić* / *zrobić*[23] rok przerwy i *wyjeżdżać* / *wyjechać*[24] do Afryki. Podróżowaliśmy przez 10 miesięcy, *odwiedzaliśmy* / *odwiedziliśmy*[25] rodzinne strony Daisy, *poznawaliśmy* / *poznaliśmy*[26] jej babcię. W sierpniu *wracaliśmy* / *wróciliśmy*[27] do Londynu i za dwa miesiące zaczynamy studia.

4. CD 07

4a **Pan Ryszard i pani Maria są kuzynami. Pan Ryszard od wielu lat mieszka w USA, teraz przyjechał z wizytą do swojej rodziny w Polsce. Proszę wysłuchać rozmowy pana Ryszarda z kuzynką i jej mężem Władysławem i odpowiedzieć na poniższe pytania.**

a) Od ilu lat pan Ryszard mieszka w USA? 40 lat
b) Kim była Basia? Ryszarda żona
c) Ile dzieci ma pan Ryszard? dwoje

CD 07 DVD 2

4b **Proszę posłuchać jeszcze raz lub obejrzeć film i zaznaczyć, której z wymienionych osób dotyczą podane informacje.**

	Ryszard	Basia	Robert	Halina
0. Kto wyjechał 40 lat temu do USA?	X	X		
1. Kto umarł 7 lat temu?		X		
2. Kto jest na emeryturze?	X			
3. Kto jest w wojsku?			X	
4. Kto wyszedł po raz drugi za mąż?				
5. Kto się często przeprowadza?			X	
6. Kto wziął ślub 10 lat temu?				
7. Kto ułożył sobie życie?				X
8. Kto ma dwoje dzieci?	X			
9. Kto ma troje dzieci?			X	
10. Czyj syn idzie niedługo do college'u?				
11. Kto ma małą córeczkę?	X			X
12. Kto był na wakacjach w Polsce 12 lat temu?				X
13. Kto się ożenił w wieku 25 lat?	X	X		

4c Poniżej podano definicje opisujące stan cywilny człowieka. Proszę połączyć wyrażenia.

1. osoba, która się rozwiodła
2. osoba, która nie ma męża / żony
3. osoba, której mąż / żona już nie żyje
4. osoba, która ma męża / żonę

a) mężatka / żonaty
b) panna / kawaler
c) wdowa / wdowiec
d) rozwiedziona / rozwiedziony

5.

5a Role. Proszę razem z kolegami / koleżankami zagrać scenkę.

Spotkanie po latach

25 lat temu skończyłeś / skończyłaś studia. Wasz uniwersytet organizuje „Bal Absolwentów – 25 lat później". Jesteś na balu i spotykasz swoich kolegów i koleżanki z roku. Nie widziałeś / widziałaś ich od dawna. Rozmawiasz z nimi, pytasz, co u nich słychać. Opowiadasz też o swoim życiu.

Sugerowane role:

dziennikarz, dwoje dzieci, dwa razy żonaty

gospodyni domowa, jeden syn, mąż nie żyje

pisarka, partner, jedna córka

bezrobotny, nie mieszka z żoną, troje dzieci

nauczycielka, mąż, dwaj synowie, pięć psów

profesor, partnerka, nie ma dzieci

5b Proszę obejrzeć fotografie, wybrać jedną z nich i opisać, co wydarzyło się w życiu tej osoby przez ostatnie 10 lat.

5c Proszę przeczytać poniższy tekst i napisać, co wydarzyło się później w życiu doktora z uniwersytetu w Gdańsku (max. 100 słów). Można użyć wyrażeń z tabelki.

> ożenić się   starać się o paszport i wizę   wyjechać
> zostać w Gdańsku   pracować na uniwersytecie   zerwać z dziewczyną
> mieć problemy z wizą   nie mieć pieniędzy na wyjazd
> tęsknić za rodziną   tęsknić za dziewczyną   pracować intensywnie
> w każdy weekend przyjeżdżać do Polski   nie mieć kontaktu z dziewczyną
> nie móc przyjeżdżać do Polski   mieć kłopoty w Polsce   wrócić do Polski
> zostać na Zachodzie   poznać kogoś innego

1 W 1978 roku w Polsce nie było bezrobocia i wszyscy mieli pracę. Ale sytuacja w kraju nie była dobra, bo było bardzo trudno 5 mieć własną firmę. Ludzie musieli długo czekać na mieszkanie, czy samochód. Nie mogli podróżować swobodnie za granicę. Musieli stać w kolejkach, żeby kupić podstawo- 10 we artykuły żywnościowe.

W 1978 roku obroniłem doktorat na uniwersytecie w Gdańsku. Miałem możliwość pracy na mojej uczelni, ale w pewnym momencie 15 zdałem sobie sprawę, że nie mogę swobodnie rozwijać swojej kariery, bo zależy ona od kontaktów z Zachodem. Wyjazd na Zachód był wtedy niezwykle trudny. Mój doktorat 20 przeczytał pewien profesor z uniwersytetu w Niemczech i zaproponował mi pracę. Musiałem zdecydować się szybko. Nie było to łatwe, bo miałem tutaj dziewczynę i całą rodzinę.

lekcja 2

recenzja – review   panna – single (female)   żonaty – married
Kawaler – " (male)   zamężna – "

Proszę posłuchać wypowiedzi ośmiu osób. Kim są z zawodu, skąd pochodzą i jaki jest ich stan cywilny? Proszę wpisać odpowiedzi do rubryk.

CD 08

ZGADNIJ, KIM JESTEM?

imię	data urodzenia	kraj	stan cywilny	zawód
1. Dominik	23.09.1982	Francia	Kawaler	computere
2. Juanita	12.12.1970	Meksyk	zamężna	Hospitale
3. Ramon	03.11.1950	Egipt	wdowiec	pisać krytyk lite
4. Zanka	13.08.1985	Czechy	panna	stylist
6. Walter	10.03.1973	Austria	żonaty	gaze / architect
7. Jan	18.10.1968	Dublin/Irlandia	rozwiedziony	śpiewa / zespół
8. Ewa	05.02.1980	Holandia	panna	Uniwersytet i
	30.12.1945	Polska	wdowa	clinice

lekcja 2

6a Proszę przeczytać życiorysy polskich noblistów, a następnie wpisać właściwe nazwisko pod każdym z nich.

Lech Wałęsa
Henryk Sienkiewicz
Maria Skłodowska-Curie
Władysław Reymont ✓
Olga Tokarczuk
Wisława Szymborska
Czesław Miłosz

0. Urodził się na wsi pod Radomskiem. Pracował na kolei, potem wyjechał do Warszawy, gdzie publikował pierwsze teksty. Nagrodę Nobla za powieść *Chłopi* – znakomity obraz polskiej wsi i folkloru – otrzymał w 1924 roku. Jego kontrkandydatami byli wtedy: Thomas Mann, Thomas Hardy, Sigrid Undset i Maksym Gorki. ....*Władysław Reymont*........

1. Kiedy w 1905 roku otrzymał Nagrodę Nobla, miał 49 lat. Był już bardzo popularny w kraju i za granicą, a jego powieści historyczne takie jak *Quo vadis* tłumaczono na różne języki. Angażował się w politykę i publikował swoje wypowiedzi w prasie angielskiej, francuskiej i niemieckiej. ....

2. Urodziła i wychowała się w Polsce, jednak mieszkała i pracowała we Francji, gdzie razem z mężem prowadziła badania nad promieniotwórczością. W 1903 roku oboje otrzymali Nagrodę Nobla w dziedzinie fizyki. ....

3. Przyjechała z rodzicami do Krakowa jako ośmioletnia dziewczynka i tutaj już została. Studiowała polonistykę, ale nie skończyła studiów. Przez wiele lat publikowała swoje wiersze w krakowskim „Dzienniku Polskim". Nagrodę Nobla otrzymała w 1996 roku.

4. Urodził się na Litwie, studiował w Wilnie, okupację spędził w Warszawie. Na początku lat pięćdziesiątych pracował w polskiej dyplomacji. Uciekł do Francji, a potem pracował na uniwersytecie w Berkeley w USA. Jego książki i tomy poezji drukowane na emigracji były zakazane. Wielu młodych Polaków usłyszało o nim po raz pierwszy, gdy w 1980 roku dostał Nagrodę Nobla. ....

5. Legendarny przywódca Solidarności. Organizował strajki w Stoczni Gdańskiej. Kiedy w 1983 roku otrzymał Nagrodę Nobla, władze PRL nie pozwoliły mu wyjechać do Sztokholmu, nagrodę odebrała jego żona Danuta. Był pierwszym wybranym w wolnych wyborach prezydentem Polski. ....

6. Została laureatką Nagrody Nobla w 2019 w dziedzinie literatury za rok 2018. W tym samym roku zdobyła Nagrodę The Man Booker International Prize za powieść *Bieguni*. Urodziła się w 1962 roku w Sulechowie, obecnie mieszka na Dolnym Śląsku. Jest absolwentką Uniwersytetu Warszawskiego, gdzie studiowała psychologię. Od 2008 prowadzi zajęcia z twórczego pisarstwa na Uniwersytecie Opolskim i na Uniwersytecie Jagiellońskim w Krakowie. Od 2015 organizuje w Nowej Rudzie i okolicach Festiwal Góry Literatury. W programie festiwalu znajdują się akcje edukacyjne, debaty, koncerty, panele, pokazy, spotkania, warsztaty filmowe, kulinarne i literackie oraz wystawy. Jest feministką, wspiera działania na rzecz ochrony środowiska, praw zwierząt oraz regularnie bierze udział w paradach równości. ....

6b Czy zna Pan / Pani laureatów Nagrody Nobla w Pana / Pani kraju? Kim są / kim byli? Proszę przygotować w parach sylwetki znanych noblistów i przedstawić je grupie (nie podajemy nazwiska).

21

SYTUACJE KOMUNIKACYJNE	wyrażanie opinii na temat pracy • dyskusja • formułowanie uogólnień (wszyscy, każdy) • POWTÓRZENIE: wyrażanie relacji czasowych
SŁOWNICTWO	praca, czas pracy, zarobki, warunki pracy • POWTÓRZENIE: godziny, pory dnia
GRAMATYKA I SKŁADNIA	tworzenie liczby mnogiej rzeczowników i zaimków męskoosobowych • POWTÓRZENIE: okoliczniki czasu związane z godzinami i porami dnia • użycie niektórych spójników: a, i, ani, lecz, ale, jednak • zaimki każdy i wszyscy

Praca

1.

1 Proszę przedstawić osoby na rysunkach. Gdzie pracują? Czy ich praca jest interesująca? Co robią każdego dnia?

2.

2a Proszę przeczytać tekst i połączyć wyrażenia znajdujące się pod tekstem.

O swojej pracy opowiedzieli...

Lilka Pawłowska, 24 lata
asystentka prezesa zarządu PRO-NET

Moja praca jest... stresująca, ale nie monotonna. Muszę być punktualna i oczywiście świetnie zorganizowana. Prowadzę kalendarz spotkań mojego szefa i korespondencję. To odpowiedzialna praca. Mój błąd może kosztować firmę dużo pieniędzy.

Czas pracy... Jestem w pracy o ósmej, czytam korespondencję, przygotowuję terminarz spotkań, odpowiadam na listy, odbieram telefony i tak dalej. Nie zawsze mam czas na obiad. Teoretycznie kończę pracę o 16.00, ale zwykle wychodzę o 17.00, 18.00, a czasem o 20.00. Kawa? Mój szef robi świetne cappuccino.

Wynagrodzenie... Jestem zadowolona. Mam dobrą pensję, czasem premię i ekstra pieniądze na urlop i na święta.

Urlop... Zwykle dwa tygodnie w lecie i tydzień zimą. Ale terminy muszę negocjować dużo, dużo wcześniej. Zawsze jest coś ważnego do zrobienia.

Lubię moją pracę..., bo mam kontakt z ludźmi, czasem jeżdżę za granicę... Mój szef ma do mnie pełne zaufanie i to jest bardzo ważne.

Minusy... Pracuję bardzo intensywnie i mam mało czasu dla siebie i dla przyjaciół, to fakt. Ale jestem młoda i nie mam rodziny, więc na razie to nie jest problem.

Mateusz Kozera, 31 lat
informatyk programista

Moja praca jest... moją pasją.

Czas pracy... 24 godziny na dobę. Pracuję na własny rachunek: piszę programy i robię aplikacje mobilne na smartfony i tablety, ale nie mam nigdzie etatu. Sam decyduję, o której zaczynam, o której kończę.

Wynagrodzenie... To zależy, ilu mam klientów.

Urlop... Co to jest urlop? Ha, ha, ha... Moja żona i córka jeżdżą na urlop beze mnie. Ale święta zawsze spędzamy razem.

Lubię moją pracę..., bo jest moją pasją.

Minusy... Nie mam własnego biura, pracuję w domu i moja córka trochę mi przeszkadza, ale ta sytuacja ma też swoje plusy...

Elżbieta Kruk, 48 lat
pediatra

Moja praca jest... ważna.

Czas pracy... to zależy. Pracuję w szpitalu, czasem w nocy, w weekendy, w święta. Mam też prywatną praktykę, trzy razy w tygodniu od 16.00 do 20.00.

Wynagrodzenie... pensja lekarza plus zarobki z praktyki prywatnej.

Urlop... dwa razy w roku: w lecie nad wodą i zimą na nartach.

Lubię moją pracę... Tak.

Minusy... Moje dzieci są już dorosłe, ale chciałabym mieć więcej czasu dla rodziny.

Wiesław Grzybowski, 36 lat
nauczyciel polonista w liceum ogólno-kształcącym

Moja praca jest... trudna.

Czas pracy... W szkole jestem od 8.00 do 15.00, ale to nie koniec, wieczorami pracuję w domu, dużo czytam, przygotowuję lekcje, sprawdzam zadania.

Wynagrodzenie... Hmm..., uważam że nauczyciele zarabiają za mało.

Urlop... mam wakacje w lipcu i sierpniu i ferie w zimie, tak jak uczniowie.

Lubię moją pracę... Moja praca jest dużym wyzwaniem, czasem daje dużo satysfakcji, to zależy od uczniów.

Minusy... Ludzie uważają, że praca nauczyciela jest łatwa, a to nieprawda.

1. prywatna praktyka	a) wynagrodzenie, zarobki
2. pensja	b) własny gabinet lekarski lub psychologiczny
3. pracuję na własny rachunek	c) wakacje, wolne dni
4. urlop	d) bonus finansowy
5. etat	e) mam swoją firmę
6. premia	f) stała praca / zatrudnienie w firmie lub instytucji

2b Osoby wypowiadające się w ćwiczeniu 2a mówią o swoich obowiązkach. Proszę zastanowić się z kolegą / koleżanką, jakie zalety i jakie wady ma ich praca, a następnie uzupełnić tabelę.

	zalety	wady
Lilka		
Mateusz	*pracuje na własny rachunek*	
Elżbieta		
Wiesław		*musi pracować wieczorami w domu*

DYSKUSJA

Wyrażasz opinię

– Przepraszam, chcę coś powiedzieć.
– Chcę powiedzieć, że...
– Myślę, że...
– Uważam, że...
– Jestem pewien / Jestem pewna, że...
– Wydaje mi się, że...
– Sądzę, że...
– Moim zdaniem...

Nie zgadzasz się z rozmówcą / dyskutantem

– Nieprawda!
– Nie zgadzam się z tobą.
– Nie masz racji.
– Chcę dodać, że...
– To nie jest tematem (naszej) dyskusji.

Zgadzasz się z rozmówcą / dyskutantem

– Całkowicie się z tobą zgadzam!
– Masz rację.
– Ja też tak myślę.
– Potwierdzam.

2c Jak Pan / Pani myśli, czy ankietowane osoby lubią swoją pracę? Dlaczego? Proszę podyskutować o tym w grupie.

WYRAŻANIE OPINII O PRACY

> Uważam, że Lilka lubi swoją pracę, bo ma kontakt z ludźmi i często wyjeżdża za granicę. A poza tym, praca Lilki nie jest monotonna...

> Nie masz racji, praca Lilki jest stresująca i odpowiedzialna, Lilka nie ma czasu dla siebie.

> A ja się zgadzam, że Lilka lubi swoją pracę. Czasami jest zmęczona, ale nieźle zarabia i ma dobrego szefa.

- **praca**: ciekawa, interesująca, odpowiedzialna, atrakcyjna, nudna, monotonna, stresująca, męcząca
- **praca daje**: satysfakcję, zadowolenie
- **dobrze zarabiać** = mieć wysokie zarobki
- **źle zarabiać** = mieć niskie zarobki

2d Proszę uzupełnić tekst podanymi słowami we właściwej formie.

1. *kancelaria, satysfakcja, być, zarobki, zawód, stresujący*

Studiuję prawo, ponieważ chcę ....*być*.......... adwokatem. Praca adwokata na pewno jest ...., ale daje dużo .... i oczywiście gwarantuje wysokie .... Chcę mieć własną .... w moim mieście. Uważam, że to dobry ....

2. *wieczorami, zawód, satysfakcja, łatwy, zarobki, odpowiedzialny, wakacje*

Ludzie myślą, że .... nauczyciela jest .... i przyjemny, ale to nieprawda. Moja praca jest .... i nie zawsze daje ...., to zależy od uczniów. To fakt, mam dwa miesiące .... i ferie, ale moje .... nie są wysokie i muszę pracować .... w domu.

3. *kontakt, satysfakcja, zarabiać, monotonny*

Praca fryzjerki na pewno nie jest .... W mojej pracy mam .... z ludźmi, często z nimi rozmawiam, a oni mnie lubią. Moja praca daje mi ...., chociaż nie .... dużo.

CD 09 **2e** Proszę posłuchać wypowiedzi trzech osób i porównać swoją wersję ćwiczenia 2d z nagraniem.

2f Proszę zapytać kolegę / koleżankę:

- Gdzie pracuje / studiuje?
- Ile godzin dziennie pracuje? Ile dni w tygodniu?
- Jakie są plusy i minusy jego / jej pracy?
- Co jest dla niego / niej ważniejsze: satysfakcja czy wynagrodzenie?
- Ile dni urlopu ma rocznie?
- Czy woli pracę na etacie czy na własny rachunek?

2g Proszę zapytać kolegów / koleżanki w grupie, co jest dla nich najważniejsze w pracy.

imię	bardzo ważne	istotne	obojętne

zarobki
urlop
ubezpieczenie
samodzielność
atmosfera w pracy
podróże

3.

3a Poniżej znajduje się pięć grup zawodów. Proszę porównać zawody z każdej z nich, a następnie odpowiedzieć na pytania.

grupa 1	grupa 2	grupa 3	grupa 4	grupa 5
pisarze	fryzjerzy	aktorzy	inżynierowie	lekarze
malarze	pracownicy fizyczni	piosenkarze	architekci	księża
reżyserzy	taksówkarze	kreatorzy mody	adwokaci	naukowcy

1. Które zawody reprezentują pracę fizyczną?
2. Które zawody związane są z pracą umysłową?
3. Które zawody wymagają długich studiów?
4. Które zawody wymagają odpowiednich predyspozycji psychofizycznych?
5. Który zawód uważasz za najbardziej atrakcyjny / prestiżowy?

3b Proszę posłuchać informacji o grupach zawodów i podać kolejność, w jakiej są przedstawiane.

CD 10

grupa ..3..	grupa	grupa	grupa	grupa .....

3c Proszę posłuchać po raz drugi nagrania i zanotować cechy wspólne dla zawodów z list.

CD 10

grupa 1 ....
grupa 2 ....
grupa 3 *są artystami, zarabiają dużo pieniędzy, są* ....
grupa 4 ....
grupa 5 ....

• GRAMATYKA

RZECZOWNIK MIANOWNIK LICZBA MNOGA RODZAJ MĘSKOOSOBOWY

pan – panowie	
profesor – profesorowie	
ojciec – ojcowie	**-owie**
syn – synowie	
mąż – mężowie	

Polak – Polacy	-k	-cy	
pedagog – pedagodzy	-g(a)	-dzy	
kolega – koledzy			**-y**
aktor – aktorzy	-r	-rzy	
Niemiec – Niemcy	-ec	-cy	

student – studenci	-t	-ci	
artysta – artyści	-sta	-ści	**-i**
Szwed – Szwedzi	-d	-dzi	
Włoch – Włosi	-ch	-si	

lekarz – lekarze	-rz		
listonosz – listonosze	-sz		
gracz – gracze	-cz		**-e**
gość – goście	-ść		
nauczyciel – nauczyciele	-l		

Amerykanin – Amerykanie	-anin	-anie	

UWAGA!

człowiek – ludzie	brat – bracia
mężczyzna – mężczyźni	ksiądz – księża

3d Proszę zamienić zdania w liczbie pojedynczej na liczbę mnogą. Jak Pan / Pani myśli, czy poniższe opinie są prawdziwe? A może to stereotypy?

0. Każdy student lubi się bawić. *Wszyscy studenci lubią się bawić. Myślę, że to stereotyp. Nie wszyscy studenci lubią się bawić.*

1. Każdy mężczyzna kocha swój samochód. ....
....

2. Każdy ojciec kocha swoje dzieci. ....
....

3. Każdy nauczyciel ma wakacje. ....
....

4. Każdy dyrektor ma swój gabinet. ....
....

5. Każdy robotnik pracuje fizycznie. ....
....

6. Każdy pisarz pracuje na własny rachunek. ....
....

7. Każdy architekt dużo zarabia. ....
....

8. Każdy urzędnik jest zatrudniony na etacie. ....
....

3e Proszę uzupełnić poniższy opis klasyfikacji zawodów za pomocą właściwych słów i zwrotów podanych w ramce. Proszę sprawdzić w słowniku znaczenie nowych słów.

> *specjaliści   technicy i inny średni personel*
> *pracownicy usług osobistych i sprzedawcy*
> *pracownicy biurowi*
> *operatorzy i monterzy maszyn i urządzeń*
> *pracownicy przy pracach prostych*
> *parlamentarzyści, wyżsi urzędnicy i kierownicy*✓

Klasyfikacja zawodów i specjalności dla potrzeb rynku pracy grupuje zawody i specjalności i ustala ich symbole i nazwy. Oto charakterystyka wielkich grup zawodowych:
... *parlamentarzyści, wyżsi urzędnicy i kierownicy* ...

W grupie tej znajdują się zawody, które mają za zadanie planować, realizować cele polityki państwa, formułować prawo i kierować administracją, a także zarządzać przedsiębiorstwami.

1. ....
W grupie tej znajdują się osoby, które mają wiedzę i wysokie kwalifikacje w danej dyscyplinie, umiejętności i doświadczenie.

2. ....
W grupie tej znajdują się osoby, które mają wiedzę i kwalifikacje do pracy technicznej i prac podobnych.

3. ....
W grupie tej znajdują się osoby, które umieją organizować, zapisywać, przechowywać informacje, obliczać dane finansowe i statystyczne oraz być do dyspozycji klienta.

4. ....
W grupie tej znajdują się osoby, które oferują usługi osobiste takie jak: dostarczanie żywności, opieka osobista, planowanie podróży, sprzedawanie i demonstrowanie towarów etc.

5. ....
W grupie tej znajdują się osoby, które umieją prowadzić pojazdy, kontrolować i obserwować pracę maszyn przemysłowych.

6. ....
W grupie tej znajdują się osoby, które nie muszą mieć wiedzy i umiejętności, nie muszą też mieć kwalifikacji.

Na podstawie: Wikipedia.pl

3f Proszę wybrać z kolegą / koleżanką jeden z poniższych zawodów i opowiedzieć, jak żyją te osoby. Pozostałe osoby próbują odgadnąć, o jakiej grupie zawodowej Państwo mówią.

> *biznesmeni, taksówkarze, lekarze, nauczyciele, księża, pracownicy fizyczni, aktorzy, fryzjerzy, pisarze, parlamentarzyści, politycy, kelnerzy*

Przykład: Ci ludzie wstają wcześnie, na przykład o szóstej rano. Kończą pracę późno...

- O której godzinie wstają i zaczynają pracę?
- O której kończą?
- Czy pracują na etacie czy nie? Jakie to ma konsekwencje dla ich codziennej rutyny?
- Czy mają dość czasu dla rodziny? Kiedy?
- Kiedy mają urlop?
- Czy ich praca jest stresująca?
- Czy ich praca daje im satysfakcję?

3g Proszę napisać te słowa w liczbie pojedynczej.

specjaliści ...... *specjalista* ......
technicy ....
pracownicy ....
sprzedawcy ....
operatorzy ....
monterzy ....
parlamentarzyści ....
urzędnicy ....
kierowcy ....

3h Proszę uzupełnić wystąpienie dyrektora fabryki z okazji Nowego Roku za pomocą właściwej formy rzeczowników w liczbie mnogiej.

Drodzy .... [1] (Kolega), drogie Koleżanki,

z okazji nadchodzącego Nowego Roku chciałbym złożyć całemu zespołowi najserdeczniejsze życzenia. Za nami trudny, ale ważny rok, który skończył się dla nas sukcesem. Ten sukces to wy: .... [2] (pracownik) administracyjni i cała produkcja, ... [3] (szef) oddziałów i .... [4] (operator) maszyn. .... [5] (brygadzista) i .... [6] (inżynier) .... [7] (pracownik) biura obsługi klienta i .... [8] (kierownik) zmian. Sekretarki i .... [9] (stażysta).

Dziękuję raz jeszcze i życzę wszystkim szczęśliwego Nowego Roku.

Ortografia

3i Proszę posłuchać nauczyciela i wpisać brakujące litery:

lekarz... fryzjerz... sprząta......ki pisa......e za......ynam pra...uję
taksówkarz... kelnerz... wie......ór ......ekawy koń......ę prowa......ę

ZAIMEK WSKAZUJĄCY	
rodzaj męski jaki?	rodzaj męskoosobowy jacy?
ten tamten	ci tamci

ZAIMEK DZIERŻAWCZY	
czyj?	czyi?
mój twój nasz wasz	moi twoi nasi wasi
jego ich pana panów państwa	

4.

4a Proszę rozwiązać quiz.

QUIZ JAK MYŚLISZ?

1. Czy *bezrobotny* to człowiek, który:
   a) nie ma pracy,
   b) nie lubi pracy.

2. Czy *zatrudniać* to znaczy:
   a) wykonywać trudną pracę,
   b) dawać komuś pracę.

3. Czy *pracownik* to człowiek, który:
   a) pracuje na etacie,
   b) pracuje na własny rachunek.

4. Czy *zwalniać* to znaczy:
   a) mieć mało obowiązków w pracy,
   b) zrezygnować z pracownika, rozwiązać umowę.

4b Proszę na podstawie poniższych obrazków opowiedzieć, co się wydarzyło w życiu Stefana. Proszę użyć słów: *bezrobotny, zatrudnić, pracownik, zwolnić* oraz innych poznanych w tej lekcji.

1

2

lekcja 3

3

4

5

6

4c Proszę obejrzeć nagranie, a następnie wymienić z kolegą / koleżanką opinie na temat kandydatów. Proszę skorzystać z pytań pomocniczych:

D V D 3

1. Kto twoim zdaniem ma większe szanse na otrzymanie oferty pracy? Dlaczego tak uważasz?

2. Jakie błędy w rozmowie kwalifikacyjnej popełnili kandydaci?

3. Jakie są mocne / słabe strony kandydatów?

4d Proszę ponownie obejrzeć nagranie i zaznaczyć, który z kandydatów wypowiada poniższe stwierdzenia:

D V D 3

		K1	K2
1	Jestem osobą otwartą, bezkonfliktową, przyjacielską.		
2	Moją mocną stroną jest ciekawość świata i energia.		
3	Mam bardzo dobry kontakt z ludźmi.		
4	Lubię wyzwania, potrafię pracować ciężko.		
5	Dobrze radzę sobie ze stresem.		
6	Klienci i koledzy w pracy mnie lubią.		
7	Jestem osobą bezproblemową.		
8	Słabą stroną jest organizacja pracy.		
9	Moją największą wadą jest to, że jestem czasem zbyt sympatyczny.		

4e Poniżej zamieszczono trzy ogłoszenia o pracy. Proszę je przeczytać, a następnie zdecydować:

* Kto odpowie na to ogłoszenie – osoba młoda, starsza, studenci?
* Jakie cechy charakteru powinny mieć osoby zatrudniane na podobnych stanowiskach?
* Która oferta pracy podoba się Panu/ Pani najbardziej i dlaczego?

Duża firma spedycyjna zatrudni
kierowców

Wymagania:

– *prawo jazdy kategorii B+C*

– *minimum roczne doświadczenie w pracy na podobnym stanowisku*

Tel. 765-654-943

Szkoła Języków Obcych
zatrudni **lektorów języka angielskiego i niemieckiego**
Poszukujemy też:
cudzoziemców mówiących po polsku,
z doświadczeniem w nauczaniu języka lub
dyplomem ukończenia studiów pedagogicznych.

tel. 12 221-34-54

Firma farmaceutyczna zatrudni

przedstawiciela handlowego

Wymagania:

– wiek do 35 lat,

– własny samochód,

– pełna dyspozycyjność.

Oferujemy wysokie zarobki!

Tel. 12 654-87-21

 4f Role. Proszę wybrać z kolegą / koleżanką jedną z ofert i przygotować następujący dialog:

Rozmowa kwalifikacyjna:

Osoba 1. Jesteś kandydatem. Rozmawiasz z szefem firmy, która dała ogłoszenie. Opowiadasz o sobie, pytasz o warunki pracy.

Osoba 2. Jesteś szefem firmy, która chce zatrudnić nowego pracownika. Rozmawiasz z kandydatem o jego / jej kwalifikacjach, predyspozycjach itd.

4g Poniżej zaprezentowane osoby starają się o nową pracę. Proszę uzupełnić ich CV. Proszę użyć poniższych informacji, a także słów potrzebnych do opisu drogi zawodowej i edukacyjnej.

a) Analityk finansowy, 5 lat pracy w dużych korporacjach, prawo jazdy, dyspozycyjny, kreatywny, amator wspinaczki. Zna 3 języki: angielski, francuski i niemiecki.
b) Pielęgniarka w szpitalu pediatrycznym, 10 lat doświadczenia, specjalizacja – nefrologia; otwarta, pracowita i odpowiedzialna, kocha pracę z dziećmi, ma uprawnienia animatora kultury, gra na fortepianie.

Uniwersytet Medyczny   Uniwersytet Ekonomiczny   Wydział: Ekonomii, Prawa, Pielęgniarstwa   firma X
stanowisko: młodszego, starszego konsultanta, specjalisty, oddziałowej, salowej, szefowej oddziału   praca w charakterze .....
znajomość języków: biegła, podstawowa, średnia, w mowie i w piśmie, poziom: A1, A2, B1, B2, C1, C2

Curriculum vitae

Imię i nazwisko:

Data i miejsce urodzenia:

Miejsce zamieszkania:

Adres do korespondencji:

Adres e-mail:

Telefon:

Wykształcenie:

Doświadczenie zawodowe:

Znajomość języków obcych:

Inne umiejętności, kwalifikacje:

Curriculum vitae

Imię i nazwisko:

Data i miejsce urodzenia:

Miejsce zamieszkania:

Adres do korespondencji:

Adres e-mail:

Telefon:

Wykształcenie:

Doświadczenie zawodowe:

Znajomość języków obcych:

Inne umiejętności, kwalifikacje:

5.

5a Czy praca daje Panu / Pani satysfakcję? Proszę zaznaczyć jedną odpowiedź.

PSYCHOZABAWA

1. Co chciałbyś / chciałabyś powiedzieć swojemu szefowi?
a) Jesteś fajny, lubię cię!
b) Jesteś dobrym szefem, ale nie zaproszę cię na piwo.
c) Idiota!

2. Kiedy dostajesz pensję, myślisz:
a) Jutro idę na zakupy!!!
b) Nie pojadę na wakacje do Egiptu, ale mogę pojechać w góry.
c) Muszę zmienić pracę.

3. Ostatnio sobie kupiłeś / kupiłaś:
a) nowy samochód,
b) ulubiony film na DVD,
c) to było tak dawno, że już nie pamiętasz...

4. Kiedy planujesz urlop, myślisz:
a) Dwa tygodnie bez pracy?! Nie jadę!
b) Pojadę bez telefonu komórkowego.
c) Pojadę i już nie wrócę!

5. W sobotę wieczorem:
a) Spotykasz się ze znajomymi z pracy.
b) Idziesz do kina z dziewczyną / chłopakiem.
c) Oglądasz telewizję.

6. Jak zaczynasz dzień w pracy?
a) Pijesz kawę z kolegami i koleżankami.
b) Czytasz korespondencję.
c) Spóźniasz się i szef mówi, że jesteś niepunktualny / niepunktualna.

Proszę policzyć swoje punkty: odpowiedź a – 2 punkty, odpowiedź b – 1 punkt, odpowiedź c – 0 punktów.
Rozwiązanie quizu znajduje się na końcu lekcji.

5b Proszę przedyskutować następujące problemy związane z pracą.

Pensja lekarza to średnia krajowa, *ale w moim kraju lekarze zarabiają poniżej średniej krajowej.*

- Biznesmen ma pieniądze na kino, teatr czy książki, ale...
- W moim kraju nauczyciele zarabiają...
- Praca na własny rachunek daje satysfakcję i wolność, ale...
- Praca na etacie gwarantuje stałe zarobki, ale...
- Sekretarka musi...
- W moim kraju bezrobocie jest...

5c Role. Proszę przedstawić scenki w grupach dwu- lub trzyosobowych:

a) Jesteś szefem firmy. Proszę przeprowadzić rozmowę kwalifikacyjną z kandydatem na pracownika.
b) Jesteś kandydatem. Proszę opowiedzieć o swoim doświadczeniu zawodowym i wymaganiach.

a) Jesteś szefem, musisz zwolnić pracownika. Proszę powiedzieć mu o tym i wytłumaczyć, dlaczego to robisz.
b) Szef chce cię zwolnić. Nie zgadzasz się z tą decyzją. Proszę powiedzieć o tym szefowi.

a) Prowadzisz swoją firmę. Chcesz zatrudnić nowego pracownika.
b) Twój kolega prowadzi swoją firmę. Chce zatrudnić nowego pracownika. Nie zgadzasz się z jego decyzją.
Proszę przedyskutować dobre i złe strony zatrudnienia nowej osoby.

a) Jesteś córką. Chcesz iść na studia i być informatykiem.
b) Jesteś matką. Uważasz, że córka może zrobić karierę modelki albo projektantki mody.
c) Jesteś babcią. Uważasz, że wnuczka zdecydowanie nie powinna być modelką, bo to niemoralne, ani informatykiem, bo to niezdrowe, ale może zostać lekarzem pediatrą, bo to dobry zawód dla kobiety.
Proszę przeprowadzić dyskusję rodzinną na ten temat.

a) Jesteś matką. Twój syn za rok zdaje maturę i nie chce iść na studia. Chce pracować razem z ojcem w jego warsztacie samochodowym. Uważasz, że powinien studiować i zostać inżynierem.
b) Jesteś ojcem. Uważasz, że syn może pracować w firmie, ale powinien też studiować w weekendy.
c) Jesteś synem. Absolutnie nie chcesz studiować. Chcesz pracować u ojca, a potem założyć własny salon lub serwis samochodowy.
Proszę przeprowadzić dyskusję rodzinną na ten temat.

Rozwiązanie psychozabawy z ćwiczenia 5a
12 – 9   Gratulacje! Uwielbiasz swoją pracę. Twój szef uważa, że jesteś dobrym pracownikiem, a koledzy i koleżanki bardzo cię lubią.
8 – 4   Twoja praca daje ci satysfakcję, lubisz ją, ale jesteś osobą ambitną i szukasz lepszej oferty.
3 – 0   Musisz zmienić pracę!

SYTUACJE KOMUNIKACYJNE wyrażanie uczuć: nadziei, obawy, strachu, zmartwienia • wyrażanie przyszłości • mówienie o edukacji, szkole, wykształceniu, zdobywaniu nowych umiejętności • wyrażanie warunku • POWTÓRZENIE: wyrażanie relacji czasowych (czas przyszły)

SŁOWNICTWO szkoła, edukacja, wykształcenie, kursy

GRAMATYKA I SKŁADNIA tworzenie i użycie czasu przyszłego (aspekt dokonany) • POWTÓRZENIE: okoliczniki czasu • tworzenie i użycie czasu przyszłego (aspekt niedokonany) • tworzenie i użycie czasowników modalnych w czasie przyszłym • zdania warunkowe ze spójnikiem *jeśli / jeżeli*

Edukacja i plany na przyszłość

1.

 1a Oto zawody przyszłości, które były prognozowane na początku XXI w.

Prognozowane zapotrzebowanie na pracowników do 2010 roku

1. informatycy
2. specjaliści finansowi
3. specjaliści biznesowi
4. sprzedawcy i demonstratorzy
5. nauczyciele szkół średnich
6. średni personel biurowy
7. administratorzy, kelnerzy, kucharze

Zawody przyszłości.
Zobacz, w których branżach będzie najwięcej ofert pracy w 2020 roku

1. nauczyciele kształcenia zawodowego
2. fizycy, matematycy, statystycy
3. specjaliści nauk biologicznych
4. inżynierowie elektrotechnologii
5. psychologowie, politolodzy, mediatorzy
6. architekci, geodeci, projektanci
7. specjaliści IT
8. specjaliści do spraw finansowych

CZASOWNIKI MODALNE W CZASIE PRZYSZŁYM

Czasownik *być* w czasie przyszłym + 3 osoba liczby pojedynczej lub liczby mnogiej czasownika modalnego w czasie przeszłym + bezokolicznik

będę musiał / musiała pracować
będziemy chcieli / chciały zajmować się

Proszę porównać prognozowane zawody przyszłości na rok 2010 i 2020 i powiedzieć, jakie zmiany można przewidywać na rynku pracy w najbliższych latach. Które zawody będą nadal atrakcyjne, a które nie będą poszukiwane przez pracodawców?

– Proszę powiedzieć, które zawody są popularne teraz. Czy są wśród nich te, które znajdują się na tych dwóch listach?
– Jakie kwalifikacje będzie musiał mieć młody człowiek, który będzie zaczynać dorosłe życie i będzie chciał pracować w podanych branżach?
– Czy będzie musiał mieć maturę?
– Czy będzie musiał znać języki obce?
– Czy będzie musiał mieć skończone wyższe studia? Licencjackie czy magisterskie?
– Czy będzie mógł rozpocząć pracę podczas studiów?

1b Proszę zrobić z kolegą / koleżanką listę zawodów, które Państwa zdaniem będą ważne w przyszłości. Proszę opowiedzieć, jak zmieni się praca w tych zawodach.

Nauczyciele – będą mogli kontaktować się z uczniami przez internet.

1c Proszę przeczytać wypowiedzi absolwentów i ich rodziców. Co czują, kiedy mówią o przyszłości? Która z zaprezentowanych młodych osób jest dzieckiem Marii, która Jana, a która Heleny? Proszę uzasadnić swój wybór.

MŁODZI i ich przyszłość

Marek, absolwent psychologii:

Kiedy pięć lat temu przyszedłem do mojego instytutu, byłem optymistą. Dzisiaj wiem, że nie jest tak łatwo. Na pewno będę długo szukać pracy. Moi koledzy mówią, że 6 – 8 miesięcy to minimum.

Jan: Mój syn nigdy nie lubił w szkole przedmiotów ścisłych. Zawsze interesował się historią, poezją, językami. Kiedy powiedział mi, co będzie robić w przyszłości, nie protestowałem. Teraz trochę się boję, że będzie miał problemy na rynku pracy.

Helena: Mój syn zawsze mówił mi, że komputery to przyszłość. Chyba miał rację. Dzisiaj wszyscy pracują przy komputerze, niedługo chyba dzieci w szkołach nie będą już pisać długopisami. Nie boję się o to, co mój syn będzie robić. Na pewno praca będzie czekać na niego.

Ewa, absolwentka medycyny:

Moja mama zawsze chciała mieć córkę lekarkę. Moje studia to realizacja jej ambicji. Ja bardzo bałam się egzaminów, ale kiedy zdałam, byłam szczęśliwa. Dzisiaj próbuję dostać staż w szpitalu, ale jest to bardzo trudne. Boję się, że to początek moich problemów.

lekcja
4

Maria: Moja córka zawsze była bardzo zdolna. Miała dobre oceny, wiedziałam, że będzie chciała studiować. Zawsze mówiłam, że medycyna to prestiż i uznanie. Ewa skończyła medycynę, dzisiaj ma trochę problemów z pracą, ale mam nadzieję, że ta sytuacja jest chwilowa.

Piotr, absolwent informatyki:

W tym roku skończyłem informatykę. Praca dla informatyków będzie zawsze.

1. **Marek:** boi się / jest optymistą
2. **Ewa:** jest pewna swojej przyszłości / boi się
3. **Piotr:** ma nadzieję, że wszystko będzie dobrze / jest pewny swojej przyszłości
4. **Maria:** jest pesymistką / jest optymistką
5. **Jan:** jest optymistą / boi się
6. **Helena:** jest pewna, że wszystko będzie dobrze / ma nadzieję, że wszystko będzie dobrze

WYRAŻANIE UCZUĆ nadziei, obawy, strachu, pewności

Nadzieja
– *Mam nadzieję, że...*
– *W tej kwestii jestem optymistą / optymistką.*

Obawa, strach, zmartwienie
– *Obawiam się, że... / Obawiam się o (+ biernik)*
– *Boję się, że... / Boję się o (+ biernik)*
– *Jestem pesymistą / pesymistką.*
– *Wolę nie myśleć, co...*
– *Martwię się, co... / Martwię się, czy... / Martwię się o (+ biernik)*

Pewność
– *Na pewno ...*
– *Jestem pewien / pewna, że ...*

1d Proszę zareagować na poniższe wypowiedzi.

- Jestem zmęczona. – *Martwię się o ciebie, za dużo pracujesz.*
- Mam wysoką temperaturę.
- Piotr nie zdał egzaminu.
- Moje dziecko nie chce chodzić do szkoły.
- Chodziłem na kurs, więc na pewno zdam ten egzamin bez problemu.
- W przyszłym roku kończę studia i będę musiała poszukać pracy.
- Adam jest bezrobotny już od pięciu miesięcy.
- Moja córka jutro będzie zdawała maturę z matematyki.

2. • GRAMATYKA

2a Proszę uzupełnić opinie na temat szkoły przyszłości.

1. W nowej szkole, podobnie jak dzisiaj, dzieci .... (pisać) ręcznie i .... (czytać) książki.
2. .... (być) więcej komputerów.
3. Dzieci .... (robić) więcej błędów ortograficznych.
4. Dzieci .... (chodzić) do szkoły tylko 5 lat.
5. Dzieci nie .... (chodzić) do szkoły.
6. Zawód nauczyciela nie .... (być) potrzebny.

lekcja 4

 2b Proszę obejrzeć, a następnie opisać rysunek przedstawiający szkołę przyszłości.

SZKOŁA PRZYSZŁOŚCI

Co się zmieni?
- *Boję się, że w szkole przyszłości dzieci będą...*

Co się nie zmieni?
- *Mam nadzieję, że w szkole przyszłości, podobnie jak dzisiaj, dzieci będą...*

 2c Proszę porozmawiać z kolegą / koleżanką:

- Czy podoba się mu / jej wizja autora rysunku?
- Jak myśli, który to rok?
- Co jego / jej zdaniem jest, a co nie jest realne? Dlaczego?
- Czego jeszcze brakuje na rysunku?

CZAS PRZYSZŁY
aspekt niedokonany

czasownik *być* w czasie przyszłym
+ bezokolicznik czasownika niedokonanego

Będę pracować w firmie.
Będziemy studiować prawo.

CZAS PRZYSZŁY
aspekt dokonany

tworzymy go od bezokolicznika czasownika dokonanego

pisać / **napisać** – napiszę, napiszesz
zdawać / **zdać** – zdam, zdasz
powtarzać / **powtórzyć** – powtórzę, powtórzysz
mówić / **powiedzieć** – powiem, powiesz

2d Proszę podkreślić właściwą formę czasownika w czasie przyszłym:

Przykład:

Na studiach *będę pisać* / *napiszę* dużo prac na zaliczenie.

Jutro *będę kończyć* / *skończę* pisać esej o polskiej kulturze.

1. We wtorek *będę wysyłać* / *wyślę* mail do mojej przyjaciółki.
2. Kiedy *będę zdawać* / *zdam* egzamin na prawo jazdy, będę mogła jeździć samochodem mojego chłopaka.
3. Kiedy Ewa *będzie zdawać* / *zda* egzamin maturalny, jej mama będzie się bardzo denerwować. Ma nadzieję, że córka zadzwoni natychmiast po egzaminie.
4. Przed egzaminem codziennie *będziemy powtarzać* / *powtórzymy* cały materiał dla pewności!
5. *Będziesz powtarzać* / *powtórzysz* mi, co powiedział Piotr? Jestem bardzo ciekawa jego opinii.
6. Za dwa dni *będę jechać* / *pojadę* do Warszawy.
7. – Dla pani?
   – *Będę brać* / *Wezmę* tę nową książkę Jerzego Pilcha.
8. – Co *będziesz robić* / *zrobisz* podczas długiego weekendu?
   – Nic specjalnego, będę czytać i odpoczywać.
9. Mam nadzieję, że *będę czytać* / *przeczytam* całą literaturę potrzebną do egzaminu w przyszłym tygodniu.
10. Za dwa miesiące *będę dostawać* / *dostanę* wreszcie dyplom magisterski.
11. Podczas urlopu *będziemy zwiedzać* / *zwiedzimy* codziennie inne miasto w tym kraju.
12. W przyszłości ludzie *będą się uczyć* / *nauczą* się języków nowoczesnymi metodami.
13. W przyszłym roku *będę zaczynać* / *zacznę* studia.

■■■■■ WYRAŻENIA CZASOWE

- jutro, pojutrze
- **za** dwa, trzy dni
  za tydzień
  za dwa tygodnie
  za miesiąc
  za dwa miesiące
  za rok
  za dwa lata

- **w** przyszły wtorek, czwartek, **w** przyszłą sobotę
- **w** przyszłym tygodniu, miesiącu, roku

2e Proszę podać dokonaną formę bezokoliczników oraz 1. i 2. osobę liczby pojedynczej od poniższych czasowników, a następnie zbudować zdania w czasie przyszłym. Wyszukaj w ćwiczeniu 2d formy dokonane czasowników.

czytać	*przeczytać*	*przeczytam, przeczytasz*	zaczynać		
uczyć się			kończyć		
zdawać			jechać		
robić			znajdować	*znaleźć*	*znajdę, znajdziesz*
brać			dostawać		

Przykład: W przyszłym roku na pewno przeczytam „Pana Tadeusza" w oryginale.

2f Proszę powiedzieć, co mówi Ewa o swoich planach.

Ewa ma nadzieję, że napisze szybko pracę magisterską.

• napisać szybko pracę magisterską
• zdać egzamin magisterski
• znaleźć pracę na uniwersytecie
• zrobić doktorat
• napisać książkę

2g Proszę powiedzieć, czego boi się Piotr.

Piotr boi się, że nie zda egzaminu.

• nie zdać egzaminu
• nie przeczytać wszystkich lektur potrzebnych do egzaminu
• nie nauczyć się angielskiego
• zrobić za dużo błędów w teście

3a *Nie mam problemu z moją przyszłością.* Proszę wysłuchać fragmentu reportażu radiowego. Dziennikarka rozmawia z osiemnastoletnią Majką, która właśnie zdała maturę i opowiada o swoich planach na przyszłość. Proszę zdecydować, czy są prawdziwe (P), czy nieprawdziwe (N).

CD 11

a) Majka będzie zdawać na studia. (P) / N
b) Majka nie będzie pracować w czasie studiów. P / N
c) Majka będzie malarką. P / N
d) Majka będzie miała swoje studio mody. P / N
e) Majka nie weźmie kredytu. P / N
f) Majka myśli, że zrobi karierę. P / N
g) Majka nie wyjdzie za mąż. P / N
h) Majka będzie miała dzieci. P / N
i) Majka boi się o swoją przyszłość. P / N

3b Proszę napisać, jakie plany na przyszłość ma osiemnastoletnia Majka.

CD 11

Studia:

* *zda egzamin na Akademię Sztuk Pięknych*

* ....

* ....

Praca:

* *weźmie kredyt*

* ....

* ....

Rodzina:

* ....

* ....

* ....

4. 4a Proszę wysłuchać tekstu i zaznaczyć, która z wypowiedzi jest prawdziwa (P), a która nieprawdziwa (N).

DVD 4

1. Rodzice Teresy chcą, żeby studiowała prawo.   P / N
2. Karty mówią, że jeśli Teresa pójdzie na studia, to wyjdzie
   za mąż za prawnika i urodzi czworo dzieci.   P / N
3. Karty mówią, że jeśli Teresa nie pójdzie na studia, to zamieszka
   razem z rodzicami męża w małym mieszkaniu w bloku.   P / N
4. Karty mówią, że chłopak Teresy będzie słynnym muzykiem.   P / N
5. Wróżbita jest przyjacielem ojca Teresy.   P / N

lekcja
4

SŁOWNICTWO

4b Proszę powiedzieć, czy to jest to samo?

> certyfikat – świadectwo
> dyplom – dyplom magisterski
> licencjat – magisterium
> akademia – uniwersytet

 4c Kim będzie absolwent tych szkół?

Proponowane zawody: chemik, matematyk, inżynier mechanik, aktor, specjalista finansowy, muzyk, dentysta, filolog, fizyk, reżyser, lekarz, dyrygent, informatyk, malarz, grafik

politechnika   uniwersytet ekonomiczny

uniwersytet   uniwersytet medyczny

szkoła teatralna   akademia muzyczna

Przykład: Absolwent politechniki może zostać inżynierem,...

4d Poniżej przedstawiono system edukacji obowiązujący w Polsce od 2017 roku. Proszę zapytać nauczyciela lub sprawdzić w internecie, czy jest nadal aktualny. Jak wygląda system edukacji w Pana / Pani kraju.

SYSTEM EDUKACJI W POLSCE:

SZKOŁA PODSTAWOWA
KLASY I – VIII

LICEUM	TECHNIKUM	SZKOŁA BRANŻOWA
KLASY I – IV	KLASY I – V	STOPIEŃ I: KLASY I – III
		STOPIEŃ II: KLASY I – II

STUDIA LICENCJACKIE
3 LATA

STUDIA MAGISTERSKIE
2 LATA

 4e Proszę wysłuchać wypowiedzi trzech osób, a następnie powiedzieć, które z nich mają wykształcenie:

CD 12

a) podstawowe: ......   b) średnie: ......   c) wyższe: ......

4f Proszę zapytać kolegę / koleżankę:

- Czy ma zdaną maturę?
- Czy jego wykształcenie gwarantuje mu interesującą pracę?
- Czy jego studia były ciekawe?
- Czy ma tytuł naukowy?

Wymowa

4g Proszę powtórzyć z odpowiednią intonacją.

- Chyba nie zdam.
- Może przyjdzie...
- Nie mogę już.
- Nie napiszę tego.
- Jestem prawie pewna, że to zrobi.
- Nie mam pewności, czy będę dobrym kandydatem.
- W tej kwestii jestem optymistą.

Które z podanych zdań wyrażają obawę, a które nadzieję?

5.

5a Proszę wysłuchać wypowiedzi 4 osób i zdecydować, kto to mówi:

CD 13

b) **Paweł Klusek**, pracownik
baru ze zdrową żywnością

a) **Elżbieta Wodecka**, bibliotekarka

c) **Karol Bąk**, uczeń

d) **Mariola Kubicka**,
studentka

lekcja 4

5b Proszę zdecydować, która wypowiedź wyraża: nadzieję, obawę, strach, zmartwienie.

CD 14

	nadzieja	obawa	strach	zmartwienie
1. Elżbieta Wodecka	☐	☐	☐	☐
2. Paweł Klusek	☐	☐	☐	☐
3. Karol Bąk	☐	☐	☐	☐
4. Mariola Kubicka	☐	☐	☐	☐

5c Proszę przeczytać ogłoszenia, a następnie posłuchać jeszcze raz wypowiedzi i zdecydować, który kurs wybiorą te osoby.

CD 14

„ADYTON" proponuje:
- kurs projektowania stron internetowych
- kurs grafiki komputerowej
- kurs moderowania

Zajęcia w grupach 3 – 5 osobowych w każdy poniedziałek i czwartek, w godzinach od 16.00 do 20.00.

Przyjmujemy zgłoszenia do końca lipca br.
- telefonicznie: 12 564 87 59
- przez internet: Adyton@uw.pl

SPECJALISTYCZNE KURSY KOMPUTEROWE!
- obsługa komputera
- programy komputerowe (MS Office)
- obsługa oprogramowania dla biur, urzędów i szkół

Nasz adres:
„Pro-GRAM"
ul. Kopernika 34, Poznań
tel. 61 423 76 54
UWAGA!
Zgłoszenia tylko do końca maja!

Szkoła Języków Obcych
„EPILOG"
www.epilog.pl
zaprasza na kursy językowe!
- angielski
- niemiecki
- francuski

Proponujemy:
- zajęcia w grupach do 10 osób
- pracę z doświadczonymi lektorami
- miłą atmosferę
- zajęcia rano i wieczorem

Zapraszamy na testy kwalifikacyjne do naszej szkoły!
Adres: ul. Kasprowicza 7, Kraków
tel. 12 657 98 21

NIE MASZ JESZCZE PRAWA JAZDY???
Szkoła Jazdy „SYRENKA" zaprasza na bezstresowy kurs prawa jazdy.
Mamy:
- 10 lat praktyki
- wykwalifikowanych instruktorów
- popularne modele samochodów do nauki jazdy

Przyjmujemy zgłoszenia przez cały rok.
Nasz adres:
ul. Kapelanka 132, Warszawa
tel. 22 5649120

UWAGA!
- wybrać kurs
- zdecydować się na kurs
- pójść na kurs
- zapisać się na kurs
- być na kursie
- chodzić na kurs

• GRAMATYKA

5d Który kurs wybiorą te osoby?

→ *jeśli..., (to)...*

a) Mariola wybierze *kurs języka francuskiego w szkole „Epilog".*
Jeśli nauczy się francuskiego, to będzie mogła pojechać na staż do Francji.

b) Paweł na pewno zdecyduje się na ....

c) Elżbieta na pewno pójdzie na ....

d) Karol zapisze się na ....

35

5e Proszę obejrzeć fotografie i dopasować do nich poniższe wypowiedzi. Proszę uzasadnić swój wybór.

 **1**  **2**  **3**

☐ a) Kursy to wspaniała sprawa. Można się dużo nauczyć i poznać ciekawych ludzi...

☐ b) Kursy są dla ludzi, którzy mają za dużo czasu. Normalny człowiek uczy się na studiach!

☐ c) Kursy to świetna rozrywka. Dobrze jest mieć swoje hobby.

5f Proszę dokończyć zdania, używając spójników: *bo, ponieważ, ale.*

> ✓ *chcieć nauczyć się dobrze języka   chcieć studiować w Rzymie   musieć używać komputera w pracy*
> *chcieć poznać nowych ludzi   nie mieć pieniędzy   chcieć nauczyć się gotować   być za drogim   lubić podróżować*

0. Ewa chodzi na kurs angielskiego, bo .....*chce nauczyć się dobrze języka*............................... .
1. Pani Jadzia wybrała kurs komputerowy, ponieważ ....
2. Mateusz zapisał się na kurs gotowania, ...
3. Marta nie chodzi na żaden kurs, ...
4. Pan Henio uczy się języków, ...
5. Roman uczy się włoskiego, ...
6. Adam chce zapisać się na jakiś kurs, ...
7. Iza nie może chodzić na kurs projektowania mody, ...

■■■■■ LISTY, KARTKI, WIADOMOŚCI TEKSTOWE

 5g Proszę zdecydować, które zwroty mogą się znaleźć w poniższych wiadomościach i uzasadnić swój wybór.

> *Szanowni Państwo   Kochana Babciu✓   Hej, to ja*
> *Z poważaniem   Na razie   Ściskam mocno*

.....*Kochana Babciu,*.....................

serdeczne pozdrowienia z Madrytu. Jestem tutaj na kursie hiszpańskiego. Uczę się już drugi tydzień i czuję, że mój hiszpański jest coraz lepszy! W sierpniu wracam do Polski, więc już niedługo się zobaczymy!

....

.............................,

uprzejmie proszę o informację, czy jest jeszcze możliwe zapisanie się na studia podyplomowe z logopedii. Wiem, że termin zgłoszeń już minął, ale jeśli są jeszcze wolne miejsca, chciałabym mieć możliwość dopisania się do listy studentów. Z góry dziękuję za informację.

....

......................,

jutro wracam z Wrocławia, jeszcze tylko test końcowy na kursie polskiego i jestem :) Trzymaj kciuki! Widzimy się jutro po południu!

....

 5h Proszę napisać podobne teksty, uwzględniając informacje podane poniżej:

a) Jest Pan / Pani kandydatem / kandydatką na studia na uniwersytecie trzeciego wieku. Chce się Pan / Pani dowiedzieć o możliwości przyjęcia na kierunek historia sztuki.

b) Jedzie Pan / Pani na kurs angielskiego do Stanów Zjednoczonych. Informuje Pan / Pani o tym w mailu swojego przyjaciela z Polski.

c) Skończył Pan / Pani kurs polskiego na poziomie A2 i planuje odwiedzić polską rodzinę w Warszawie. Pisze Pan / Pani kartkę do cioci z wiadomością o przyjeździe i wyraża nadzieję, że będziecie mogli teraz lepiej porozumiewać się po polsku.

6.

6a Jest Sylwester, zdecydował Pan / zdecydowała Pani zmienić coś w swoim życiu w Nowym Roku i pójść na jakiś kurs. Który kurs Pan / Pani wybierze? Proszę zapytać kilku osób w grupie, który kurs wybiorą i dlaczego.

Mam bardzo stresującą pracę, często się denerwuję, dlatego zapiszę się na jogę.
Chętnie wybiorę kurs...
..., dlatego pójdę na kurs...
Myślę, że zdecyduję się na...

- kurs prawa jazdy
- kurs językowy
- kurs fotografii
- kurs gotowania
- kurs rysunku
- kurs grafiki komputerowej
- kurs projektowania mody
- kurs jogi
- kurs szycia
- aerobik
- kurs wideofilmowania
- kurs ....

6b Proszę zapytać kilku osób w grupie o ich plany na przyszłość. Proszę zapytać też o ich obawy i nadzieje.

skończyć studia, mieć rodzinę, pracować, mieć dom, mieszkać w..., robić doktorat, pracować na własny rachunek, mieć dzieci, wyjść za mąż, ożenić się, zmienić styl życia, przeprowadzić się do...

imię	Za 10 lat będzie miał / miała... lat	Na pewno...	Ma nadzieję, że...	Boi się...	Martwi się...

● SŁOWNICTWO

6c Proszę uzupełnić tekst, wykorzystując poniższe słowa we właściwej formie.

a) *prawo jazdy, być, skończyć, dobrze, lata, gwarantować, musieć*

Mam dużo planów. Teraz mam 23 ....*lata*......, ale za rok .... studia i będę .... szukać pracy. Myślę, że to nie .... trudne. Znam bardzo .... angielski, mam ...., jestem ambitny i inteligentny. Myślę, że moje kwalifikacje .... dobrą pracę. Będę menedżerem!

b) *pojechać, przyszły, zapisać się, sytuacja, znaleźć, dużo*

Mam dużo planów. W .... roku będę już magistrem, ale chcę .... dobrą pracę, więc .... jeszcze na kurs niemieckiego i .... na staż do Niemiec. Teraz jest trudna .... na rynku pracy, dlatego .... się uczę.

6d Proszę wysłuchać wypowiedzi dwóch osób i porównać swoją wersję ćwiczenia 6c z nagraniem.

CD
15

6e Role. Proszę przygotować w grupach wybraną scenkę.

Dyskusja rodzinna. Dziecko chce zapisać się na kurs, ale rodzice się nie zgadzają. Każde z nich ma inną opinię na ten temat. Wyrażają obawy i nadzieje związane z kursami.

syn – kurs komputerowy   córka – kurs jogi
matka – kurs językowy   matka – aerobik
ojciec – kurs prawa jazdy   ojciec – kurs gotowania

córka – kurs projektowania mody
matka – kurs szycia
ojciec – kurs grafiki komputerowej

– Uważam, że ten kurs nie jest ci potrzebny.
– To głupi pomysł!
– Boję się, że to dużo kosztuje.
– Nie widzę sensu, żeby chodzić na ten kurs.
– Mam nadzieję, że to nie jest tylko kaprys.
– Martwię się, czy będziesz miał / miała na to czas.

lekcja
4

Powtarzamy!!!

test

1 **Proszę zaznaczyć poprawną odpowiedź.**

1. Ryszard Kapuściński był:
   - ☐ znanym pisarzem
   - ☐ znany pisarzem
   - ☐ znany pisarz

2. Wrażliwy to inaczej:
   - ☐ zamknięty
   - ☐ nieśmiały
   - ☐ ten, który widzi nieszczęście ludzi

3. Agnieszka Holland jest ..... wrażliwa jak Andrzej Sapkowski.
   - ☐ takie samo
   - ☐ taki sam
   - ☐ tak samo

4. Dziennikarze to ..... ludzie.
   - ☐ otwarci
   - ☐ otwarty
   - ☐ otwarte

5. Ludzie, ... lubią inne osoby, są towarzyscy.
   - ☐ które
   - ☐ który
   - ☐ którzy

6. Anna chce pojechać na wakacje w lipcu ..... w sierpniu.
   - ☐ albo
   - ☐ a
   - ☐ ale

7. Adam pracuje na własny rachunek – Adam ..... .
   - ☐ ma swoją firmę
   - ☐ jest odpowiedzialny
   - ☐ ma duże rachunki

8. Pensja to inaczej:
   - ☐ nagroda
   - ☐ emerytura
   - ☐ zarobki

9. Monotonna praca jest:
   - ☐ stresująca
   - ☐ nudna
   - ☐ atrakcyjna

10. ..... mają trudną i odpowiedzialną pracę.
    - ☐ Lekarzy
    - ☐ Lekarze
    - ☐ Lekarzowi

11. Mój brat często ..... za granicę.
    - ☐ wyjeżdżał
    - ☐ wyjechał
    - ☐ pojechał

12. Moi rodzice ..... w 1980 roku.
    - ☐ pobrali się
    - ☐ ożenili się
    - ☐ wyszły za mąż

13. Moja prababcia urodziła się:
    - ☐ w pierwszym maju tysiąc osiemset dziewięćdziesiątym dziewiątym roku
    - ☐ pierwszy maj tysiąc osiemset dziewięćdziesiąt dziewięć
    - ☐ pierwszego maja tysiąc osiemset dziewięćdziesiątego dziewiątego roku

14. Wojna skończyła się w:
    - ☐ czterdziestym piątym
    - ☐ czterdziesty piąty
    - ☐ czterdziestego piątego

15. Wykształcenie średnie ma człowiek, który skończył:
    - ☐ szkołę podstawową
    - ☐ liceum
    - ☐ studia

16. Jutro na pewno ..... tę książkę. Jeśli tego nie zrobię, na pewno nie zdam egzaminu.
    - ☐ będę kończyć czytać
    - ☐ będę skończyć czytać
    - ☐ skończę czytać

17. W 2030 ludzie będą ..... więcej komputerów.
    - ☐ kupili
    - ☐ kupić
    - ☐ kupować

18. Ona ma trudny charakter. ..... życie z nią jest bardzo trudne.
    - ☐ Moim zdaniem
    - ☐ Z mojego zdania
    - ☐ W moim zdaniu

19. Moja przyszłość jest trochę niepewna. ....., że nie znajdę pracy w swoim zawodzie.
    - ☐ Mam nadzieję
    - ☐ Boję się
    - ☐ Cieszę się

20. ..... pojadę na stypendium do Francji.
    - ☐ Przyszłego roku
    - ☐ W przyszłym roku
    - ☐ W zeszłym roku

Czas przeszły
• wczoraj, przedwczoraj
• w ubiegłą sobotę, w zeszły wtorek
• w ubiegłym roku, w zeszłym roku
• dwa lata temu

Czas przyszły
• jutro, pojutrze
• w przyszły wtorek, w przyszły czwartek
• w przyszłym roku, w przyszłym tygodniu, w przyszłym miesiącu
• za dwa dni, tygodnie, miesiące, lata

● SŁOWNICTWO

2 Proszę uzupełnić zdania wyrażeniami z tabeli.

1. ....*Za tydzień*.......... pojadę do domu.
2. .... byłam w Pradze.
3. .... pójdę do profesora, żeby przedyskutować moją prezentację.
4. .... miałem trudny egzamin.
5. .... zdałam maturę.
6. .... zacząłem pracować na własny rachunek.
7. .... na pewno dostanę się na studia.
8. .... przyjadę znowu do Polski.
9. .... znajdę lepszą pracę.
10. .... zmieniłem mieszkanie.

lekcja
5

● GRAMATYKA

3 Ewa myśli o ubiegłym roku. Jest niezadowolona, bo nie zrealizowała wszystkich swoich planów, ale obiecuje:

W przyszłym roku nie będę palić papierosów.

Za dwa miesiące zdam egzamin z angielskiego.

• nie palić papierosów
• chodzić na kurs angielskiego
• chodzić na jogę
• więcej czytać
a także:
• zdać egzamin z angielskiego
• zdać egzamin na prawo jazdy
• zmienić pracę

4 Proszę wybrać odpowiednią formę czasownika, a następnie uzupełnić teksty.

a) 10 lat temu Anka i Paweł ....*zdali*....... (zdawać / zdać) maturę i .... [1] (wyjeżdżać / wyjechać) na studia do Lublina. Anka .... [2] (dostawać się / dostać się) na socjologię, a Paweł na prawo. .... [3] (spotykać się / spotkać się) ze sobą przez 4 lata, aż w końcu .... [4] (pobierać się / pobrać się) na ostatnim roku studiów. Zaraz potem .... [5] (zaczynać / zacząć) szukać pracy. Anka .... [6] (dostawać / dostać) propozycję pracy na uniwersytecie, ale Paweł .... [7] (postanawiać / postanowić) założyć własną kancelarię prawną. Rok temu Anka .... [8] (rodzić / urodzić) synka, ale nie .... [9] (rezygnować / zrezygnować) z pracy. W przyszłym miesiącu wraca na uniwersytet i chce zrobić doktorat.

b) Moja babcia była śpiewaczką. Bardzo .... [1] (kochać / pokochać) swoją pracę. Była bardzo znana i często .... [2] (wyjeżdżać / wyjechać) na tournée po Europie. Kiedy miała 30 lat, po raz pierwszy .... [3] (wyjeżdżać / wyjechać) do Nowego Jorku. Była zachwycona tym miastem. Codziennie spacerowała po Central Parku, ... [4] (oglądać / obejrzeć) muzea i wystawy, ... [5] (robić / zrobić) zakupy, a wieczorami .... [6] (dawać / dać) koncerty. Pewnego dnia .... [7] (iść / pójść) na premierę do jednego z nowojorskich teatrów i tam .... [8] (poznawać / poznać) mojego dziadka. 2 miesiące później .... [9] (wychodzić / wyjść) za niego za mąż. Moja babcia .... [10] (umierać / umrzeć) 5 lat temu. Nigdy nie .... [11] (wracać / wrócić) do Polski.

5 Proszę opisać jedną z poniższych fotografii i odpowiedzieć na pytania.

a) Jakie emocje wyrażają osoby na fotografiach?
b) Co było wcześniej? Proszę opisać historie tych osób.

6 Proszę zapytać kolegę / koleżankę:

• Jak uczyłeś / uczyłaś się do tej pory języka polskiego? Na kursach, prywatnie, sam / sama?
• Czy będziesz kontynuować naukę polskiego w twoim kraju?
• Czy masz certyfikat znajomości innego języka? Jakiego?
• Czy będziesz mówić w przyszłości po polsku? Gdzie?
• Co będziesz robić w przyszłości?

7 Role. Proszę przedstawić scenki w grupach dwu- lub trzyosobowych.

Jesteś przewodnikiem w biurze turystycznym. Przedstawiasz grupie licealistów program wycieczki. Podajesz godziny pobudki, wejść do muzeów, śniadania, obiadu, kolacji itp. Licealiści próbują skrócić czas przeznaczony na zwiedzanie i zyskać więcej wolnego czasu.

Jesteś studentem pierwszego roku. Kolega dzwoni do ciebie, żeby zapytać jaki jest plan zajęć w pierwszym semestrze. Przed wami bardzo ciężki rok, będziecie mieć 36 godzin wykładów i ćwiczeń tygodniowo. Macie nadzieję, że nie trzeba będzie chodzić na wszystkie zajęcia.

Jesteś na kursie języka polskiego. Zajęcia są rano, a ty lubisz spać. Próbujesz przekonać grupę, żeby zaczynać lekcje później.

Masz bardzo dużo pracy, a jutro egzamin. Dzwonisz do swojej dziewczyny / swojego chłopaka. Mówisz o swoich obawach przed egzaminem. Informujesz, ile jeszcze masz do zrobienia i jak zaplanowałeś / zaplanowałaś naukę, żeby zdążyć wszystko zrobić.

8 Proszę przeczytać poniższy dialog, a następnie przygotować podobny. Kolega / koleżanka proponuje Panu / Pani kurs. Odmawia Pan / Pani.

Monika: Może zapiszesz się na kurs angielskiego?
Hania: Wiesz, nie mam ochoty.
Monika: Będziemy razem chodzić na zajęcia.
Hania: Tak, ale nie mam czasu.
Monika: Jeśli nauczysz się angielskiego, znajdziesz dobrą pracę!
Hania: Mam już pracę.
Monika: Będziesz mogła rozmawiać z ludźmi w internecie!
Hania: Nie lubię internetu.
Monika: Jeśli pojedziesz za granicę, nie będziesz miała problemów.
Hania: To nie jest argument...

9 Poniżej przedstawiono kilka sytuacji. Proszę wylosować jedną z nich i zaprezentować grupie swoją reakcję.

a) Ostatnio zmieniłeś / zmieniłaś pracę. Podoba ci się to, co robisz, ale nie lubisz ludzi, z którymi pracujesz. Opowiadasz o tym znajomym.
b) Spotykasz kolegę ze studiów. Opowiadasz o tym, co zdarzyło się w twoim życiu przez ostatnich kilka lat.
c) Za pół roku zdajesz maturę. Dziadkowie pytają, jakie masz plany na przyszłość. Opowiadasz o tym.
d) Twoja córka od miesiąca chodzi do liceum i jest bardzo zadowolona ze swoich nowych nauczycieli. Opowiadasz o tym sąsiadce.
e) Właśnie wróciłeś / wróciłaś z pracy. Jesteś bardzo zmęczony / zmęczona, bo twoja praca jest stresująca. Opowiadasz o tym mężowi / żonie.
f) Twój kuzyn chce studiować filozofię. Obawiasz się, że po takich studiach nie będzie mu łatwo znaleźć pracy. Mówisz mu o tym.
g) Za miesiąc będą wybory parlamentarne. Masz nadzieję, że jeśli wygra twoja partia, sytuacja ekonomiczna w kraju będzie lepsza. Wyrażasz swoją opinię na ten temat.
h) Chcesz zmienić pracę. Chcesz mieć lepsze kwalifikacje i zastanawiasz się, czy zapisać się na jakiś kurs. Rozmawiasz o tym z rodziną.

10 Proszę napisać list do kolegi lub koleżanki. Można wykorzystać informacje podane w tabeli.

Kraków, ...

[1] ....

Przepraszam, że tak długo nie pisałam, ale w zeszłym tygodniu [2] ...*zmieniłam pracę*........

i nie miałam czasu. Przez ostatnie dwa miesiące [3] .... Teraz trochę

odpoczywam i planuję wakacje. Prawdopodobnie w lipcu [4] ...., ale

jeszcze nie wiem. Mam jednak nadzieję, że [5] .... ludzi, którzy będą

mili i otwarci. Po wakacjach [6] ...., więc znowu będę bardzo zajęty /

zajęta. Mam jednak nadzieję, że spotkamy się w grudniu i może [7] ....

A co u Ciebie? Pisałeś / pisałaś, że masz problemy i [8] ....

Mam nadzieję, że wszystko jest już w porządku?

Czekam na Twój list albo e-mail. Proszę, napisz szybko!

[9] ....

Twój / Twoja ....

1.
Drogi / Droga...
Kochany / Kochana...

2.
zdałem / zdałam wreszcie maturę
zmieniłem / zmieniłam pracę
przeprowadziłem / przeprowadziłam
    się wreszcie do Warszawy

3.
szukałem / szukałam mieszkania
szukałem / szukałam pracy
uczyłem / uczyłam się do egzaminu

4.
nie będę mógł / mogła pojechać na
    urlop
pójdę na kurs językowy
będę szukać pracy

5.
spotkam
poznam

6.
zacznę studia
na pewno będę już pracować
wyjadę na miesiąc do Londynu

7.
pojedziemy gdzieś razem
pójdziemy razem na Sylwestra
przyjedziesz do mnie

8.
trochę martwiłem / martwiłam się
    o Ciebie
dużo myślałem / myślałam o Tobie
bałem / bałam się o Ciebie

9.
Trzymaj się!
Pozdrawiam!
Całuję!

● SŁOWNICTWO

11 Proszę połączyć definicje z odpowiednimi słowami.

1. ma zawsze dużo dobrych pomysłów   a) wykształcony

2. skończył kilka kierunków studiów   b) smutny

3. lubi być z ludźmi   c) energiczny

4. wszystko robi szybko, ma dużo entuzjazmu   d) zarozumiały

5. jest pesymistą   e) towarzyski

6. myśli, że jest najmądrzejszy na świecie   f) kreatywny

12 Proszę wyjaśnić znaczenie
    i napisać własne definicje.

pewny siebie – ....
....
tolerancyjny – ....
....
spontaniczny – ....
....
roztargniony – ....
....
nieśmiały – ....
....

13 Proszę przeczytać charakterystykę osób przedstawionych na fotografiach. Proszę dopasować tekst do fotografii, a następnie powiedzieć, które osoby Pana / Pani zdaniem mogą się ze sobą zaprzyjaźnić. Dlaczego tak Pan / Pani myśli?

☐ a) Kasia jest dietetyczką. Jest osobą młodą i ambitną. Bardzo lubi sport.

☐ b) Jurek jest spokojnym człowiekiem. Interesuje się malarstwem. Lubi czytać.

☐ c) Ewa jest bardzo roztargniona. Pracuje jako lektorka w szkole językowej i jest bardzo kreatywna. Interesuje się literaturą. Lubi podróżować.

☐ d) Wojtek jest trenerem. Pracuje w klubie sportowym. Jest osobą dynamiczną.

☐ e) Norbert interesuje się fotografią. Jest miłym, inteligentnym chłopakiem. Lubi podróżować.

☐ f) Marta jest bardzo nieśmiała. Pracuje w biurze turystycznym. Często chodzi do muzeum, bo bardzo lubi sztukę.

Kasia i Wojtek pasują do siebie, bo są tak samo energiczni,...
Ewa i Wojtek pasują do siebie, bo Ewa jest tak samo... jak Wojtek.

● SŁOWNICTWO

14 Proszę zdecydować, kto wykonuje te czynności i napisać zdania według wzoru.

> grać na pianinie✓ reżyserować film   pracować w domu
> mieć dużo wolnego czasu   dawać koncerty   programować
> pisać książki   wychowywać dzieci   trenować
> dostać nagrodę literacką   malować   organizować wystawy
> mieć dobrą kondycję fizyczną   fotografować   nie pracować
> projektować strony internetowe   prowadzić samochód

1. *Muzycy grają na pianinie i dają koncerty.*
2. ....
3. ....
4. ....
5. ....
6. ....
7. ....
8. ....
9. ....
10. ....

15 Proszę uzupełnić tekst podanymi wyrazami we właściwej formie.

> awans ✓ ubezpieczenie
> pensja   zarobki   prestiż   urlop

1. Jan, 30 lat, makler
   Dla mnie najważniejsza w pracy jest możliwość .....*awansu*............ i duże .... Lubię pieniądze i chcę zrobić karierę.

2. Ewa, 33 lata, sekretarka premiera
   Dla mnie najważniejszy jest oczywiście .... Lubię moją pracę, bo mam kontakt z różnymi znanymi ludźmi. No i stała ....!

3. Marta, 50 lat, księgowa
   Najważniejsze jest stałe zatrudnienie i samodzielność. Niestety nie mam dużo ....

4. Piotr, 40 lat, biznesmen
   Mam rodzinę, więc dla mnie najważniejsze w pracy jest .... Cieszę się też, bo mam służbowy samochód.

lekcja
5

CD 16 **16** Proszę wysłuchać wypowiedzi czterech osób i porównać swoją wersję ćwiczenia 15 z nagraniem.

17 Proszę przeczytać ofertę i zdecydować, jakie zalety i wady mają poszczególni kandydaci.

A oto pięciu najpoważniejszych kandydatów. Kogo wybrać?

Lidia Górska, 45 lat
nauczycielka
Zrezygnowała z pracy w szkole, chce więcej zarabiać. Jest energiczna, pewna siebie i otwarta. Bywa apodyktyczna i uparta. Jest osobą bardzo solidną i punktualną.

Marek Kamiński, 32 lata
Prowadził własną firmę, jednak bez sukcesu. Podczas studiów pracował w Anglii jako au pair. Bardzo lubi dzieci. Jest wesoły i dynamiczny. Często zmienia własne plany. Wada: jest niepunktualny.

lekcja
5

Marta Piekarz, 27 lat
menedżer
Nie interesuje się zabawkami, jest jednak świetnym menedżerem. Bezkonfliktowa, asertywna. Dobry organizator. Wady: jest bezwzględna i nietolerancyjna. Nie lubi ludzi spontanicznych.

Ewa Bielak, 35 lat
psycholog szkolny
Jest bardzo ambitna, kreatywna i inteligentna. Jest konsekwentna i chce zrobić karierę. Bywa egoistką. Nie lubi dzieci. Potrafi manipulować ludźmi i zawsze odnosi sukcesy. Konfliktowa.

Marcin Pyrek, 29 lat
projektant zabawek
Jest bardzo sympatyczny i otwarty, ma dużo przyjaciół. Spontaniczny. Bywa jednak chaotyczny, nerwowy i niesolidny. Ma dwoje dzieci.

	Lidia	Ewa	Marek	Marta	Marcin
zalety		jest ambitna			
wady					bywa chaotyczny, nerwowy
plusy kandydatury			lubi dzieci		
ryzyko dla firmy	interesuje się tylko pieniędzmi				

18 Proszę podyskutować w grupie o tym, kto jest najlepszym kandydatem na stanowisko Szefa Działu Zabawek. Dlaczego tak Państwo uważają?

19 Proszę wysłuchać wypowiedzi przedstawiciela firmy IKEA. Opowiada o osobie, która dostała pracę na stanowisku Szefa Działu Zabawek.
CD 17

a) Jak Pan / Pani myśli, który z kandydatów dostał / która z kandydatek dostała tę pracę?

b) Co Pan / Pani sądzi o decyzji firmy?

SYTUACJE KOMUNIKACYJNE: porównywanie, argumentowanie • opisywanie życia w mieście • POWTÓRZENIE: wyrażanie swoich preferencji, określanie lokalizacji

SŁOWNICTWO: życie w mieście, architektura, infrastruktura, sklepy, urzędy, punkty usługowe, rozrywka

GRAMATYKA I SKŁADNIA: stopniowanie przymiotników • POWTÓRZENIE: tworzenie i zastosowanie miejscownika

Miasto

1.

1a Proszę zapytać kolegę / koleżankę:

[handwritten: na – on / w – in]
[handwritten: na poczcie – in post office]

- Gdzie mieszka? W mieście? Na wsi? W małym miasteczku? Czy jest z tego zadowolony / zadowolona?
- Czy jego / jej rodzina mieszka w tym samym mieście? Nie? Dlaczego?
- Gdzie będzie mieszkać za 10 lat? Dlaczego?

[handwritten margin: nerve positive]

SŁOWNICTWO

[handwritten: see]

1b Proszę obejrzeć fotografie i zdecydować, gdzie jest Adam Śpiewak, reporter radia „Iks":

[handwritten: think about pollution, noise / what is posit and neg about living / in big city]

[handwritten: na stacji benzynowej]

[handwritten: na ulicy / na pasach (pedestrian crossing)]
[handwritten: na sklepie w supermarkecie]
[handwritten: przystanek tramwajowy autobusowy]
[handwritten: przy bankomat w banku]

1c Reporter Adam Śpiewak przeprowadza sondę uliczną. Proszę wysłuchać nagrania i zdecydować, czy wypowiadające się osoby są zadowolone, czy niezadowolone z tego, że są mieszkańcami dużego miasta.

CD 18

[handwritten: happy]

	osoba 1	osoba 2	osoba 3	osoba 4	osoba 5
jest zadowolona	✓	✓			✓
jest niezadowolona			✓	✓	

1d Proszę wysłuchać nagrania po raz drugi i powiedzieć, jakie argumenty podają wypowiadające się osoby.

CD 18

Osoba 1 jest zadowolona z tego, że mieszka w dużym mieście, ponieważ tu jest wszystko...

1e Proszę wysłuchać dialogów i zdecydować, gdzie są wypowiadające się osoby.

CD 19

1.
a) w sklepie
b) w kawiarni *(circled)*
c) w parku

2.
a) na skrzyżowaniu *crossroad*
b) na przystanku *stop*
c) na stacji benzynowej *(circled)*

3.
a) na poczcie *post office (circled)*
b) w banku
c) w urzędzie *goverment office*

4.
a) na dworcu *(circled)*
b) na lotnisku *airport (circled/marked)*
c) na przystanku

5.
a) w pubie
b) na ulicy
c) w domu *(circled)*

6.
a) przy bankomacie
b) na światłach *traffic lights*
c) na przystanku *(circled)*

7.
a) na ulicy *(circled)*
b) na parkingu
c) w supermarkecie

8.
a) na ulicy
b) w warsztacie *garage (circled)*
c) na parkingu

9.
a) w teatrze
b) na uniwersytecie
c) w muzeum *(circled)*

lekcja **6**

eksponaty – exhibit

1f Obecnie w wielu miejscach publicznych nie wolno palić. Co Pan / Pani o tym myśli? Czy w Pana / Pani kraju można palić:

w samochodzie
na przystanku
na basenie
na stadionie
na koncercie
w biurze

w szkole
w pubie
w urzędach
w parku
w pracy
w restauracji
na dworcu

1g A co z telefonami komórkowymi? Gdzie nie powinniśmy ich używać? Proszę przedstawić Państwa opinię na ten temat.

1h Gdzie można zobaczyć taki napis?

church

dworzec, kino, teatr, kościół, apteka, sklep, supermarket, restauracja, przychodnia, muzeum, ulica
clinic   *to keep*

Napis PROSZĘ ZACHOWAĆ CISZĘ można zobaczyć w muzeum lub…

Proszę zachować ciszę! (1) *w bibliotece*

na dworcu **Przyjazdy / Odjazdy** (2) *arrivals departures*

w sklepie **KASY** (3) *w teatrze w kinie*

Czynna (4) *open*
od 7.00 do 18.00
na ulicy na poczcie w aptece

Nie wolno wprowadzać psów! (5) *to bring in*   *w restauracji*

ZAKAZ PARKOWANIA (6) *na ulicy*

Proszę wziąć koszyk! (7) *w supermarkecie*

cloakroom **SZATNIA** (8) *w teatrze w supermarkecie*

masses **Msze codziennie o 18.30** (9) *w kościele*

PROMOCJA! 30% (10)

accepts Przyjmuje od 9.45 do 13.00 (11) *w przychodni*

2.

2a Proszę przeczytać tekst. Proszę zrobić listę argumentów przemawiających za zamieszkaniem w mieście.

Moja przyszłość – miasto

1 Młodzi ludzie zdecydowanie wolą mieszkać w miastach. Dlaczego? Odpowiedź jest prosta: żyje się tu szybko, intensywnie i ciekawie. Ci, którzy przyjeżdżają na studia do Warsza-
5 wy, Poznania czy Krakowa, robią wszystko, aby tu pozostać. Już nie potrafią wrócić do swoich małych miasteczek i wsi, gdzie wszyscy się znają i gdzie nic się nie dzieje.
Zapytaliśmy studentów jednej z krakowskich uczelni, dlaczego chcieliby
10 zostać tu na stałe. Oto argumenty, które słyszeliśmy najczęściej:

Bo łatwo znaleźć pracę...
Czy na pewno łatwo? W dzisiejszych czasach trudno znaleźć dobrą pracę, ale na pewno w dużych miastach bezrobocie nie jest takie duże jak na wsi, bo jest wiele prywatnych firm, urzędów i instytucji, które szukają
15 dobrze wykwalifikowanych absolwentów.

Bo nie jest nudno...
Kina, kluby, kawiarnie... Młodzi ludzie lubią nocne życie, a w miastach jest wiele miejsc, gdzie można miło spędzić wieczór, poznać nowych ludzi, pobawić się. „Kiedy o 22.00 idę potańczyć do klubu – opowiada
20 nam Maciek, student geografii – u mnie na wsi jest już cicho i ciemno, nie ma co robić, wszyscy śpią".

Bo można tanio zrobić zakupy...
W centrum handlowym można kupić praktycznie wszystko: chleb, dżinsy czy lodówkę. Oczywiście są butiki, gdzie jest drogo, ale są też promocje
25 i wyprzedaże, na których można bardzo tanio kupić fajne rzeczy.

Życie w mieście jest atrakcyjne, bo bezrobocie jest niewielkie,...

2b Proszę uzupełnić zdania, wpisując podane poniżej zwroty.

> żyje się szybko   nic się nie dzieje   nocne życie
> nie ma co robić   fajne rzeczy

0. Zdecydowałem, że kiedy skończę studia, będę mieszkać w Krakowie. W moim miasteczku jest cicho i spokojnie, ale ......*nie ma co robić*......, a ja nie lubię siedzieć w domu.

1. Uwielbiam życie w dużym mieście, bo tutaj nigdy nie jest nudno. Można iść potańczyć do klubu, zobaczyć ciekawy film, iść do galerii. Tutaj po prostu ...*żyje się szybko*... .

2. Mieszkam na wsi. Bardzo chciałabym wieczorem gdzieś wyjść, ale zawsze siedzę w domu, bo tu po prostu ...*nic się nie dzieje*... .

3. Wieczorem zawsze gdzieś wychodzę, spotykam się z przyjaciółmi i chodzę bardzo późno spać. Nigdy nie jestem zmęczony. Dlaczego? To proste. Lubię ...*nocne życie*... .

4. Duże zakupy robię po sezonie. Na wyprzedaży można kupić naprawdę ...*fajne rzeczy*... .

2c A jak jest w Pana / Pani kraju? Jak wygląda życie w dużym mieście?

3.

3a Kraków dzisiaj – kilka faktów z życia miasta. Proszę przeczytać informacje i powiedzieć, co przedstawiają zdjęcia powyżej.

To wciąż jeden z najważniejszych ośrodków edukacyjnych i akademickich. Dobre licea (Nowodworskiego, czy „piątka") i ważne uczelnie wyższe: AGH, UJ, UEK, UP, UR oraz wiele uczelni artystycznych (Akademia Teatralna, Akademia Muzyczna, Akademia Sztuk Pięknych). W Krakowie uczy się 180 000 studentów.

Boom turystyczny – od 2004 roku do Krakowa przyjeżdża co roku około 9 milionów turystów.

Kraków to nie tylko rynek. Dzisiaj obowiązkowym punktem w zwiedzaniu miasta jest też Kazimierz. Rośnie rola Podgórza i Nowej Huty.

„Stare" i „nowe" zabytki Krakowa to: Wawel, Rynek Główny z Sukiennicami i kościołem Mariackim, Kazimierz, Podgórze z MOCAKIEM, Cricoteką, Muzeum Schindlera, a także Nowa Huta!

Boom kulturalny – od 2004 roku systematycznie wzrasta liczba imprez o wysokiej randze artystycznej i dużym zainteresowaniu publiczności. Festiwale muzyczne, filmowe i teatralne: Misteria Paschalia, Sacrum Profanum, Unsound, Off Camera, Boska Komedia, Festiwal Kultury Żydowskiej.

Kraków to miasto dwóch klubów piłkarskich: Wisły i Cracovii.

Kraków to jedno z największych centrów usług finansowych na świecie!! Firmy outsorcingowe dają pracę wielu młodym ludziom. Szacuje się, że pracuje tu 35 000 osób z kraju i coraz częściej z zagranicy.

(handwritten top margin:) duży większy największy / najmniejszy / mały mniejszy najmniejszy / korek – cork / traffic jam / stoję w korku / I'm stuck too / correct

3b Frank i Ola rozmawiają w kawiarni w Krakowie. Proszę obejrzeć film, a następnie podkreślić prawdziwe stwierdzenia.

DVD 5

(handwritten: statements / watch / underline / right)

1. a) Szarlotka jest lepsza niż sernik. *(Szarlotka jest lepsza od sernika)*
   b) Sernik jest słodszy niż szarlotka.
2. a) Sernik jest bardziej kaloryczny.
   b) Sernik jest mniej kaloryczny.
3. a) Kraków jest większy niż Warszawa.
   b) Kraków jest mniejszy niż Warszawa.
4. a) W Warszawie znajduje się mniejsze centrum biznesowe niż w Krakowie.
   b) Rynek w Krakowie jest większy niż Starówka w Warszawie. *(old town)*
5. a) Warszawa jest trochę starsza od Krakowa. *(older)*
   b) Kraków jest trochę starszy od Warszawy.

6. a) Warszawa jest droższa niż Kraków *(more expensive)*
   b) Warszawa jest tańsza niż Kraków. *(cheaper)*
7. a) W Krakowie jest lepsza komunikacja miejska.
   b) W Warszawie są większe korki.
8. a) Kraków jest spokojniejszym miastem niż Warszawa.
   b) Warszawa jest najpiękniejszym miastem.
9. a) W Krakowie znajduje się najstarszy zamek królewski w Polsce. *(royal / located / oldest castle)*
   b) Warszawa jest najbardziej prestiżowym miastem w Polsce.

(handwritten: zarobek – earnings / ile masz wzrostu? / how tall are you)

lekcja 6

• GRAMATYKA

(handwritten: adjectives)

STOPNIOWANIE PRZYMIOTNIKÓW

	STOPIEŃ WYŻSZY		STOPIEŃ NAJWYŻSZY
gruby	grubszy		najgrubszy
tani	tańszy		najtańszy
stary	starszy		najstarszy
drogi	droższy	g : ż	najdroższy
ładny	ładniejszy	ny : niej	najładniejszy
piękny	piękniejszy		najpiękniejszy
szybki	szybszy		
daleki	dalszy	-ki, -oki, -eki : Ø	
wysoki	wyższy	s : ż	najwyższy
prestiżowy	bardziej / mniej prestiżowy		najbardziej prestiżowy
kaloryczny	bardziej / mniej kaloryczny		najbardziej kaloryczny
znany	bardziej / mniej znany		najbardziej znany
nieśmiały	bardziej / mniej nieśmiały		najbardziej nieśmiały
WYJĄTKI:			
dobry	lepszy		najlepszy
zły	gorszy		najgorszy
mały	mniejszy		najmniejszy
duży	większy		największy

Porównanie:
Miasto jest większe niż wieś. niż + mianownik
Miasto jest większe od wsi. od + dopełniacz

Porównanie: *(biggest)*
Warszawa jest największa ze wszystkich polskich miast. z (ze) + dopełniacz

PORÓWNYWANIE

- On / ona jest tak samo... jak...
- On jest podobny do...
- Ona jest podobna do...
- Ono jest podobne do...
- On jest taki sam jak...
- Ona jest taka sama jak...
- Ono jest takie samo jak...
- To jest ten sam...
- To jest ta sama...
- To jest to samo...

- Obaj / obydwaj są...
- Obie / obydwie są...
- Oboje / obydwoje są...
- Oba / obydwa są...

- On jest wyższy, niższy, mniejszy, większy niż / od...
- On jest inny niż...
- Nie jest podobny do...
- Różni się od...

3c Proszę porównać następujące miasta według podanego przykładu.

compare

Przykład: Berlin, duży, Warszawa
Berlin jest większy niż Warszawa, ale oba miasta są stolicami.
Berlin jest większy od Warszawy, ale Warszawa jest tak samo atrakcyjna.

a) Wiedeń, mały, Nowy Jork
b) Moskwa, duża, Ryga
c) Gniezno, stare, Nowa Huta
d) Łódź, brzydka, Gniezno
e) Sopot, mały, Gdańsk
f) Zakopane, popularne, Chamonix-Mont-Blanc

3d Proszę dokończyć zdania, używając przymiotników w stopniu najwyższym.

superlative

a) Gniezno *jest najstarszą stolicą Polski.*
b) Marilyn Monroe *jest najpiękniejszą aktorką na świecie.*
c) Empire State Building *jest najwyższy budynek w USA.*
d) Paryż *jest najpiękniejsze miasto w Europie.*
e) Mount Everest *jest najwyższe góry na świecie.*
f) Sahara *jest największa pustynia na świecie.*
g) Dunaj *jest najdłuższa rzeka w Europie.*
h) Himalaje ...
i) Chopin *jest najsłynniejszy pianista*
j) Goethe ...

3e Quiz. Proszę przygotować w grupach 10 pytań testowych. Oto przykład takiego pytania:

1. Najsławniejszą świątynią na Akropolu jest:
   a) Koloseum
   b) Stonehenge
   c) Partenon

| szczyt | pustynia | rzeka | góry | aktorka |
| kompozytor | poeta | budynek | miasto | stolica |

**Proszę wymienić się w grupach pytaniami i zaznaczyć prawidłowe odpowiedzi.
Grupa, która najszybciej i najlepiej odpowie na pytania – wygrywa.**

3f Proszę porównać obiekty znajdujące się na poniższych zdjęciach. Proszę znaleźć ich podobieństwa i różnice.

Wieżowiec na zdjęciu 1 jest większy niż dom poniżej, ale obydwa są duże i brzydkie...

3g W Państwa mieście powstaje nowe osiedle. Proszę zdecydować, jak powinno wyglądać i co powinno się tam znaleźć: nowoczesne domy czy wieżowce, basen, trasa rowerowa, a może klub, kino i kawiarnie...? Proszę narysować schematyczny plan osiedla, a następnie przedstawić go grupie.

4. 📖 **4a** Iza i Bartek Pawłowscy mają dwoje dzieci i niewielkie, dwupokojowe mieszkanie w Warszawie. Mieszkanie jest za małe, więc małżonkowie znaleźli odpowiednie dla siebie oferty. Proszę porównać te oferty.

oferta 1

Dom jednorodzinny, **140 m²**, duży ogród, garaż
lokalizacja: 45 km od Warszawy
w okolicy: rzeka, trasa rowerowa
Cena: 1 mln 750 tys. złotych

oferta 2

Mieszkanie, **72 m²**, trzy pokoje, drugie piętro, balkon, garaż
lokalizacja: osiedle na Kabatach
w okolicy: Lasy Kabackie
blisko stacji metra
Cena: 990 tys. złotych

	dom	**mieszkanie**
za	*wygodniejszy*	*łatwiejsze do utrzymania*
przeciw		

📖 **4b** Proszę przeczytać dialog i zdecydować, czy mieszkania, o których mówią małżonkowie, są rzeczywiście takie same.

Iza i Bartek zdecydowali, że kupią mieszkanie. Jednak Bartkowi nie podoba się oferta, którą znalazła Iza i próbuje przekonać żonę, że warto kupić inne mieszkanie bliżej centrum.

– Zobacz, to jest świetna oferta: trzypokojowe, z balkonem, a przede wszystkim blisko centrum. I cena jest podobna!
– Sama nie wiem Bartek… To mieszkanie jest droższe…
– Jest droższe, bo znajduje się blisko centrum, ale zobacz ma 73 metry kwadratowe. Jest nawet większe.
– Tylko o metr. Poza tym, to mieszkanie różni się od mojego tym, że nie ma garażu i jest na czwartym piętrze.
– Ale to tylko jedna, mała różnica, a oba mieszkania są bardzo podobne do siebie: trzypokojowe, z balkonem… Moim zdaniem to jest takie samo mieszkanie jak twoje, ale ma lepszą lokalizację.
– Bartek, to nie to samo!

 4c Role. Poniżej przedstawiono w punktach, czym różnią się od siebie oba mieszkania. Proszę z kolegą / koleżanką dokończyć rozmowę Izy i Bartka. Jak Państwo myślą, które mieszkanie wybiorą?

mieszkanie Bartka:
• większy pokój dzienny, mniejsze sypialnie
• telefon
• blisko przystanku tramwajowego
• bez garażu
• w okolicy tylko małe sklepy, daleko do centrum handlowego
• stara architektura
• w okolicy znajdują się kina i teatry

mieszkanie Izy:
• większa kuchnia
• bez telefonu
• blisko stacji metra
• garaż
• blisko do centrum handlowego
• nowoczesny budynek
• blisko do szkoły i przedszkola
• w okolicy znajduje się trasa rowerowa i duży park

5.

5a Proszę przeczytać krótkie informacje o polskich miastach, a następnie znaleźć odpowiedzi na pytania.

1. Które z tych miast będzie najbardziej interesujące dla: handlowca, katolika, przemysłowca, osoby na urlopie? Dlaczego? Proszę podać argumenty.
2. Które z przedstawionych miast jest: największe, najmniejsze, najbardziej znane? Które z nich będzie najbardziej atrakcyjne dla osoby, która szuka pracy?

Łódź: 685 000 mieszkańców. Miasto w centralnej Polsce. Największy w kraju ośrodek przemysłu włókienniczego. Ponadto jest to centrum przemysłu odzieżowego, chemicznego, metalowego, elektrotechnicznego, papierniczego, spożywczego. Łódź to nie tylko produkcja: w mieście znajduje się słynna szkoła filmowa, w której studiowali reżyserzy: Roman Polański, Andrzej Wajda, Kazimierz Kutz, Krzysztof Kieślowski.

Poznań: miasto w zachodniej Polsce, nad Wartą, 671 000 mieszkańców. Największy organizator targów w naszym kraju. Międzynarodowe Targi Poznańskie działają od 1931 roku. 15 000 wystawców prezentuje swoją ofertę dla 600 000 zwiedzających.

Ustrzyki Dolne: 17 000 mieszkańców. Największe centrum sportów zimowych w południowo-wschodniej Polsce. W sercu Bieszczadów. Życie kulturalne i intelektualne koncentruje się w Ośrodku Naukowo-Dydaktycznym Bieszczadzkiego Parku Narodowego. Pracownicy badają tu bieszczadzką przyrodę, kulturę i tradycję. Miasto ma chaotyczną zabudowę, ale warto zwiedzić synagogę z 1870 i cerkiew greckokatolicką z 1874 roku.

Częstochowa: 222 000 mieszkańców, miasto na południu Polski. Największy w kraju ośrodek kultu religijnego. Sanktuarium Maryjne znajduje się na Jasnej Górze obok klasztoru Paulinów (XIV w.) i bazyliki (XVII w.).

Katowice: największe miasto aglomeracji śląskiej. Główny ośrodek Górnośląskiego Okręgu Przemysłowego. Znane głównie z eksploatacji węgla kamiennego, dzisiaj także dynamicznie rozwijające się centrum usług (handlu, finansów, nieruchomości, specjalistycznych usług medycznych). W wolnym czasie Katowice zapraszają do Strefy Kultury, parku, w którym znajdują się: Muzeum Śląskie, siedziba Narodowej Orkiestry Symfonicznej Polskiego Radia, liczne sale koncertowe, prezentowane są wystawy i odbywają się festiwale.

SŁOWNICTWO

5b Proszę wymienić obiekty typowe dla:

a) ośrodków kultu religijnego
b) miast turystycznych
c) miast przemysłowych
d) miast handlowych

5c Proszę porównać przedstawione powyżej typy miast. Proszę podyskutować o tym w grupach.

- Czy żyje się w nich tak samo?
- W jakich zawodach pracują najczęściej mieszkańcy tych miast?
- Które z tych miast jest najbogatsze, a które ma najciekawszą architekturę?
- W którym z tych miast chciałby Pan / chciałaby Pani mieszkać, a w którym nie? Dlaczego?

6.

Handwritten notes at top: stolica - capital   mur - wall   nad morzem - on the sea   wyspa - island

6a Proszę wysłuchać wypowiedzi Polaków. Opowiadają oni o miastach, w których mieszkają, mieszkali dawniej lub które zwiedzili. Proszę dopasować numer wypowiedzi do miasta.

CD 20

Handwritten above images: oglądać sightseeing

a) Kraków   c) Gdańsk   e) Kalisz   g) Warszawa

b) Paryż   d) Wenecja   f) Berlin   h) Nowy Jork

Handwritten numbers below images: 1   6   3   8   5   4   7

Handwritten notes on right: wieża - tower   z wieżowca - skyscrapy

6b Proszę podzielić się na dwie grupy, a następnie wysłuchać nagrania po raz drugi. Każda z grup notuje, jakie cechy decydują o unikalnym charakterze wskazanych miast.

CD 20

Grupa 1
Kraków ....
Wenecja ....
Kalisz ....
Berlin ....

Grupa 2
Warszawa ....
Nowy Jork *...najwyższe wieżowce...*
Gdańsk ....
Paryż ....

6c Proszę opisać swoje miasto, używając następujących zdań i zwrotów:

Moje miasto jest usytuowane w ...... / leży w ...... / znajduje się w ....

Moje miasto leży na wyżynie / na nizinie / na równinie / w górach / nad morzem / nad brzegiem morza / nad brzegiem jeziora / nad jeziorem / nad Wartą / nad Wisłą / u stóp / w pobliżu / w sąsiedztwie ......

Jest jednym z największych / najważniejszych / najbardziej malowniczych / najbardziej dynamicznych / najpiękniejszych miast / ośrodków / centrów w ....

Jest miastem przemysłowym / handlowym / turystycznym...

Jest ważnym ośrodkiem ruchu religijnego / ośrodkiem życia sportowego / centrum życia akademickiego / ośrodkiem akademickim.

Ludność mojego miasta w większości stanowią ....

...... % mieszkańców jest zatrudniona w sektorze ....

Co ciekawego można zobaczyć w tym mieście?
Czy lubi Pan / Pani swoje miasto?
Dlaczego tak? / Dlaczego nie?

Handwritten notes on right: klimat - atmosphere   pomnik

Wymowa

7.

CD 21

7a Proszę wysłuchać następujących zdań, a następnie powtórzyć je z właściwą intonacją.

a) z przekonaniem
- On jest niższy? Nieee, on na pewno jest trochę wyższy.
- Ona jest najmilszą osobą, jaką znam.
- Każde miasto różni się od innych.
- Tu jest większy ruch.

b) bez przekonania
- To miasto chyba jest większe niż nasze.
- Tu można kupić fajne rzeczy?
- Rzeszów to miasto przemysłowe?

Ortografia

7b „Sz" czy „ś"/„si"? Proszę uzupełnić tekst.

Kraków to najwięk....y o...rodek akademicki w Polsce. Najważniej....e uczelnie to: Uniwersytet Jagielloński, Akademia Górniczo-Hutnicza, Uniwersytet Ekonomiczny, Uniwersytet Rolniczy, Uniwersytet Pedagogiczny.

Najpoważniej....ym problemem Krakowa jest zanieczy....czenie ....rodowiska. Kraków od lat walczy z wysokim poziomem smogu, jednym z najwyż.....ych w kraju.

Najważniej.... krakowianie to: Kazimierz Wielki, Piotr Skrzynecki, Stanisław Ignacy Witkiewicz, Stanisław Wyspiański, Lucjan Rydel, Wisława Szymborska.

Handwritten at bottom: respondować -

LEKCJA 7

SYTUACJE KOMUNIKACYJNE opowiadanie o środowisku naturalnym • porównywanie i argumentowanie, wyrażanie przekonania • opisywanie życia na wsi • POWTÓRZENIE: wyrażanie swoich preferencji

SŁOWNICTWO życie na wsi, miejsca typowe dla środowiska wiejskiego, przyroda, rośliny, zwierzęta

GRAMATYKA I SKŁADNIA stopniowanie przysłówków • POWTÓRZENIE: tworzenie i zastosowanie przysłówków w zdaniu

Wieś, przyroda i zwierzęta

SŁOWNICTWO

1. **1a** Aby rozwiązać krzyżówkę proszę przeczytać definicje, a następnie dobrać do nich odpowiednie słowa z ramki.

gospodarstwo   gospodyni   koń   krowa   kura   lato   łąka   ogród   owoce   pole
rolnik   sad   świnia   ul   warzywa   wieś   zboże

PIONOWO

1 część gospodarstwa rolnego, rosną tu drzewa owocowe
3 pora roku, kiedy jest najcieplej i kiedy rolnicy zbierają zboże
5 zwierzę hodowlane, źródło wieprzowiny
7 rośliny uprawne, produkuje się z nich mąkę
9 zwierzę hodowlane, dawniej źródło siły; zastępowało traktory i kombajny
11 zwierzę hodowlane, źródło mleka i wołowiny
13 ptak hodowlany, źródło mięsa i jajek
15 część gospodarstwa rolnego, rosną tu warzywa, owoce i/lub kwiaty
16 ziemia, którą uprawiają rolnicy, rośnie tu zboże lub warzywa

POZIOMO

2 miejsce, gdzie pszczoły produkują miód; drewniany domek dla pszczół
4 osada rolnicza
6 ziemniaki, ogórki, kapusta, etc.
8 jabłka, truskawki, banany
10 właścicielka gospodarstwa rolnego; inaczej „pani domu"
12 ziemia, której nie uprawiają rolnicy, rosną tu zioła, trawa i kwiaty polne
14 polska nazwa miejsca zamieszkania i pracy rolników; inaczej farma, ranczo, hacjenda
17 człowiek, który mieszka i pracuje na wsi, który uprawia pole lub hoduje zwierzęta; często właściciel gospodarstwa

1b *Mówię wieś, myślę... Z czym jeszcze kojarzy się Państwu wieś? Proszę wspólnie z kolegą / koleżanką przygotować listę skojarzeń.*

przyroda ———————— WIEŚ ————

ekologia

1c Proszę zdecydować, które przysłówki najlepiej opisują wieś.

Na wsi jest: *spokojnie, głośno, trudno, miło, ciekawie, cudownie, pusto, szybko, cicho, nudno*

1d Proszę posłuchać wypowiedzi trzech osób na temat życia na wsi. Proszę zdecydować, czy poniższe zdania są prawdziwe (P), czy nieprawdziwe (N):

CD 22

a) Adam ma w mieście swoją firmę. P / N
b) Adam mieszka i pracuje na wsi. P / N
c) Profesor Zarębski uważa, że wieś jest cudowna, ale nie
   chciałby tu mieszkać. P / N
d) Anna uważa, że wieś to wspaniałe miejsce dla turystów. P / N
e) Anna mówi, że model życia na wsi i w mieście jest podobny. P / N

1e Proszę posłuchać wypowiedzi po raz drugi i uzupełnić brakujące wyrazy.

CD 22

1.

Mam na imię Adam, jestem rolnikiem, mam 25 lat. Mieszkałem w mieście .... lat, kiedy chodziłem do szkoły, ale nie chciałem tam zostać. Moim zdaniem na wsi jest lepiej: czyste ...., zdrowe .... Mam duże ....: zwierzęta, 30 hektarów .... i to jest moja firma, moja ....

2.

Marian Zarębski, skromny profesor polonistyki na Uniwersytecie Jagiellońskim, 58 lat. Naturalnie uważam, że wieś jest ...., naprawdę ....: można spacerować po .... i pić .... mleko. Słuchać .... ptaków, siedzieć pod .... i pisać książki. Chciałbym być rolnikiem!

3.

Mam na imię Anna, jestem socjologiem ...., mam 34 lata. Myślę, że wieś to oczywiście piękne miejsce dla .... Ale praca w polu jest naprawdę .... i nie ma tu dobrej .... Dzieci mają .... do szkoły, dorośli do .... To jest po prostu .... model życia.

1f Proszę napisać, o jakich zaletach lub wadach wsi mówią Adam, prof. Zarębski i Anna.

	zalety	wady
Adam	*czyste powietrze*	
prof. Zarębski		
Anna		

2.

2a Proszę przeczytać tekst i odpowiedzieć na pytania.

1. Jak wyglądała sytuacja na polskiej wsi przed wejściem do Unii Europejskiej w 2004 roku?
2. W jaki sposób zmienia się profil polskiego rolnictwa?
3. Jak rolnicy wykorzystują fundusze europejskie?
4. W jaki sposób zmienia się struktura demograficzna wsi?

Jak zmieniła się polska wieś po wejściu do Unii Europejskiej

na podstawie: www.bilgorajska.pl

1 *Polska wieś w ciągu zaledwie kilkunastu lat zmieniła się nie do poznania. Jeszcze niedawno media informowały o trudnej sytuacji na wsiach, źle się działo w rolnictwie indywidualnym. Po wejściu Polski do Unii Europejskiej w 2004 sytu-*
5 *acja się zmieniła, z pomocą funduszy europejskich, rolnicy modernizują swoje gospodarstwa.*

Jak zmienia się profil polskiego rolnictwa

Dzisiejsze gospodarstwa są najczęściej duże, nowocześnie zarządzane, a rolnicy mają wyższe wykształcenie i dobrze
10 wiedzą, jak inwestować pieniądze. Wsparcie finansowe z UE widać przede wszystkim po nowoczesnych budynkach. Zmienił się też profil współczesnego gospodarstwa. Rolnicy rezygnują z produkcji wszystkiego po trochu, a stawiają na wyspecjalizowaną produkcję lub uprawę.

15 ### Kto się utrzymuje z rolnictwa

Z rolnictwa utrzymuje się coraz mniej osób (w 2020 było to 9 procent) i jest to naturalny trend w krajach europejskich. Powodem jest nie tylko rozwinięta **mechanizacja**; nowoczesne maszyny ułatwiają pracę w polu i obsługę zwierząt, ale
20 również wyspecjalizowanie się produkcji. Obecnie rolnicy koncentrują się albo na uprawie roślin, albo hodowli zwierząt. Współczesne gospodarstwo ma co najmniej 10 hektarów i nastawione jest na konkretną produkcję.

Wsparcie z Unii Europejskiej

25 W rozwoju i zmianie produkcji pomogły fundusze unijne. **Rolnicy korzystają z szans, jakie dało członkostwo w Unii Europejskiej** i inwestują w gospodarstwa. Chętnie biorą udział w szkoleniach, czytają fachową literaturę, szukają informacji na specjalistycznych portalach internetowych oraz dzielą się wie-
30 dzą w mediach społecznościowych. Zmienia się także struktura demograficzna mieszkańców wsi. Kobiety decydują się na dzieci w coraz późniejszym wieku i rodzą ich coraz mniej, upodabniają się pod tym względem do kobiet z miast.

2b Proszę wyjaśnić znaczenie poniższych zwrotów, a następnie uzupełnić zdania:

zmienić się nie do poznania ✓	*widać po + miejscownik*
źle się dzieje / działo w/na + miejscownik	*stawiać na + biernik*
wszystkiego po trochu	*upodobnić się do + dopełniacz*

1. W ciągu ostatnich lat profil polskiego gospodarstwa rolnego *zmienił się nie do poznania* .
2. Współcześni rolnicy są wykształceni i... na konkretną produkcję.
3. Przed wejściem Polski do Unii Europejskiej .... na polskiej wsi.
4. Zmiany na polskiej wsi .... po inwestycjach w budynki gospodarcze.
5. W ciągu kilkunastu lat polskie rolnictwo .... do zachodnioeuropejskiego.
6. Dawniej małe gospodarstwa nie były wyspecjalizowanie i produkowały ....

2c Czym życie na wsi różni się od życia w mieście? Proszę podyskutować o tym w grupie. Proszę wziąć pod uwagę następujące aspekty życia: praca / mieszkanie / zdrowie / czas wolny / przyroda.

życie w mieście	życie na wsi
zanieczyszczenie środowiska jest bardzo duże	*powietrze jest świeże*
	życie jest trochę nudne
ludzie cierpią na choroby serca i dróg oddechowych	
	nie ma pośpiechu
	jest dalej do pracy
życie jest stresujące	
	dzieci spędzają czas na łące i w lesie
miasto jest mało przyjazne dla naszego zdrowia	
ludzie pracują w firmach i instytucjach	
ludzie mieszkają w mieszkaniach	

ARGUMENTOWANIE, WYRAŻANIE PRZEKONANIA

– Moim zdaniem...
– Jestem przekonany/przekonana, że...
– Z jednej strony...
– Z drugiej strony...
– Po pierwsze...
– Po drugie...
– Podsumowując...
– ..., bo... / ponieważ... /... dlatego, że...

 2d Proszę przeczytać poniższy tekst argumentacyjny i wybrać właściwy tytuł:

> a) *Życie na wsi to koszmar.*
> b) *Zalety i wady życia na wsi.*
> c) *Dlaczego warto przeprowadzić się z miasta na wieś.*

1 Dawniej ludzie przeprowadzali się do miast w poszukiwaniu lepszego życia. Dzisiaj obserwujemy tendencję inną, odwrotną: mieszkańcy miast chętnie kupują domy na wsi, rezygnują z atrakcji centrów Krakowa, Warszawy, Poznania, Wrocławia.

5 Z jednej strony to zrozumiałe: życie w mieście jest stresujące, jest za dużo hałasu, wszyscy się spieszą, nikt nie ma na nic czasu. Poza tym życie w centrum to zanieczyszczone powietrze, a więc większe jest ryzyko chorób dróg oddechowych, astmy i nasilenia objawów alergii.

Z drugiej strony życie poza miastem jest trudne z powodów logistycznych. 10 Codzienne dojeżdżanie do pracy zajmuje mieszkańcom peryferiów ponad godzinę. Z tego powodu czas, który moglibyśmy spędzić z rodziną, jest znacznie krótszy. Problem dużych odległości nie kończy się tylko na dojeździe do pracy. Na wsi ogólnie jest inaczej niż w mieście. Jest dalej do sklepów, do lekarzy. Co więcej, dostęp do kultury i edukacji też jest ograniczony. Życie na wsi także 15 w tej dziedzinie różni się od życia w mieście.

Podsumowując, jak widać, życie na wsi ma swoje plusy i minusy. Moim zdaniem osoby, które planują przeprowadzić się za miasto, muszą dobrze przemyśleć swoją decyzję.

A teraz proszę wybrać jeden z pozostałych tytułów i napisać własny, krótki tekst argumentacyjny.

....
....
....
....
....
....

 2e Czy ochrona środowiska naturalnego to dla Pana / Pani ważny problem? Proszę przekonać kolegę / koleżankę, że warto lub nie warto:

• żyć ekologicznie
• segregować śmieci
• działać w organizacjach ekologicznych
• być wegetarianinem
• mieszkać na wsi

 2f Role. Spotkanie z agentem nieruchomości. Musi Pan / Pani podjąć z rodziną bardzo ważną decyzję, związaną ze zmianą mieszkania. Proszę wybrać role, a następnie przedstawić scenki w grupach.

a) Mąż: Jesteś biznesmenem. Chcesz zrezygnować z pracy, zamieszkać na wsi i zostać malarzem.

b) Żona: Nie pracujesz. Nie chcesz mieszkać na wsi, bo lubisz życie towarzyskie.

c) Dziecko (17 lat): Jest ci wszystko jedno, gdzie będą mieszkać rodzice. Po maturze masz zamiar wyprowadzić się z domu.

a) Syn: Próbujesz namówić ojca, który jest na emeryturze, żeby kupił dom na wsi.

b) Ojciec / Dziadek: Nie chcesz mieszkać na wsi, bo lubisz teatr i sztukę.

c) Wnuczka (16 lat): Uważasz, że dziadek powinien sam decydować o tym, gdzie chce mieszkać.

a) Żona: Mieszkasz na wsi, ale pracujesz w mieście. Chcesz przeprowadzić się do miasta, bo uważasz, że wasze dzieci będą miały tam większe możliwości.

b) Mąż: Twoja rodzina od pokoleń mieszka na wsi i uważasz, że tam jest twoje miejsce.

3.

3a Proszę znaleźć nazwy zwierząt, łącząc część wyrazu z kolumny A z częścią wyrazu z kolumny B.

A	B
1. mo...	-ba
2. je...	-lik
3. nie...	-ot
4. kro...	-ra
5. ow...	-ń
6. pszczo...	-sz
7. mró...	-perz
8. ry...	-nia
9. ża...	-ak
10. któ...	-ba
11. k...	-ła
12. ku...	-es
13. ko...	-ca
14. my...	-wa
15. nieto...	-dźwiedź
16. świ...	-leń
17. pt...	-tyl
18. pi...	-wka

3b Proszę przyporządkować te zwierzęta do podanych poniżej grup.

a) zwierzęta domowe: _kot_ ....

b) zwierzęta hodowlane: _krowa_ ....

c) zwierzęta leśne: ....

d) zwierzęta wodne: ....

e) owady: ....

3c Poniższe rysunki ilustrują wyrażenia frazeologiczne: *zdrowy jak ryba, silny jak koń, pracowity jak mrówka, wierny jak pies.* Proszę je podpisać.

....

....

....

....

3d Proszę przeczytać podane wyrażenia i przedyskutować w grupie, co one oznaczają.

- Czy „zdrowy jak ryba" znaczy bardzo zdrowy czy chory? *bardzo zdrowy*
- A „silny jak koń"? To bardzo silny czy słaby? *bardzo silny*
- Dlaczego mówimy „pracowity jak mrówka"?
- Czy określenie „wierny jak pies" ma zawsze pozytywne znaczenie?

3e Proszę uzupełnić tekst.

0. Mój syn ma swoje zdanie na każdy temat. Nie mogę go do niczego przekonać, bo jest ....*uparty jak osioł*.... .

1. Nie boję się grypy. Uprawiam sport, jem dużo warzyw i owoców, bo chcę być ....

2. W przyjaźni i miłości jestem ....

3. Ta książka jest za ciężka. Człowiek musi być ...., żeby móc ją nosić codziennie do szkoły.

4. Jeżeli chcesz odnieść sukces w tej pracy, musisz być ambitny i ....

3f Proszę wspólnie z kolegą / koleżanką przygotować listę podobnych wyrażeń frazeologicznych. Mogą Państwo przetłumaczyć na język polski typowe dla Pana / Pani języka ojczystego idiomy ze zwierzętami lub stworzyć własne nowe wyrażenia.

przymiotnik + *jak* + zwierzę

byk

głodny jak wilk

• GRAMATYKA

4.

4a Proszę wyjaśnić podkreślone formy przysłówków.

Czy to prawda, że:

• Ktoś, kto jest silny jak koń, może pracować <u>więcej</u> niż inni?

• Ktoś, kto jest zdrowy jak ryba, żyje <u>dłużej</u> niż inni?

• Ktoś, kto jest pracowity jak mrówka, ma <u>mniej</u> wolnego czasu niż inni?

• Ktoś, kto jest wierny jak pies, kocha <u>bardziej</u> niż ktoś, kto jest niewierny?

lekcja 7

STOPNIOWANIE PRZYSŁÓWKÓW

	STOPIEŃ WYŻSZY		STOPIEŃ NAJWYŻSZY
trudno	trudniej		najtrudniej
drogo	drożej	g : ż	najdrożej
wysoko	wyżej	s : ż	najwyżej
krótko	krócej	tk : c	najkrócej
często	częściej	st : ści	najczęściej
....	....		....
intensywnie	bardziej intensywnie		najbardziej intensywnie
elegancko	bardziej elegancko		najbardziej elegancko
....	....		....
WYJĄTKI:			
dobrze	lepiej		najlepiej
źle	gorzej		najgorzej
dużo	więcej		najwięcej
mało	mniej		najmniej
	Porównanie: Na wsi ludzie żyją dłużej <u>niż</u> w mieście. Piotr mówi po polsku lepiej <u>od</u> Ewy. Na świecie jest <u>coraz</u> mniej zwierząt. Mam <u>coraz</u> więcej pracy. Ludzie <u>coraz</u> częściej chorują na serce.		Porównanie: Mrówka pracuje najwięcej ze wszystkich zwierząt. Ewa mówi po polsku najlepiej ze wszystkich studentów. On zarabia najmniej ze wszystkich nowych pracowników. Najczęściej chodzę piechotą.

4b Proszę podać formę przysłówka w stopniu wyższym.

0. On mówi po polsku ....*lepiej*......... (dobrze) niż jego brat. .....*On mówi coraz lepiej po polsku.*.....................

1. Ludzie żyją .... (długo) niż sto lat temu. ....

2. Mamy .... (dużo) problemów niż nasi dziadkowie. ....

3. Przyroda cierpi .... (bardzo) niż dawniej. ....

4. Na wsi jest .... (trudno) niż w mieście. ....

5. Wiosną jest .... (ciepło) niż zimą. ....

4c Proszę zdecydować, czy poniższe zdania są prawdziwe (P), czy nieprawdziwe (N):

1. Każdy pies je więcej niż kot. P / N
2. Dzisiaj jest cieplej niż wczoraj. P / N
3. Według prognozy pogody jutro będzie zimniej niż dzisiaj. P / N
4. Krowa daje więcej mleka niż owca. P / N
5. Ludzie bardziej lubią koty niż psy. P / N
6. Na ogół bardziej chcemy mieć w domu zwierzęta małe niż duże. P / N
7. Częściej możemy zobaczyć w zoo zwierzęta egzotyczne niż leśne. P / N
8. Rzadziej kupuje się do domu papugi niż rybki. P / N
9. Kot żyje średnio dłużej niż pies. P / N
10. Dzieci boją się bardziej psów niż kotów. P / N

4d Proszę podać formę przysłówka w stopniu wyższym lub najwyższym.

0. Mieszkańcy dużych miast ...*częściej*... (często) chorują na astmę z powodu zanieczyszczenia powietrza niż mieszkańcy małych miast.

1. W miastach jest coraz .... (brudno).

2. W tym regionie żyje się naprawdę .... (źle) ze wszystkich miejsc, które znam.

3. Tu jest .... (trudno) o pracę niż w moim mieście.

4. Polskie rodziny coraz .... (często) wypoczywają na wsi.

5. W czerwcu w Polsce jest .... (pięknie). Kwitną kwiaty, jest dużo owoców.

6. Trzeba mieć .... (dużo) czasu dla siebie. Życie jest krótkie.

7. Moi znajomi coraz .... (rzadko) wyjeżdżają na wakacje za granicę.

8. Warto żyć .... (blisko) natury. Mamy z nią coraz .... (mało) kontaktu.

Wymowa

CD 23 **4e** Proszę wysłuchać następujących par wyrazów i zdecydować, czy słyszą Państwo to samo czy nie? Następnie proszę powtórzyć wyrazy.

	1	2	3	4	5	6
to samo	☐	☐	☐	☐	☐	☑
nie to samo	☑	☐	☑	☑	☐	☑

5.

5a Polacy i zwierzęta. Proszę przeczytać dane statystyczne, a następnie skomentować poniższe pytania.

Według TSN POLSKA:

48% Polaków ma w domu jakieś zwierzę.

62% osób, które mają jakieś zwierzę to dzieci i młodzież.

67% posiadaczy zwierząt mieszka na wsi.

Osoby, które nie pracują, mają częściej zwierzęta niż osoby pracujące.

83% posiadaczy zwierząt ma psy.

44% posiadaczy zwierząt ma koty.

4% ma ptaki.

Na wsi **92%** respondentów ma psa, a **52%** – kota.

W dużych miastach **60%** posiadaczy zwierząt ma psa, **28%** – kota.

Polacy odpowiedzieli także na pytania dotyczące zwierząt. Proszę przeanalizować te odpowiedzi i przedstawić własną opinię na podane tematy:

Pies jest najlepszym przyjacielem człowieka.	43	44	7	3	3
Opieka nad zwierzęciem to duża odpowiedzialność.	52	39	6	2	1
Dzieci powinny wychowywać się wśród zwierząt.	36	44	10	3	7

■ zdecydowanie tak   ■ raczej tak   □ raczej nie   ■ zdecydowanie nie   ■ trudno powiedzieć

- Czy ma Pan / Pani jakieś zwierzę w domu? Czy ma Pan / Pani jego zdjęcie, na przykład w telefonie?
- Czy to prawda, że „kto nie lubi zwierząt, ten nie lubi ludzi"?
- Czy zwierzę w domu może zastąpić człowieka?
- Czy zwierzę może mieć wpływ na zdrowie człowieka? Jaki? Pozytywny czy negatywny?
- Jakie zwierzęta są najbardziej lubiane w Pana / Pani kraju?

• GRAMATYKA

> Polacy **lubią** zwierzęta.
> 35% Polaków **lubi** zwierzęta.
>
> Mieszkańcy wsi na ogół **mają** zwierzęta.
> Większość mieszkańców wsi **ma** zwierzęta.

5b Proszę utworzyć zdania według wzoru.

48% Polaków / lubić / zwierzęta ......*48% Polaków lubi zwierzęta.*...

a) 9 milionów Polaków / mieć / kot ....

b) Coraz więcej ludzi / lubić / zwierzęta domowe ....

c) Coraz mniej ludzi / akceptować / ogrody zoologiczne ....

d) Większość ludzi / żyć / w zgodzie z naturą ....

e) Wiele osób w Polsce / segregować / śmieci ....

f) Większość Polaków / mieszkać / na wsi ....

g) Coraz więcej Polaków / chcieć mieszkać / w mieście ....

h) 60% ludzi w Polsce / deklarować / miłość do natury ....

5c Proszę wysłuchać trzech nagrań i zdecydować, w jakiej sytuacji znajdują się te osoby i na jaki temat rozmawiają.

CD 24

a) są uczestnikami programu telewizyjnego – dialog ...*2*....

b) rozmawiają w domu – dialog ....

c) rozmawiają przez telefon – dialog ....

d) rozmawiają o zanieczyszczeniu środowiska – dialog ....

e) rozmawiają o zwierzętach domowych – dialog ....

f) rozmawiają o agroturystyce – dialog ....

5d Proszę posłuchać po raz drugi nagrania i odpowiedzieć na pytania.

CD 24

1. Jakie zwierzęta chce mieć Mateusz?
2. Dlaczego mama Mateusza się nie zgadza?
3. O czym był reportaż z gminy Wodzisław?
4. Dlaczego ekspert jest oburzony?
5. Skąd dzwoni Tomek?
6. Gdzie chciała spędzić wakacje dziewczyna Tomka?
7. Tomek chce spędzić wakacje na wsi. Jak to argumentuje? Dlaczego zarezerwował już miejsce?

6.

 6a Proszę sprawdzić w słowniku znaczenie wyrażeń:

przestrzeń – ....
środowisko – ....
pożywienie – ....
gatunek – ....
teren dziewiczy – ....
chronić – ....

lekcja
7

6b Proszę przeczytać tekst i powiedzieć, który z argumentów z tekstu o ogrodach zoologicznych przekonuje Pana / Panią najbardziej? Dlaczego? Proszę przedstawić swoje zdanie.

1 Ogrody zoologiczne budzą wiele kontrowersji. Ich zwolennicy mówią, że ogrody te dają często jedyną możliwość poznania większości zwierząt egzotycznych. Zdaniem przeciwników, zwierzęta mają za mało przestrzeni, męczą się,
5 nie mogą żyć tak, jak w normalnym środowisku.

Oto opinie ekspertów:

dr Jan Werner, zoolog

Zoo jest przede wszystkim dla ludzi. Możemy powiedzieć, że przecież są filmy przyrodnicze, albumy. Ale to nie jest prawdziwe życie zwierząt. Filmy pokazują najczęściej zwierzęta
10 w akcji, a przecież ich życie to nie jest tylko bieganie, walka, szukanie pożywienia. Zwierzęta, tak samo jak ludzie, śpią, odpoczywają, obserwują w spokoju. Nic nie może zastąpić człowiekowi prawdziwego kontaktu z naturą, takiego jak
15 w zoo. Niestety. Lepiej zobaczyć zwierzę w zoo niż nigdzie.

Ewa Pietras, przedstawicielka organizacji ekologicznej

Zoo to dla mnie miejsce, gdzie zwierzęta tylko się męczą. Nie żyją w swoim naturalnym środowisku, ich funkcje fizjologiczne są zaburzone. Nie mają dość przestrzeni, żeby
20 biegać, ruszać się, dlatego stają się bardziej agresywne,

sfrustrowane, zestresowane. Nie akceptuję ogrodów zoologicznych. Jest tak dużo filmów przyrodniczych, albumów o zwierzętach... Moja córka nie musi oglądać zmęczonych, nieszczęśliwych zwierząt w zoo.

25 **Piotr Walczak**, dyrektor ogrodu zoologicznego

Prawda jest bardzo smutna. W dzisiejszym środowisku wiele gatunków zwierząt nie może przeżyć. Człowiek za bardzo ingeruje w naturę. Dziś nie ma już terenów dziewiczych. Człowiek był wszędzie. Dlatego chcę chronić zwie-
30 rzęta w zoo. Wolę oglądać je w zoo, niż nie oglądać ich nigdzie. Wybieram mniejsze zło. Ogrody zoologiczne to ratunek dla zwierząt.

6c Czy to jest to samo?

wszędzie – nigdzie
przyroda – natura
żyć – przeżyć
pożywienie – jedzenie
działalność – aktywność

7.

 DVD 6
7a Proszę obejrzeć materiał filmowy, a następnie odpowiedzieć na pytania. Proszę porównać odpowiedzi w grupie.

a. Z jakiego miasta pochodzi rodzina, która przeprowadziła się na wieś?

b. Jakie były cztery główne powody, dla których rodzina zdecydowała się na przeprowadzkę?

c. Co zdecydowało, że rodzina wybrała tę właśnie miejscowość?

d. Jak dzieci zareagowały na wiadomość o przeprowadzce?

e. Co należy rozważyć przy wyborze miejsca na budowę domu?

f. Czy rodzice i dzieci tęsknią za miastem? Proszę podać powody.

DVD 6
7b Proszę obejrzeć ponownie wywiad, a następnie wspólnie z kolegą / koleżanką zrobić listę korzyści związanych z przeprowadzką na wieś. Proszę uwzględnić perspektywę dzieci i rodziców.

LEKCJA 8

SYTUACJE KOMUNIKACYJNE opisywanie relacji rodzinnych • wyrażanie życzenia, oczekiwania, powinności • opisywanie obowiązków rodzinnych

SŁOWNICTWO rodzina, małżeństwo, rozwód, para, miłość, zazdrość, świat uczuć

GRAMATYKA I SKŁADNIA zdania podrzędnie złożone dopełnieniowe ze spójnikiem *żeby* w opozycji do *że*

Relacje z ludźmi

1.

1a Oto cztery fotografie rodzinne. Proszę przeczytać, co o swoich rodzinach mówią dzieci, a następnie dopasować ich wypowiedzi do poniższych fotografii.

☐ **Jaś**, 8 lat

Mój tata jest biznesmenem i bardzo ważnym dyrektorem, a mama pracuje w domu. Mama mówi, że tata nigdy nie ma czasu, że wraca późno z pracy i chce, żeby wracał wcześniej i wyjeżdżał z nami w weekend. Tata mówi, że on pracuje dla dobra rodziny i że mama nic nie rozumie. Kiedy rodzice się kłócą, to mama płacze, a tata śpi w salonie na kanapie, a potem tata przynosi mamie kwiaty i się całują.

☐ **Sebastian**, 8 lat

Mieszkam z mamą i z moim drugim tatą, który nie jest moim prawdziwym tatą. Mój prawdziwy tata to jest mój ojciec, a drugi tata nazywa się ojczym. Mój tata-ojczym chce, żebym mówił do niego tata. Mój tata-ojciec też ma nową żonę, ale ona nie jest moją drugą mamą, bo z nią nie mieszkam i ona chce, żebym mówił do niej Monika. Monika jest bardzo miła i jest w ciąży, więc w maju będę miał brata, który będzie takim moim półbratem. To się nazywa przyrodni brat. Nie wiem na pewno, ale chcę, żeby był brat, a nie siostra, bo nauczę go grać w piłkę.

☐ **Julia**, 7 lat

Mój tata chce, żeby mama była szczęśliwa i dlatego często kupuje jej kwiaty i pierścionki. A mama nie chce, żeby tata jej kupował prezenty, bo to dużo kosztuje, a potem się cieszy i mówi, że to bardzo ładne.

☐ **Karolina**, 6 lat

Moi rodzice pracują w korporacji i nigdy nie ma ich w domu, bo albo mama jest w Chinach, a tata w Ameryce, a potem mama jedzie do Londynu, a tata do Berlina. Można zwariować! Ale rodzice zawsze kupują mi bardzo dużo prezentów, bo nie chcą, żeby mi było smutno, kiedy ich nie ma. Tak naprawdę, to ja trochę kłamię, bo im mówię, że jest mi smutno, żeby kupowali mi więcej prezentów, ale tak naprawdę nie jest mi smutno. Mieszkamy sobie razem z dziadkiem i jest nam bardzo wesoło, bo dziadek jest super i chcę, żeby na urodziny kupił mi psa.

1b Proszę połączyć zdania według wzoru.

Mama chce, ——————————— żeby tata wracał wcześniej.
Mój tata-ojczym chce, żeby mi było smutno.
Żona taty chce, żeby kupowali mi więcej prezentów.
Mama nie chce, żebym mówił do niego tata.
Rodzice nie chcą, żebym mówił do niej Monika.
Ja chcę, żeby dziadek na urodziny kupił mi psa.
Ja chcę, żeby tata jej kupował prezenty.

2. • GRAMATYKA

ZDANIA ZŁOŻONE ZE SPÓJNIKIEM *żeby*

	spójnik *żeby* w formie osobowej		3. osoba czas przeszły	
Moja żona chce,	żebym	–	wracał	wcześniej do domu.
Chciałabym,	żebyś	–	przyszła	do mnie na urodziny.
Mój tata chciałby,	żeby	mama	cieszyła się	z prezentów.
Nauczyciel prosi,	żebyśmy	–	przeczytali	tekst.
Mówiłam wam,	żebyście	–	nie jadły	tyle czekolady.
Chciałbym,	żeby	moi rodzice	byli	szczęśliwi.

2a Proszę zmienić zdania według wzoru.

0. Musisz wracać wcześniej do domu. — *chcę, żebyś wracał wcześniej do domu!*
1. Powinieneś wyjeżdżać z nami w weekendy! — *Chcę,*
2. Nie możesz ciągle siedzieć w internecie! — *Proszę cię,*
3. Musisz mniej pracować! — *Mówię ci,*
4. Nie powinieneś kupować mi biżuterii! — *Nie chcę,*
5. Nie możesz mówić do niej po imieniu!
6. Nie powinieneś kupować jej prezentów!
7. Musisz zostać w domu!
8. Nie powinieneś kłamać!

2b Ewa ma problem. Proszę wysłuchać wypowiedzi i zaznaczyć, czego oczekuje od Ewy jej rodzina.

CD 25

	babcia	ojciec	siostra	dziadek	matka
wyjść za mąż	X	☐	☐	☐	☐
zrobić doktorat	☐	☐	☐	☐	☐
wynająć mieszkanie	☐	☐	☐	☐	☐
pojechać na staż do Londynu	☐	☐	☐	☐	☐
interesować się polityką	☐	☐	☐	☐	☐
więcej czytać	☐	☐	☐	☐	☐
oglądać seriale	☐	☐	☐	☐	☐
chodzić na aerobik	☐	☐	☐	☐	☐
urodzić dziecko	☐	☐	☐	☐	☐
kupić sobie samochód	☐	☐	☐	☐	☐
rzucić palenie	☐	☐	☐	☐	☐

2c Proszę zmienić zdania według wzoru.

- Babcia chce, żeby Ewa *wyszła za mąż.*
- Ojciec chce, żeby Ewa
- Siostra chce, żeby Ewa
- Dziadek chce, żeby Ewa
- Matka chce, żeby Ewa

Wymowa

2d Proszę przeczytać wyrazy.

poszli / poszły   weszli / weszły   zamknęli / zamknęły   mieli / miały   wiedzieli / wiedziały
wyszli / wyszły   chcieli / chciały   otworzyli / otworzyły   rozumieli / rozumiały   jedli / jadły

3.

3a Proszę przeczytać fragment listu, jaki Marek napisał do redakcji „*Ich Dwoje*" i uzupełnić brakujące formy czasownika w czasie przeszłym.

Poznałem (poznać) Magdę dwa lata temu. .... [1] (mieszkać) wtedy w akademiku z moim kumplem i on .... [2] (mieć) siostrę. Kiedyś jego siostra .... [3] (robić) imprezę, ... [4] (mieć) chyba urodziny. .... [5] (pójść) z kumplem na tę imprezę i tam .... [6] (być) Magda. Magda i siostra kumpla .... [7] (studiować) razem architekturę.
Następnego dnia .... [8] (zaprosić) Magdę do kina, potem do klubu i tak się zaczęło. .... [9] (spotykać się) kilka miesięcy, a potem Magda i ta siostra kumpla .... [10] (wyjechać) razem na praktyki do Berlina, na dwa miesiące. .... [11] (pisać) do siebie codziennie e-maile i chyba wtedy .... [12] (zakochać się) w sobie.
Kiedy Magda wróciła, ... [13] (zamieszkać) razem. Na początku było świetnie, ... [14] (chodzić) do teatru i dużo .... [15] (rozmawiać). Ale Magda tak naprawdę .... [16] (interesować się) tylko swoją architekturą i nie .... [17] (chcieć) tak często wychodzić. .... [18] (siedzieć) w domu i .... [19] (rysować). Nigdy nie .... [20] (mieć) czasu. To ja .... [21] (gotować), ja .... [22] (sprzątać), Magda nie .... [23] (robić) nic. Wtedy .... [24] (zacząć) się kłócić.

lekcja

8

■■■■■■ **WYRAŻANIE ŻYCZENIA, OCZEKIWANIA, POWINNOŚCI**

- Chciałbym, żebyśmy się rzadziej kłócili.
- Oczekuję, że od początku roku będziesz pracować mniej.
- Powinieneś rzucić palenie.
- Mówię mu, że powinien więcej czytać.
- Uważam, że powinniśmy wyjechać.

3b Oto kilka scen z życia Magdy i Marka. Proszę zastanowić się z kolegą / koleżanką, o czym oni myślą lub co mówią do siebie. Proszę dokończyć zdania.

Chciałbym, żeby *poszła ze mną do kina.*

Chciałabym, żeby...

Chciałbym, żebyś...

Nie chcę, żebyś...

Prosiłam cię, żebyś...

Oczekuję, że...

Mówiłem jej, żeby...

Uważam, że...

Prosiłam go, żeby...

Mówiłam ci, że...

● **GRAMATYKA**

CZASOWNIK *powinien*

Liczba pojedyncza
powinienem / powinnam
powinieneś / powinnaś
powinien / powinna / powinno

Liczba mnoga
powinniśmy / powinnyśmy
powinniście / powinnyście
powinni / powinny

3c Proszę wstawić odpowiednią formę czasownika *powinien*.

0. Za dużo palisz, ...*powinieneś*... rzucić palenie!
1. Ciągle kłócisz się z Magdą, nie .... tego robić.
2. Ciągle kłócę się z Magdą, a nie .... tego robić.
3. Moi rodzice za dużo pracują, ... wyjechać na wakacje.
4. Magda jest zmęczona, ... czasem gdzieś wyjść.
5. Jeśli twój partner cię krytykuje, ... z nim porozmawiać.
6. Piję za dużo kawy, a wiem, że nie .... tego robić.
7. Jeśli ty i Marek macie problemy, ... iść do psychoterapeuty.

3d Co powie Pan / Pani w poniższej sytuacji? Proszę wyrazić swoje życzenia lub oczekiwania.

0. Twój kolega nie chce pojechać z Tobą na wakacje.
   Bardzo chciałbym, żebyś pojechał ze mną. Wyjazd bez ciebie nie będzie udany.
1. Twoje dziecko nie sprząta swojego pokoju.
2. Masz gości. Proponujesz, żeby spróbowali Twojego ciasta.
3. Przeczytałeś / przeczytałaś właśnie dobrą książkę. Polecasz ją koleżance.
4. Twoi uczniowie zawsze spóźniają się na lekcję.
5. Twój pracownik mówi, że nie napisał jeszcze raportu.
6. Twój syn nie chce studiować medycyny, a ty chcesz, żeby został lekarzem.
7. Twoi znajomi chcą otworzyć własną firmę.
8. Twoi rodzice chcą przeprowadzić się na wieś.
9. Twój kolega ma problemy w szkole. Zawsze mówiłeś / mówiłaś, że za mało się uczy.

• SŁOWNICTWO

4.

 4a Proszę przeczytać tekst, a następnie odpowiedzieć na pytania.

Magda i Marek mieszkają ze sobą od roku. Nie są małżeństwem, ale mają zamiar się pobrać. Marek studiuje polonistykę, bardzo interesuje się sztuką i chciałby zostać znanym pisarzem. Magda chciałaby po studiach zdobyć doświadczenie w dobrym biurze projektów, a potem otworzyć własną firmę. Marek jest wrażliwy i spontaniczny, a konkretna i dokładna Magda jest jego przeciwieństwem. Ostatnio mają problemy, bardzo często się kłócą i chyba mają siebie dość. Magda nie chce się rozstać z Markiem i dlatego próbuje ratować ich związek.

1. Jakie plany na przyszłość mają Magda i Marek?
2. Czy Magda i Marek różnią się od siebie? A może są do siebie podobni?
3. Dlaczego ta para tak często się kłóci?

4b Proszę wysłuchać nagrania, a następnie przedyskutować z kolegą / koleżanką następujące problemy i przedstawić grupie Państwa opinię:

CD 26

1. Dlaczego Magda i Marek mają siebie dość?
2. O co mają do siebie pretensje?
3. Czy Marek krytykuje Magdę, czy chce jej pomóc?
4. Czy Magda powinna robić to, o co prosi ją Marek?
5. Czy Magda i Marek powinni być parą?

4d Proszę uzupełnić zdania w odpowiedniej formie.

> kłócić się   ratować związek
> być przeciwieństwem   otworzyć własną firmę
> pobrać się   rozstać się   zdobyć doświadczenie
> mieć zamiar✓   mieć siebie dość

W lipcu Magda i Marek ......*mają zamiar*...... wyjechać na wakacje do Grecji.

a) Magda i Marek planują .... w przyszłym roku na wiosnę.

b) Marek pracował 5 lat w gazecie studenckiej, więc na pewno .... w dziennikarskim zawodzie.

c) W marcu zeszłego roku Magda ....

d) Magda .... Marka.

e) Magda i Marek ciągle .... i ....

f) Magda próbuje .... ich ....

g) Magda nie chce .... z Markiem.

4e Proszę posłuchać wypowiedzi i zaznaczyć, kogo z wymienionych osób dotyczą podane informacje.

CD 27

	1	2	3	4
a) dyrektor banku	☐	☐	☐	☐
b) gwiazda filmowa	☐	☐	☐	☐
c) nauczyciel	☐	☐	☐	☐
d) babcia	☐	☐	☐	☐

4c Proszę wysłuchać nagrania po raz drugi i uzupełnić wypowiedzi Magdy i Marka, a następnie zaproponować dalszy ciąg ich historii.

CD 26

A. Magda

To nie ma sensu. Jesteśmy ze sobą prawie dwa lata, ale ciągle mamy problemy. Marek mnie nie rozumie, chce, żebym .... kimś innym, nie potrafi mnie zaakceptować.

Od roku mieszkamy razem. Marek chciałby, żebym .... i zajmowała się domem. Nie chcę .... gospodynią domową! Marek ma do mnie pretensje o to, że .... tylko architekturą. Ale ja studiuję architekturę dlatego, że to moja pasja! Uważa, że za mało ...., chce, żebym .... z nim do teatru i czytała trudne książki. Szkoda mi na to czasu.

Nie rozumiem go! Najpierw prosi, żebym .... kolację, potem chce, żebym ...., a w końcu mówi, że .... głupia. Mam dość!

B. Marek

Magda jest trudna. Mieszkamy ze sobą już prawie rok, ale ciągle jej nie rozumiem. Wiem, że .... architekturę, ma mało czasu i dużo pracy. Po prostu chcę jej pomóc.

Magda chyba chciałaby .... idealną gospodynią domową. Mówię jej, żeby nie .... i nie gotowała, proszę, żebyśmy .... do teatru, żeby .... jakąś dobrą książkę. Ale ona uważa, że ja ...., że jest głupia.

Ona nigdy nie prosi, żebym .... jej zrobić kolację... Nie wiem, może ona chce, żebym to ja .... domem? Chciałbym, żeby nie ...., że ją ciągle krytykuję. Nie wiem, o co ma do mnie pretensje, mógłbym jej pomóc, gdyby tylko chciała.

SŁOWNICTWO

5.

 5a Proszę przeczytać poniższy tekst i wykonać zadanie pod nim:

Miłość z internetu

Portal randkowy MYDWOJE.PL przekonuje, że warto szukać partnera przez internet. Podstawową zaletą jest to, że nie musimy wychodzić z domu. Internet działa 24 godziny na dobę. Nie musimy ustalać daty i godziny spotkania, 5 możemy wysłać wiadomość do interesującej nas osoby. Ta osoba ma czas, żeby przemyśleć, czy chce być z nami w kontakcie. Kontakt online daje też możliwość flirtowania na odległość. Nie musimy specjalnie się przygotowywać, żeby poznać się przez internet. Jeśli planujemy rozmowę, 10 nie musimy robić makijażu, specjalnie się ubierać i tak dalej.

Problemy zaczynają się, kiedy rozmówcy decydują się na kontakt w realnym świecie. Część z nich jest rozczarowana: partner nie jest tak przystojny, jak na zdjęciu w in-15 ternecie, dziewczyna nie ma tak miłego głosu, jak przez komunikator. W dodatku w prawdziwym życiu okazuje się, że partner nie jest uprzejmy, zachowuje się arogancko w rozmowie z kelnerem w pubie. Cały czas zagląda do swojego smartfona. A dziewczyna też nie jest zainteresowana 20 prawdziwym związkiem, po paru spotkaniach deklaruje, że chce, żeby partner zaakceptował jej potrzebę wolności i niezależności.

Psychologowie mówią, że poznawanie się w internecie to większe ryzyko rozczarowania, bo na profilu pokazujemy 25 się od lepszej strony niż „w realu". Chcemy, żeby inni uważali nas za atrakcyjnych, więc „koloryzujemy" nasz profil. Konfrontacja z rzeczywistością boli więc bardziej. Czy naprawdę boli? Ewa, lat 32 mówi, że miała już ponad 20 randek z mężczyznami z internetu i wie, że duża część z nich 30 musi skończyć się po pierwszym spotkaniu. Takie jest życie i takie są statystyki.

1. Czego oczekują ludzie, którzy szukają miłości przez internet?

   Oczekują, że partner .... Chcą, żeby ....

2. Co jest powodem rozczarowania w realu?

3. Co powinny wziąć pod uwagę osoby, które szukają partnera / partnerki w internecie?

5b Proszę przeczytać ogłoszenia w serwisie randkowym **www.mojadrugapolowa.pl**. Które z przedstawionych osób nie pasują do siebie? Proszę podać ewentualne kombinacje. Jakie mogą mieć problemy w związku? Proszę podyskutować o tym w grupie.

http://www.mojadrugapolowa.pl

MOJA DRUGA POŁOWA

:: Edytuj ogłoszenie   :: Twój profil   :: Pomoc

NAJNOWSZE OGŁOSZENIA

○ kobieta
○ mężczyzna
województwo
miasto
szukaj

ElwiraXX: Młoda, atrakcyjna rozwódka, pozna pana w wieku do 35 lat, bez nałogów. Foto mile widziane.

Funny boy: Jestem młodym, atrakcyjnym kawalerem. Lubię spędzać wieczory w barze z przyjaciółmi i grać w karty. Mam już ponad 30 lat, a wciąż szukam mojej drugiej połowy. Gdzie jesteś?

Wciąż młody: Pan w średnim wieku, kulturalny, otwarty, bezpruderyjny, pozna miłą panią. Proszę o zdjęcie.

Eksplorator: Lubię zmiany, więc chciałbym, żebyś była otwarta i kreatywna. Jeśli masz nie więcej niż 25 lat, może spróbujemy zbudować związek?

Aniela: Wdowa, lat 55, religijna, kochająca rodzinę, pozna miłego pana, który zechce być jej drugą połową.

Molly: mam 23 lata. Jestem otwartą i spontaniczną osobą, ale potrzebuję trochę stabilizacji. Chcę, żebyś spędzał ze mną wieczory w ciszy domowego ogniska.

• GRAMATYKA

5c *Że czy żeby?* **Proszę uzupełnić zdania.**

0. Mam nadzieję, ...*że*... poznam miłą dziewczynę.
1. Chciałbym, ... moja partnerka była niską blondynką.
2. Moja mama zawsze mówiła, ... napisała ogłoszenie matrymonialne.
3. Boję się, ... nie znajdę odpowiedniego partnera.
4. Oczekuję, ... mój partner nie będzie miał nałogów!
5. Pewien miły pan prosił mnie, ... się z nim spotkała.
6. Uważam, ... jesteśmy już trochę zmęczeni, dlatego powinniśmy wyjechać.
7. Chciałbym, ... (my) znowu byli razem.
8. Proszę go, ... posprzątał, ale on mówi, ... ma dużo pracy.
9. Chcę, ... moja partnerka była bardziej inteligentna niż ja. To ekscytujące.
10. Oczekuję od mojego męża, ... będzie wierny.
11. Mówię mu, ... powinien pracować mniej.
12. Mówię mu, ... był punktualny. Niepunktualność mnie denerwuje.

 5d **Dowiedział się Pan / dowiedziała się Pani, że przyjaciółka poznała kogoś interesującego. Pisze Pan / Pani do niej list z gratulacjami i prośbą o więcej szczegółów.**

Proponowane zwroty:

Bardzo się cieszę, że … .

Mam nadzieję, że teraz … .

Życzę Ci, żebyś była szczęśliwa.

Życzę Ci, żebyś teraz miała więcej okazji do … .

Jak się poznaliście? Gdzie się spotkaliście? Jak to się stało?

5e **Proszę napisać tekst argumentacyjny na jeden z tematów przedstawionych poniżej. Można skorzystać z listy zwrotów z ramki.**

Życie razem czy osobno?   *Szukanie partnera w internecie czy w realu?*

> Masz drugą osobę, która Cię kocha i daje wsparcie.
> Uczysz się żyć razem.
> Oszczędzasz czas.
> W internecie pokazujemy się od lepszej strony.
> Nie jesteś sam / sama.
> Nie możesz robić wszystkiego, co chcesz.
> To naturalny kontakt między ludźmi.
> Nie musisz przygotowywać się do pierwszego spotkania.
> Musisz nauczyć się kompromisu.
> Często poznajemy się przez przyjaciół, co daje możliwość weryfikacji informacji o danej osobie.
> Musisz pracować nad swoją osobowością, czasami wyjść ponad swoje ego, a to trudne.

5f **Para na fotografii obchodzi właśnie 55. rocznicę ślubu. Proszę wspólnie z kolegą / koleżanką zastanowić się, jaka jest recepta na długi i szczęśliwy związek. Proszę wykorzystać słownictwo i struktury gramatyczne wprowadzone w lekcji.**

Przykłady:

To normalne, że para się kłóci, ale trzeba umieć rozmawiać
   o problemach / przeprosić.

Warto jak najczęściej wychodzić razem na spacer / na kolację.

6.

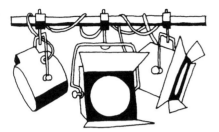

6a Aktorzy czytają fragmenty trzech scenariuszy. Proszę wysłuchać nagrania i zdecydować, co jest tematem tych scenariuszy.

CD 28

a) zdrada
b) wyznanie miłości
c) rozstanie

Scenariusz 1

On — Zabiję ciebie i mojego brata! Jak mogliście mi to zrobić!

Ona — Eryku, proszę, nie rób tego! Twój brat Alfred i ja nie chcieliśmy tego!

On — Lauro, tak bardzo cię kochałem, a ty mnie zdradziłaś!

Ona — Eryku, najdroższy, myślałam, że umarłeś. Kiedy dostałam list z Afryki, że była ta straszna epidemia i że ty nie żyjesz, byłam w rozpaczy! A twój brat był blisko.

Scenariusz 2

Ona — Proszę, zrozum... Ja nie potrafię dłużej tak żyć...

On — Nie możesz mieć do mnie pretensji, Anno, przecież mówiłaś, że nie chcesz całej tej rutyny, domu, dzieci, psa, całego tego mieszczaństwa... Przecież sama tego chciałaś!

Ona — Masz rację, chciałam tego...

On — Nie chcę, żebyś odeszła, kocham cię.

Ona — Ja też myślałam, że cię kocham, że potrafię zrozumieć sytuację, że potrafię żyć z twoimi depresjami, z twoimi euforiami, z twoją wódką, z twoją żoną... Musimy się rozstać.

Scenariusz 3

Ona — (odbiera słuchawkę)

On — Nie śpisz jeszcze?

Ona — (śmieje się) Dzwonisz do mnie w środku nocy i pytasz, czy nie śpię? Ale nie, nie spałam jeszcze.

On — Chciałem ci podziękować za dzisiejszy dzień, za ten spacer i za wszystko.

Ona — Nie ma za co, możemy to powtórzyć, kiedy tylko będziesz chciał. Jesteśmy w końcu przyjaciółmi.

On — Wiesz...

Ona — No, co jeszcze?

On — Wiesz ja..., właściwie dzwonię, bo...

Ona — Nie możesz spać?

On — ... bo chciałem cię zapytać, co byś powiedziała, gdybym ci powiedział, że.... zakochałem się w tobie.

Ona — Ty?

On — Kocham cię!

6b Proszę posłuchać nagrania po raz drugi i powiedzieć:

CD 28

a) Dlaczego Laura i Eryk się kłócą?
b) Dlaczego Anna chce rozstać się ze swoim partnerem?
c) Kim są dziewczyna i chłopak z trzeciego scenariusza? Czy dziewczyna spodziewała się wyznania miłości?

6c Jak Państwo myślą, na podstawie którego scenariusza można zrealizować film, sztukę teatralną lub serial? Proszę wspólnie z kolegą / koleżanką dopisać ciąg dalszy wybranego scenariusza, a następnie przedstawić go grupie.

6d Role. Wizyta u psychoterapeuty. Proszę wybrać role i przygotować scenki w grupach.

a) Urodziłaś właśnie dziecko. Chcesz wrócić do pracy, ale twój mąż się nie zgadza.

b) Uważasz, że twoja żona nie powinna wracać do pracy, tylko zostać w domu i wychowywać dziecko.

c) Jesteś psychoterapeutą, pomagasz rozwiązać problem.

a) Dostałaś atrakcyjną propozycję pracy za granicą. Chcesz, żeby twój partner zrezygnował z pracy i wyjechał razem z tobą.

b) Twoja partnerka chce wyjechać za granicę. Wiesz, że jest to dla was szansa, ale nie chcesz zostawić w kraju chorej matki.

c) Jesteś psychoterapeutą, pomagasz rozwiązać problem.

a) Uważasz, że twój partner jest uzależniony od internetu. Całe wieczory spędza przy komputerze i nic go nie interesuje. Masz dość tej sytuacji.

b) Masz bardzo stresującą i odpowiedzialną pracę. Internet pomaga ci się zrelaksować. Nie rozumiesz, dlaczego partnerka ma do ciebie pretensje.

c) Jesteś psychoterapeutą, pomagasz rozwiązać problem.

 6e *Przed obejrzeniem filmu:*
Dzieci będą mówiły o tym, jak rozumieją miłość i problemy w związkach romantycznych i w rodzinie. Pracując wspólnie z partnerem, proszę zgadnąć, co powiedzą dzieci. Swoje propozycje proszę wpisać do tabeli poniżej do rubryki „Prognoza".

Pytanie	Prognoza	Wypowiedzi dzieci
1. Co to jest miłość?		
2. Skąd wiadomo, że ludzie się kochają?		
3. Jak będzie wyglądała twoja rodzina?		
4. Co dzieci chciałyby zmienić w swojej rodzinie?		

 6f **Proszę obejrzeć wywiad z dziećmi i zanotować ich wypowiedzi w rubryce „Wypowiedzi dzieci". Proszę porównać swoje prognozy z uzyskanymi wypowiedziami. Proszę podzielić się swoimi refleksjami na forum grupy.**

LEKCJA 9

SYTUACJE KOMUNIKACYJNE opowiadanie o swoich relacjach z innymi ludźmi • wyrażanie przyszłości • wyrażanie przypuszczenia, warunku • POWTÓRZENIE: wyrażanie życzenia, propozycji, prośby, sympatii, antypatii • wyrażanie relacji przestrzennych

SŁOWNICTWO przyjaźń, relacje z innymi ludźmi (cd.)

GRAMATYKA I SKŁADNIA zdania warunkowe • wybrane problemy rekcji czasownika • deklinacja zaimka *się* • odmiana rzeczownika *przyjaciel* w liczbie pojedynczej i mnogiej • celownik liczby pojedynczej i mnogiej • POWTÓRZENIE: tryb warunkowy

Przyjaźń

1.

1a W Polsce przeprowadzona została sonda uliczna na temat przyjaźni. Proszę przeczytać poniższe pytania. Jak Pan / Pani odpowiedziałby / odpowiedziałaby na nie?

Większość Polaków jest bardzo tolerancyjna dla swoich przyjaciół. Aż 25% dałaby szansę przyjacielowi, który wykorzystał ich przyjaźń!

1

Co zrobiłbyś, gdyby twój przyjaciel wykorzystał waszą przyjaźń?
– Skończyłbym z nim znajomość.   .... %
– Dałbym mu jeszcze jedną szansę.   25%
– Nic. Nikt nie jest doskonały.   .... %

2

Czy troszczysz się o swojego przyjaciela?
– Oczywiście!   .... %
– Tak.   .... %
– Nie. Wiem, że to nie fair.   .... %

3

Czy twój przyjaciel rozczarował cię kiedyś?
– Tak.   .... %
– Nie.   .... %

4

W jakiej sytuacji powinniśmy zawsze móc liczyć na przyjaciela?
– W chorobie.   .... %
– Kiedy mamy problemy finansowe. .... %
– Kiedy mamy problemy osobiste.   .... %

1b Proszę wysłuchać nagrania i uzupełnić brakujące dane z ćw. 1a. Czy wyniki sondy są dla Państwa zaskoczeniem?

CD 29

1c Proszę przeczytać wypowiedzi znanych osób o ich przyjaciołach i wykonać zadanie poniżej:

Jacek Żakowski, publicysta:
To byłby nietakt, gdybym powiedział, że przyjaźnię się z ks. Józefem Tischnerem. Gdzie on, a gdzie ja!

Gustaw Holoubek, aktor:
Tak, przyjaźnię się z Tadeuszem Konwickim, ale jest to coś prywatnego, między nami, nie chciałbym tego upubliczniać.

Hanna Krall, pisarka:
Od wielu lat przyjaźnię się z Ryszardem Kapuścińskim, mam nadzieję, że on ze mną też. (...)

Maryla Rodowicz, piosenkarka:
Magda Umer to jedna z kilku osób życzliwych, dobrych znajomych. Ale ja nie mam żadnego przyjaciela. (...)

- Czy zna Pan / Pani osoby zaprezentowane powyżej? Jeśli tak, proszę opowiedzieć o nich grupie. Proszę sprawdzić, ile mają lat, czy jeszcze żyją?
- Jaka jest różnica między czterema parami przyjaciół? Czy przyjaźń znaczy zawsze to samo? Proszę skomentować te wypowiedzi.
- Jedna z osób powiedziała, że nie ma przyjaciół. Jak Pan / Pani myśli, dlaczego? Czy ktoś ją rozczarował? Wykorzystał jej przyjaźń?

1d Proszę przeczytać te wyrażenia i zdecydować, które mają pozytywne, a które negatywne znaczenie? Proszę dopasować odpowiednią definicję.

1. ufać komuś –
2. wykorzystywać kogoś –
3. myśleć też o sobie –
4. troszczyć się o kogoś –
5. myśleć tylko o sobie –
6. odwzajemniać –
7. rozczarować się –
8. doceniać –

[7] a) nie zrealizować swoich nadziei, marzeń
[ ] b) wierzyć komuś, mieć zaufanie
[ ] c) oddawać uczucia lub przyjaźń
[ ] d) myśleć o kimś, martwić się o kogoś
[ ] e) myśleć, że coś lub ktoś jest bardzo ważny dla nas
[ ] f) brać dużo od kogoś, ale nie dawać nic od siebie
[ ] g) interesować się tylko sobą
[ ] h) widzieć nie tylko problemy innych, ale też swoje własne potrzeby

lekcja
9

CD 30

1e Proszę wysłuchać wypowiedzi trzech osób. Wypowiedzi zostały nagrane i przedstawione w audycji radiowej, której tematem była przyjaźń. Proszę napisać w rubrykach właściwą odpowiedź: *tak / nie / jest niezdecydowany / niezdecydowana / brak informacji*

	Zbyszek Zawisza	Gabrysia Młodawska	Maria Nawrotna
Uważa, że przyjaźń to przede wszystkim zaufanie.		*tak*	
Przyjaźń jest dla niego / niej ważna.			
Ma wielu przyjaciół.			
Uważa, że przyjaźń między kobietą a mężczyzną jest możliwa.			
Często spotyka się ze swoimi przyjaciółmi.			

CD 30

1f Proszę posłuchać jeszcze raz nagrania i zdecydować, czy te zdania są prawdziwe (P), czy nieprawdziwe (N):

a) Zbyszek Zawisza często spotyka się ze swoimi przyjaciółmi, bo wszyscy mieszkają w Warszawie.   P / N
b) Zbyszek Zawisza nigdy nie próbował przyjaźnić się z kobietą.   P / N
c) Zbyszek Zawisza uważa, że w przyjaźni ważne są też wspólne pasje i poczucie humoru.   P / N
d) Najlepszą przyjaciółką Gabrysi Młodawskiej jest jej koleżanka z harcerstwa.   P / N
e) Chłopak Gabrysi Młodawskiej też jest harcerzem. Razem jeżdżą na obozy.   P / N
f) Maria Nawrotna uważa, że przyjaźń i miłość to dwie różne rzeczy.   P / N
g) Maria Nawrotna uważa, że nie można istnieć bez powietrza i jedzenia, ale można istnieć bez przyjaźni.   P / N
h) Maria Nawrotna uważa, że przyjaźń między kobietą i mężczyzną jest tym samym, co miłość.   P / N

1g Proszę zdecydować, czy zgadza się Pan / Pani z teorią Marii Nawrotnej o przyjaźni i miłości, czy ma Pan / Pani inne zdanie na ten temat. Jakie?

2.

2a W przyjaźni i w miłości bardzo ważne jest zaufanie. Komu można całkowicie zaufać?

a) żonie, mężowi?
b) rodzicom?
c) przyjacielowi?
d) obcej osobie?

Proszę zrobić miniankietę w grupie, a następnie podsumować jej wyniki.

Najwięcej osób w grupie ufa rodzicom...

• GRAMATYKA

CELOWNIK: Komu? Czemu? liczba pojedyncza

	rodzaj męski		rodzaj żeński		rodzaj nijaki	
Przykłady:	Ufam Piotr**owi**. Pomagam now**emu** student**owi**. Pomagam moj**emu** ojc**u**. Ufam pan**u**.		Ufam moj**ej** mami**e**. Pomagam now**ej** student**ce**. (k:ce) Ufam moj**ej** siostrz**e**. (r:rze) Dałam Kindz**e** prezent. (g:dze)		Ufam moj**emu** dzieck**u**. Pomagam moj**emu** młodsz**emu** dzieck**u**.	
przymiotnik JAKIEMU? JAKIEJ? JAKIEMU? *zaimek dzierżawczy:* CZYJEMU? CZYJEJ? CZYJEMU?	**-emu**	now**emu** moj**emu**	**-ej**	now**ej** moj**ej** = MIEJSCOWNIK	**-emu**	młodsz**emu** moj**emu**
rzeczownik KOMU? CZEMU?	**-owi** **-u**	Piotr**owi** student**owi** pan**u** ojc**u**	**-e** **-i** **-y**	mami**e** pan**i** prac**y** = MIEJSCOWNIK	**-u**	dzieck**u**

CELOWNIK: Komu? Czemu? liczba mnoga

	rodzaj męski	rodzaj żeński	rodzaj nijaki
Przykłady:	Pomagam now**ym** student**om**.	Ufam mo**im** przyjaciółk**om**.	Pomagamy chor**ym** dzieci**om**.
przymiotnik JAKIEMU? JAKIEJ? JAKIEMU? *zaimek dzierżawczy:* CZYJEMU? CZYJEJ? CZYJEMU?	**-ym** **-im**	now**ym**, chor**ym** mo**im**	
rzeczownik KOMU? CZEMU?	**-om**	student**om**, przyjaciółk**om**, dzieci**om**	

2b Proszę podać właściwą formę rzeczowników w celowniku:

a)
– Powiedziałam ...*Ewie*.... (Ewa) o moich problemach z Piotrem.
– Naprawdę? Nie wiedziałam, że jesteście przyjaciółkami.
– Ufam tylko jej i .... (moja mama).

b)
– Jutro Agata jedzie pod namiot z kolegami.
– Naprawdę? Nie boisz się o nią? Tak bardzo ufasz .... (swoja córka)?
– Oczywiście! Dlaczego mam nie ufać .... (moje dziecko)? Co ona może tam zrobić?

c)
– Piotr wraca ostatnio bardzo późno z pracy. Mówi, że jest bardzo zajęty.

– Wiem, że wierzysz .... (Piotr), ale może powinnaś czasami zadzwonić do biura i sprawdzić, czy faktycznie jest w pracy.
– Tak, tak, moja matka mówi mi to samo, ale ufam .... (mój mąż) całkowicie.

d)
– Jutro? Nie mogę z tobą wyjść. Pracuję jako wolontariusz w szpitalu.
– Naprawdę? Nie wiedziałam! Ja chyba nie mogłabym. To za trudne dla mnie.
– A ja lubię pomagać .... (ludzie). Opowiadam .... (moi pacjenci) różne historie, czytam .... (dzieci) książki. Ci ludzie mnie potrzebują!

2c Proszę uzupełnić podane poniżej zdania za pomocą właściwej formy rzeczownika „przyjaciel". Każdego ze słów można użyć więcej niż jeden raz.

> √ *przyjaciel   przyjacielu   przyjaciela   przyjacielem   przyjacielowi*

1. Moim zdaniem ..... *przyjaciel* ..... jest potrzebny każdemu z nas. Z .... można pójść na piwo i o wszystkim porozmawiać. Na .... można zawsze liczyć.
2. Czy z .... trzeba się często spotykać? Wcale nie! Ja widzę mojego .... tylko kilka razy w roku.
3. Przyjaciel to nie tylko człowiek od spotkań towarzyskich. O .... trzeba się troszczyć.
4. Bez .... trudno żyć, dlatego zawsze warto go szukać.
5. Nie wolno wykorzystywać ....! Nie wolno .... oszukiwać.
6. .... musimy ufać.
7. Musimy pamiętać o ....

2d Na podstawie ćwiczenia powyżej proszę ułożyć 10 zasad postępowania dobrego przyjaciela.

1. *Dobry przyjaciel jest zawsze blisko swoich przyjaciół.* ....
2. *Od dobrego przyjaciela oczekujemy ...* ....
3. *Dobremu przyjacielowi ...* ....
4. ....
5. ....
6. ....
7. ....
8. ....
9. ....
10. ....

2e Proszę zinterpretować to stare, polskie przysłowie. Czy w Pana / Pani kraju są przysłowia związane z przyjaźnią? Jakie? Proszę je przedstawić grupie.

Prawdziwych przyjaciół poznaje się w biedzie.

2f Proszę opisać swojego przyjaciela / swoją przyjaciółkę. Proszę skorzystać z przymiotników z lekcji 1 (str. 7), a także z poniższych zwrotów:

Mój przyjaciel jest ... / bywa ...
Mój przyjaciel wygląda na ...
Podoba mi się w nim / w niej to, że ...
(Najbardziej) Lubię w nim / w niej ...
Cenię w nim / w niej ...
Od razu, kiedy się poznaliśmy, wiedziałem / wiedziałam, że ...
Nie od razu wiedziałem / wiedziałam, że ...
Wiem, że zawsze mogę na niego / na nią liczyć.
Nigdy mnie nie rozczarował / nie rozczarowała.
Troszczymy się o siebie wzajemnie.
Dzwonimy do siebie często.
Często się spotykamy, żeby porozmawiać.
Nieczęsto się spotykamy, ale wiemy, że możemy na siebie liczyć.

Jeśli nie ma Pan / nie ma Pani przyjaciela / przyjaciółki, proszę napisać, jaka byłaby potencjalnie osoba, która miałaby szansę na przyjaźń z Panem / z Panią.

Gdybym miał przyjaciela / przyjaciółkę, byłbym bardzo szczęśliwy / zadowolony. Mam jednak pewne oczekiwania wobec potencjalnego kandydata na mojego przyjaciela. Przede wszystkim oczekuję, że będzie on / będzie ona ....
Powinien / powinna ....
Musi ....
.... Mam nadzieję, że będzie
....
Liczę na to, że ....

2g Proszę przeczytać zdania i dopasować je do rysunków. Następnie proszę wspólnie zdecydować, w jakim przypadku występuje zaimek *się*.

2️⃣ Ania i Paweł dają sobie prezenty. .....*celownik*..................

⬜ Ania i Paweł znają się długo. ....

⬜ Ania i Paweł mieszkają ze sobą. ....

⬜ Ania i Paweł ufają sobie. ....

⬜ Ania i Paweł troszczą się o siebie. ....

⬜ Ania i Paweł kochają się. ....

⬜ Ania i Paweł nie mogą bez siebie żyć. ....

⬜ Ania i Paweł zawsze myślą o sobie. ....

⬜ Ania i Paweł mogą liczyć na siebie. ....

> dopełniacz celownik biernik
> narzędnik miejscownik mianownik

2h Proszę wpisać formy deklinacyjne zaimka *się* do poniższej tabeli.

SIĘ

dopełniacz	*się / siebie*
celownik	
biernik	*się / siebie*
narzędnik	
miejscownik	*sobie*

2i Proszę wpisać odpowiednią formę zaimka *się*.

Moja przyjaciółka i ja często myślimy o .... [1]. Telefonujemy więc do .... [2] i rozmawiamy ze .... [3] godzinami! Wiem, że możemy liczyć na .... [4]. Bardzo dbamy o .... [5] i nasze wzajemne kontakty. Pomagamy .... [6] zawsze, kiedy jedna z nas jest w potrzebie. Cały czas potrzebujemy .... [7] i chyba nie możemy bez .... [8] żyć. Nasi mężowie mówią, że żyjemy ze .... [9] tak blisko jak małżeństwo. Spędzamy ze .... [10] dużo czasu, widzimy .... [11] w pracy i w czasie wolnym. Ufamy .... [12] i wiemy, że możemy na .... [13] polegać. Wiele małżeństw się rozwodzi, wielu ludzi nie jest już dawno ze .... [14], a my wciąż mamy .... [15] tyle do powiedzenia i nigdy nie nudzimy się ze .... [16].

2j Proszę wpisać odpowiednią formę zaimka *się*:

a) Mój przyjaciel myśli tylko o ....*sobie*.... . Wiem, że możemy .... ufać, ale trochę rozczarowałam .... jego osobą. Jest egoistą i nie wiem, czy w trudnej sytuacji troszczyłby .... o mnie.

b) To dobrze, jeśli przyjaciele zawsze mogą liczyć na .... Ja i moi przyjaciele studiujemy razem i mieszkamy ze .... Pomagamy .... w każdej sytuacji.

c) Moi rodzice nie są już ze .... Rozwiedli .... dwa lata temu.

d) Jestem .... w każdej sytuacji.

3.

CD 31

3a Proszę wysłuchać wypowiedzi, a następnie zaznaczyć, w której z nich występuje:

	prośba	propozycja	przypuszczenie	życzenie
1. Mógłbym przyjść, jeśli chcesz.	☐	☐	☐	☐
2. Chciałabym mieć przyjaciela.	☐	☐	☐	☐
3. Może pojechalibyśmy za miasto?	☐	☐	☐	☐
4. Myślę, że ona mogłaby to zrobić.	☐	☐	☐	☐
5. Zjadłbym coś!	☐	☐	☐	☐
6. Poszlibyście z nami?	☐	☐	☐	☐
7. Nie wiem, może zrobiłbym to.	☐	☐	☐	☐
8. Napiłbym się herbaty.	☐	☐	☐	☐
9. Mógłbyś mi pożyczyć słownik?	☐	☐	☐	☐
10. To byłoby możliwe.	☐	☐	☐	☐
11. Mogłabyś mi pomóc?	☐	☐	☐	☐
12. Mogłabym ci w tym pomóc.	☐	☐	☐	☐

WYRAŻANIE PROŚBY, PROPOZYCJI, ŻYCZENIA, PRZYPUSZCZENIA

Prośba: – Czy mógłby pan otworzyć okno?
Propozycja: – Mógłbym ci jakoś pomóc?

Życzenie: – Oni chcieliby mieć dziecko.
Przypuszczenie: – Zastanawiam się, czy mógłbyś kupić samochód?

• GRAMATYKA

TRYB WARUNKOWY *robić*

Liczba pojedyncza			
rodzaj męski	**rodzaj żeński**	**rodzaj nijaki**	
robił**bym** robił**byś** robił**by**	robiła**bym** robiła**byś** robiła**by**	robiło**by**	3. osoba liczby pojedynczej czasownika w czasie przeszłym + by + końcówki czasu przeszłego

Liczba mnoga		
męskoosobowe	**niemęskoosobowe**	
robili**byśmy** robili**byście** robili**by**	robiły**byśmy** robiły**byście** robiły**by**	3. osoba liczby pojedynczej czasownika w czasie przeszłym + by + końcówki czasu przeszłego

Wymowa

3b Proszę przeczytać poniższe zdania. Proszę uważać na prawidłowe akcentowanie sylab!

1. Zrobilibyśmy to.
2. Napisałbym ten list.
3. Chcielibyście tam pójść?
4. Nie rozczarowalibyśmy naszych przyjaciół!

3c **Proszę zmienić zdania według wzoru:**

a) Chcę pojechać na wakacje. *Chciałbym / chciałabym pojechać na wakacje.*

b) Możesz kupić ten samochód. ....

c) Chcemy mieć dziecko. ....

d) Mogę ci pomóc. ....

e) Oni chcą studiować. ....

f) Chcesz mieszkać w Krakowie? ....

g) Możesz podać mi długopis? ....

h) Możemy mieć psa? ....

3d **Proszę wspólnie z kolegą / koleżanką napisać, co mówią lub o czym myślą osoby na poniższych fotografiach.**

3e **Co powie Pan / Pani w tej sytuacji?**

1. Jesteś na dworcu. Kupujesz bilet i prosisz o przedział blisko wagonu restauracyjnego.
2. Twoi znajomi chcieliby pójść do kina, ale mają małe dziecko. Proponujesz im pomoc.
3. Rozmawiasz z kolegą o samochodach. Mówisz mu, jaki model chciałbyś / chciałabyś mieć.
4. Twoi znajomi proponują wspólny wyjazd na wakacje. Chciałbyś / chciałabyś pojechać, ale nie jesteś pewny / pewna, czy dostaniesz urlop.
5. Twoi znajomi mają dziecko z zespołem Downa. Znasz dobrą szkołę specjalną i uważasz, że ich dziecko dobrze by się tam czuło. Opowiadasz im o tym.
6. Jesteś modelem / modelką. Chciałbyś / chciałabyś pracować u najlepszych projektantów mody. Mówisz o tym koleżankom.
7. Twoja koleżanka organizuje koncert charytatywny. Oferujesz jej swoją pomoc.

4.

4a Proszę uzupełnić zdania odpowiednią formą czasownika w trybie przypuszczającym. Następnie proszę zdecydować, co zrobiłby Pan / zrobiłaby Pani w takiej sytuacji. Proszę zaznaczyć tylko jedną odpowiedź.

PSYCHOZABAWA

Czy naprawdę jesteś dobrym przyjacielem? Czy na pewno jesteś oddaną przyjaciółką? Sprawdź to sam / sama!

1. Gdyby twój przyjaciel nagle zachorował,
   a) ...*odwiedzałbyś*..... (odwiedzać) go codziennie i .... (przynosić) mu książki, płyty, filmy i inne rzeczy.
   b) .... (dzwonić) do niego codziennie.
   c) .... (czekać) cierpliwie, aż wyzdrowieje.

2. Gdyby twoja przyjaciółka poprosiła cię, żebyś pożyczyła jej samochód:
   a) natychmiast .... (dać) jej kluczyki.
   b) .... (zaproponować), że pojedziesz z nią, gdzie będzie chciała, ale to ty będziesz prowadzić.
   c) .... (powiedzieć), że właśnie oddałaś samochód do warsztatu.

3. Gdyby twój przyjaciel postanowił skoczyć na bungee:
   a) .... (skoczyć) razem z nim.
   b) .... (poradzić), żeby przemyślał jeszcze raz dokładnie swoją decyzję.
   c) .... (zaproponować), że nakręcisz to kamerą wideo.

4. Gdyby twoja przyjaciółka straciła mieszkanie i zapytała, czy może zamieszkać z tobą w twoim małym pokoju:
   a) .... (zapytać) od razu, kiedy się wprowadza.
   b) .... (zgodzić się), ale tylko do czasu, aż znajdzie nowe mieszkanie.
   c) .... (powiedzieć), że właśnie kupiłaś kota, który nie lubi towarzystwa innych ludzi.

5. Gdyby twój przyjaciel powiedział, że ma zamiar ożenić się z twoją 20-letnią siostrą:
   a) .... (pogratulować) mu dobrego wyboru.
   b) .... (powiedzieć), że to dobry pomysł, ale .... (poradzić), żeby poczekali ze ślubem, aż siostra skończy studia.
   c) .... (poradzić) mu, żeby tego nie robił, bo twoja siostra ma trudny charakter, dwóch innych chłopaków i jest ciężko chora.

6. Gdyby twoja przyjaciółka oblała się na imprezie czerwonym winem:
   a) natychmiast .... (oddać) jej swoją czystą sukienkę, a sama .... (założyć) jej poplamione i mokre ubranie.
   b) .... (pojechać) z nią do domu, żeby się szybko przebrała i jeszcze wróciła na imprezę.
   c) .... (zrobić) jej zdjęcie i .... (wrzucić) je na Instagram.

4b Proszę policzyć punkty i przeczytać komentarz. Czy wynik dobrze charakteryzuje Pana / Panią jako przyjaciela / przyjaciółkę?

odpowiedzi a – 1 punkt, odpowiedzi b – 2 punkty, odpowiedzi c –3 punkty

Jeżeli masz 6 – 10 punktów
Jesteś ideałem przyjaciela, ale... no właśnie, nie ma ludzi idealnych. Jesteś zbyt dobry / dobra dla swoich przyjaciół i obawiam się, że oni to cynicznie wykorzystują. Musisz czasem powiedzieć nie, zastanowić się, pomyśleć o sobie. Jeśli tego nie zrobisz, możesz się gorzko rozczarować.

Jeżeli masz 11 – 14 punktów
Potrafisz być naprawdę dobrym przyjacielem / dobrą przyjaciółką. Troszczysz się o swoich przyjaciół, ufasz im i pomagasz, kiedy znajdą się w trudnej sytuacji. Myślę, że oni to doceniają i potrafią odwzajemnić.

Jeżeli masz 15 – 18 punktów
Jeśli naprawdę tak wyglądają twoje relacje z ludźmi, to boję się, że nie masz i nie będziesz miał / miała przyjaciół. Nikomu nie ufasz, troszczysz się tylko o siebie, to czysty egoizm. Musisz pamiętać, że jeśli będziesz myśleć tylko o sobie, to będziesz bardzo samotnym człowiekiem.

ZDANIA WARUNKOWE

liczba pojedyncza	3. osoba, czas przeszły, rodzaj męski, żeński lub nijaki		rodzaj męski, żeński lub nijaki
Gdybym	**miał / miała**		**byłbym, byłbyś, byłby** szczęśliwy.
Gdybyś	**miał / miała**		**byłabym, byłabyś, byłaby** szczęśliwa.
Gdyby	**miał / miała / miało**	przyjaciela, **to**	**byłoby** szczęśliwe.
liczba mnoga	3. osoba, czas przeszły, rodzaj męskoosobowy lub niemęskoosobowy		**rodzaj męskoosobowy lub niemęskoosobowy**
Gdybyśmy	**mieli / miały**		**bylibyśmy, bylibyście, byliby** szczęśliwi.
Gdybyście	**mieli / miały**		**byłybyśmy, byłybyście, byłyby** szczęśliwe.
Gdyby	**mieli / miały**		

4c Proszę wysłuchać wypowiedzi czterech osób i uzupełnić zdania.

CD 32

Jan: Gdybym miał przyjaciela, ...

Ewa: Gdybym mieszkała w Warszawie, ...

Piotr: Gdybym miał więcej pieniędzy, ...

Maria: Gdybym mogła liczyć na Agnieszkę, ...

4d Proszę przypomnieć, co powiedzieli bohaterowie z poprzedniego ćwiczenia.

CD 32

1. Gdyby Jan miał przyjaciela, ...

2. Gdyby Ewa mieszkała w Warszawie, ...

3. Gdyby Piotr miał więcej pieniędzy, ...

4. Gdyby Maria mogła liczyć na Agnieszkę, ...

5.

5a Proszę przeczytać, co myślą o Ewie jej znajomi i rodzina.

1. Irena, studentka Ewy

Bardzo lubię panią Ewę, jest świetną nauczycielką i gdyby pojechała do Londynu, byłoby mi naprawdę smutno.

2. Pani Jasia, sąsiadka Ewy

Nie mam o niej zdania. Nie znam jej dobrze. Czasem spotykamy się na schodach, ale nie rozmawiamy.

3. Paweł Kasprzyk, szef Ewy

Jest bardzo zdolną, bardzo ambitną osobą, ale jest mało energiczna. Gdyby była bardziej pewna siebie, zrobiłaby karierę naukową.

4. Wojtek, kolega Ewy

Jest fajną koleżanką, ale nie rozumiem, dlaczego ciągle mieszka z rodzicami. Gdyby wyprowadziła się z domu, miałaby wreszcie spokój.

5. Jacek, student Ewy

Nie znoszę jej, jest zarozumiała. Nie jest kompetentną osobą, jej zajęcia są nudne. Powinna od czasu do czasu iść do klubu potańczyć. To pomaga na stres.

6. Julia, ciotka Ewy

To miła dziewczyna, ale bardzo zamknięta w sobie. Nie wiem, dlaczego jeszcze nie wyszła za mąż. Może miałaby wtedy mniej problemów.

7. Zuzia, kuzynka Ewy

Jest moją kuzynką, ale jej nie lubię. Ma do wszystkich pretensje. Nie powinna mieszkać z rodzicami, bo ciągle się z nimi kłóci.

8. Adam, przyjaciel Ewy

Uwielbiam ją, jest bardzo inteligentną osobą. Powinna kupić sobie samochód, miałaby wtedy więcej czasu.

5b Proszę odpowiedzieć na pytania.

a) Jak Pan / Pani myśli, które osoby lubią Ewę,
   a które jej nie lubią?
b) Które opinie są neutralne?
c) Dlaczego ludzie lubią Ewę? Dlaczego jej nie lubią?
d) Osoby, które mówią o Ewie, mają pewne przypuszczenia dotyczące jej osoby. Proszę uzupełnić tabelę:

WYRAŻANIE WARUNKU, PRZYPUSZCZENIA

- Jeśli będzie bardziej pewna siebie, zrobi karierę.
- Gdyby wyprowadziła się z domu, miałaby święty spokój.
- Gdyby był dobrym przyjacielem, nie byłby teraz sam.

	Gdyby Ewa...	to...
Paweł	była bardziej pewna siebie,	*zrobiłaby karierę naukową.*
Wojtek		miałaby wreszcie spokój.
Adam	kupiła sobie samochód,	
Jacek		pomogłoby jej to rozładować stres.
Zuzia	nie mieszkała z rodzicami,	
Irena		byłoby naprawdę smutno.

---

6. ▶ *DVD 8* **6a** Proszę obejrzeć film i powiedzieć, kim są poniższe osoby:

Sylwia – żona *Imrana*
Mariola – żona ....
Imran – mąż ....
Tomek – były chłopak ....
Sebastian – mąż ....
   oraz były mąż ....
Monika – była żona ....
Jamie – obecny chłopak ....

▶ *DVD 8* **6b** Proszę zdecydować, czy to prawda (P), czy nieprawda (N):

0. Sylwia i Mariola ostatnio widziały się na ślubie Sebastiana i Moniki. (P) N
1. Monika mieszka w Gdańsku. P / N
2. Sylwia wróciła do Polski na stałe. P / N
3. Mąż Marioli jest Pakistańczykiem. P / N
4. Sylwia mieszkała w Londynie 9 lat. P / N
5. Imran jest menedżerem w fitness klubie. P / N
6. Tomek jest gejem. P / N
7. Mariola ma dwoje dzieci. P / N
8. Sebastian rozwiódł się z Moniką 4 lata temu. P / N
9. Imran uczy się polskiego. P / N

▶ *DVD 8* **6c** Proszę uzupełnić zdania.

Gdybyśmy nie ......*wyjechali*......, pewnie .... już małżeństwem, ... dzieci, a ja bym
.... w szkole jako anglistka. Całe szczęście, że zdecydowaliśmy się wyjechać do Londynu. Gdyby nie ta
decyzja, nigdy nie .... swojej pasji do inwestowania w nieruchomości i nie .... Imrana.
Gdyby Sebastian .... z Moniką, ja .... do Gdańska. Może .... kogoś w Warszawie, może .... do Anglii tak jak ty.

LEKCJA **10**

Powtarzamy!!!

test

1 **Proszę zaznaczyć poprawną odpowiedź.**

1. Napis: „Proszę zachować ciszę" widzimy ..... .
   - ☐ na ulicy
   - ☐ w muzeum
   - ☐ w pubie

2. Metropolia jest ..... .
   - ☐ drogo i brudno
   - ☐ drogi i brudny
   - ☐ droga i brudna

3. W Krakowie jest ..... ludzi niż w Warszawie.
   - ☐ mniej
   - ☐ mniejsi
   - ☐ mniejsze

4. Jeleń to .....
   - ☐ zwierzę domowe
   - ☐ zwierzę leśne
   - ☐ owad

5. Większość Polaków ...... zwierzęta.
   - ☐ lubią
   - ☐ lubię
   - ☐ lubi

6. Las to miejsce, gdzie rosną ..... .
   - ☐ gruszki
   - ☐ drzewa
   - ☐ warzywa

7. Kot i pies nie mogą żyć w zgodzie, bo ..... .
   - ☐ różnią się od siebie
   - ☐ są podobne do siebie
   - ☐ są takie same

8. Życie na wsi jest ..... niż życie w mieście.
   - ☐ trudniej
   - ☐ trudniejsze
   - ☐ trudniejszy

9. Chcę, ... był moim przyjacielem.
   - ☐ że
   - ☐ żebym
   - ☐ żebyś

10. Proszę rodziców, żeby ..... mi komputer.
    - ☐ kupiliście
    - ☐ kupili
    - ☐ kupiły

11. Ciężko pracuję, żeby moja córka ...... studiować.
    - ☐ mógł
    - ☐ móc
    - ☐ mogła

12. ..... samotny, mógłbyś zadzwonić do mnie. Porozmawialibyśmy.
    - ☐ Jeśli czuł się
    - ☐ Gdybyś czuł się
    - ☐ Gdyby czułbyś się

13. Ufam tylko ..... .
    - ☐ mojemu przyjacielowi
    - ☐ mojego przyjaciela
    - ☐ moim przyjacielu

14. Myślisz tylko o ..... .
    - ☐ siebie
    - ☐ się
    - ☐ sobie

15. ..... być milsza dla tego chłopca. On cię bardzo lubi.
    - ☐ Powinieneś
    - ☐ Powinienem
    - ☐ Powinnaś

• GRAMATYKA

2 Proszę uzupełnić zdania przymiotnikami w stopniu wyższym lub najwyższym.

0. Lublin jest ...*mniejszym*..... (mały) miastem niż Wrocław.
1. Tatry to .... (wysoki) góry w Polsce.
2. Woda w Bałtyku jest .... (zimny) niż w Morzu Śródziemnym.
3. Toruń jest miastem .... (stary) nawet od Krakowa.
4. Arkadius był przez wiele lat .... (kontrowersyjny) polskim projektantem mody.
5. Wisła jest .... (długi) polską rzeką.
6. Lech Wałęsa jest .... (znany) na świecie polskim laureatem Nagrody Nobla.
7. Warszawskie ulice są .... (szeroki) od krakowskich.
8. Kościół Mariacki w Krakowie jest .... (wysoki) niż Sukiennice.
9. „Nike" jest .... (prestiżowy) nagrodą literacką w Polsce.
10. Sytuacja materialna mieszkańców wsi jest .... (zły) niż mieszkańców miast.

3 Proszę porozmawiać z kolegą / koleżanką o tym, co wybrałby Pan / wybrałaby Pani dla siebie.

Kupiłbym / kupiłabym / wybrałbym / wybrałabym mniejszy
samochód...
Nie kupiłbym / kupiłabym limuzyny, bo jest droższa,...

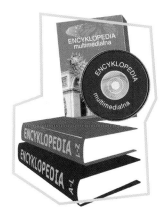

4 Proszę uzupełnić zdania przysłówkami w stopniu wyższym lub najwyższym.

0. W mieście żyje się ...*szybciej*.... (szybko) niż na wsi.
1. Holandia jest .... (nisko) położonym krajem Europy.
2. Moja żona pracuje coraz .... (długo) i prawie nie ma jej w domu.
3. Moja córka ma w nowej szkole .... (dużo) przyjaciół.
4. Michael mówi coraz .... (dobrze) po polsku.
5. W małym mieście jest .... (mało) możliwości znalezienia pracy.
6. Czuję się coraz .... (źle), chyba będę miała grypę.
7. W szkołach jest teraz więcej komputerów niż .... (dawno).
8. W polskich miastach samochody nie mogą jechać .... (szybko) niż 50 km/h.
9. Moim zdaniem w górach jest .... (ciekawie) niż nad morzem.
10. Zimą dzieci chorują .... (często) niż latem.

5 Proszę wysłuchać wypowiedzi trzech osób. Proszę zdecydować, czy poniższe zdania są prawdziwe (P), czy nieprawdziwe (N).

CD 33

0. Osoba 1 woli robić zakupy w supermarkecie niż w małym sklepie.   (P)/ N
1. Osoba 1 mówi o zaletach małych sklepów – są dłużej otwarte.   P / N
2. Osoba 1 robi zakupy późnym wieczorem lub w niedzielę.   P / N
3. Osoba 2 lubi chodzić na kursy językowe.   P / N
4. Osoba 2 mówi, że praca w grupie studentów jest dla niej stresująca.   P / N
5. Osoba 2 lubi, kiedy lekcja ma szybkie tempo.   P / N
6. Osoba 3 lubi luksus.   P / N
7. Osoba 3 mówi, że wakacje w luksusowym hotelu nie są drogie.   P / N
8. Osoba 3 mówi, że zwiedzanie świata jest ciekawsze niż wakacje w hotelu.   P / N

6 Proszę wysłuchać nagrania po raz drugi, a następnie uzupełnić zdania według wzoru.

CD 33

1. Osoba 1 woli robić zakupy ......*w supermarkecie*....., ponieważ ....*zajmuje to mniej czasu*................ .
2. Osoba 2 woli uczyć się języka ...., bo ....
3. Osoba 3 woli spędzać wakacje ...., dlatego że ....

7 Proszę zadać poniższe pytania koledze / koleżance oraz poprosić o uzasadnienie wyboru.

1. Jak wolisz uczyć się języków obcych? Samodzielnie, na lekcjach indywidualnych z nauczycielem czy na kursie językowym?
2. Gdzie wolisz robić zakupy? W supermarkecie, w małym sklepie czy online?
3. Gdzie wolisz mieszkać? Na wsi czy w mieście?
4. Gdzie wolisz oglądać filmy? W telewizji, na komputerze czy w kinie?
5. Jak wolisz spędzać wakacje? Wolisz podróżować (rowerem, samochodem, pociągiem) i zwiedzać różne miejsca czy mieszkać w wygodnym hotelu nad wodą lub w górach?

• GRAMATYKA

8 Proszę uzupełnić tekst odpowiednią formą czasownika. Uwaga, oprócz prawidłowej formy czasu przeszłego należy wybrać jedną z dwóch podanych w nawiasie form aspektowych.

Tego dnia Zuzia ......*wstała*.... (wstawać / wstać) trochę później. Nie .... [1] (móc) i nie .... [2] (chcieć) się obudzić. Ranek .... [3] (być) brzydki, ... [4] (padać) deszcz i słońce chowało się za chmurami. Leżąc w łóżku, długo .... [5] (myśleć / pomyśleć) o tym, co stało się poprzedniej nocy…

(Oni) .... [6] (spotykać się / spotkać się) z Michałem codziennie. Często (oni) .... [7] (wyjeżdżać / wyjechać) na krótkie wakacje nad morze, czasem .... [8] (zostawać / zostać) w domu, żeby .... [9] (oglądać, obejrzeć) stare filmy. Kiedy Michał .... [10] (mieć) wolne popołudnie, (oni) .... [11] (iść / pójść) na spacer do lasu i zwykle (on) .... [12] (opowiadać, opowiedzieć) jej swoje fantastyczne historie… Wszystko było dobrze. Do czasu…

Wreszcie, wczoraj w nocy Zuzia .... [13] (decydować / zdecydować), że powie mu prawdę. Tego wieczora (oni) .... [14] (spotykać się / spotkać się) o 20.00 „U Jankiela". Ona .... [15] (przychodzić / przyjść) pierwsza, ... [16] (pić / wypić) jedną kawę. Nie .... [17] (czekać / poczekać) jednak długo. W pewnej chwili do kawiarni .... [18] (wchodzić / wejść) on. Usiadł.

– Muszę ci coś powiedzieć – szepnęła.

9 Proszę napisać dalszy ciąg tej historii. Co powiedziała Zuzia? Jaka była reakcja Michała?

Popatrzył jej w oczy: Co się stało?...

10 Co zrobiłyby te osoby w następujących sytuacjach (proszę dokończyć zdania).

0. Gdybym rzucił pracę, ...*wyjechałbym do innego miasta*.................... .
1. Gdyby Karol nie miał rodziny, ...
2. Gdybyś zmienił miejsce zamieszkania, ...
3. Gdyby Ela miała męża, ...
4. Gdybyśmy mieli dzieci, ...
5. Gdyby mieli rodzinę, ...
6. Gdybyś rzucił to wszystko, ...

11 Kto jest Pana / Pani najlepszym przyjacielem? Proszę porozmawiać o tym z kolegą / koleżanką.

- Żona? Mąż?
- Kolega / koleżanka z pracy?
- Rodzice? Siostra? Brat?
- Kolega / koleżanka z dzieciństwa?
- Pana / Pani pies?
- Inne zwierzę?

12 Poniżej przedstawiono kilka sytuacji. Proszę wylosować jedną z nich i zaprezentować grupie swoją reakcję.

1. Właśnie wróciłeś / wróciłaś z wakacji. Bardzo Ci się podobało jedno z miast, które zwiedziłeś / zwiedziłaś. Opowiadasz o nim znajomym.

2. Postanowiłeś / postanowiłaś kupić nowe mieszkanie. Porównujesz dwie oferty, które podobają Ci się najbardziej.

3. Każde wakacje spędzasz z dziećmi w gospodarstwie agroturystycznym na wsi. Przekonujesz kolegę, że to jest najlepsza forma wypoczynku.

4. Prosisz rodziców, żeby pozwolili Ci kupić egzotyczne zwierzę. Rodzice wolą psa. Porównujesz te zwierzęta i próbujesz ich przekonać, że Twój pomysł jest lepszy.

5. Jesteś przeciwnikiem / przeciwniczką istnienia ogrodów zoologicznych. Podajesz swoje argumenty w formie krótkiego przemówienia.

6. Tydzień temu poznałeś wspaniałą dziewczynę / poznałaś wspaniałego chłopaka. Opowiadasz o tym przyjacielowi / przyjaciółce.

7. Ostatnio ty i twój partner / partnerka ciągle macie do siebie o coś pretensje i często się kłócicie. Opowiadasz o tym swoim przyjaciołom.

8. Jesteś przeciwnikiem / przeciwniczką instytucji małżeństwa. Podajesz swoje argumenty w formie krótkiego przemówienia.

9. Twoja koleżanka wyjeżdża za granicę. Proponujesz jej, że zaopiekujesz się jej kotem.

10. Przypuszczasz, że Twój przyjaciel wykorzystał Waszą przyjaźń. Opowiadasz o tym rodzicom.

 13 Proszę przeczytać fragment wywiadu z psycholog Anną Harasimowicz, a następnie odpowiedzieć na pytania.

Życie w pojedynkę

Z psycholog Anną Harasimowicz
rozmawia Beata Wieczerzak

1 **B.W.: Obecnie coraz więcej młodych osób decyduje się na życie w pojedynkę. Jakie są, pani zdaniem, powody takiego wyboru?**

A.H.: Różne. Oczywiście można tu mówić o świadomym wyborze lub o braku wyboru.

5 **B.W.: Nie rozumiem.**

A.H.: To proste. Wiele osób decyduje się na samotne życie, bo nie ma innego wyboru. Są to ludzie, którzy nie potrafią zbudować trwałego, dobrego związku, chociaż bardzo chcieliby mieć partnera. Nie potrafią sami się przed sobą przyznać, że przyczyna
10 ich samotności leży w nich samych, bronią się przed tym i sami przed sobą udają, że życie „w pojedynkę" jest ich świadomym wyborem.

B.W.: Dlaczego ci ludzie nie potrafią zbudować trwałego związku?

A.H.: Powodów jest kilka, ale dwa najważniejsze to blokada
15 emocjonalna i przyzwyczajenie. Blokada emocjonalna polega na tym, że człowiek nie jest w stanie zaufać drugiej osobie, boi się, że zostanie zdradzony lub wykorzystany. O przyzwyczajeniu mówimy wtedy, jeśli ktoś tak długo mieszkał sam, że nie jest w stanie wytrzymać bliskiej obecności drugiej osoby.

20 **B.W.: A świadomy wybór? Dlaczego ludzie, którzy mogliby zbudować trwały związek, decydują się na samotność?**

A.H.: Także z różnych powodów. Najczęściej dlatego, że nie są jeszcze gotowi na trwały związek, chcą jeszcze coś przeżyć, zdobyć doświadczenia, zrobić karierę...

25 **B.W.: Czy to świadczy o egoizmie?**

A.H.: Nie, wręcz przeciwnie, to świadczy o dojrzałości emocjonalnej. Tacy ludzie mają świadomość, że jeśli zdecydują się na życie z drugą osobą, będą musieli dzielić się swoim czasem, iść na kompromis, dbać nie tylko o siebie, lecz także o drugą osobę.

1. Dlaczego ludzie decydują się na życie w pojedynkę? Czy zawsze jest to świadoma decyzja?
2. Z jakich powodów ludzie udają, że życie w pojedynkę jest ich świadomym wyborem?
3. Z jakich powodów ludzie nie potrafią zbudować trwałego związku?
4. Dlaczego ludzie świadomie decydują się na samotność?
5. Z jakimi konsekwencjami muszą się liczyć osoby, które decydują się na wspólne życie z drugą osobą?

 14 Co Państwo myślą o wypowiedzi Anny Harasimowicz? Czy zgadzają się Państwo z jej opinią? A może uważają Państwo, że pani psycholog nie ma racji? Proszę podyskutować o tym w grupie.

15 Prawda czy nieprawda? Proszę zdecydować, czy uważa Pan / Pani poniższe wypowiedzi za prawdziwe, czy nieprawdziwe, a następnie dokończyć zdania.

	prawda	nieprawda	bo / ale
Ludzie, którzy mają dzieci, są szczęśliwsi...	☐	☒	*...bo mają mniej czasu i...*
Małżeństwo daje poczucie bezpieczeństwa...	☐	☐	
Życie w pojedynkę jest łatwiejsze...	☐	☐	
Ogłoszenie matrymonialne to dobry sposób na znalezienie partnera...	☐	☐	
Przyjaźń jest ważniejsza niż miłość...	☐	☐	

16 Osoby na zamieszczonych fotografiach czują się bardzo samotne lub znudzone. Proszę wspólnie z kolegą / koleżanką znaleźć dla nich prawdziwego przyjaciela. Proszę uzasadnić Państwa wybór.

Myślę, że najlepszym przyjacielem mężczyzny na fotografii nr 1 byłby..., mógłby być...
Moim zdaniem kobieta na fotografii nr 2 chciałaby mieć..., ponieważ...

17 Proszę wysłuchać dialogów, a następnie zdecydować, w którym z nich występują: życzenie, przypuszczenie, propozycja, prośba.

CD 34

	życzenie	przypuszczenie	propozycja	prośba
dialog 1	☐	☐	☐	☐
dialog 2	☐	☐	☐	☐
dialog 3	☐	☐	☐	☐
dialog 4	☐	☐	☒	☐

lekcja
10

18 Proszę zdecydować, kim są osoby z dialogów i gdzie się znajdują, a następnie proszę dokończyć zdania.

CD
34

1. Osoba z dialogu 1 prosi, żeby ....
2. Osoba z dialogu 2 proponuje, że ....
3. Osoba z dialogu 3 życzy sobie, żeby ....
4. Osoba z dialogu 4 przypuszcza, że ....

19 Proszę napisać, co zrobiłby Pan / zrobiłaby Pani w przedstawionych poniżej sytuacjach, a następnie zapytać dwie osoby w grupie, jak one by zareagowały.

	ja	kolega / koleżanka
... gdybyś zgubił / zgubiła paszport w obcym kraju?		
... gdybyś spóźnił /spóźniła się na pociąg?		
... gdyby się okazało, że buty, które kupiłeś / kupiłaś są za duże?		
... gdybyś był / była na ulicy i nagle zaczęłaby się burza?		
... gdybyś był / była za granicą w obcym mieście i zapomniałbyś / zapomniała-byś, gdzie znajduje się Twój hotel?		
... gdybyś dostała / dostał propozy-cję występu w telewizyjnym progra-mie typu reality show?		

20 Proszę ułożyć obrazki w porządku chronologicznym, a następnie opowiedzieć lub opisać, co się wydarzyło.

SYTUACJE KOMUNIKACYJNE — określanie przeznaczenia rzeczy z najbliższego otoczenia • zachęcanie do zakupów, reklamowanie produktów AGD • porównywanie przeszłości z teraźniejszością • POWTÓRZENIE: wyrażanie prośby • pytanie o informacje • opisywanie mieszkania

SŁOWNICTWO — artykuły i sprzęt gospodarstwa domowego

GRAMATYKA I SKŁADNIA — tworzenie rzeczowników odczasownikowych • tworzenie form bezosobowych czasownika w czasie teraźniejszym i przeszłym POWTÓRZENIE: wybrane problemy dotyczące aspektu czasownika

1.

1a Proszę dopasować hasło reklamowe do fotografii.

SŁOWNICTWO

1. **Lodówka** też może być piękna! W środku znajdziesz eleganckie pojemniki na jajka, warzywa i owoce!

2. Energooszczędna **kuchenka elektryczna** – dla nowoczesnych! Specjalny programator sprawi, że obiad ugotuje się sam!

3. **Zmywarka do naczyń** – jak bez niej żyć? Pomyśl, ile czasu spędzasz dziennie, myjąc talerze, szklanki, filiżanki... Pomyśl o swoich zniszczonych wodą rękach...

4. Ten **czajnik elektryczny** wygląda tak tradycyjnie..., ale wodę gotuje tylko 2 minuty!

5. Lubisz wyglądać elegancko, ale nie lubisz prasować? Nasze **żelazko** sprawi, że pokochasz prasowanie!

6. Wielofunkcyjny **robot kuchenny**! Dla amatorów sałatek: 3 nowe opcje krojenia warzyw!

7. Nowość! **Odkurzacz** z antyalergicznym filtrem! Żeby Twoje mieszkanie było zawsze czyste...

8. Kto powiedział, że **pralka** musi być biała i nudna? Podaruj swojej łazience odrobinę koloru...

9. Turystyczna **suszarka do włosów** – jest tak mała, że możesz ją wszędzie ze sobą zabrać, a Twoja fryzura będzie zawsze piękna!

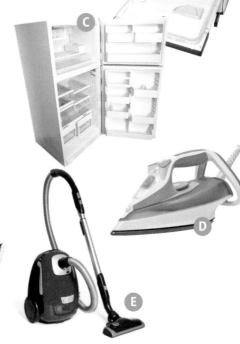

1b Proszę nazwać urządzenia na poniższych fotografiach, a następnie wspólnie z kolegą / koleżanką napisać dla nich hasła reklamowe.

- maszynka do golenia
- ekspres do kawy
- mikrofalówka

1c Proszę przeprowadzić ankietę wśród kolegów i koleżanek z grupy.

	urządzenie	powód
Z jakiego urządzenia korzystasz najczęściej? Dlaczego?		
Jakie urządzenie jest ci najbardziej potrzebne w pracy? Dlaczego?		
Jakie urządzenie masz w domu, ale rzadko z niego korzystasz? Dlaczego?		
Jakie urządzenie jest ci zupełnie niepotrzebne? Dlaczego?		
Czy masz w domu jakieś stare urządzenie, z którego jesteś tak zadowolony / zadowolona, że nie zamieniłbyś / zamieniłabyś go na nowe?		
Z jakiego urządzenia, które ostatnio kupiłeś / kupiłaś jesteś najbardziej zadowolony / zadowolona? Dlaczego?		
Czy kupiłeś / kupiłaś ostatnio urządzenie, z którego jesteś niezadowolony / niezadowolona?		
Czy składałeś / składałaś ostatnio reklamację? Jakie to było urządzenie? Dlaczego byłeś / byłaś z niego niezadowolony / niezadowolona?		

1d W jakim celu kupujemy te sprzęty? Proszę wybrać jedną, poprawną odpowiedź.

1. Kupujemy lodówkę — a) żeby suszyć włosy — b) żeby robić lody — c) żeby przechowywać żywność.
2. Kupujemy pralkę — a) żeby prać — b) żeby pracować — c) żeby prasować.
3. Kupujemy suszarkę — a) żeby prasować — b) żeby prać — c) żeby suszyć włosy.
4. Kupujemy żelazko — a) żeby prasować — b) żeby pracować — c) żeby myć naczynia.
5. Kupujemy kuchenkę — a) żeby przygotować coś — b) żeby gotować — c) żeby prasować.
6. Kupujemy ekspres do kawy — a) żeby kupować kawę — b) żeby zrobić kawę — c) żeby ugotować kawę.
7. Kupujemy zmywarkę do naczyń — a) żeby myć coś — b) żeby zmywać — c) żeby prać.
8. Kupujemy czajnik — a) żeby przygotowywać wodę — b) żeby robić wodę — c) żeby gotować wodę.
9. Kupujemy odkurzacz — a) żeby odkurzać — b) żeby prasować — c) żeby kurzyć.

1e Proszę uzupełnić zdania, wpisując nazwę urządzenia w odpowiedniej formie.

1. Uważam, że ...*mikrofalówka*.... jest bardzo funkcjonalna, można w niej szybko przygotować jedzenie.
2. Chcesz coś do picia? Mam w .... zimny sok pomarańczowy.
3. Kupiłam nowoczesny, rewelacyjny .... i teraz codziennie piję cappuccino.
4. To .... jest małe i praktyczne. Zabieram je zawsze w podróż, bo lubię, żeby moje ubrania były dobrze wyprasowane.
5. Zupa stoi na ...., możesz ją sobie podgrzać, jeśli jesteś głodny.
6. Mój nowy .... jest bardzo oryginalny, ma ładny kolor, nowoczesny kształt i bardzo szybko gotuje wodę.
7. .... oszczędza czas, jest wygodna, przede wszystkim dla tych, którzy nie lubią zmywać.
8. Mój .... ma kilka ciekawych opcji, ale najczęściej używam go do robienia sałatek.

CD 35 **1f** Proszę wysłuchać wypowiedzi ośmiu osób i porównać swoją wersję ćwiczenia 1e z nagraniem.

1g Jest Pan / Pani na targach sprzętu domowego. Proszę wybrać dowolne urządzenie i wspólnie z kolegą / koleżanką zaprezentować je grupie jako produkt, który warto kupić.

▬ ZACHĘCANIE

- To urządzenie **jest** naprawdę: funkcjonalne, nowoczesne, rewelacyjne, wygodne, praktyczne, oryginalne, fantastyczne
- **ma** ładny kolor i nowoczesny kształt
- oszczędza czas
- **ma** ciekawe opcje / dużo różnych funkcji

– Warto je kupić!
– To prawdziwa okazja!
– Nie będziesz żałował / żałowała!
– Nie będziecie Państwo żałować!
– To naprawdę dobra inwestycja!

1h Proszę uzupełnić poniższe wypowiedzi.

● SŁOWNICTWO

a) <u>włączyć</u> / wyłączyć
 – Czy mógłbyś ....*włączyć*....... telewizor, chciałabym obejrzeć wiadomości?!

b) zepsuta / naprawiona
 – W lodówce jest ciepło, chyba jest ....!

c) włączyć / wyłączyć
 – W tym pokoju jest za głośno, możesz .... radio?

d) działa / nie działa
 – Możesz zrobić mi kawę?
 – Chętnie zrobiłabym ci kawę, ale ekspres ...., chyba jest zepsuty.

e) chodzi / nie chodzi
 – Ten komputer .... od rana do wieczora. Powinieneś go wyłączyć i iść na spacer!

f) zepsuta / naprawiona
 – Czy twoja drukarka już działa?
 – Tak, już jest ....

2. **CD 36** **2a** Proszę wysłuchać pięciu dialogów, a następnie zdecydować, gdzie się znajdują i o co proszą wypowiadające się osoby.

	Gdzie się znajdują?	O co proszą?
dialog 1	*Hania i Janusz są*	*Janusz prosi, żeby Hania*
dialog 2		
dialog 3		
dialog 4		
dialog 5		

lekcja 11

WYRAŻANIE PROŚBY

– Czy możesz zadzwonić do serwisu? Ekspres znowu nie działa.

– Czy mógłbyś włączyć telewizor?

– Potrzebuję suszarki. Pożyczyłabyś mi?

– Możesz teraz nie suszyć włosów? Rozmawiam przez telefon.

2b Poniżej przedstawiono kilka sytuacji. Proszę z kolegą / koleżanką przygotować krótkie dialogi.

a) Jesteś na kursie. Musisz pilnie zadzwonić do domu, ale nie masz telefonu komórkowego. Idziesz do biura.

b) W sali jest włączona klimatyzacja. Jest ci zimno i chcesz ją wyłączyć. Prosisz o pozwolenie.

c) Masz problem z suszarką do włosów. Twoja nie działa. Prosisz koleżankę o pożyczenie ci suszarki.

d) Twoja lodówka jest jeszcze na gwarancji, ale nie chodzi. Dzwonisz do serwisu z prośbą o pomoc.

• GRAMATYKA

ASPEKT CZASOWNIKA W BEZOKOLICZNIKU PO NEGACJI

Czy możesz **wyłączyć** komputer? Idziemy spać.
Czy możesz **nie wyłączać** komputera? Chciałbym jeszcze coś napisać.

Mogę **zrobić** kawę. Kupiłem nowy ekspres.
Możesz **nie robić** tyle hałasu? Nie mogę pracować!

MÓC + nie + bezokolicznik – aspekt niedokonany!!!

2c Proszę uzupełnić zdania według wzoru.

0. Czy możesz włączyć komputer?   Czy możesz nie *włączać* komputera? Wychodzimy już!

1. Czy mógłbyś dać mi pilota?   Czy mógłbyś nie .... dziecku pilota?

2. Czy możesz włączyć odkurzacz? Jest brudno.   Czy możesz nie .... teraz odkurzacza? Oglądam telewizję.

3. Czy możesz zadzwonić do serwisu?   Czy możesz nie .... jeszcze do serwisu? Chciałabym sama z nimi porozmawiać, a teraz muszę wyjść.

4. Czy mógłbyś naprawić wreszcie DVD?   Czy mógłbyś nie .... tego DVD? Jest na gwarancji. Warto oddać je do serwisu.

5. Czy mogłabyś wyłączyć radio?   Czy mogłabyś nie .... radia? Chcę posłuchać wiadomości sportowych.

Wymowa

CD 37

2d Proszę wysłuchać następujących zdań, a następnie powtórzyć je z właściwą intonacją.

a) grzecznie

b) z irytacją

• Czy mógłbyś wyłączyć telewizor? Mecz się skończył.

• Czy możesz wysuszyć włosy gdzieś indziej? Nic nie słyszę.

• Czy możesz mi powiedzieć, jak to działa?

• SŁOWNICTWO

2e Proszę uzupełnić tekst za pomocą czasowników we właściwej formie.

> włączyć / wyłączyć   chodzi / nie chodzi
> działa / nie działa   zepsuć się / naprawić

Tego dnia wstałem o 7.00. Było już późno, ale chciałem napić się jeszcze kawy. ....*Włączyłem*.... ekspres i poszedłem do łazienki. Kiedy wróciłem, kawy jeszcze nie było. „Co jest, pomyślałem, ekspres nie .... [1]"? Niestety, mój stary ekspres się .... [2]. „Muszę go .... [3] w tym tygodniu albo kupić nowy"– pomyślałem i .... [4] czajnik elektryczny. „Napiję się kawy rozpuszczalnej"– zdecydowałem. Jednak woda w czajniku była cały czas zimna. „To pech, pomyślałem, czajnik też się .... [5]!" Popatrzyłem na zegarek. „O Boże! Ciągle 7.00? Mój zegarek nie .... [6]!" .... [7] radio, potem telewizor, żeby dowiedzieć się która godzina, ale nic, zupełnie nic w tym domu nie .... [8]! Wszystko się .... [9]! Ktoś zadzwonił do drzwi, otworzyłem. Za drzwiami stał mój szef z wielkim czerwonym budzikiem w ręku. „To prezent od firmy – powiedział. Chcemy, żeby był pan zawsze punktualny". Wziąłem do ręki czerwony budzik, a on zadzwonił i... się obudziłem. Była 6.45. „Co za okropny sen" – pomyślałem.

3.

3a Proszę przeczytać poniższy tekst, a potem napisać w trzech punktach jego podsumowanie.

Co się zmieniło w Polsce po 1989 roku? Wiedzą to najlepiej ludzie, którzy przeżyli swoją młodość w czasach PRL-u. Pani Maria opowiada nam, jak żyło się kiedyś, a jak jest teraz.

1 Dawno temu w PRL-u trudno było cokolwiek kupić. Mieszkania i samochody były tylko na przedpłaty – płaciło się raty i czekało się kilka,
5 a czasem nawet kilkanaście lat, aż się dostanie to upragnione M-4 czy auto. Zmywarek do naczyń w ogóle nie było, żeby kupić lodówkę, trzeba było stać w kolejce. W latach osiemdziesiątych
10 od ręki można było kupić tylko ocet, a jedzenie, benzynę i alkohol kupowało się na kartki. Ludzie, którzy mieli wysoką pozycję społeczną, dostawali specjalne bony o wartości dolara, za które
15 można było robić zakupy w Peweksie, sklepie z produktami zagranicznymi. Pewex to było coś! Kupowało się tam Coca-Colę, papierosy KENT i dżinsy, a ludzie pękali z zazdrości! A na wa-
20 kacje jeździło się do „demoludów", czyli do Bułgarii albo Rumunii, ale też nie wszyscy. Normalny szary człowiek jechał na wczasy pracownicze do Międzyzdrojów lub Szczawnicy.

25 Teraz są inne czasy. Młodzi niczego nie szanują, bo wszystko mają, a właściwie wszystko mogą mieć, jeśli mają pieniądze. Proszę: mieszkanie? Nic łatwiejszego: idzie się do agencji
30 nieruchomości lub daje się ogłoszenie do gazety i potem się wybiera, co się chce: duże, małe, w bloku, blisko centrum, żaden problem! Samochód? Proszę bardzo: idzie się do salonu i się
35 kupuje, do wyboru do koloru... A może żelazko? Jeszcze mniejszy problem: idzie się do supermarketu po zakupy, to kupuje się i żelazko, a w dodatku nie płaci się gotówką, nie... Teraz mają
40 takie specjalne karty! Inne czasy, proszę pani, inne czasy...

3b Proszę przeczytać definicję i wpisać odpowiedni wyraz lub zwrot:

`g` 1. Środki płatnicze o wartości dolara.
☐ 2. Czekać na dworcu, w sklepie na swoją kolej.
☐ 3. Polska Rzeczpospolita Ludowa.
☐ 4. Ktoś ma coś, czego nie mamy, a my bardzo, bardzo chcielibyśmy to mieć.
☐ 5. Kraje demokracji ludowej: Związek Radziecki, Niemcy Wschodnie, Bułgaria, Czechy, Rumunia, PRL i inne...
☐ 6. Mały arkusz papieru, który uprawniał do zakupu żywności, benzyny, słodyczy, alkoholu i innych towarów.
☐ 7. Monety i banknoty.
☐ 8. Uważać, że coś ma dla nas dużą wartość i chronić to przed zniszczeniem; uważać kogoś za autorytet.
☐ 9. Specjalny sklep, w którym dawniej można było kupić produkty z zagranicy.
☐ 10. Kupić coś szybko, bez problemu.
☐ 11. Raty, które płaciło się przed zakupem towaru.
☐ 12. Urlop, który dawniej firma organizowała dla swoich pracowników.

a) PRL
b) stać w kolejce
c) kartki
d) przedpłaty
e) pękać z zazdrości
f) szanować
g) bony
h) Pewex
i) „demoludy"
j) kupić coś od ręki
k) gotówka
l) wczasy pracownicze

3c Proszę zdecydować, czy te zdania są prawdziwe (P), czy nieprawdziwe (N):

1. Kiedyś zmywarkę można było kupić od ręki. P (N)
2. Dawniej każdy mógł szybko kupić samochód. P / N
3. Kiedyś prawie wszystko trudno było kupić. P / N
4. Dawniej wszyscy robili zakupy w Peweksie. P / N
5. Kiedyś wyjeżdżało się na wczasy do „demoludów". P / N
6. Dawniej każdy miał w domu paszport. P / N
7. Kiedyś dostawało się mieszkanie od ręki. P / N
8. Kiedyś płaciło się w sklepie gotówką. P / N
9. Teraz wszystko można kupić od ręki, jeśli się ma pieniądze. P / N

3d Proszę posłuchać wypowiedzi czterech osób, a następnie zaznaczyć w tabeli, która z nich podaje poniższe informacje.

	Stanisława	Władysław	Aniela	Marian
0. Kiedy była młoda, nie było bezrobocia.	X	☐	☐	☐
1. Jej mąż był dyrektorem.	☐	☐	☐	☐
2. Sąsiedzi zazdrościli mu samochodu.	☐	☐	☐	☐
3. Jej sąsiedzi mieli czarno-biały telewizor „Ametyst".	☐	☐	☐	☐
4. Kiedy był młody, na telefon czekało się 10 lat.	☐	☐	☐	☐
5. Robiła zakupy w Peweksie.	☐	☐	☐	☐
6. Robił przedpłaty na Syrenkę.	☐	☐	☐	☐
7. Miała specjalny paszport do krajów demokracji ludowej.	☐	☐	☐	☐
8. Jego syn płaci w sklepie kartą.	☐	☐	☐	☐

3e Proszę ponownie wysłuchać nagrania i wpisać brakujące słowa i zwroty.

CD 38

Stanisława

Młodzi mają teraz i gorzej, i lepiej. Gorzej, bo trudno znaleźć dobrą pracę. Kiedy ja byłam młoda, nie było bezrobocia, ... zagwarantowaną pracę w swoim zawodzie. Lepiej, bo mogą kupić tyle wspaniałych rzeczy do domu: ...., ..., ... Kiedyś nie było zmywarek, a i lodówkę trudno było kupić. .... w kolejce, czasem i kilka dni.

No i mają kolorowe telewizory. Kiedy byłam młoda, nie miałam telewizora, w piątki .... do sąsiadów, którzy mieli czarno-biały „Ametyst". Nic nie było widać, ale... to było święto...

Władysław

Młodzi mają teraz dobrze, mogą bez problemu kupić samochód. Drogi czy tani, ważne że mogą kupić. Kiedyś .... na samochód, ... robić przedpłaty, to znaczy najpierw płacić raty, a potem czekać. Dobrze było mieć kogoś znajomego w urzędzie, wie pani, kogoś, kto pomoże... Pierwszy samochód miałem w latach 60. (sześćdziesiątych) – Syrenkę. Jak parkowałem pod blokiem, to sąsiedzi pękali z zazdrości.

No i .... ten samochód, ... w każdą sobotę... A teraz, proszę pani, teraz się nic nie szanuje!

Aniela

Kiedyś to wszystko .... kupić. Mąż jeździł za granicę na delegację, to przywoził, a to suszarkę, a to toster. Mąż był dyrektorem, to mieliśmy bony do Peweksu, ... i kawę rozpuszczalną kupić, i sweterek, i dżinsy dla dziecka. Ale teraz młodzi mają lepiej! .... za granicę na wakacje. Dawniej, jak .... wyjechać za granicę na urlop, to tylko do Bułgarii albo na Krym. Mieliśmy specjalne paszporty na „demoludy", a do Europy Zachodniej nie wolno było. Mąż był dyrektorem, to jeździł...

Marian

Teraz, proszę pani, jak się ma pieniądze, to można kupić wszystko. .... mieć telefon?

Proszę bardzo! Stacjonarny czy komórkowy .... od ręki. Dawniej, proszę pani, to na telefon .... i 10 lat. Tak samo na mieszkanie w bloku, czekało się po kilkanaście lat. A teraz? Do agencji, pieniążki na stół i można się wprowadzać. A jak mój syn idzie na zakupy, to nawet nie musi mieć gotówki, bo teraz, proszę pani, to .... kartą ....

3f Role. Cztery osoby grają Stanisławę, Władysława, Anielę i Mariana. Proszę przygotować pytania, jakie chciałby Pan / chciałaby Pani im zadać, a następnie przeprowadzić z nimi wywiad.

Przykład: *Gdzie Pan / Pani obecnie mieszka? Jaka jest Pana / Pani sytuacja materialna? Czy nadal Pan / Pani pracuje?*

4. • GRAMATYKA

4a Proszę zmienić zdania według wzoru.

0. Teraz można wyjeżdżać na wakacje do Hiszpanii.
   Kiedyś / dawniej nie było można wyjeżdżać na wakacje do Hiszpanii.

1. Teraz w sklepach są kolorowe telewizory.
   ....

2. Teraz wolno mieć w domu paszport.
   ....

3. Teraz nie trzeba stać w długich kolejkach.
   ....

4. Teraz nie trzeba czekać na decyzję o przyznaniu mieszkania / samochodu.
   ....

5. Teraz jest bezrobocie.
   ....

jest / są	było
nie ma	nie było
trzeba	trzeba było
można	można było
wolno	wolno było
trudno	trudno było
łatwo	łatwo było

FORMY BEZOSOBOWE

Tworzymy je, dodając do czasownika w trzeciej osobie liczby pojedynczej rodzaju nijakiego zaimek *się*.
kupować (on kupuje) – kupuje się – ludzie kupują / wszyscy kupują

4b Proszę porównać warunki życia w Polsce dawniej i dziś. Proszę wypisać z tekstu (ćwiczenie 3a) niezbędne informacje (używając form bezosobowych), a następnie przekształcić zdania według wzoru.

Dawniej nie kupowało się samochodów od ręki. – *Dawniej Polacy nie kupowali samochodów od ręki.*
Teraz kupuje się samochody od ręki. – *Teraz Polacy kupują samochody od ręki.*

....

....

....

....

....

4c Proszę przekształcić zdania według wzoru, a następnie wyrazić opinię, czy te wypowiedzi Pana / Pani zdaniem to prawda, czy nieprawda.

1. Wszyscy Polacy mieszkają w blokach.
   W Polsce mieszka się w blokach.

2. W dużych miastach ludzie chętnie robią zakupy w supermarkecie.
   ....

3. W zimie Polacy jeżdżą tylko w polskie góry.
   ....

4. W polskich szkołach dzieci uczą się języków obcych.
   ....

5. W Krakowie ludzie jeżdżą metrem.
   ....

6. Polacy coraz częściej chodzą na kolację do restauracji.
   ....

4d Proszę opowiedzieć koledze / koleżance, jak zmieniło się życie w Pana / Pani kraju przez ostatnie 50 lat.

Dawniej (kiedyś) w moim kraju...
Teraz...

4e Role. Proszę przygotować scenkę, która mogłaby mieć miejsce wiele lat później.

1 Wnuk / wnuczka. Prosisz dziadka, żeby opowiedział ci, jak żył, kiedy był młody / babcię, żeby opowiedziała ci, jak żyła, kiedy była młoda. Zadajesz wiele pytań.

2 Dziadek / babcia. Opowiadasz, jak żyłeś, kiedy byłeś młody / żyłaś, kiedy byłaś młoda.

5.

5a Proszę zapoznać się z wynikami badań statystycznych, a następnie odpowiedzieć na pytania.

OBOWIĄZKI DOMOWE POLAKÓW – BADANIE DLA SIECI MEDIA MARKT

- Polacy poświęcają na prace domowe 35 godzin tygodniowo.
- 2 lata całego życia poświęcają na sprzątanie.
- 76% Polaków sprząta w każdym tygodniu.
- 33% Polaków sprząta codziennie.

DLACZEGO POLACY SPRZĄTAJĄ?

- 60% sprząta, bo uważa, że jest brudno.
- 10% sprząta przed wizytą gości.
- 8% sprząta dla relaksu.

JAKICH PRAC DOMOWYCH NIE LUBIĄ POLACY?

- 51% nie lubi mycia okien.
- 46% nie lubi prasowania.
- 36% nie lubi zmywania.
- 29% nie lubi odkurzania.

1. Jakie prace domowe Pan / Pani lubi i dlaczego?
Przykład: *Lubię prasowanie, bo mnie relaksuje.*

2. Jakich prac domowych Pan / Pani nie lubi? Jakich prac domowych nigdy Pan / Pani nie wykonuje? Dlaczego?

3. Jak Pan / Pani myśli, dlaczego dawniej ludzie poświęcali więcej czasu na prace domowe?

• GRAMATYKA

RZECZOWNIKI ODCZASOWNIKOWE

czytać książkę
czytanie książki
– książka do czytania

czyt**ać**	czyt**anie**
rozumi**eć**	rozumi**enie**
ucz**yć**	ucz**enie**
rob**ić**	rob**ienie**
być	by**cie**
myć	my**cie**
zdj**ąć**	zdj**ęcie**

no**sić** – no**sz**enie
cho**dzić** – cho**dz**enie

si:sz, dzi:dz

5b Proszę zamienić podane elementy według wzoru:

0. czytać książkę ...... *czytanie książki* ......
1. pisać list ....
2. rozumieć tekst ....
3. pić kawę ....
4. nosić okulary ....

5c Proszę napisać, do czego służą poniższe sprzęty.

0. Suszarka służy do ..... *suszenia włosów* ....
1. Kuchenka służy do ....
2. Ekspres służy do ....
3. Żelazko służy do ....
4. Pralka służy do ....
5. Zmywarka służy do ....

 5d Proszę wymienić swoje ulubione czynności weekendowe, a następnie poszukać w grupie osób, które lubią podobne jak Pan / Pani zajęcia.

Przykładowe pytania:

a) O czym marzysz?
b) Czym się zajmujesz na co dzień?
c) Czym się pasjonujesz?
d) Na czym spędzasz najwięcej wolnego czasu?
e) Do czego trudno cię przekonać?
f) Co uwielbiasz robić?

Lubię czytać książki.
Uwielbiam *długie* **leżenie** w łóżku!
Interesuję się **pisaniem** kreatywnym.
Zawsze mam coś **do czytania**, bo kocham dobre książki.
Marzę **o pływaniu** po oceanie!
Spędzam czas **na reperowaniu** starych zegarków.
Zależy mi **na zrobieniu** kursu instruktora jogi.
Myślę **o przejechaniu** Polski z południa na północ na rowerze.
Pasjonuję się **trenowaniem** młodzieży w klubie karate.

5e Proszę wspólnie z kolegą / koleżanką opisać rodzinę na fotografii.

* Przeciętna rodzina: babcia, matka, ojciec, mały syn, córka nastolatka.
* Jakie czynności domowe wykonują poszczególni członkowie rodziny?
* Jakie są ich ulubione zajęcia weekendowe?
* Czego nie lubią robić?

5f Proszę wysłuchać wypowiedzi osób na fotografii, a następnie uzupełnić poniższą tabelkę.

CD 39

	Do jej / jego obowiązków domowych należy...	Jego / jej ulubionym zajęciem jest...	Lubi też...	Nie lubi...
babcia	*wychowywanie wnuków*			
ojciec				
matka				
syn				
córka				

5g Proszę obejrzeć film i zaznaczyć, o których sprzętach i urządzeniach domowych oraz środkach czystości jest mowa.

DVD 9

☐ zmywarka do naczyń, ☐ kuchenka gazowa, ☐ suszarka, ☐ ekspres do kawy, ☐ piekarnik, ☐ płyn do mycia naczyń, ☐ zamrażarka, ☐ lodówka, ☑ żelazko, ☐ deska do prasowania, ☐ ruter, ☐ tabletki do zmywarki, ☐ radio, ☐ telewizor, ☐ proszek do prania, ☐ pralka

5h Proszę ponownie obejrzeć film i zdecydować, czy poniższe sformułowania są prawdziwe (P), czy nieprawdziwe (N):

DVD 9

1. W okolicy, w której mieszkają ciocia i wujek, urządzanie imprez jest niemile widziane. P / N
2. Ciocia i wujek wyprowadzają się za granicę. P / N
3. Kot Filemon nie lubi ciemności. P / N
4. Ciocia prosi o używanie programu energooszczędnego w zmywarce do naczyń. P / N
5. Pralka jest trudna w obsłudze. P / N
6. W domu jest duży zapas jedzenia. P / N
7. Zamrażalnik jest pełen wina. P / N
8. Ciocia uważa, że swetry w suszarce do ubrań mogą się zniszczyć. P / N
9. Pan Rysio potrafi naprawić wszystko. P / N
10. Hasło do rutera jest na lodówce. P / N

Zapytaj nauczyciela, co znaczą wyrażenia potoczne: „syf", „przybij piątkę!", „jedzonko".

6.

 6a Proszę zrobić ankietę wśród kolegów i koleżanek.

- *Co ma największy wpływ na twoje zakupy? Cena? Wygląd? Jakość? Moda?*
- *Kiedy wzornictwo nie ma żadnego wpływu na zakupy? Kiedy kupujemy żywność? Kiedy kupujemy sprzęt gospodarstwa domowego? Kiedy kupujemy samochód?*

6b Proszę przeczytać tekst i porównać z odpowiedziami kolegów i koleżanek. Co Pana / Panią zaskoczyło w przeczytanym tekście?

potęga
designu

Dlaczego marzymy o nowym samochodzie, jeżeli mamy dobre trzyletnie auto? Dlaczego chcemy mieć nowy telewizor, choć nasz jeszcze całkiem dobrze działa? (...) za tymi zachciankami stoi często design.

Wzornictwo jest wszędzie

Projektuje się wszystko – nie tylko samochody, meble, telewizory i ubrania, ale także żywność (fantazyjne kształty lodów, formy makaronów),
5 a nawet lekarstwa! (...)

To już nie tylko kształtowanie formy przedmiotów, ale również naszych gustów – bo reklamowana stylistyka z czasem staje się naszą ulubioną. Służy też naszemu bezpieczeństwu
10 i wygodzie, np. robot kuchenny nie zadziała bez założonej górnej pokrywy (...). Karierę robi touch design – lansowany przez koncern Renault przy okazji promocji modelu Megane II. Wszystkie funkcje w tym samochodzie można
15 odnaleźć bez czytania instrukcji obsługi, intuicyjnie. Podobnie pomyślany jest drobny sprzęt elektroniczny: telefony, notatniki elektroniczne, aparaty cyfrowe – z ich obsługą poradzi sobie nawet dziecko.

20 **Dobre, lepsze, najlepsze!**

Dziś każdy producent, który chce się liczyć na rynku, doskonale zdaje sobie sprawę, że wzornictwo to potężne narzędzie marketingowe. Jeżeli wybierzemy się do sklepu, aby kupić żelazko, to będziemy wybierać spośród kilku (...) produktów różnych marek. Wszystkie żelazka będą
25 miały podobne parametry techniczne i zbliżone ceny. (...) Decydujący wpływ na to, który przedmiot wybierzemy, będzie miał wygląd przedmiotu.

Uwaga, nowość!

Design w rękach marketingowców bywa jednak – cóż tu dużo mówić –
30 wykorzystywany do manipulowania konsumentem. Znakomitym przykładem jest branża drobnego sprzętu gospodarstwa domowego. Firmy tworzą całe serie stylistyczne, by przywiązać do siebie klienta. (...)

Tandeta wciąż popularna

Nie ma co owijać w bawełnę – nasz design potęgą nie jest. Otacza nas
35 masa przedmiotów nietkniętych ręką projektanta. Ich forma często jest wynikiem pracy głównego technologa i specyfiki linii produkcyjnej. (...) Pojawiają się czasem rodzynki – zgrabne i przemyślane przedmioty. Są też takie, które w niczym nie ustępują produktom z Włoch czy Skandynawii. (...) Ale to wciąż za mało.

„Gazeta Wyborcza"

 6c Proszę napisać streszczenie tekstu *Potęga designu* w pięciu lub sześciu zdaniach. Aby napisać streszczenie, warto zaznaczyć w tekście najważniejsze elementy w każdym akapicie. Np.:

> To już nie tylko kształtowanie formy przedmiotów, ale również naszych gustów – bo reklamowana stylistyka z czasem staje się naszą ulubioną. Służy też naszemu bezpieczeństwu i wygodzie, np. robot kuchenny nie zadziała bez założonej górnej pokrywy (...). Karierę robi touch design – lansowany przez koncern Renault przy okazji promocji modelu Megane II. Wszystkie funkcje w tym samochodzie można odnaleźć bez czytania instrukcji obsługi, intuicyjnie.

Kształtowanie formy przedmiotów ma wpływ na nasz gust, ale też na bezpieczeństwo i wygodę.

● GRAMATYKA

6d Proszę podać rzeczowniki lub czasowniki pochodzące od słów zaznaczonych w tekście.

rzeczownik	czasownik
	działać
promocja	
	projektować
kształtowanie	
	czytać
obsługa	
wygląd	
	manipulować

SYTUACJE KOMUNIKACYJNE opisywanie wynalazków i odkryć, ich działanie i wykorzystanie w życiu codziennym • wyrażanie zadowolenia i niezadowolenia • składanie reklamacji, skargi • POWTÓRZENIE: wyrażanie przypuszczenia, formułowanie hipotez • określanie celu i przeznaczenia

SŁOWNICTWO wynalazki i odkrycia

GRAMATYKA I SKŁADNIA tworzenie imiesłowów przymiotnikowych biernych • tworzenie strony biernej (wstęp)

Technika i wynalazki

• SŁOWNICTWO

1. 💋 **1** **Technika nigdy nie rozwijała się tak szybko, jak przez ostatnie 100 lat. Proszę zobaczyć, jak zmieniały się urządzenia, z których korzystamy na co dzień. Proszę wspólnie z kolegą / koleżanką zastanowić się nad odpowiedzią na poniższe pytania.**

1. Z których urządzeń korzystali Państwa dziadkowie i rodzice, kiedy byli w Państwa wieku? Z których korzystają obecnie?
2. Które z tych urządzeń były dawniej towarem luksusowym, a obecnie są niedrogie i powszechnie używane?
3. Które urządzenia najbardziej zmieniły życie ludzi w ciągu ostatnich 100 lat?
4. Czy te urządzenia nadal są ulepszane? Czy zna Pan / Pani ich najnowsze wersje?

1a **Proszę uzupełnić wypowiedzi słowami poniżej.**

> *kino   smartfon   e-mail*
> *PlayStation   laptop*

a. .... jest jak mini komputer, mam dostęp do maili, dokumentów, mogę na nim oglądać filmy i robić zdjęcia.

b. Uzależnienie od gier komputerowych to ogromny problem w dzisiejszych czasach. Dzieci spędzają więcej czasu z rówieśnikami grając na .... niż w realu.

c. Nie lubię oglądać filmów na komputerze. .... ma inną atmosferę, a poza tym oglądanie efektów specjalnych na dużym ekranie i z doskonałym dźwiękiem to fantastyczne doświadczenie.

d. Dzieci niedługo nie będą potrafiły pisać ręcznie! Są szkoły, które wymagają, żeby każdy uczeń miał .... tylko do nauki, bo materiały, ćwiczenia i prace domowe są dostępne tylko online.

e. .... to bardzo wygodna forma komunikacji, więc używamy poczty elektronicznej powszechnie, jednak, jeśli chcemy wysłać do kogoś osobistą wiadomość, to kartka pocztowa lub list są świetnym sposobem zademonstrowania, że nam zależy na relacji.

1b Na poniższych fotografiach znajdują się trzy osoby w różnym wieku. Proszę wspólnie z kolegą / koleżanką zastanowić się, jakie urządzenia są im najbardziej potrzebne na co dzień. Proszę uzasadnić swój wybór.

1c Proszę wysłuchać wypowiedzi tych osób, a następnie uzupełnić tabelę.

C D
40

	Małgosia	Renata	Jan
Jest mu / jej potrzebny / potrzebna / potrzebne	*smartfon, bo chce być w kontakcie z przyjaciółmi*		
Ma, ale rzadko korzysta			
Nie jest mu / jej potrzebny / potrzebna / potrzebne			

1d Proszę przeczytać opinie, a następnie zdecydować, która z wypowiadających się osób jest zadowolona, a która niezadowolona ze swojego sprzętu?

 1. Jestem bardzo zadowolony z mojego laptopa. Jest wygodny, lekki i mogę z nim podróżować. Jeżeli chcę, mam dostęp do internetu.

 2. Mój tablet jest beznadziejny. Ma już kilka lat. Mam nowoczesny telefon, który mi zupełnie wystarcza.

 3. Mam świetne kino domowe. Nie mam czasu, żeby chodzić do kina i mogę oglądać filmy w domu. To jest tanie i wygodne.

 4. Mam nowego smartfona, jest wodoodporny, intuicyjny, bardzo łatwy w obsłudze. Ma świetną kamerę, która robi zdjęcia w 3D.

WYRAŻANIE ZADOWOLENIA I NIEZADOWOLENIA

– Jestem bardzo zadowolony / zadowolona z mojej komórki.
– Jestem z niego / niej bardzo zadowolony / zadowolona.
– Bardzo mi to odpowiada.
– Jest w porządku.

– To jest do niczego!
– Jestem niezadowolony / niezadowolona z tego zakupu.
– Nie kupiłbym / kupiłabym już nigdy takiego telewizora.
– Jestem oburzony / oburzona.
– To skandal!

2.

2a Czy kupili Państwo kiedyś rzecz, z której nie byli Państwo zadowoleni? Co to było? Dlaczego byli Państwo niezadowoleni? Co Państwo zrobili w tej sytuacji?

2b Proszę posłuchać trzech rozmów telefonicznych i zdecydować:

CD 41

Która rozmowa to:

- [ ] a) pytanie o realizację zamówienia
- [ ] b) prośba o naprawę urządzenia
- [ ] c) reklamacja

O jakim urządzeniu rozmawiają te osoby:

d) rozmowa 1 ....

e) rozmowa 2 ....

f) rozmowa 3 ....

2c Proszę posłuchać nagrania po raz drugi i zanotować, jakie problemy mają te osoby oraz jaki jest proponowany sposób ich rozwiązania.

CD 41

	Problem	Jak rozwiązać ten problem?
1		
2		
3		

2d W poniższych dialogach została zmieniona kolejność wypowiedzi. Proszę ułożyć zdania w porządku chronologicznym.

A.

- [ ] Tak, słucham?
- [ ] Co się stało?
- [1] Dzień dobry. Czy to biuro obsługi klienta?
- [ ] Dobrze, przyjadę jutro.
- [ ] Proszę do nas przyjechać i przywieźć sprzęt.
- [ ] Dwa tygodnie temu kupiłem u państwa kino domowe, ale niestety, moje DVD nie działa!
- [ ] Nie wiem, nie mogę obejrzeć filmu.

B.

- [ ] Ja nie wiem, co się stało, ale jestem oburzona! Proszę przyjechać i naprawić mój telewizor.
- [ ] Proszę pani, to niemożliwe. Proszę napisać do nas list z reklamacją.
- [ ] Co się stało?
- [ ] To skandal! Do widzenia!
- [ ] Dzień dobry. Mam problem. Miesiąc temu kupiłam u państwa telewizor i już jest zepsuty!

2e Proszę ułożyć podobne dialogi.

a) Twój telefon komórkowy nie działa, nie możesz wysłać MMS-a.

b) Twój ekspres do kawy jest zepsuty.

c) Masz przerwy w dostawie internetu.

2f Proszę na podstawie jednego z dialogów z ćwiczeń na tej stronie, uzupełnić poniższy formularz reklamacji.

FORMULARZ REKLAMACJI

Data: ....

Dane reklamującego:

Imię i nazwisko:

Adres:

Tel. kontaktowy:

E-mail:

Dane zakupionego produktu:

Model lub opis produktu:

Numer paragonu:

Data wystawienia paragonu:

Opis usterki:

....
....
....
....
....
....
....
....
....
....
....

Dane do przelewu (nr konta):

Podpis reklamującego

Prosimy o dołączenie do formularza paragonu lub faktury jako dowodu zakupu.

---

3. ▶ 3a Proszę obejrzeć film, a następnie zaznaczyć, w jaki sposób bohaterka używa smartfona. Proszę podkreślić czynności, o których mowa w nagraniu.

DVD 10

czytać i pisać maile

wysyłać SMS-y

dzwonić

robić zdjęcia

wrzucać zdjęcia do sieci

kręcić filmy

oglądać filmy i seriale

publikować posty

płacić

czytać książki i prasę

robić zakupy

grać w gry

skanować dokumenty

obsługiwać konto bankowe

rozmawiać ze znajomymi

rezerwować bilety

zamawiać książki

wypełniać formularze

▶ 3b Proszę po dwukrotnym obejrzeniu filmu podkreślić sformułowania, które najbardziej pasują do kontekstu.

DVD 10

1. Chciałabym zmienić telefon, przyszłam z wnuczką, żeby mi *doradziła / wybrała*.
2. Interesuje panią *tablet / telefon* w abonamencie?
3. Teraz mam telefon *na kartę / z kartą*.
4. Ile danych pani teraz *zużywa / nadużywa*?
5. Babcia kupuje *doładowanie / ładowarkę* z ofertą 6G, ale to zdecydowanie za mało danych.
6. No i komunikatory internetowe. Babcia *zużywa / używa* WhatsAppa, Messangera, Vibera i Skype'a, Instagrama i Snapchata.
7. W takim razie 20G powinno *wystarczyć / dostarczyć*.
8. Może chciałaby pani *propozycje / ofertę* rozszerzoną z tabletem w pakiecie?
9. Chciałabym większy telefon, żeby się wygodnie oglądało, ale żeby zmieścił się też do torebki; najlepiej 7 *cali / centymetrów*.
10. Jaka oferta panią interesuje? *Nielimitowane / nieliczne* połączenia, SMS-y?
11. Wszyscy moi znajomi mają Facebooka, a z dziećmi rozmawiam *przez Skype'a / Skypem*, a z wnukami *przez Snapchat / Snapchatem*.
12. *Zależy mi na / należy mi się* dobrej kamerze.
13. Jak *wrzucam / pokazuje* selfika na Facebooka, to chciałabym wyglądać dobrze.
14. Poważnie myślę o *zarejestrowaniu się na / zapisaniu się do* portalu randkowym.

▶ 3c Po obejrzeniu filmu proszę znaleźć w grupie osobę, która używa smartfona / telefonu w podobny sposób do Pana / Pani. Proszę skorzystać z poniższych pytań:

DVD 10

1. Czy masz telefon na kartę czy w abonamencie?
2. Czy masz internet w telefonie? Ile danych zużywasz miesięcznie?
3. Do czego używasz smartfona?
4. Jaka jest twoja ulubiona marka telefonu? Do jakiego systemu operacyjnego jesteś przyzwyczajony/a?
5. Jakich aplikacji używasz najczęściej?
6. Czy korzystasz w telefonie z mediów społecznościowych? Które z nich lubisz?
7. Czy używasz komunikatorów? Który jest twoim zdaniem najlepszy?
8. Czy masz tablet? Jak go używasz?

3d Proszę przeczytać fragment rozmowy na forum i zrobić notatkę na temat tego, co jest ważne dla użytkowników urządzeń elektronicznych, kiedy planują ich zakup.

Ala	Cześć, czy możecie polecić mi jakiś nowy model smartfona? Mój stary jest już do niczego. Planuję kupić coś w rozsądnej cenie.
XXL	To zależy, co jest dla ciebie ważne. Czy potrzebujesz go tylko do rozmawiania i chcesz mieć dostęp do internetu, czy robisz zdjęcia, grasz, słuchasz muzyki.
Ala	Standardowo, czyli telefon, internet, zdjęcia, muzyka, gry, filmy.
Planista	Jeśli robisz zdjęcia, to proponuję model ...., jest niedrogi, ma dobrą rozdzielczość, dużo pikseli.
Ewka	Jeśli robisz dużo zdjęć i masz wiele danych do przechowywania, to warto mieć też model, który ma dużo pamięci. Dobrze mieć 100 GB na karcie.
Piotr	Jeśli chcesz oglądać filmy i grać, dobrze mieć wysoką rozdzielczość ekranu i dobry procesor.
Ala	A jaki system operacyjny jest bardziej ergonomiczny? Windows, iPhone czy Android?

3e Proszę zaproponować model smartfona oraz dalszą część konwersacji.

 3f Proszę przeczytać dialog w biurze obsługi klienta i ułożyć podobną rozmowę z kolegami z grupy.

– Dzień dobry, słucham pana?
– Dzień dobry, chciałbym wykupić abonament na usługi mobilne, interesuje mnie oferta z telefonem.
– Oczywiście, proszę powiedzieć, czego pan potrzebuje, czy chodzi tylko o rozmowy i dostęp do internetu, czy o coś więcej. Zaraz zaprezentuję panu ofertę i modele smartfonów. Telefon i abonament mają być na firmę?
– Nie, abonament i telefon są prywatne. Dużo korzystam z internetu, zależy mi na dużym ekranie o dobrej rozdzielczości, mam też ulubiony system operacyjny i nie chciałbym go zmieniać. Robię też dużo zdjęć i gram w gry.
– Proszę, tutaj jest abonament, który jest dla pana bardzo korzystny. Nielimitowana liczba minut rozmów w pakiecie, SMS-ów oraz MMS-ów. Transmisja danych 25 GB. A tutaj smartfon dla pana. Ma świetny duży ekran z dobrą rozdzielczością, aparat fotograficzny z najwyższą liczbą pikseli, karta pamięci bardzo pojemna, do 400 GB.

 3g Proszę ułożyć podobny dialog w sklepie komputerowym. Kupuje Pan / Pani komputer i podaje sprzedawcy interesujące Pana / Panią dane i parametry takie jak:

Marka
Pamięć operacyjna
Wielkość twardego dysku
Karta graficzna
Karta sieciowa
Wi-Fi
Bluetooth
Bateria – czas pracy
System operacyjny
Zainstalowany Pakiet Office
Inne ....

4.

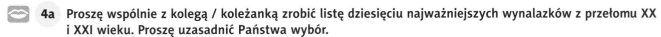

4a Proszę wspólnie z kolegą / koleżanką zrobić listę dziesięciu najważniejszych wynalazków z przełomu XX i XXI wieku. Proszę uzasadnić Państwa wybór.

4b Proszę przeczytać teksty i zdecydować, o jakich wynalazkach opowiada każdy z nich.

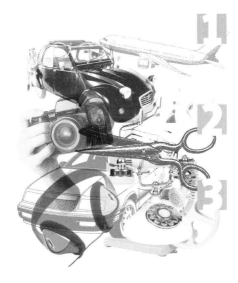

Ten wynalazek zmienił życie ludzi. Na początku XX (dwudziestego) wieku był luksusem, produktem ekskluzywnym. Teraz ma go prawie każda rodzina. Rozwój motoryzacji jest ważny także dla ekonomii. Szybki transport ludzi i towarów ma wpływ na rozwój turystyki i biznesu.

Ta forma transportu jest ważna dla biznesu i turystyki. Ludzie mogą podróżować po całym świecie, zwiedzić każdy kontynent. Biznesmeni mogą mieć firmy, gdzie tylko chcą i mogą je kontrolować.

Gdyby nikt go nie wynalazł, życie ludzi w XX (dwudziestym) wieku wyglądałoby zupełnie inaczej. Dzięki niemu możemy ze sobą rozmawiać, kiedy tylko mamy na to ochotę. Od dawna nie jest już urządzeniem ekskluzywnym, jest dostępny w każdym domu i w każdym biurze.

> *rozwój* + **dopełniacz** – rozwój medycyny, transportu
> *dostęp do* + **dopełniacz** – dostęp do internetu, wiedzy
> *wpływ na* + **biernik** – wpływ na życie, zdrowie

SŁOWNICTWO

4c Proszę uzupełnić zdania za pomocą następujących wyrazów:

a) (rozwój / dostęp) .... techniki zmienił życie ludzi w XX wieku.

b) 30 milionów Polaków ma (wpływ / dostęp) .... do internetu.

c) Internet ma (wpływ / rozwój) .... na życie wielu ludzi.

d) Telefon (jest dostępny / rozwija się) .... w każdym domu i biurze.

e) Media elektroniczne (wpływają / rozwijają się) .... bardzo szybko.

f) Rozwój technologii (wpływa / jest dostępna) .... na decyzje biznesmenów.

4d Wprowadzenie do użycia smartfonów zrewolucjonizowało formę komunikacji międzyludzkiej. Proszę omówić ten wynalazek.

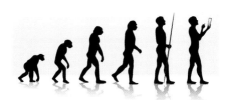

- Czy wszyscy mają do nich dostęp?
- Czy używamy ich w pracy czy w domu?
- Czy ich wpływ na nasze życie jest pozytywny czy negatywny?
- Jakie jest Państwa zdanie na temat wynalazków? Czy są Państwo zadowoleni z rozwoju techniki czy nie?

4e Marian Lipko, psycholog, opowiada o tym, w jaki sposób wynalazki XX wieku zmieniły naszą wizję świata. Proszę posłuchać wypowiedzi, a następnie zdecydować, czy te zdania są prawdziwe (P), czy nieprawdziwe (N).

1. Rozwój techniki w XX wieku zmienił naszą wizję świata.   P / N

2. Dzięki wynalazkom świat stał się mniejszy i bardziej dostępny.   P / N

3. Wymiana korespondencji drogą pocztową stała się impulsem dla biznesu.   P / N

4. Współczesna forma kapitalizmu mogłaby istnieć bez rozwoju techniki.   P / N

5. Telewizja pełni przede wszystkim funkcję edukacyjną.   P / N

6. Telewizja, jego zdaniem, nie wpłynęła na rozwój globalizacji.   P / N

4f Pan Marian Lipko mówi, że rozwój techniki zmienił naszą wizję świata i dzieli ten proces na dwa etapy. Jakie to etapy?

I etap to i upowszechnienie ....,
i rozwój ....
II etap to rozwój ....

4g Proszę zdecydować, w jaki sposób, według opinii psychologa, omawiane wynalazki zmieniły naszą wizję świata.

Upowszechnienie telefonu i rozwój komunikacji sprawiły, że ....
....
Dzięki telewizji dowiedzieliśmy się ....
....
....

4h Proszę wysłuchać nagrania po raz ostatni i dokończyć zdania.

1. My, ludzie XX wieku, jako pierwsi w historii zaczęliśmy ...., świat stał się nagle ....

2. (...) najpierw pociągi, potem samochody i samoloty sprawiły, że ....

3. Wcześniej wymieniano informacje tylko i wyłącznie ....

4. (...) bez telefonu i samolotu nie byłoby ....

5. (...) można powiedzieć, że telewizja przyspieszyła ....

• GRAMATYKA

5. **5a** Proszę uzupełnić tytuły artykułów prasowych słowami z ramki. Jak Pan / Pani myśli, o czym mogą być te artykuły?

Konta szwajcarskie
....

Firma roku ....*wybrana*.............

Pierwszy krok
....

Pierwszy samochód elektryczny ....

Ludzki genom
....

zablokowane
odkryty   wybrana ✔
wyprodukowany
zrobiony

5b Od jakich czasowników pochodzą te słowa?

odkryty	*odkryć*	zablokowane	
zrobiony		wynaleziony	
wyprodukowany		wybrana	

5c Proszę rozwinąć tytuły artykułów prasowych.

1. *„Ludzki genom odkryty" – Naukowcy odkryli ludzki genom* .

2. ....

3. ....

4. ....

5. ....

5d Jak Pan / Pani myśli, kiedy to zostało wynalezione? Proszę przyporządkować daty, przedstawić swoje propozycje koledze / koleżance, który / która na podstawie informacji od nauczyciela zweryfikuje ich poprawność. Nauczyciel rozda Państwu karteczki z informacjami.

student A	student B

komputer

spinacz biurowy

1924 1900	1956 1903
6500 r. p.n.e.	1855 1876
1869 1972	1895 1944

margaryna

płyta CD

samolot

zapałki

magnetowid

mrożonka

koło

kinematograf

telefon

5e Proszę przeczytać zdania, a następnie wspólnie z kolegą / koleżanką zaproponować tytuł prasowy.

0. Krakowska policja zaaresztowała oszusta, który próbował sprzedać Wawel.
   Oszust, który próbował sprzedać Wawel, zaaresztowany ....

1. Fani znanej piosenkarki Elwiry Dolniak poprosili psa artystki o autograf.
   ....

2. Studenci slawistyki wynaleźli nową metodę nauki dopełniacza.
   ....

3. Europejscy kucharze nominowali barszcz do tytułu „Zupy Roku".
   ....

4. Zdesperowani krakowscy kelnerzy zamknęli agresywnego gościa w lodówce.
   ....

5. Warszawscy muzycy otworzyli Akademię Hip-hopu.
   ....

6. Wrocławskie kina wprowadziły zakaz jedzenia popcornu na polskich filmach.
   ....

STRONA BIERNA
aspekt niedokonany

Mieszkańcy Warszawy **budowali** Pałac Kultury i Nauki w latach 1952 – 1955.
Pałac Kultury i Nauki **był budowany** w latach 1952 – 1955.

być + imiesłów przymiotnikowy bierny od czasowników niedokonanych*
*ale może też być od czasowników dokonanych

STRONA BIERNA
aspekt dokonany

Mieszkańcy Warszawy **zbudowali** Pałac Kultury i Nauki w 1955 roku.
Pałac Kultury i Nauki **został zbudowany** w 1955 roku.

zostać + imiesłów przymiotnikowy bierny od czasowników dokonanych

UWAGA!	
ja	**przeze** mnie
ty	przez ciebie
on	przez niego
ona	przez nią
ono	przez nie
my	przez nas
wy	przez was
oni	przez nich
one	przez nie

Kolumb odkrył Amerykę.
Ameryka została odkryta
przez Kolumba. (*biernik*)

5f Proszę wybrać właściwą formę.

1. Po meczu piłki nożnej policja zatrzymała agresywnych kibiców.
   Agresywni kibice *byli / zostali* zatrzymani przez policję po meczu piłki nożnej.
2. Fabryka Samochodów Osobowych na Żeraniu produkowała Fiata 126 p od 1973 do 2000 roku.
   Fiat 126 p *był / został* produkowany przez Fabrykę Samochodów Osobowych na Żeraniu od 1973 do 2000 roku.
3. Ludzie wynaleźli mrożone jedzenie w 1924 roku.
   Mrożone jedzenie *było / zostało* wynalezione w 1924 roku.
4. Kolekcjonerzy sztuki na całym świecie kupowali obrazy polskich impresjonistów.
   Obrazy polskich impresjonistów *były / zostały* kupowane przez kolekcjonerów sztuki na całym świecie.

5g Proszę użyć strony biernej:

0. Naukowcy przygotowali raport. ....*Raport został przygotowany przez naukowców.*............
1. Pisarz skończył książkę. ....
2. Wyłączyłem telefon. ....
3. Biuro wysłało fakturę. ....
4. Fizyk opracował model. ....
5. Architekci zaprojektowali biurowiec. ....
6. Zrealizowaliśmy projekt. ....
7. Pisaliśmy podręcznik przez kilka lat. ....
8. Klienci testowali nowy samochód. ....

5h Proszę przekształcić zdania według wzoru:

0. Uniwersytet Jagielloński w Krakowie został założony przez króla Kazimierza Wielkiego w 1364 roku.
   Król Kazimierz Wielki założył Uniwersytet Jagielloński w Krakowie.
1. W 2019 roku Nagroda Nobla w dziedzinie literatury została przyznana przez Akademię Szwedzką w Sztokholmie polskiej pisarce Oldze Tokarczuk.

   ....
2. Marka Apple została wykreowana przez amerykańskiego przedsiębiorcę Stevena Jobsa.

   ....
3. Perfumy Channel No 5 zostały wypromowane przez amerykańską gwiazdę kina Marilyn Monroe.

   ....
4. Mona Lisa została namalowana przez włoskiego artystę Leonarda da Vinci.

   ....
5. Szyfr Enigmy został złamany przez polskich matematyków: Henryka Zygalskiego, Jerzego Różyckiego i Mariana Rejewskiego w 1932 roku.

   ....

lekcja
12

5i Proszę przeczytać teksty o polskich wynalazkach i wynalazcach i wypisać zdania w stronie biernej. Następnie proszę przekształcić je na stronę czynną:

Przykład:

Harmonogram został wymyślony przez polskiego teoretyka zarządzania Karola Adamieckiego.

Polski teoretyk zarządzania Karol Adamiecki wymyślił harmonogram.

Harmonogram – rozplanowanie pracy indywidualnej albo grupowej w określonym czasie. Harmonogram został wymyślony przez polskiego teoretyka zarządzania Karola Adamieckiego. Harmonogram został przedstawiony po raz pierwszy w Jekaterinosławiu (w Rosji) w 1903 roku. Główny wniosek z pierwszej prezentacji harmonogramu to, że system powinien być dobrze zaplanowany, jeśli ma działać harmonijnie i być efektywny.

Polon – pierwiastek chemiczny i radioaktywny metal. Polon został odkryty przez polską uczoną Marię Skłodowską-Curie i jej męża Piotra Curie. Nazwa „polon" jest zainspirowana nazwą Polski.

Lampa naftowa – została skonstruowana przez polskiego chemika, farmaceutę Ignacego Łukasiewicza w 1853 roku. Była efektem prac nad destylacją ropy naftowej. Pierwsza uliczna lampa naftowa została zainstalowana w Gorlicach na Podkarpaciu, następne były użyte w szpitalu we Lwowie.

Proszę przedyskutować w grupie rolę, jaką te wynalazki i odkrycia odegrały w rozwoju cywilizacji.
– Który z nich wydaje się Państwu ważny, a który nie?
– Który został zastąpiony przez inny, bardziej nowoczesny?
– Który jest używany do dziś?

5j Proszę przekształcić zdania według wzoru:

> **FORMY BEZOSOBOWE NA**
> **-ano, -ono, -to, -ęto**
>
> zarezerwow**any** – zarezerwow**ano**
> (ludzie zarezerwowali)
> zamówi**ony** – zamówi**ono** (ludzie zamówili)
> umy**ty** – umy**to** (ludzie umyli)
> zacz**ęty** – zacz**ęto** (ludzie zaczęli)

0. Pierwszą linię metra łączącą centrum Warszawy z jej północnymi i południowymi dzielnicami, otwarto w 1995 roku.
   Pierwsza linia metra w Warszawie została otwarta w 1995 roku

1. Po tragedii w Tatrach, gdy w wyniku uderzenia piorunem zginęły 4 osoby, zamknięto trasę na Giewont.
   ....

2. Po karambolu, w którym ucierpiało 32 kierowców i pasażerów, zablokowano wjazd na autostradę A4 na kilkanaście godzin.
   ....

3. Zaginionego Mariana Kowalskiego po raz ostatni widziano w Wigilię Bożego Narodzenia około godziny 16.00.
   ....

4. Na potrzeby kampanii społecznej promującej poruszanie się rowerem po mieście zepsuto kilkanaście samochodów.
   ....

5. Wraz ze wzrostem popularności serialu „Przyjaciele" wracają do mody ubrania, które noszono na przełomie lat 80. i 90. Koniecznie zajrzyjcie do szaf waszych rodziców!
   ....

LEKCJA 13

SYTUACJE KOMUNIKACYJNE — pytanie o samopoczucie • wyrażanie uczuć: nadziei, obawy, strachu, zmartwienia • POWTÓRZENIE: opis stanu zdrowia, zdrowy styl życia • prośba o radę, doradzanie i odradzanie

SŁOWNICTWO — zdrowie, zdrowy styl życia, samopoczucie

GRAMATYKA I SKŁADNIA — tworzenie i użycie trybu rozkazującego w formie twierdzącej i przeczącej • POWTÓRZENIE: użycie zaimków osobowych w bierniku i celowniku • użycie form aspektowych czasownika w wybranych sytuacjach

Samopoczucie

1. 🗪 **1a** Proszę obejrzeć fotografie i zdecydować, które sytuacje służą, a które szkodzą zdrowiu, które pozytywnie lub negatywnie wpływają na nasze samopoczucie.

Moim zdaniem wycieczki poza miasto służą zdrowiu i pozytywnie wpływają na nasze samopoczucie...

🗪 **1b** Proszę zastanowić się wspólnie z kolegą / koleżanką, co to jest samopoczucie. Proszę wymienić czynniki, które się na nie składają.

- *zdrowie,*
- *kondycja fizyczna*

🗪 **1c** Proszę przeprowadzić ankietę w grupie.

1. Jaką formę wypoczynku wybrałbyś / wybrałabyś, żeby poprawić sobie samopoczucie? Dlaczego?
2. Jakie formy wypoczynku są Twoim zdaniem najbardziej odpowiednie dla ludzi starszych, dla młodych i dla dzieci? Dlaczego tak myślisz?
3. Jak i gdzie odreagowujesz stres?
4. Jak odreagowują stres kobiety, a jak mężczyźni?

1d Proszę w ciągu 1 minuty połączyć pytania i odpowiedzi:

1. Jak się dzisiaj czujesz?
2. Wszystko w porządku?
3. Czy coś się stało?
4. Źle wyglądasz. Jesteś chory?
5. Jesteś blada, źle się czujesz?

a. Nie, po prostu nie mam humoru.
b. Całą noc nie spałam.
c. Tak, dziękuję za troskę.
d. Tak, wczoraj byłem u lekarza, mam jakąś infekcję.
e. Tak sobie.

1e Proszę podać po dwa możliwe pytania do poniższych odpowiedzi:

a)
– ....
– ....
– Chyba będę chory.

b)
– ....
– ....
– Nie mogłam zasnąć.

c)
– ....
– ....
– Mam dziś dobry dzień!!

d)
– ....
– ....
– Jestem szczęśliwy! To chyba widać, prawda?

1f Proszę posłuchać wypowiedzi pięciu osób i dopasować je do poniższych opisów samopoczucia.

CD
43

	wypowiedź 1	wypowiedź 2	wypowiedź 3	wypowiedź 4	wypowiedź 5
1. Ta osoba chyba będzie chora.	☐	☐	☐	☐	☐
2. Ta osoba wreszcie się wyspała.	☐	☐	☐	☐	☐
3. Ta osoba nie mogła zasnąć.	☐	☐	☐	☐	☐
4. Ta osoba jest niewyspana.	☐	☐	☐	☐	☐
5. Ta osoba ma dziś dobry dzień.	☐	☐	☐	☐	☐

1g Proszę wybrać właściwą odpowiedź:

1. Czy „Jestem przygnębiony" znaczy:
   a) Jestem smutny.
   b) Jestem wesoły.

2. Czy „Mam kiepski nastrój" znaczy:
   a) Mam dobry humor.
   b) Mam zły humor.

3. Czy „Mam fatalne samopoczucie" znaczy:
   a) Mam złe wyniki badań.
   b) Źle się czuję.

4. Czy „Jestem senny" znaczy:
   a) Chce mi się marzyć.
   b) Chce mi się spać.

5. „Narzekam na samopoczucie" znaczy, że:
   a) Jestem zadowolony z mojego samopoczucia.
   b) Nie jestem zadowolony z mojego samopoczucia.

6. „Światło ma wpływ na nasze samopoczucie" znaczy, że:
   a) Światło i nasze samopoczucie to jedno i to samo.
   b) Światło jest ważne dla naszego samopoczucia.

7. Kiedy ktoś mówi „Jestem niedotleniony", powinien:
   a) Pójść na spacer.
   b) Posiedzieć w domu.

2.

2a Proszę przeczytać tekst w trzech grupach. Każda grupa czyta jeden akapit, a następnie na podstawie tekstu opowiada, co decyduje o naszym samopoczuciu.

Co decyduje o naszym samopoczuciu?

Meteoropatia, czyli wpływ pogody na nasze samopoczucie.

Bardzo duży wpływ na nasze samopoczucie ma przede wszystkim słońce i światło. W Polsce, gdzie klimat jest umiarkowany, a jesień i zima są długie, wielu ludzi skarży się na złe samopoczucie.

Meteoropata to człowiek, który reaguje na pogodę. Kiedy jest zimno i nie ma słońca, czuje się zmęczony, przygnębiony i smutny, brakuje mu energii. Są to typowe objawy zimowej depresji.

Jest też inny typ meteoropaty, który nie ma objawów zimowej depresji, dobrze czuje się i zimą, i latem, ale reaguje na zmiany pogody, temperatury i ciśnienia atmosferycznego. Kiedy gwałtownie zmienia się temperatura, przed burzą lub przed deszczem, ma gorsze samopoczucie, boli go głowa, jest senny.

Najlepiej czujemy się latem, kiedy jest ciepło i dużo słońca. Światło bardzo pozytywnie wpływa na nasz nastrój. Ale uwaga: upał też nie służy zdrowiu!

Sport, czyli dobra kondycja fizyczna służy zdrowiu.

O naszym złym lub dobrym samopoczuciu decyduje też kondycja fizyczna. Człowiek, który aktywnie uprawia sport, rzadko skarży się na złe samopoczucie, nie jest przygnębiony i senny, ma dużo energii. To proste, nasz organizm potrzebuje nie tylko światła, potrzebuje też tlenu. Współczesny model życia negatywnie wpływa na naszą kondycję fizyczną. Pracujemy w biurze albo w domu, siedzimy przed komputerem, jeździmy samochodami, a nasz organizm jest po prostu niedotleniony! Ludzie, którzy mieszkają w mieście, nie mają kontaktu z przyrodą, rzadko wyjeżdżają na wieś, żeby się dotlenić, a w weekendy wolą chodzić do kin, teatrów i klubów. Lekarze apelują: aktywny tryb życia to nie tylko praca, aktywny tryb życia to przede wszystkim sport. Sport służy zdrowiu!

Jedzenie, czyli dobre odżywianie to dobre samopoczucie.

Właściwe odżywianie jest bardzo ważne dla naszego zdrowia. Dobra dieta to dieta bogata w witaminy i mikroelementy. Ludzie, którzy jedzą nieregularnie, bardzo często skarżą się na złe samopoczucie, mają problemy ze snem, często są zmęczeni. Dieta powinna być bogata w warzywa i owoce, powinniśmy pić dużo soków i wody mineralnej. Jedzenie w barach, szybkie dania typu hamburger czy pizza bardzo negatywnie wpływają na nasze zdrowie. Powinniśmy kontrolować naszą dietę, a w zimie jeść witaminy, bo to gwarantuje lepsze samopoczucie.

2b Proszę uzupełnić podane zdania, używając słów i wyrażeń z ramki w odpowiedniej formie.

0. Przez cały dzień jestem .....*senny*........ . Muszę wypić mocną kawę.
1. Od kilku dni mam zły nastrój i jestem ....
2. Boli cię głowa, bo jesteś .... Ciągle pracujesz i nie masz kontaktu z przyrodą.
3. Zimą jestem przygnębiony i nie mam energii – mam .... depresji zimowej.
4. Jedzenie hamburgerów i picie Coca-Coli to nie jest właściwe ....
5. Jem dużo owoców i warzyw, więc moja dieta jest .... w witaminy.
6. Moja babcia nigdy nie .... na złe samopoczucie.
7. Musisz uprawiać sport, aktywny tryb życia .... zdrowiu!
8. Dzisiaj są 34°C – prawdziwy ....!

> skarżyć się
> przygnębiony   objawy
> √senny   upał   służyć
> niedotleniony
> odżywianie   bogaty

2c Proszę przeczytać następujące zdania i wyrazić swoją opinię na ich temat.

	To ważne dla zdrowia!	To dobrze wpływa na samopoczucie!	To nie służy zdrowiu!
1. Często wyjeżdżam na wieś i aktywnie uprawiam sport.	☐	☐	☐
2. Samochód jest wygodny i daje swobodę. Nie rozumiem ludzi, którzy jeżdżą na rowerze!	☐	☐	☐
3. Dużo pracuję, więc w weekendy najczęściej chodzę do klubu albo jadę na narty.	☐	☐	☐
4. Chodzę do solarium i na terapię światłem.	☐	☐	☐
5. Dużo palę, to jest dobre na stres.	☐	☐	☐
6. Na wakacje zwykle wyjeżdżam nad morze.	☐	☐	☐
7. Wieczorem zawsze piję drinki i nie mam problemu ze snem.	☐	☐	☐
8. Jestem na diecie, piję tylko soki i jem jabłka.	☐	☐	☐

2d Proszę przeanalizować przedstawione wypowiedzi (ćwiczenie 2c) i zdecydować, która z wypowiadających je osób powinna zmienić tryb życia. Jaką radę może Pan / Pani im dać?

„Samochód jest wygodny i daje swobodę. Nie rozumiem ludzi, którzy jeżdżą na rowerze". – Ta osoba ma za mało ruchu. Jeśli nie lubi jeździć rowerem, powinna czasem pójść na spacer. Może też wyjechać na wakacje w góry...

PROŚBA O RADĘ, DORADZANIE I ODRADZANIE

- Co byś zrobił / zrobiła na moim miejscu?
- Co mam robić?
- Nie wiem, co robić.
- Możesz mi doradzić?
- Możesz mi pomóc?

- Na twoim miejscu wziąłbym / wzięłabym urlop.
- Powinieneś / powinnaś więcej spacerować.
- Trzeba jeść dużo warzyw i owoców.
- Warto pić dużo wody mineralnej.
- Musisz ćwiczyć.
- Jedz więcej magnezu.
- Nie pij tyle kawy!

2e Proszę wysłuchać krótkich wypowiedzi i zaznaczyć, w których słyszymy:

CD 44

	prośbę o radę	doradzanie	odradzanie
1.	☐	☐	☒
2.	☐	☐	☐
3.	☐	☐	☐
4.	☐	☐	☐
5.	☐	☐	☐
6.	☐	☐	☐
7.	☐	☐	☐
8.	☐	☐	☐
9.	☐	☐	☐

2f Koleżanka skarży się na złe samopoczucie. Proszę dać jej dobrą i złą radę.

dobra rada

„Masz rację! Nie powinnaś tyle palić!"

„Może nie od razu wegetarianką, ale faktycznie, powinnaś..."

„Ciągle boli mnie głowa, może powinnam rzucić palenie? Co byś zrobiła na moim miejscu?"

„Jestem za gruba, zastanawiam się, czy nie zostać wegetarianką. Jak myślisz?"

„Nie mogę spać, co mam robić?"

„Mam problemy z koncentracją, możesz mi coś doradzić?"

zła rada

„Nie bądź głupia! Palenie jest dobre na stres, chyba nie chcesz się denerwować!"

„O nie, chyba nie chcesz mieć anoreksji! Musisz..."

Kolega skarży się na złe samopoczucie. Proszę dać mu dobrą i złą radę:

dobra rada

„Musisz zmienić dietę."

„Może warto chodzić do pracy pieszo, a nie ...."

„Mam złe wyniki badań. Wysoki cholesterol i nadwagę."

„Boli mnie głowa. W biurze nie mogę otworzyć okna, bo jest klimatyzacja i specjalne systemy cyrkulacji powietrza."

„Poszedłem z synem na rower i mówię ci, zero kondycji!"

„Ta praca mnie wykończy! Codziennie idę do biura zestresowany!"

„Jestem przygnębiony tą sytuacją. Co robić?"

zła rada

„Żyje się raz! Przecież nie zrezygnujesz z ulubionej karkówki z grilla, nie?"

„Przesadzasz. ...."

• GRAMATYKA

2g Proszę przekształcić zdania według wzoru.

0. Musisz zostać wegetarianką.   Nie musisz *od razu zostawać wegetarianką* ....

1. Powinieneś wziąć tabletkę.   Nie powinieneś ....

2. Muszę zjeść obiad.   Nie muszę .... Zjem, kiedy wrócę do domu.

3. Powinnaś wypić ciepłe mleko.   Nie powinnaś.......................... . To nie jest dobre dla twojej diety.

4. Powinieneś pojechać w góry i odpocząć.   Nie .... w góry. Jest tak dużo pracy!

TRYB ROZKAZUJĄCY

Koniugacja -ę, -esz

Tworzymy od tematu drugiej osoby liczby pojedynczej.
np. pisać: piszę, pisz**esz**

-	piszmy!
pisz!	piszcie!

pić: piję, pij**esz**   pij! pijmy! pijcie!
brać: biorę, bierz**esz**   bierz! bierzmy! bierzcie!
iść: idę, idzi**esz**   idź! idźmy! idźcie!

Jeżeli temat kończy się na dwie spółgłoski, dodajemy -ij.
zamknąć: zamknę, zamkni**esz** + ij   zamknij! zamknijmy! zamknijcie!
spać: śpię, śpi**sz** + ij   śpij! śpijmy! śpijcie!

Koniugacja -ę, -ysz / -ę, -isz

Tworzymy od tematu drugiej osoby liczby pojedynczej.
np. radzić: radzę, radzi**sz**

-	radźmy!
radź!	radźcie!

robić: robię, robi**sz**   rób! róbmy! róbcie!
uczyć się: uczę się, uczy**sz** się   ucz się! uczmy się! uczcie się!
otworzyć: otworzę, otworzy**sz**   otwórz! otwórzmy! otwórzcie!

Koniugacja -m, -sz

Tworzymy od tematu trzeciej osoby liczby mnogiej.
np. grać: gram, grasz, grają

-	grajmy!
graj!	grajcie!

jeść: jem, jesz, jedzą   jedz! jedzmy! jedzcie!

Użycie formy 3. osoby liczby pojedynczej i mnogiej w funkcji oficjalnej powinno być złagodzone słowem „proszę". Zamiast formy z *niech*, np. *Niech pani otworzy drzwi* w języku oficjalnym używa się form typu *Proszę otworzyć drzwi*, PROSZĘ + BEZOKOLICZNIK.

Zamiast: Można powiedzieć:
Niech Pan / Pani pisze! Niech Państwo piszą!   Proszę pisać.
Niech Pan / Pani robi! Niech Państwo robią!   Proszę robić.
Niech Pan / Pani gra! Niech Państwo grają!   Proszę grać.
Niech Pan / Pani weźmie! Niech Państwo wezmą!   Proszę wziąć.

Zdania rozkazujące:
Jedz dużo warzyw. To zdrowe.
Zjedz kanapkę. Cały dzień tylko pijesz kawę i pracujesz.
Bierz do pracy coś do jedzenia. Nie możesz cały dzień tylko pić kawy.
Weź dzisiaj do pracy więcej kanapek. Musimy posiedzieć nad projektem.
Kupuj zawsze świeże warzywa.
Kup mi coś do picia po drodze. Zapomniałem o wodzie mineralnej.

Uwaga! Po przeczeniu używamy czasowników niedokonanych:
Nie jedz tyle słodyczy.
Nie bierz do pracy tyle jedzenia. O piętnastej wychodzimy i idziemy na obiad.
Nie kupuj więcej chleba. Jutro wyjeżdżamy, nie potrzebujemy go tak dużo.

kupować	
ja	–
ty	kupuj!
on / ona	niech kupuje!
my	kupujmy!
wy	kupujcie!
oni / one	niech kupują!

mówić	
ja	–
ty	mów!
on / ona	niech mówi!
my	mówmy!
wy	mówcie!
oni / one	niech mówią!

spotkać się	
ja	–
ty	spotkaj się!
on / ona	niech spotka się!
my	spotkajmy się!
wy	spotkajcie się!
oni / one	niech spotkają się!

Trzecią osobę trybu rozkazującego tworzy się przez dodanie słowa „niech" do formy 3. osoby liczby pojedynczej i mnogiej czasu teraźniejszego, np.

Niech on / ona kupuje!

Niech oni / one mówią po polsku!

UWAGA!

wyjątek:
być   bądź! bądźmy! bądźcie!
mieć   miej! miejmy! miejcie!
wziąć   weź! weźmy! weźcie!

3.

3a Oto dekalog zdrowego człowieka. Proszę uzupełnić tekst, a następnie wysłuchać nagrania i wpisać wyrazy z ramki w odpowiednim miejscu i formie.

1. Jedz dużo ......*owoców*...... i warzyw!
2. Jedz w spokoju! .... w pośpiechu szkodzi!
3. Nie jedz .... posiłkami!
4. Pij co najmniej 2 litry .... dziennie!
5. Pij ...., ale tylko to, które ma mniej niż 1% tłuszczu!
6. Nie nadużywaj ....!
7. Ćwicz. .... to zdrowie!
8. Spotykaj się z ludźmi. Kontakty z innymi to lekarstwo na ....!
9. Nie ....!
10. Rób .... badania!

> woda   regularnie   sport
> √owoce   jedzenie   alkohol
> stres   między
> mleko   palić

3b Proszę przygotować w parach krótkie wystąpienie na wybrany temat, skierowane do grupy (proszę użyć form trybu rozkazującego), a następnie je wygłosić. Każda para ma tylko 1 minutę.

Tematy:

1. Wpływ stylu życia na nasze zdrowie.
2. Jeśli chcesz żyć 100 lat…
3. Sport to zdrowie.
4. Zdrowa dieta podstawą dobrego samopoczucia.

Styl życia ma ogromny wpływ na nasze zdrowie. Człowiek, który jest aktywny fizycznie i zdrowo się odżywia, żyje dłużej. Jeździcie samochodami? Sprzedajcie je natychmiast i kupcie rowery!

3c Proszę udzielić odpowiedniej rady.

– Boli mnie głowa i gardło.
– *Idź do lekarza.*

a) Jestem za gruby.
b) Jestem strasznie głodny.
c) Mam już dość tej pracy. Chciałbym już iść do domu.
d) Nie mam kondycji, z trudem wychodzę na trzecie piętro.

– Wezmę jeszcze jedną tabletkę. Może pomoże…
– *Nie bierz tak dużo lekarstw!*

a) Mam ochotę na papierosa. Kiedy pracuję, dużo palę.
b) To już moje czwarte piwo.
c) Uwielbiam hamburgery. Mogę je jeść codziennie.
d) Dzisiaj byłam pięć godzin na aerobiku!

3d Proszę dokończyć zdania według podanego wzoru:

Jeżeli jest ci smutno, to ...*zadzwoń do mnie*........................ .

a) Jeżeli jest ci zimno, to ....
b) Jeżeli masz katar, to ....
c) Jeżeli nie lubisz jeździć na rowerze, to ....
d) Jeżeli masz często złe samopoczucie, to ....
e) Jeżeli jesteś meteoropatą, to ....
f) Jeżeli jesteś zestresowany, to ....
g) Jeżeli masz problemy z koncentracją, to ....

4.

4a Proszę dokończyć wypowiedzi, wpisując wyrażenia z ramki.

0. Mamo, nie dawaj mi swetra, ...*jest mi ciepło*........!

1. Basia otworzyła okno, chyba ....

2. Mogę zjeść tę kanapkę? Bardzo ....

3. Moi rodzice mieszkają teraz na wsi. Mówią, że ....
   tu ....

4. Czy mogę zamknąć okno? Naprawdę ....

5. Jesteś blady i źle wyglądasz, ...?

6. Możemy pójść z wami do kina w piątek, ... ten dzień?

7. Marek dzwonił i mówił, że Magda wyjechała i że .... bez niej.

8. Dam ci wody mineralnej, jeśli ....

9. Powiedz, o jaki słownik ....! Mogę ci go kupić, kiedy będę w maju w Berlinie.

10. Cały dzień oglądasz telewizję. Nie .... czasu?

> chce ci się pić   jest mi zimno
> szkoda ci   jest mu smutno
> jest jej gorąco
> jest ci niedobrze
> ci chodzi   pasuje wam
> jest im dobrze   jest mi ciepło ✓
> chce mi się jeść

4b Proszę posłuchać nagrania i zdecydować, jaki problem mają te osoby.

CD 46

0. jest jej <u>gorąco</u> / zimno

1. jest mu ciepło / zimno

2. chce jej się pić / jeść

3. jest mu zimno / ciepło

4. jest jej niedobrze / nie jest jej niedobrze

5. jest mu wesoło / smutno

6. pasuje / nie pasuje jej termin

7. jest / nie jest mu wygodnie

8. potrzebny jest jej ten / inny słownik

9. chce / nie chce mu się jeść

4c O co proszą te osoby? Proszę dokończyć zdania według podanego wzoru.

CD 46

Osoba 0   prosi, żeby ...*nie otwierać okna i żeby*...................

Osoba 1   prosi, żeby ....

Osoba 2   prosi, żeby ....

Osoba 3   prosi, żeby ....

Osoba 4   prosi, żeby ....

Osoba 5   prosi, żeby ....

Osoba 6   prosi, żeby ....

Osoba 7   prosi, żeby ....

Osoba 8   prosi, żeby ....

Osoba 9   prosi, żeby ....

4d Proszę uzupełnić tabelę za pomocą brakujących zaimków w bierniku i w celowniku.

Mianownik (Kto? Co)	Biernik (Kogo? Co?)	Celownik (Komu? Czemu?)
ja	Boli _mnie_. [0] gardło.	Jest _mi_ [0] niedobrze. A _mnie_ [1] nic nie jest.
ty	Dzwonię, bo nie przyszłaś. Znowu boli .... [1] głowa? To już trzeci raz! Martwię się o .... [2].	Co ci dolega? Mnie nic, a .... [2]?
on	Co z Piotrem? Nie wiem, nie widziałem .... [3] lata!! A Marka? O, ... [4] też nie widziałem wieki! Ktoś pytał o .... [5].	Anna wyjechała i dlatego jest .... [3] smutno. _Jemu_.... [4] nie podoba się to, że ona wciąż gdzieś jeździ.
ona	Ewa nie przyszła. Boli ją głowa. Martwię się o .... [6].	Ewa włożyła sweter i teraz jest .... [5] gorąco.
ono	Moje dziecko ciągle płacze. Boli .... [7] brzuch. Martwię się o .... [8], bo ma także gorączkę.	Moje dziecko ma wysoką temperaturę, ma dreszcze i jest .... [6] cały czas zimno.
my	Braliśmy udział w maratonie i teraz boli .... [9] wszystko!	Jest .... [7] bardzo przykro z powodu choroby twojej mamy. Możemy ci jakoś pomóc?
wy	Wy też biegliście w maratonie? I co? Bolą .... [10] nogi?	Co .... [8] dolega? Nie wyglądacie dobrze.
oni	Zjedli za dużo słodyczy i teraz bolą .... [11] brzuchy! Ich mama martwi się o .... [12].	Studenci siedzieli w sali, w której było zamknięte okno i było .... [9] duszno.
one	Bolą .... [13] głowy od siedzenia przed komputerem.	Dziewczyny dostały piękne prezenty i było .... [10] bardzo miło.

lekcja
13

Wymowa Ortografia

CD 47 **4e** Proszę wysłuchać dialogów i wpisać brakujące litery.
Następnie proszę przeczytać dialogi z kolegą / koleżanką.

a)
– Cześć! Jak le...i?
– W......ystko w po......ądku. A u ...iebie?
– Ni... nowego.

b)
– Ma...... tabletkę od bólu głow...?
– Tak, pro......ę. Ale my...lę, że powinieneś iść do leka......a.

c)
– Jestem za gruby. ......uję się ...le. Chce mi się ...pać.
– Zr...b sobie dietę niskokalory......ną! Nie je...... słodyczy ani tłuszczu!

4f Role. Proszę przygotować krótkie scenki w grupach.

Twoja siostra jest w ciąży. Razem z mamą udzielacie jej rad, ale macie inne opinie. Kłócicie się.

Dziecko ma depresję i problemy w szkole. Rodzice dyskutują, co zrobić w tej sytuacji.

Twój partner jest meteoropatą / partnerka jest meteoropatką i chce przeprowadzić się do Afryki lub do innego miejsca, gdzie jest cieplej niż w Polsce. Ty nie chcesz. Rozmawiacie na ten temat.

5.

5a Proszę przeczytać poniższe fragmenty artykułów i powiedzieć, jaki jest ich wspólny temat:

a) Zdrowe odżywianie
b) Dieta naszych dzieci
c) Inny

1 Pojęcie „junk food" spopularyzowali Amerykanie, którzy od lat walczą z epidemią otyłości wśród dzieci i młodzieży. Zaobserwowali oni, że otyłe dzieci jedzą bardzo dużo tego typu żywności. Co to jest żywność
5 „junk food" i dlaczego dzieci nie powinny jeść takich produktów?

Jednym z rodzajów „junk food" są chipsy ziemniaczane. Chipsy to bardzo bogate źródło energii pochodzącej głównie z tłuszczów. 100 g chipsów zawiera ok.
10 500 kcal, dlatego dzieci, które je jedzą mogą szybciej przybierać na wadze, co grozi nadwagą i otyłością.

Większość produktów typu „junk food" jest bogata w sól. Nadmiar soli w diecie dziecka jest niezdrowy, ponieważ nerki niedobrze radzą sobie z dużą jej ilo-
15 ścią (...). Sól podnosi poziom ciśnienia krwi i prowadzi do powstania chorób układu krążenia. Na nadciśnienie tętnicze może chorować już kilkunastoletnie dziecko, nie jest to wyłącznie problem dorosłych.

Poniżej przedstawiamy listę produktów prozdrowotnych,
20 które powinny znaleźć się w szkolnym sklepiku:
- woda mineralna (0,5 l, 0,7 l, 1,5 l)
- soki owocowe bez dodatku cukru, soki warzywne
- świeże owoce i warzywa do chrupania (marchew, ogórki,
25 papryka, rzodkiewki)
- jogurty, twarożki, kefiry, maślanki, mleko acidofilne
- owoce suszone, bakalie, orzechy, nasiona (mieszanka studencka, morele, żurawina, śliwki, rodzynki, orzechy włoskie, laskowe, nerkowce, migdały, kokos, sło-
30 necznik, dynia, musli z orzechami i suszonymi owocami)
- chipsy owocowe
- pieczywo chrupkie, wafle ryżowe lub wielozbożowe
- popcorn, sezamki, ciastka wielozbożowe słodzone miodem
- batony musli i wielozbożowe słodzone miodem
35 **Kanapki**
- bułki żytnie, wielozbożowe, orkiszowe, grahamki
- masło, margaryna miękka
- wędlina drobiowa, wędlina chuda, ser żółty
- sałata, kapusta pekińska, pomidor, ogórek, ogórek kiszony,
40 rzodkiewka, papryka, zielenina

na podstawie: jadlospisy.pl

5b Proszę w parach wyjaśnić znaczenie następujących wyrazów. W razie potrzeby można skorzystać ze słownika.

| otyłość | źródło | prowadzi do | nadwaga | nadmiar | wyłącznie | sklepik szkolny |

5c Proszę podkreślić właściwe słowo w poniższych zdaniach.

1. Amerykanie walczą z epidemią *nadwagi / otyłości.*
2. Chipsy to *źródło / miejsce* tłuszczów.
3. *Nadmiar / nadwaga* tłuszczów *prowadzi / idzie* do wielu chorób.
4. To nie jest *wyłącznie / łącznie* problem dorosłych.
5. W *klubie nocnym / sklepiku szkolnym* dzieci powinny kupować produkty prozdrowotne.

5d Proszę przedyskutować następujące problemy:

1. Nadmiar tłuszczów i cukrów w żywności to problem nie tylko Stanów Zjednoczonych, ale też krajów europejskich.
2. Sklepiki szkolne powinny sprzedawać tylko produkty prozdrowotne.
3. Dzieci powinny jeść wyłącznie produkty zdrowe.
4. Jedzenie słodyczy prowadzi do nadwagi i otyłości u dzieci.

5e Proszę przeanalizować błędy dietetyczne rodziców, które wskazuje specjalista i powiedzieć, które z nich uważa Pan / Pani za szczególnie niebezpieczne.

1. Twoje dziecko dostaje słodycze, kiedy jest smutne, albo kiedy chcesz dać mu nagrodę za np. dobre zachowanie.
2. Twoje dziecko pije tylko soki z kartonu, nie ma nawyku picia czystej wody.
3. Twoje dziecko zawsze je przed telewizorem.
4. Twoje dziecko nie lubi owoców i warzyw, więc nie kupujesz ich mu i zrezygnowałeś / zrezygnowałaś z ich podawania.
5. Zmuszasz dziecko do jedzenia.
6. Cała wasza rodzina uważa, że dziecko powinno „dobrze wyglądać", dlatego wciąż dajecie dziecku jeść.
7. Twoje dziecko nie ma stałych godzin posiłku.
8. Twoje dziecko ma nawyk używania do każdego posiłku soli.

 5f Jest Pan / Pani redaktorem portalu „Twoje zdrowie". Proszę przygotować tytuły poszczególnych zakładek tematycznych i uzupełnić we wskazanych miejscach.

http://www.twoje.zdrowie.pl

Twoje Zdrowie

| DIETA | KOBIETA | .... | STRES | SPORT | .... | .... |

5g Proszę napisać krótki artykuł do zakładki DIETA na temat konieczności zmiany nawyków żywieniowych. Pana / Pani czytelnicy pytają, co robić, żeby obniżyć cholesterol we krwi. Można użyć następujących zwrotów:

W dzisiejszych czasach jemy za dużo / za mało ..... .
Szybkie tempo życia i stres powodują, że ..... .
Nadmiar tłuszczów i cukru w diecie prowadzi do ..... .
Czas na zmiany.
Warto zmienić ..... .
To ostatni dzwonek, żeby zmienić ..... .
Należy absolutnie wyeliminować z diety ..... .

Trzeba uważać na ..... .
Do diety trzeba włączyć ..... .
Ważnym elementem zmiany stylu życia jest aktywność fizyczna.
Sport to ważny element zmiany stylu życia.
Należy ćwiczyć przynajmniej ..... w tygodniu.

6.

DVD 11

6a Proszę obejrzeć film, a następnie zaznaczyć, kogo dotyczą poniższe sformułowania:

Klaudia	Mateusz	Roma	Alicja

Przychodzi tuż przed rozpoczęciem zajęć, ponieważ nie ma czasu, żeby przychodzić pół godziny wcześniej.   X

Przyprowadziła kolegę z firmy.

Jest dyrektorem kreatywnym.

Jest dietetyczką i instruktorką narciarską.

Prowadzi swój wegański bar.

Mieszka przy Sądowej i mija bar *Wegamator* dwa razy dziennie.

Uwielbia koktajle warzywno-owocowe na bazie szpinaku.

Rano zawsze chodzi na basen albo masaż.

Poleca masaż izometryczny, który bardzo dobrze relaksuje ciało, przede wszystkim po wysiłku fizycznym, po siłowni, po nartach.

W zimie ma depresję, jej lekarz twierdzi, że jest meteoropatką.

W zimie regularnie chodzi do solarium.

DVD 11 **6b** Proszę ponownie obejrzeć film i zaznaczyć, które z poniższych zajęć będą się odbywały w Komnacie Relaksu:

- [x] naświetlanie lampami antydepresyjnymi
- [ ] masaż misami
- [ ] mindfulness
- [ ] reiki
- [ ] joga
- [ ] wróżenie z kart
- [ ] konsultacje z psychologiem
- [ ] szkolenia z zakresu dietetyki
- [ ] kick-boxing
- [ ] szkolenia z zakresu zarządzania stresem

6c Proszę przeprowadzić konferencję prasową ze znaną osobą. Jedna osoba z grupy odgrywa rolę celebryty, druga jest dziennikarzem – moderatorem, a pozostałe osoby to dziennikarze akredytowani na spotkanie. Oto propozycje pytań do gwiazdy:

1. W jaki sposób dba pan / pani o kondycję fizyczną?
2. Co pan / pani radzi młodym ludziom, którzy zaczynają karierę sportową / karierę w mediach? Co zrobić, żeby wyglądać lepiej albo być w lepszej formie?
3. Co pan / pani je na co dzień?
4. Jak często pan / pani uprawia sport? Jaką dyscyplinę?
5. Czego pan / pani unika w swojej codziennej rutynie? Papierosów? Alkoholu? Nieprzespanych nocy?

LEKCJA 14

SYTUACJE KOMUNIKACYJNE — opowiadanie o podróżach • zachęcanie i zniechęcanie do różnych form spędzania wolnego czasu • POWTÓRZENIE: lokalizowanie w przestrzeni

SŁOWNICTWO — turystyka i podróże

GRAMATYKA I SKŁADNIA — wyrażenia przyimkowe w funkcji okolicznika miejsca • POWTÓRZENIE: tryb rozkazujący • przyimki w okolicznikach miejsca

Turystyka

1.

1a Jest Pan turystą, który / Pani turystką, która chce wyjechać na wakacje do Europy Środkowej. Jedno z zagranicznych biur turystycznych ma w swojej ofercie ogłoszenie, które Pana / Panią zainteresowało. Proszę rozwiązać quiz, a następnie zdecydować, czy skorzystałby Pan / skorzystałaby Pani z tej oferty.

Niezapomniane *wakacje w Polsce!*

QUIZ

- Lubicie naturę?
- Lubicie chodzić po górach i lesie?
- Lubicie kąpać się w czystych jeziorach?
- Lubicie dziką przyrodę i mocne wrażenia?
- Koniecznie jedźcie do Polski!
- A może znacie już Polskę?
- Nasz quiz pomoże wam ocenić waszą wiedzę o Polsce i zdecydować się na wyjazd.

1. Pierogi ruskie to:
a) miasto nad Wołgą
b) popularne polskie danie
c) ryba w sosie jogurtowym

2. Krzysztof Penderecki to:
a) polski piosenkarz rockowy
b) polski polityk
c) polski kompozytor

3. Żubrówka to:
a) polska wódka
b) polska woda mineralna
c) rodzaj piwa

4. Kościół Mariacki to:
a) organizacja protestancka
b) kościół w Krakowie
c) bazylika w Częstochowie

5. Śląsk to:
a) region przemysłowy na południu Polski
b) region turystyczny w Małopolsce
c) małe państwo przy granicy z Czechami

6. Gniezno to:
a) kurort nad Bałtykiem
b) pierwsza stolica Polski
c) jezioro na Mazurach

7. Karol Wojtyła to:
a) polski prezydent
b) aktualny biskup krakowski
c) papież

8. Maluch to:
a) polski fiat 126p
b) 50 gram wódki
c) polski hot dog

9. „Solidarność" to:
a) tytuł polskiego filmu
b) związek zawodowy
c) organizacja katolicka

10. Krzysztof Kieślowski to:
a) polski reżyser
b) polski aktor
c) polski pisarz

Rozwiązanie quizu znajduje się na końcu lekcji.

- Jeżeli nie odpowiedzieliście poprawnie na żadne pytanie, to jedźcie do Polski na wakacje! Wszystko w tym kraju będzie dla was nowe i tajemnicze!

- Jeżeli odpowiedzieliście poprawnie na 1 – 9 pytań, to też jedźcie na wakacje do Polski! Wiecie trochę lub dużo o tym kraju, ale na pewno odkryjecie tam jeszcze wiele ciekawych rzeczy!

- Jeżeli odpowiedzieliście poprawnie na wszystkie pytania, to tym bardziej powinniście pojechać do Polski! Wasza wiedza o Polsce pokazuje, że jest to kraj, który naprawdę kochacie, więc ta oferta jest specjalnie dla was!

 1b Proszę przygotować w grupach podobną ofertę dowolnie wybranego kraju (uwaga, każda oferta musi zawierać quiz). Proszę wymienić się przygotowanymi ofertami. Każda grupa wspólnie rozwiązuje quiz.

2.

2a Proszę zlokalizować swoją miejscowość na mapie kraju. Jakie walory turystyczne oferuje?

Moje miasto leży na wschód od ...., u stóp ...., nad brzegiem ....
W moim mieście znajduje się kilka parków, ...

WYRAŻANIE RELACJI PRZESTRZENNYCH

- Moje miasto leży na północy / południu, wschodzie / zachodzie Polski.
- Ten region jest usytuowany na północnym wschodzie / północnym zachodzie.
- Ta miejscowość jest położona na południowym wschodzie / południowym zachodzie kraju.

- Kraków leży na zachód od granicy z Ukrainą.
- Kielce znajdują się na północ od Krakowa.

- To miasto leży na lewym / prawym brzegu Warty, nad brzegiem Warty.
- Ta miejscowość leży u stóp Gór Stołowych.
- Te góry są częścią Karpat.
- Ta miejscowość leży na granicy z Białorusią.
- Ten region sąsiaduje z Pomorzem.

 2b Oto mapa Polski. Proszę wybrać jedno miasto i opisać jego usytuowanie. Nie wolno podawać nazwy. Grupa musi zgadnąć, o jakie miasto chodzi.

Przykład: To miasto jest usytuowane na północ od Kielc i na południe od Gdańska. Leży nad Wisłą i jest dość duże.
Warszawa – odpowiada grupa.

 2c Czy znasz te miejsca? Proszę je zlokalizować na mapie.

Bieszczady to góry usytuowane w południowo--wschodniej Polsce. Są częścią Karpat.
W tym regionie Polska sąsiaduje ze Słowacją na południu i z Ukrainą na wschodzie...

• GRAMATYKA

2d Proszę uzupełnić zdania.

0. Jeździmy najczęściej ......*w góry*... (góry).
1. Lubimy spędzać czas .... (góry).
2. Nie jeżdżę .... (morze), bo mieszkam .... (morze).
3. Często spędzam wakacje .... (jezioro).
4. Oni jadą w weekend .... (jezioro).
5. Warszawa jest położona .... (Wisła).
6. Może pójdziemy .... (Wisła).

lekcja
14

Tatry

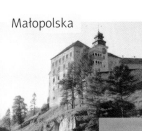
Małopolska

Mazury

Wielkopolska

Pomorze

Malbork

Hel

Bieszczady

■■■■■ WYRAŻANIE RELACJI PRZESTRZENNYCH

2e Proszę posłuchać nagrania i zdecydować: dokąd idą / jadą, gdzie są lub skąd wracają te osoby:

CD
48

0. ...*Ta osoba idzie do teatru*...............   3. ....   6. ....

1. ....   4. ....   7. ....

2. ....   5. ....   8. ....

● GRAMATYKA

PRZYIMKI: *do, na, w, z, od, u, nad, znad*		
Dokąd idziesz? **Idę...**	**Gdzie jesteś?** **Jestem...**	**Skąd wracasz?** **Wracam...**
do + dopełniacz idę do szkoły	*w* + miejscownik jestem w szkole	*z / ze* + dopełniacz wracam ze szkoły
na + biernik idę na stadion	*na* + miejscownik jestem na stadionie	*z / ze* + dopełniacz wracam ze stadionu
na + biernik idę na film idę na koncert idę na obiad	*na* + miejscownik jestem na filmie jestem na koncercie jestem na obiedzie	*z / ze* + dopełniacz wracam z filmu wracam z koncertu wracam z obiadu
wyjątki: *idę do ogrodu, do parku* *idę na pocztę, na dworzec,* *na lotnisko*	*jestem w ogrodzie, w parku* *jestem na poczcie, na dworcu,* *na lotnisku*	*wracam z ogrodu, z parku* *wracam z poczty, z dworca,* *z lotniska*
do + dopełniacz idę do lekarza	*u* + dopełniacz jestem u lekarza	*od* + dopełniacz wracam od lekarza
nad + biernik idę nad morze idę nad Wisłę	*nad* + narzędnik jestem nad morzem jestem nad Wisłą	*znad* + dopełniacz wracam znad morza wracam znad Wisły
w + biernik idę w góry idę w Tatry	*w* + miejscownik jestem w górach jestem w Tatrach	*z* + dopełniacz wracam z gór wracam z Tatr

2f Proszę uzupełnić dialogi.

1. – Może poszlibyśmy ...*do klubu na koncert?*.... (klub, koncert)

    – Dlaczego nie? Ale pamiętasz, że jutro jedziemy .... (góry)? Nie powinniśmy wydawać za dużo pieniędzy.

2. – Wiesz, że Piotr wraca jutro .... (morze)? Powinniśmy zrobić jakieś zakupy i powitać go .... (dworzec).

    – Niestety, ja nie mogę. Jutro wracam .... (praca) o szóstej. Ale jeżeli nie będzie zmęczony, możemy pójść .... (piwo) wieczorem, co?

3. – Nie wiesz, gdzie jest Ewa?

    – Chyba poszła .... (mecz).

    – Ewa jest .... (stadion)? Nigdy nie powiedziałbym, że interesuje się piłką nożną.

    – Oj stary, jeszcze dużo rzeczy o niej nie wiesz.

4. – A gdybyśmy poszli .... (jakiś film)?

    – Ale jaki?

    – No, nie wiem. Mogę zobaczyć, co grają .... („Panorama").

    – No dobrze. Faktycznie moglibyśmy pójść .... (kino).

5. – Halo, Ania? Gdzie jesteś?

    – .... (Marta). Mówiłam Ci przecież, że idę do niej. Stało się coś?

    – Nie, nie, chciałem tylko wiedzieć, kiedy wychodzisz .... (Marta).

3.

CD 49

3a Proszę wysłuchać nagrania i zdecydować, w których wypowiedziach słyszymy zachęcanie, a w których zniechęcanie.

	1	2	3	4	5
Ta osoba zachęca	X	☐	☐	☐	☐
Ta osoba zniechęca	☐	☐	☐	☐	☐

3b Proszę przeczytać oferty turystyczne i zdecydować, którą wybierze:

- starsze małżeństwo, które ma problemy ze zdrowiem
- grupa licealistów
- szefowa dużej firmy, która chce odpocząć od ludzi

ZACHĘCANIE I ZNIECHĘCANIE

– Jedźmy tam! Naprawdę warto.
– To wspaniałe miejsce. Powinniśmy tam pojechać.
– Trzeba to koniecznie zobaczyć.
– Zapraszamy do nas! Musicie przyjechać.
– Nie warto tego oglądać.
– Szkoda czasu i pieniędzy.
– Może gdzieś indziej?

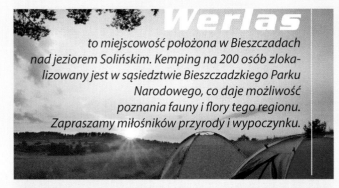

Werlas to miejscowość położona w Bieszczadach nad jeziorem Solińskim. Kemping na 200 osób zlokalizowany jest w sąsiedztwie Bieszczadzkiego Parku Narodowego, co daje możliwość poznania fauny i flory tego regionu. Zapraszamy miłośników przyrody i wypoczynku.

WAKACJE **w Juracie**

już od 1000 złotych za tydzień!!!
Czyste plaże, cisza, spokój, komfortowe warunki, świetna kuchnia.
Hotel „Afrodyta" zaprasza przez cały rok!

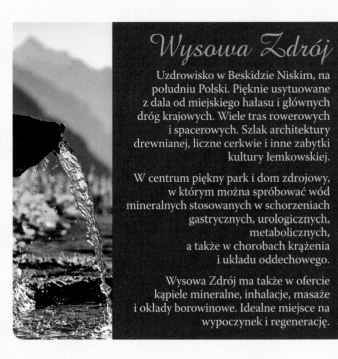

Wysowa Zdrój

Uzdrowisko w Beskidzie Niskim, na południu Polski. Pięknie usytuowane z dala od miejskiego hałasu i głównych dróg krajowych. Wiele tras rowerowych i spacerowych. Szlak architektury drewnianej, liczne cerkwie i inne zabytki kultury łemkowskiej.

W centrum piękny park i dom zdrojowy, w którym można spróbować wód mineralnych stosowanych w schorzeniach gastrycznych, urologicznych, metabolicznych, a także w chorobach krążenia i układu oddechowego.

Wysowa Zdrój ma także w ofercie kąpiele mineralne, inhalacje, masaże i okłady borowinowe. Idealne miejsce na wypoczynek i regenerację.

3c Wybraliśmy właściwą ofertę dla tych osób. Nie mogą się jednak ostatecznie zdecydować na pobyt w tych miejscach. Jak możemy je zachęcić do wyjazdu? Proszę przygotować w parach następujące dialogi:

a) Żona zachęca męża do wyjazdu.
b) Kolega, który znalazł odpowiednią ofertę, zachęca znajomych do wyjazdu.
c) Przyjaciel zachęca szefową firmy do wyjazdu.

3d Proszę uzupełnić tabelę według podanego wzoru.

• GRAMATYKA

zachęcanie	zniechęcanie
Naprawdę warto tam pojechać.	Nie warto tam jechać.
	Nie musisz tego robić.
Przyjedźcie do nas na weekend!	
Trzeba to koniecznie obejrzeć.	
Musisz to zwiedzić. To bardzo interesujące.	
	Nie powinniście tego oglądać.

3e Proszę posłuchać nagrania i zdecydować
CD 50
   a) która osoba doradza, a która odradza wakacje:

	doradza	odradza
• na żaglówce	osoba ☐	osoba ☐
• nad morzem	osoba ☐	osoba ☐
• w hotelu	osoba ☐	osoba ☐
• w górach	osoba ☐	osoba ☐
• w gospodarstwie agroturystycznym	osoba ☐	osoba ☐
• pod namiotem	osoba ☐	osoba ☐

b) która osoba zachęca, a która zniechęca do omawianej formy wypoczynku:

	osoba 1	osoba 2	osoba 3	osoba 4	osoba 5	osoba 6
zachęca	X	☐	☐	☐	☐	☐
zniechęca	☐	☐	☐	☐	☐	☐

3f Proszę posłuchać nagrania po raz drugi i wpisać numer
CD 50
wypowiedzi, w której występują następujące zwroty:

a) Daj spokój, to dobre dla...   wypowiedź ☐
b) ... na pewno nie będziesz żałować...   wypowiedź ☐
c) To jest naprawdę fantastyczny pomysł na wakacje...   wypowiedź ☐
d) To bez sensu...   wypowiedź ☐
e) ... po kilku dniach będziesz miał dosyć...   wypowiedź ☐
f) Będziesz naprawdę zadowolona...   wypowiedź ☐

● SŁOWNICTWO

3g Proszę przeczytać podane zwroty (można sprawdzić w słowniku
znaczenie słów, których Pan / Pani nie rozumie). Proszę powiedzieć,
co można robić w niżej wymienionych miejscach.

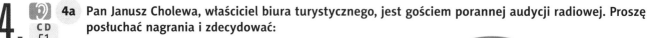

opalać się   chodzić po górach   kąpać się   pić świeże mleko od krowy
leżeć pod drzewem   pływać żaglówką   spać pod namiotem
spać w schronisku   jeść tradycyjne polskie dania   zdobywać górskie szczyty
oglądać zwierzęta gospodarskie   spacerować po plaży   jeździć konno

a) na wakacjach nad wodą można: *opalać się*
b) na wakacjach w górach można:
c) na wakacjach w gospodarstwie agroturystycznym można:

4. **4a** Pan Janusz Cholewa, właściciel biura turystycznego, jest gościem porannej audycji radiowej. Proszę
CD 51 posłuchać nagrania i zdecydować:

a) Co jest tematem rozmowy?
   • najczęstsze formy spędzania wakacji
   • alternatywne formy wypoczynku
   • agroturystyka

b) Jaka jest intencja wypowiedzi pana Cholewy?
   • chce zniechęcić słuchaczy do omawianych form wypoczynku
   • chce zachęcić słuchaczy do omawianych form wypoczynku
   • omawia różne formy wypoczynku w sposób informacyjny

4b Proszę posłuchać jeszcze raz nagrania i zdecydować, czy te zdania są prawdziwe (P), czy nieprawdziwe (N).

1. Biura turystyczne mają coraz bogatszą ofertę turystyczną, ale gusta klientów się nie zmieniają. **P / N**

2. Ludzie mają dość opalania się na ciepłych plażach. **P / N**

3. Gospodarstwa agroturystyczne nie oferują aktywnych form wypoczynku. **P / N**

4. W ośrodkach rekreacyjnych rodziny wspólnie uprawiają wybrany sport. **P / N**

5. Szkoły przetrwania to oferta dla młodych ludzi z dobrą kondycją fizyczną. **P / N**

4c Proszę posłuchać nagrania po raz ostatni i dokończyć wypowiedzi.

1. Teraz, na przykład, jest duże zainteresowanie ....

2. Ludzie chcą ....

3. Gospodarstwa agroturystyczne oferują najwięcej atrakcji: ....

4. Ludziom, którzy wyjeżdżają na wakacje z rodziną, choć tak naprawdę chcieliby wyjechać sami, oferujemy ....

5. Rodziny w ciągu dnia mają mnóstwo zajęć. Na przykład: panowie ...., panie ...., a dziecko .... W ten sposób rodzina ....

6. Młodzi organizują sobie najczęściej wyjazdy ...., ale oczywiście mamy w ofercie ....

lekcja
14

4d Proszę wysłuchać nagrania i uzupełnić brakujące wyrazy.

– Biuro turystyczne „Obieżyświat", słucham?

– Chciałbym przyjechać do Polski na ...., na dwa tygodnie. Co pani proponuje?

– Może Mazury... Można tam zobaczyć prawdziwą ....

– To nudne.

– To może Kraków. Można tam posłuchać dobrej ...., pochodzić do teatrów, pooglądać sobie wystawy, ...

– To nie urlop, to ....!

– Może Tatry? Nie ma tam tylu muzeów i teatrów, ale za to można pochodzić sobie po ...., posłuchać dobrej góralskiej muzyki...

– Nie interesuje mnie ....

– A może wakacje agroturystyczne na polskiej ....? Można naprawdę odpocząć: pooglądać ...., popróbować polskiej kuchni tradycyjnej...

– Dziękuję! Wolę prawdziwą .... Pojadę na urlop na safari!

BIURO TURYSTYCZNE
OBIEŻYŚWIAT

4e Proszę przekształcić czasowniki według wzoru, a następnie dokończyć wyrażenia.

0. oglądać – pooglądać wystawy, zabytki, ...

1. słuchać – posłuchać ....

2. chodzić – ....

3. jeździć – ....

4. zwiedzać – ....

5. spacerować – ....

6. próbować – ....

7. rozmawiać – ....

8. tańczyć – ....

9. biegać – ....

> **UWAGA!**
> oglądać zabytki
> – pooglądać zabytki /
> pooglądać sobie zabytki

4f Role. Proszę przygotować w parach wybraną scenkę w biurze turystycznym.

a) Jesteś klientem / klientką. Masz dwoje małych dzieci i chcesz wyjechać z całą rodziną na wakacje. Szukasz odpowiedniej oferty.

b) Jesteś pracownikiem biura turystycznego. To Twój pierwszy dzień w pracy.

a) Jesteś klientem / klientką. Chcesz wyjechać z partnerem / partnerką na romantyczne wakacje. Szukasz odpowiedniej oferty.

b) Jesteś pracownikiem biura turystycznego. Proponujesz romantyczne wakacje dla dwojga.

a) Jesteś klientem / klientką. Lubisz mocne wrażenia i sporty ekstremalne. Chcesz wyjechać na wakacje razem z grupą przyjaciół. Szukasz odpowiedniej oferty.

b) Jesteś pracownikiem biura turystycznego. Nie lubisz mocnych wrażeń i uważasz, że sporty ekstremalne są niebezpieczne.

a) Jesteś klientem / klientką. Lubisz spokojny odpoczynek i tradycyjną polską kuchnię. Masz problem z nadwagą. Szukasz oferty agroturystycznej.

b) Jesteś pracownikiem biura turystycznego. Lubisz sport i aktywne formy wypoczynku.

lekcja 14

• GRAMATYKA

4g Proszę przeczytać list do Karen i wpisać czasowniki w odpowiedniej formie.

> pozwiedzać ✓ pojeździć   posiedzieć
> porozmawiać   pochodzić   pospacerować   posłuchać
> pooglądać   potańczyć

Kraków, 10.08.2021

Droga Karen!

Jeszcze raz dziękujemy za Twoje zaproszenie do Berlina, to były naprawdę cudowne wakacje. Musisz przyjechać do nas, do Krakowa! Wiemy, że masz jeszcze miesiąc wakacji. Będziesz naprawdę zadowolona! W Krakowie jest dużo zabytków, *pozwiedzasz*... sobie Wawel i Sukiennice, ... [1] sobie po Rynku, ... [2] wystawy w krakowskich muzeach.

Mieszka tu dużo naszych przyjaciół. Na pewno Cię polubią. .... [3] sobie z nimi po polsku, ... [4] w knajpach.

Wieczorem będziemy chodzić na dyskoteki, ... [5] sobie, ... [6] polskiej muzyki.

Jeśli będziesz chciała uprawiać sport, proszę bardzo. .... [7] sobie na rolkach po bulwarach nad Wisłą albo .... [8] sobie w parku Jordana.

Chcielibyśmy, aby Twoje wakacje w Krakowie były tak samo miłe jak czas, który spędziliśmy w Berlinie.

Jeszcze raz zapraszamy!

Agnieszka i Łukasz

 4h Jest Pan cudzoziemcem, który spędził / Pani cudzoziemką, która spędziła trochę czasu w Polsce. Spotkał Pan / spotkała Pani tu wielu wspaniałych ludzi i teraz chce Pan / Pani zaprosić ich do siebie. Proszę napisać podobny list z zaproszeniem do wybranego kraju.

4i Proszę obejrzeć film, a następnie odpowiedzieć na pytania:

DVD 12

a. Jakie opóźnienie ma samolot do Gran Canaria?
b. Które z dzieci chodzi do szkoły?
c. Dlaczego rodzina nie jeździ na wakacje w lecie?
d. Kto i kiedy wykupił ofertę last minute?
e. Kto zwykle wykupuje ofertę all inclusive?
f. Co wydarzyło się podczas lotu do Grecji?
g. Który z hoteli ma lepszą ofertę dla dzieci, Imperial czy Aquamaryna?

4j Proszę porozmawiać z partnerem lub w grupach na jeden z poniższych tematów:

DVD 12

— Jaka jest twoim zdaniem najlepsza pora na wyjazdy na wakacje? Dlaczego tak uważasz?

— Jaka jest twoja opinia na temat ofert last minute / all inclusive?

— Dlaczego rodzice Rózi pozwolili jej pójść do toalety z obcą kobietą? Co myślisz o tej sytuacji?

5.

5a Proszę przeczytać tekst, a następnie wykonać zadanie 5b.

Wakacje
– Jak Polacy spędzają urlop?

W bieżącym roku na urlop planuje pojechać 84% ankietowanych Polaków, aż 55% z nich zdecyduje się wyjechać za granicę, głównie do krajów europejskich.

Większość wakacje zorganizuje samodzielnie i wyda na
5 nie od 1000 do 3000 złotych na osobę. Co ciekawe, cena już nie jest decydującym czynnikiem przy wyborze miejsca wakacyjnej podróży. Dla Polaków dużo ważniejsze są możliwości poznania nowej kultury i gwarancja sprzyjającej pogody.

10 Przeprowadziliśmy ankietę, w której zapytaliśmy Polaków o ich wakacyjne plany.

1. Jak planujemy wakacje?

Polacy przykładają dużą wagę do planowania swoich wakacji. Jedna na cztery osoby rezerwuje nocleg z 3-miesięcz-
15 nym wyprzedzeniem, a 35% robi to od 1 do 3 miesięcy wcześniej. Respondenci najczęściej rezerwują hotel za pomocą portali rezerwacji online. Na wybór zakwaterowania największy wpływ mają natomiast lokalizacja, ocena w sieci oraz oferowane udogodnienia.

20 ### 2. Czym jedziemy, gdzie śpimy i ile wydajemy?

Około 40% Polaków na wakacje poleci samolotem, a trochę więcej, bo 45% zdecyduje się pojechać własnym autem. Prawie połowa ankietowanych będzie nocować w hotelu, a jedna osoba na pięć – w wynajmowanym mieszkaniu. Co
25 ciekawe jedynie 30% respondentów zdecyduje się na wykupienie śniadania w miejscu zakwaterowania, a tylko 21% wybierze opcję all inclusive. Polacy na jedzenie na mieście planują w trakcie urlopu wydać od 20 do 50 zł na jedną osobę.

30 ### 3. Co robimy na wakacjach?

Na miejscu najwięcej Polaków spaceruje, zwiedza zabytki i kąpie się w morzu. Ankietowani zadeklarowali również, że urlop będą spędzać kulturalnie – 85% pójdzie do kina, 38% do teatru, 31% na koncert, a 15% do muzeum. Respon-
35 denci planują także wykorzystać czas aktywnie – około 29% ankietowanych będzie uprawiać sport.

Proszę zapoznać się z poniższą infografiką i sprawdzić, jak w tym roku wyglądają wakacje dla większości Polaków.

na podstawie: www.hrs.pl

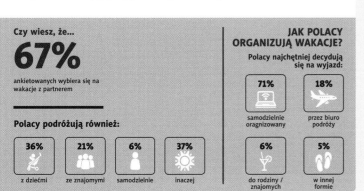

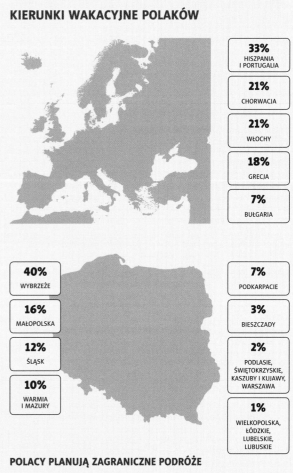

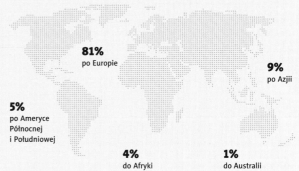

W PLANOWANIU URLOPU POLACY BIORĄ POD UWAGĘ:

29%

możliwość poznania
innych kultur

28%

atrakcje
turystyczne

25%

gwarancję sprzyjającej
pogody

26%

inne

Czy wiesz, że...

tylko dla **12%**

ankietowanych bezpieczeństwo odgrywa
najważniejszą rolę na wakacjach

Równie istotne dla ankietowanych są:

cena   cisza i spokój   towarzystwo

---

lekcja
14

JAK POLACY WYBIERAJĄ ZAKWATEROWANIE I TRANSPORT?

Polacy najchętniej rezerwują nocleg:

 46%
w hotelu

21%
w wynajętym mieszkaniu

 33%
w obiekcie innego typu

Czy wiesz, że...

35% badanych planuje wynająć
samochód podczas urlopu?

Ankietowani do wybranego miejsca dotrą:

45%

samochodem

40%

samolotem

6%

pociągiem

9%

innym źródłem
transportu

Polacy rezerwują nocleg:

72%

na portalach
rezerwacji online

13%

w biurze
podróży

15%

w inny
sposób

Czy wiesz, że...

24%

badanych wykupiło nocleg lub
wycieczkę ponad 3 miesiące
przed wyjazdem

W wyborze zakwaterowania najważniejsze są:

57%

lokalizacja

24%

oceny w sieci

19%

udogodnienia

POLACY NAJCZĘŚCIEJ WYBIERAJĄ OPCJE:

30%

ze śniadaniem

28%

bez wyżywienia

21%

all inclusive

18%

ze śniadaniem
i obiadokolacją

3%

inne niż
wymienione

Czy wiesz, że...

55%

osób planuje wydać 20–50 zł
na posiłek dla jednej osoby
w restauracji.

5b **Na podstawie tekstu z ćw. 5a proszę zaznaczyć, które stwierdzenia są prawdziwe (P), a które nieprawdziwe (N):**

0. W bieżącym roku na urlop planuje pojechać 84% ankietowanych Polaków.   Ⓟ / N

1. 55% Polaków spędzi wakacje w kraju.   P / N

2. Polacy najczęściej rezerwują hotele przez internet.   P / N

3. Większość Polaków poleci na wakacje samolotem.   P / N

4. Ponad połowa Polaków decyduje się na wykupienie tylko śniadania w miejscu zakwaterowania.   P / N

5. Mniej niż połowa Polaków wyjedzie na wakacje w towarzystwie.   P / N

6. Jedna czwarta Polaków w planowaniu wakacji bierze pod uwagę pogodę.   P / N

7. Polacy najchętniej jeżdżą na wakacje samochodem.   P / N

6. 6a Proszę przeczytać tytuł i powiedzieć, jak Państwo myślą, o czym będzie poniższy artykuł? Proszę sformułować hipotezy. Następnie proszę przeczytać tekst i porównać wcześniejsze hipotezy z informacjami z artykułu.

- *Uważam, że tekst mówi o prognozach pogody na wakacje.*
- *Myślę, że tekst mówi o tym, że turyści jeżdżą na wakacje tylko tam, gdzie jest ładna pogoda.*

Zmiana klimatu
w rozwoju turystyki

1. Specjaliści z branży turystycznej powinni zacząć myśleć o tym, co będzie, kiedy pobyt w znanych kurortach stanie się niemożliwy z powodu zmian klimatycznych. I oszacować, jakie to może przynieść straty finansowe.

2. W niektórych regionach świata już widać te zmiany: w górach na przykład jest mniej śniegu. Z jednej strony, istnieje poważne niebezpieczeństwo, że część nisko położonych terenów znajdzie się pod wodą. Z drugiej, w krajach basenu Morza Śródziemnego jest zbyt sucho.

3. Turyści odwiedzają te miejsca, które są modne i bezpieczne. Nikt nie wybiera się w podróż w rejony dotknięte wojną. Jednak decyzje dotyczące turystyki podejmuje się bardzo wcześnie, z dużym wyprzedzeniem.

4. Nie można ignorować roli turystyki na świecie: sytuacja gospodarcza wielu państw, szczególnie tych rozwijających się, często jest w miarę stabilna dzięki pieniądzom, które zostawiają turyści.

5. Niestety, większość państw wciąż niepoważnie traktuje prognozy długoterminowe. Nikt nie przygotowuje się do tego typu zmian. A przecież efekty mogą być opłakane.

6. Wielu specjalistów z branży turystycznej mimo to stale pracuje nad prognozami pogody dla poszczególnych regionów. Już dziś z dużym prawdopodobieństwem można przewidzieć, jak będzie wyglądać sytuacja pogodowa w konkretnym regionie w ciągu najbliższych kilku lat.

www.podrozujznami.pl

 6b Proszę znaleźć akapit, którego treść odpowiada następującym zdaniom:

1. Pieniądze z turystyki są i będą ważnym elementem gospodarek wielu państw.

2. Żaden kraj nie jest gotowy na zmiany w turystyce, które są rezultatem zmian klimatu.

3. Ostatnio tworzy się pierwsze prognozy zmian pogody w skali regionalnej.

4. Decyzje związane z organizacją turystyki podejmuje się dużo wcześniej. Zależą one od mody i sytuacji politycznej.

5. W niektórych regionach turystycznych obserwuje się już poważne zmiany klimatyczne.

6. Naukowcy alarmują: klimat się zmienia, warunki w popularnych kurortach też.

 6c Proszę odpowiedzieć na poniższe pytania:

a) Co ma wpływ na atrakcyjność regionu turystycznego?
- warunki naturalne
- sytuacja polityczna
- ceny
- promocja
- moda
- pora roku
- infrastruktura
- inne

b) Które z tych kryteriów jest najważniejsze dla Pana / Pani? Dlaczego?

c) Jak zdobywa Pan / Pani informacje o miejscu, do którego jedzie Pan / Pani na wakacje?
- od znajomych
- pod wpływem reklamy
- w biurze podróży
- na forach internetowych
- inaczej

Rozwiązanie quizu:
1b, 2c, 3a, 4b, 5a, 6b, 7c, 8a, 9b, 10a

Powtarzamy!!!

test

1 **Proszę zaznaczyć poprawną odpowiedź.**

1. Moja lodówka ..... . Wszystko w środku jest ciepłe! Muszę zadzwonić do serwisu.
   - ☐ działa
   - ☐ nie działa
   - ☐ chodzi

2. Suszarka służy do ..... .
   - ☐ suszyć włosy
   - ☐ suszenie włosów
   - ☐ suszenia włosów

3. Dawniej nie ..... kupić pralki ani lodówki tak łatwo, jak dziś.
   - ☐ można było
   - ☐ można
   - ☐ było

4. W PRL-u nie ..... w sklepach ani telewizorów, ani magnetofonów.
   - ☐ byli
   - ☐ były
   - ☐ było

5. W Stanach Zjednoczonych ..... nowego robota kuchennego.
   - ☐ skonstruowało
   - ☐ skonstruowano
   - ☐ skonstruowany

6. Jestem bardzo zadowolony z mojej komór-ki. Mam ją od dwóch lat i nigdy ..... .
   - ☐ nie była naprawiana
   - ☐ była zepsuta
   - ☐ nie działała

7. Kupiłam pralkę, a ona na drugi dzień się zepsuła. Dzwoniłam do serwisu, tam powiedzieli mi, że to moja wina. Jestem naprawdę ..... ! To skandal!
   - ☐ zabawna
   - ☐ smutna
   - ☐ oburzona

8. Pierwsza książka ..... przez Gutenberga.
   - ☐ została drukowana
   - ☐ wydrukowano
   - ☐ została wydrukowana

9. Jest ..... niedobrze. Chyba zjadłam coś nieświeżego.
   - ☐ mnie
   - ☐ mi
   - ☐ mną

10. Boli ..... gardło? Weź tabletkę.
    - ☐ cie
    - ☐ tobie
    - ☐ cię

11. Nie powinieneś tak dużo ..... . Dwa piwa dziennie to trochę przesada.
    - ☐ wypić
    - ☐ napić się
    - ☐ pić

12. – Jestem za gruby. Nie mogę wejść w moje dżinsy.
    – .....
    - ☐ Nie jedz tyle!
    - ☐ Nie zjedz tyle!
    - ☐ Nie jedź tyle!

13. Wieliczka leży ..... od Krakowa.
    - ☐ na wschodzie
    - ☐ na wschód
    - ☐ we wschodzie

14. Mieszkam ..... .
    - ☐ nad Wisłą
    - ☐ nad Wisłę
    - ☐ na Wiśle

15. Miasto, w którym jest dużo fabryk i zakładów pro-dukcyjnych, jest ..... .
    - ☐ miastem handlowym
    - ☐ miastem turystycznym
    - ☐ miastem przemysłowym

• GRAMATYKA

2 Proszę uzupełnić tekst odpowiednią formą czasownika. Uwaga, oprócz prawidłowej formy czasu przeszłego, należy wybrać jedną z dwóch podanych w nawiasie form aspektowych.

Wakacyjna przygoda Jarka

Zawsze (ja) ....*spędzam*........... (spędzać / spędzić) wakacje nad morzem lub na Mazurach. W tamtym roku .... [1] (postanawiać / postanowić) pojechać w góry. .... [2] (pakować / spakować) plecak, ... [3] (brać / wziąć) namiot i ruszyłem w drogę autostopem. Po dwóch dniach drogi .... [4] (znajdować się / znaleźć się) w Zakopanem, w którym .... [5] (być) tylko raz jako dziecko. Kiedy .... [6] (rozbijać / rozbić) namiot, zerwał się wiatr i prawie dwie godziny .... [7] (czekać / poczekać) na lepszą pogodę. .... [8] (kłaść się / położyć się) dopiero o północy, bardzo zmęczony i długo nie mogłem .... [9] (zasypiać / zasnąć). Następnego dnia, niewyspany, ... [10] (wybierać się / wybrać się) na szlak. .... [11] (iść) już prawie od dziesięciu godzin, kiedy nagle .... [12] (orientować się / zorientować się), że mapę, latarkę i kompas .... [13] (zostawiać / zostawić) na kempingu. Tymczasem zbliżał się wieczór...

3 Co wydarzyło się później? Proszę wspólnie z kolegą / koleżanką dopisać w kilku zdaniach zakończenie wakacyjnej przygody Jarka.

4 Jarek opowiada, jak zakończyła się jego wakacyjna przygoda. Proszę wysłuchać nagrania i porównać Państwa wersję wydarzeń z opowiadaniem Jarka.

CD
53

5 Proszę ułożyć zdania w porządku chronologicznym, zgodnie z opowiadaniem Jarka.

CD
53

☐ Jarek położył się na ziemi i czekał, aż skończy się burza.

☐ Jarek był na siebie zły.

☐ Jarek zdecydował, że poprosi o nocleg w schronisku.

1 Jarek postanowił natychmiast wrócić na kemping.

☐ Zaczęła się burza.

☐ Po trzech godzinach marszu Jarek znalazł się blisko schroniska.

☐ Około godziny 23.00 zmęczony i mokry Jarek dotarł wreszcie do schroniska.

6 Dlaczego Jarek był na siebie zły? Dlaczego uważa, że postąpił nieodpowiedzialnie? Proszę zastanowić się nad tym wspólnie z kolegą / koleżanką, a następnie napisać kilka rad dla turysty, który po raz pierwszy idzie w góry.

1. ....*Weź ze sobą telefon komórkowy*...!

2. ....!

3. ....!

4. ....!

5. ....!

6. ....!

7 Proszę rozwiązać w grupach quiz. Można poszukać informacji w internecie. Proszę wypełnić rubrykę, po prawej stronie wpisując poprawne odpowiedzi, a następnie porównać je w grupie.

QUIZ CZY WIESZ... ? ? ?

1. Kto zbudował piramidy w Gizie? ......*Piramidy w Gizie zostały zbudowane przez*...............................
2. Kto napisał *Iliadę* i *Odyseję*? ....
3. Kto namalował obraz *Mona Lisa*? ....
4. Kto zrobił pierwszy krok na Księżycu? ....
5. Kto odkrył rad i polon? ....
6. Kto wynalazł dynamit? ....
7. Kto skonstruował pierwszy samolot? ....

lekcja 15

8 Proszę przeczytać dialog i zdecydować, kim są osoby, które ze sobą rozmawiają.

Łucja: W tym roku chciałabym polecieć do Australii!
Hubert: Do Australii? I co tam będziesz robić?
Łucja: Będę pływać z delfinami i może kupię sobie kangura albo dwa kangury...
Hubert: Hm, kangury to dobry pomysł, ale wolałbym pojechać do Afryki na safari i polować na tygrysy.
Łucja: Ale w Afryce nie ma tygrysów!
Hubert: Na pewno są!
Łucja: Nieprawda, nie ma!
Hubert: No to gdzie są?
Łucja: Na przykład w Indiach. Możemy tam pojechać.
Hubert: O, to świetny pomysł, zawsze chciałem zobaczyć, jak żyją prawdziwi Indianie!

9 Proszę wysłuchać nagrania. Czy zgadli Państwo, kim są Łucja i Hubert? Proszę odpowiedzieć na pytania.

CD 54

a) Dokąd Łucja i Hubert pojadą na wakacje?
b) Co będą mogli tam robić?
c) Czy są zadowoleni z propozycji?

● SŁOWNICTWO

10 Proszę uzupełnić tabelę.

	w Pana / Pani kraju	w Polsce	na świecie
Co można zwiedzić?		*Kraków,*	
Czego można posłuchać?			
Dokąd można pojechać?			*na pustynię,*

11 Proszę porozmawiać z kolegą / koleżanką. Proszę zaproponować wyjazd na wspólne wakacje do miejsca, które Pan / Pani lubi. Proszę opowiedzieć o tym miejscu: gdzie się znajduje, co można tam robić / zwiedzić / zobaczyć. Proszę przekonać kolegę / koleżankę, że warto tam pojechać.

12 Oto pamiątki z podróży. Jak Państwo myślą, skąd zostały przywiezione? Gdzie zostały kupione lub znalezione?

Myślę, że ta muszla została przywieziona znad morza. Na pewno została znaleziona na plaży...

 13 Lubi Pan / Pani zbierać pamiątki z podróży? A może jest Pan / Pani kolekcjonerem? Jaka jest Pana / Pani najbardziej niezwykła pamiątka z podróży, skąd Pan / Pani ją ma? Czy pamięta Pan / Pani, w jakich okolicznościach została kupiona lub znaleziona? Proszę opowiedzieć o tym grupie.

Moja najciekawsza / najbardziej oryginalna, niezwykła pamiątka z podróży to:...
... lat(a) temu byłem / byłam w... kupiłem / kupiłam ją w...
znalazłem / znalazłam ją...

 14 Proszę odpowiedzieć na pytania:

- Komu chętnie zaproponowałbyś / zaproponowałabyś wspólny wyjazd na wakacje?
- Komu na pewno nie zaproponowałbyś / zaproponowałabyś wspólnego wyjazdu na wakacje?
- Komu zawsze wysyłasz zdjęcia z wakacji?
- Komu nigdy nie wysyłasz zdjęć z wakacji?

Ortografia

15 Oto SMS-y z wakacji. Proszę je poprawić, dopisując polskie znaki.

> Jestesmy na wsi kolo Olsztyna. Pokoj swietny, wlasnie jemy pierogi.

> Jestem w saunie, ale goraco! Co u ciebie slychac?

> 38 zlotych za noc i mozna pozyczyc rowery, przyjezdzajcie!

16 Jest Pan / Pani na wakacjach agroturystycznych. Proszę wysłać do przyjaciela SMS-a z informacją o tym, co właśnie Pan / Pani robi.

17 Proszę doradzić koledze / koleżance, co zrobić w następujących sytuacjach:

– *Mam mało pieniędzy, a chciałbym pojechać na wakacje.*
– *Jedź... / ..., w Sudety. Piękne góry, niedrogo...*

- Moja mama chce jechać w góry, a ja nad morze.
- Jestem zmęczony. Mam dość dużego miasta.
- Co zrobić z urlopem?
- Gdzie pojechać w tym roku?
- Nigdy nie byłem na Mazurach.
- Jechać za granicę czy może lepiej zostać w kraju?

18 Jak Pan / Pani myśli, jakie samopoczucie mają osoby na zdjęciach? Proszę dać im odpowiednią radę.

Wymowa

C D
55

19 Proszę powtórzyć zdania za lektorem, naśladując ich intonację.

Jadę nad morze.

Byłam na wakacjach z rodziną.

Oferta od gospodarza jest bogata.

Chciałabym pochodzić po sklepach.

Jesteśmy nad jeziorem.

Jestem u rodziny.

Lubię spędzać urlop na żaglówce.

20 Proszę wybrać jeden z poniższych rysunków i wspólnie z kolegą / koleżanką przygotować ofertę reklamową tego miejsca.

Osobom, które lubią samotność, polecamy wakacje na bezludnej wyspie. Można tu naprawdę odpocząć... Ceny nie są...

130

21 Proszę opisać osoby przedstawione na fotografiach. W jaki sposób to, co robią lub sytuacja, w której się znajdują, wpływa na ich zdrowie i samopoczucie?

22 Proszę przeprowadzić ankietę. Proszę zadać kilku osobom w grupie poniższe pytania, a następnie podsumować wyniki w małych grupach.

1. Jakie są najpopularniejsze formy wypoczynku w Twoim kraju?
2. Dokąd ludzie w Twoim kraju najchętniej wyjeżdżają na wakacje?
3. Jaki sport najchętniej uprawiają kobiety w Twoim kraju?
4. Jaki sport najchętniej uprawiają mężczyźni w Twoim kraju?
5. Jakie sporty w Twoim kraju uprawiają dzieci w szkołach?
6. Jakie problemy zdrowotne mają najczęściej osoby w Twoim kraju?
7. Jak oceniasz sposób odżywiania się ludzi w Twoim kraju?
8. Co zmieniłbyś / zmieniłabyś w swojej diecie?
9. Jaki sport chciałbyś / chciałabyś uprawiać?
10. Czy media w Twoim kraju propagują zdrowy tryb życia?

23 Poniżej przedstawiono kilka sytuacji. Proszę wylosować jedną z nich i z wybraną przez siebie osobą odegrać role.

1. Przekonujesz rodziców, że powinni kupić sobie zmywarkę do naczyń.
2. Właśnie kupiłeś / kupiłaś mieszkanie, które od dawna chciałeś / chciałaś mieć. Opowiadasz o nim znajomym.
3. Chcesz kupić kilka nowych sprzętów (do wyboru) do domu. Przekonujesz męża / żonę, że te urządzenia są naprawdę potrzebne.
4. Kupiłeś / kupiłaś sobie nowe urządzenie (do wyboru) i jesteś z niego bardzo zadowolony / zadowolona. Opowiadasz o tym znajomym.
5. Urządzenie (do wyboru), które właśnie kupiłeś / kupiłaś, nie działa. Idziesz do sklepu i składasz reklamację.
6. Twoje DVD, które kilka dni temu odebrałeś / odebrałaś z naprawy, znowu się zepsuło. Jesteś oburzony / oburzona i dzwonisz do serwisu.
7. Twój kolega zastanawia się, dokąd pojechać na wakacje. Proponujesz mu wyjazd w miejsce, które znasz i lubisz. Opowiadasz o tym.
8. Twój kolega informatyk skarży się na bóle głowy i pleców. Radzisz mu, żeby zaczął uprawiać jakiś sport.
9. Masz ostatnio złe samopoczucie. Opowiadasz o tym znajomym i prosisz o radę.
10. Twoja koleżanka chce szybko schudnąć. Radzisz jej, co powinna zrobić.

lekcja **15**

SYTUACJE KOMUNIKACYJNE	zachęcanie, przekonywanie, wyrażanie upodobania
SŁOWNICTWO	kuchnia, przepisy, diety, przymiotniki typu: ostry, tuczący idiomy: niebo w gębie, palce lizać
GRAMATYKA I SKŁADNIA	POWTÓRZENIE: dopełniacz po wyrażeniach ilościowych, tryb rozkazujący w zdaniach przeczących

Polska od kuchni

1.

1a Poniższe rysunki zostały wymieszane. Proszę je uporządkować, a następnie opowiedzieć, co wydarzyło się w domu Oli i Jarka. Proszę zatytułować tę historię.

• SŁOWNICTWO

1b Proszę poszukać na rysunkach poniższych przedmiotów.

1. widelec
2. pałeczki
3. filiżanka
4. kieliszek
5. słoik
6. ścierka
7. łyżka
8. łyżeczka do herbaty
9. szklanka

10. talerzyk deserowy
11. garnek
12. deska do krojenia
13. nóż
14. talerz
15. kubek
16. patelnia
17. suszarka do naczyń
18. otwieracz do konserw

1c Proszę wysłuchać rozmowy Oli i Jarka i porównać z Państwa wersją wydarzeń. Proszę uzupełnić brakujące słowa.

CD 56

– Włożyłeś makaron do ....?
– Tak. Jak długo ma się gotować?
– Około 10 minut.
– W takim razie zrobię sos. Mamy pomidory?
– Świeżych nie mamy. Ale pomidory z .... też są dobre!
– Jak chcesz. I jeszcze pesto. Podasz mi ....?
– Hmm, ale ładnie pachnie... ale pesto nie miesza się z pomidorami. Wiesz co, ja zrobię ten sos. Może nakryjesz do stołu?
– Dobrze.
– Poczekaj! Weź ścierkę, trzeba posprzątać na stole!

– No i jak ci się podoba? Każde nakrycie składa się z talerza, ... z lewej strony, noża i .... z prawej, łyżeczki deserowej, ..., szklanki i ....! A tutaj są serwetki.
– Ale po co łyżki i noże? Przecież spaghetti je się ....! A talerzyk .... po co?

– Do deseru!
– Ale mamy lody! Hmm... A po co szklanki i kubki?
– Do herbaty i kawy.
– Ale my nie będziemy pić herbaty, tylko wino! A kawę będziemy pić w ....!
– No tak... Czujesz? Coś dziwnie ....! To chyba dym!
– Sos!

– Cześć! A co tu tak dziwnie pachnie?
– Nasza kolacja... Chyba będziemy musieli zamówić pizzę.
– O nie, tym razem pójdziemy do .... knajpy.
– Nie, nie...
– Żadne nie, żadne ale. Musicie spróbować, to .... jedzenie!
– Ale w chińskiej knajpie je się ....!
– No więc wreszcie nauczycie się jeść pałeczkami.

2 Proszę zrobić listę najważniejszych czynności, które wykonujemy w kuchni. Proszę zapytać kilku osób w grupie, kiedy ostatnio je wykonywały.

• *zmywanie naczyń* ....   *Kiedy ostatnio zmywałeś / zmywałaś naczynia?*
• ....   *Kiedy ostatnio piekłeś / piekłaś ciasto?*
• ....
• ....

3 Proszę podkreślić właściwą odpowiedź.

QUIZ ?

0. Herbatę pijemy z:
a) garnka
b) filiżanki
c) kieliszka

1. Mięso jemy:
a) nożem i łyżką
b) łyżką i widelcem
c) nożem i widelcem

2. Zupę gotujemy:
a) w garnku
b) w kubku
c) na patelni

3. Herbatę mieszamy:
a) łyżeczką
b) łyżką
c) widelcem

4. Danie główne podajemy:
a) w szklance
b) w kubku
c) na talerzu

5. Kotlety smażymy:
a) na patelni
b) w garnku
c) na suszarce do naczyń

6. Umyte naczynia kładziemy na:
a) desce do krojenia
b) suszarce do naczyń
c) talerzu

7. Tort podajemy:
a) na ścierce
b) na talerzyku deserowym
c) w kieliszku

8. Warzywa kroimy:
a) na suszarce do naczyń
b) na desce do krojenia
c) na patelni

4.

4 Proszę zapytać kolegę / koleżankę:

1. Ile minut dziennie spędzasz w kuchni?
2. Czy lubisz jeść?
3. Czy jesteś wegetarianinem / wegetarianką lub weganinem / weganką?
4. Czy byłeś / byłaś kiedyś na diecie? Jaka to była dieta?
5. Jakie są twoje ulubione dania?
6. Kto w twoim domu przygotowuje posiłki?
7. Czy lubisz gotować? A może wolisz jeść posiłki w restauracji?
8. Jeśli lubisz gotować, to jakie danie jest twoją specjalnością?
9. Czy lubisz zmywać naczynia?
10. Czy korzystasz z aplikacji, która pomaga ci utrzymać dietę?

lekcja 16

5.

CD 57

5a Proszę wysłuchać krótkich wypowiedzi. Proszę wpisać numer wypowiedzi przy każdym rysunku.

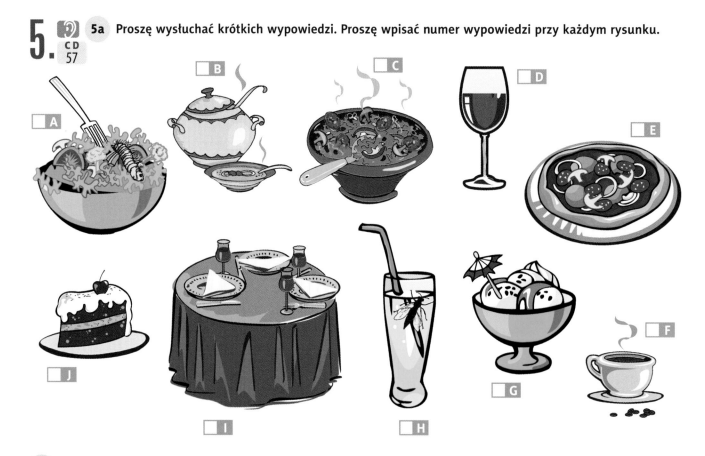

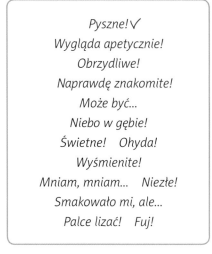

5b Które z podanych niżej zwrotów mają znaczenie pozytywne, negatywne, a które są neutralne?

Pyszne! ✓	☺	😐	☹
Wygląda apetycznie!	Pyszne!		
Obrzydliwe!			
Naprawdę znakomite!			
Może być...			
Niebo w gębie!			
Świetne! Ohyda!			
Wyśmienite!			
Mniam, mniam... Niezłe!			
Smakowało mi, ale...			
Palce lizać! Fuj!			

5c Co powie Pan / Pani w tej sytuacji? Proszę zaznaczyć poprawną odpowiedź:

0. Twój kolega upiekł bardzo dobry sernik. Próbujesz kawałek i mówisz z zadowoleniem:
   a) Pyszny sernik!
   b) Ten sernik był naprawdę znakomity!
   c) Ohydny sernik!

1. Znalazłeś / znalazłaś w zupie włos. Mówisz:
   a) Może być...
   b) Obrzydliwe!
   c) Palce lizać!

2. Twoja babcia przygotowała kolację z okazji swoich urodzin. Wszystko bardzo ci smakowało. Dziękujesz i mówisz:
   a) Dziękuję za apetyczny wieczór!
   b) Może być.
   c) Kolacja była naprawdę znakomita!

3. Twoja koleżanka zrobiła pizzę. Zjadłeś / zjadłaś duży kawałek, a koleżanka proponuje ci dokładkę. Mówisz:
   a) Smakowało mi, ale chcę jeszcze.
   b) Smakowało mi, ale świetna pizza.
   c) Smakowało mi, ale już dziękuję.

4. Zrobiłeś / zrobiłaś sobie kawę z mlekiem. Próbujesz i okazuje się, że mleko było zepsute. Mówisz:
   a) Wygląda apetycznie.
   b) Fuj!
   c) Palce lizać!

5. Zjadłeś / zjadłaś właśnie pyszne lody. Mówisz:
   a) Palce lizać!
   b) Ohyda!
   c) Może być...

6. Twój tata gotuje bigos. Prosi, żebyś spróbował / spróbowała. Próbujesz i mówisz:
   a) Bigos był wyśmienity.
   b) Niezły!
   c) Smakowało mi, ale już dziękuję.

6. 🗨 **6** Proszę zadać kilku osobom w grupie pytania podane w tabeli i uzupełnić ją. Można również zadać kilka dodatkowych pytań.

– *Kiedy ostatnio piłeś / piłaś dobrą kawę?*
– *Najlepszą kawę w swoim życiu piłem / piłam dwa tygodnie temu we Włoszech, w małej kawiarni.*

– *Jaka to była kawa?*
– *To było cappuccino z czekoladą.*
– *Z kim byłeś / byłaś w tej kawiarni? Sam / Sama?*

Kiedy ostatnio...	Kto...	Gdzie...	Kiedy...
... piłeś / piłaś pyszną kawę?			
... jadłeś / jadłaś tort?			
... znalazłeś / znalazłaś coś obrzydliwego na talerzu?			
... coś ci bardzo smakowało?			
... jadłeś / jadłaś coś dobrego i pomyślałeś / pomyślałaś „palce lizać!"?			
... powiedziałeś / powiedziałaś „ohyda!"?			
... jadłeś / jadłaś dobry obiad?			
... próbowałeś / próbowałaś egzotycznej kuchni?			
... przygotowałeś / przygotowałaś smaczną kolację?			

7.

CD ■ 58-61

7a Proszę wysłuchać nagrania, a następnie zdecydować, o jakich kuchniach świata mówią ankietowane osoby. Proszę zaznaczyć, które wypowiedzi mają charakter pozytywny, a które negatywny.

kuchnie	osoba 1 ☺	osoba 1 ☹	osoba 2 ☺	osoba 2 ☹	osoba 3 ☺	osoba 3 ☹	osoba 4 ☺	osoba 4 ☹
polska	☐	☐	☐	☐	☐	X	☐	☐
niemiecka	☐	☐	☐	☐	☐	☐	☐	☐
francuska	☐	☐	☐	☐	☐	☐	☐	☐
włoska	X	☐	☐	☐	☐	☐	☐	☐
grecka	☐	☐	☐	☐	☐	☐	☐	☐
amerykańska	☐	☐	☐	☐	☐	☐	☐	☐
węgierska	☐	☐	☐	☐	☐	☐	☐	☐
arabska	☐	☐	☐	☐	☐	☐	☐	☐
chińska	☐	☐	☐	☐	☐	☐	☐	☐
indyjska	☐	☐	☐	☐	☐	☐	☐	☐
śródziemnomorska	☐	☐	☐	☐	☐	☐	☐	☐
skandynawska	☐	☐	☐	☐	☐	☐	☐	☐
orientalna	☐	☐	☐	☐	☐	☐	☐	☐

CD 58-61

7b Proszę ponownie posłuchać nagrania, a następnie dokończyć zdania.

Osoba 1 poleca ....

Osoba 2 zachęca do ....

Osoba 3 uważa, że warto ....

Osoba 4 myśli, że każdy powinien spróbować ....

CD 58-61

7c Proszę zanotować, jakie upodobania kulinarne mają ankietowane osoby. Proszę porównać z kolegą / koleżanką zanotowane informacje.

	Lubi...	Nie lubi...
osoba 1		*tłustych potraw*
osoba 2		
osoba 3		
osoba 4	*zdrowe jedzenie*	

– Co lubi osoba 1?

– Lubi ....
....

– Czego nie lubi osoba 1?

– Nie lubi ....
....

ZACHĘCANIE I PRZEKONYWANIE

– Polecam ci / panu / pani / państwu...

– Zachęcam cię / pana / panią / państwa do... / ..., żeby...

– Warto / trzeba / należy spróbować...

– Musisz / musi pan / pani / muszą państwo koniecznie...

– Powinieneś / powinnaś / powinien pan / powinna pani / powinni państwo...

lekcja
16

8.

8a Proszę uzupełnić zdania, wykorzystując powyższe zwroty.

0. *Musisz koniecznie* pójść do tej małej kawiarni na rogu! Można tam wypić świetną kawę!

1. Schabowy z kapustą to tradycyjne polskie danie. .... państwa do spróbowania!

2. Jeśli nie wiesz, na co się zdecydować, ... ci pierogi z kapustą i grzybami. Palce lizać!

3. Ta restauracja specjalizuje się w daniach mięsnych, ale .... też spróbować potraw wegetariańskich.

4. Jedziecie do Zakopanego? .... koniecznie kupić oscypek – tradycyjny, góralski ser. Jest czasami bardzo słony, ale .... spróbować!

9.

9a A oto pierwszy dzień diety 1200 kalorii. Co Pan / Pani o niej myśli?

Produkt	Ilość	Wartość energetyczna (kcal)
ŚNIADANIE		400
chleb pełnoziarnisty	1 kromka	68
jogurt naturalny	200 ml	132
jagody lub truskawki	100 gr	73
kawa z mlekiem kokosowym	300 ml	127
OBIAD		400
pieczona pierś z kurczaka	200 gr	281
brokuły	100 gr	42
kasza kuskus	100 gr	77
PODWIECZOREK		125
sorbet malinowy	100 ml	125
KOLACJA		350
sałata	50 gr	10
kozi ser	100 gr	128
orzechy włoskie	5 sztuk	62
jabłko	1 sztuka	43
winogrona	10 sztuk	51
oliwa z oliwek	1 łyżka	35
musztarda	1 łyżeczka	21

  <

8b Co powie Pan / Pani w tej sytuacji?

a) Twój kolega ma urodziny. Chce zaprosić przyjaciół do restauracji, ale nie jest zdecydowany dokąd pójść. Znasz świetną restaurację i próbujesz go przekonać.

b) Twoja babcia nigdy nie jadła owoców morza. Próbujesz ją zachęcić, żeby spróbowała kalmarów.

c) Turyści z zagranicy odwiedzili twoje miasteczko. Jesteś pilotem wycieczki i próbujesz zachęcić ich do spróbowania lokalnej kuchni.

d) Twoi rodzice chcą urządzić przyjęcie urodzinowe w domu. Przekonujesz ich, żeby zaprosili gości do baru sushi.

e) Twoja koleżanka chce zmienić dietę. Zachęcasz ją, żeby spróbowała kuchni wegetariańskiej.

9b Proszę obejrzeć film i zaznaczyć, które z poniższych stwierdzeń są prawdziwe (P), a które nieprawdziwe (N):

D V D 13

a. Niektórzy twierdzą, że ograniczanie się tylko do wegańskiej kuchni jest ryzykowne.   P / N

b. Kuchnia wegańska bazuje na produktach roślinnych.   P / N

c. Weganie nie jedzą żadnych produktów zwierzęcych typu mleko, ser, masło, ale jedzą jajka.   P / N

d. Księgowy jest weganinem od 7 lat.   P / N

e. Cena promocyjna lunchu to 20% zniżki.   P / N

f. Pierwsza z klientek wybiera produkt bezglutenowy.   P / N

g. Druga klientka wybiera wołowinę.   P / N

h. Alicja przypuszcza, że informatycy będą chcieli zjeść kurczaka z frytkami.   P / N

i. Alicja jest wegetarianką.   P / N

j. Obiady wegetariańskie będą dostępne we wtorki.   P / N

9c Pogrupuj poniższe wyrazy na tylko dwie kategorie zgodnie z pierwszym skojarzeniem. Jeśli potrafisz to zrobić, to uzasadnij swoją decyzję:

D V D 13

joga   choroba   hipster   gruby
weganin   tłuszcz   mięso   zdrowie   szczupły

9d W filmie zostały przedstawione różne stereotypy związane z nawykami żywieniowymi, spróbuj je zidentyfikować. Porozmawiaj w grupie o innych stereotypach związanych z jedzeniem lub stylem życia.

D V D 13

9e Proszę poszukać w grupie osób, które mają podobne do Pana / Pani upodobania kulinarne. Proszę zaplanować jednodniową dietę, a następnie przekonać grupę, że warto ją zastosować.

● GRAMATYKA

DOPEŁNIACZ

po liczebnikach

• przy wyrażaniu ilości:

kilo mąki / **litr** mleka / **100 gram** szynki / **5 deka** sera
szklanka cukru / **butelka** wina / **słoik** dżemu
trochę soli / **kawałek** mięsa / **pół** kapusty

1	2, 3, 4	• po liczebnikach od **5** i wzwyż: **5, 6, 7...**
jeden ogórek	dwa, trzy, cztery ogórki	pięć, sześć, siedem ogórków
jedna cebula	dwie, trzy, cztery cebule	pięć, sześć, siedem cebul
jedno jabłko	dwa, trzy, cztery jabłka	pięć, sześć, siedem jabłek

UWAGA!

2, 3, 4,...
22, 23, 24,...
132, 133, 134,...   kawałki pizzy

ale: **12, 13, 14,...** kawałków pizzy

10.

10a Proszę wstawić odpowiednią formę rzeczownika.

JAJECZNICA NA SZYNCE

Pokroić 10 deka ....*szynki*...... (szynka), roztopić na patelni dwie łyżki .... (masło), wbić 5 .... (jajka) i wymieszać. Dodać trochę .... (sól) i smażyć kilka .... (minuty).

SAŁATKA GRECKA

Pokroić sałatę, 5 .... (pomidory), 5 .... (ogórki), 1 .... (cebula), dodać słoik .... (oliwki), 4 .... (jajka) na twardo, 100 gramów pokrojonego .... (ser) typu feta. Wymieszać, posolić i popieprzyć do smaku, dodać kilka łyżek .... (oliwa) z oliwek. Podawać z razowym chlebem.

10b Proszę stworzyć przepis na swoją ulubioną potrawę.

UWAGA!

Tryb rozkazujący w przeczeniu:
Kup pomidory w puszce!
Nie kupuj pomidorów w puszce!

10c Proszę wstawić odpowiednią formę czasownika w trybie rozkazującym.

0. gotować / ugotować
a) Jeśli robisz sałatkę, ...*ugotuj*.... jajka 2 godziny wcześniej!
b) Nie .... dzisiaj obiadu, pójdziemy do restauracji!

1. czytać / przeczytać
a) Nie .... tej książki, nie warto!
b) .... tę książkę, jest naprawdę świetna!

2. robić / zrobić
a) Proszę, ... mi herbaty, jestem bardzo zmęczona!
b) Nie .... mi herbaty, napiję się soku!

3. zapraszać / zaprosić
a) .... Elę do kina, ona cię naprawdę lubi!
b) Nie .... ich na imprezę! Nie lubię ich.

4. brać / wziąć
a) Nie .... tylu tabletek na ból głowy!
b) .... tabletkę, jeśli boli cię głowa!

5. mówić / powiedzieć
a) .... co chcesz robić w weekend!
b) Nie .... mi o tym, nie chcę nic wiedzieć!

6. słuchać / posłuchać
a) ...., to jest świetna muzyka!
b) Nie ...., co oni mówią na nasz temat!

7. opowiadać / opowiedzieć
a) Nie .... nikomu o naszych planach!
b) ....! Jak było na wakacjach?

11.

11a Proszę przeczytać tekst *Dobre maniery w restauracji*, a następnie dopasować do akapitów podane poniżej tytuły.

> Szatnia ✓   Napiwek   Dobór win do mięsa
> Płacenie rachunku   Wybieranie dań z karty
> Telefon komórkowy

Dobre maniery w restauracji

(1) Choć często mamy o sobie wysokie mniemanie, nasze maniery pozostawiają wiele do życzenia. Dlatego radzimy, jak zachować się w sytuacjach mniej lub bardziej oficjalnych. O dobrych manierach opowiada Henryk Samojedny – szef kelnerów we wrocławskiej restauracji Dwór Polski, który prowadzi szkolenia z zachowania się przy stole.

(2) *Szatnia*

Przed wejściem trzeba sprawdzić, czy są wolne miejsca – powinien o tym poinformować portier. W szatni zdejmujemy wierzchnie okrycie. Obowiązkowo zostawiamy parasole, walizki, torby. Można też poprawić tu wygląd: ubranie, makijaż. Ale jeśli siedzimy już przy stoliku, wychodzimy w tym celu do toalety.

(3) ....

Na początku zamawiamy apéritif, czyli coś na zaostrzenie apetytu, następnie jemy przystawkę, zupę i danie główne.

(4) ....

Białe wino zamawiamy do ryb, cielęciny i drobiu, do bardzo delikatnych mięs. Czerwone – do cięższych: pieczonej wołowiny, do potraw smażonych, dziczyzny, kaczek, mięs krwistych.

(5) ....

Podobnie jak w kinie lub teatrze, w dobrym tonie jest wyciszenie telefonu. Jeżeli czekamy na ważny telefon, powinniśmy uprzedzić o tym nasze towarzystwo. Jeśli musimy odebrać telefon, nie rozmawiajmy przy stole. Można przeprosić i wyjść do szatni lub na zewnątrz restauracji. Pamiętajmy też, że kładzenie telefonu na stole, odpisywanie na wiadomości tekstowe lub przeglądanie maili jest w złym tonie.

(6) ....

Rachunek płacimy dyskretnie: gospodarz prosi kelnera, a ten podaje mu rachunek tak, aby zaproszeni przez nas goście nie widzieli sumy.

(7) ....

Napiwek nie jest obowiązkowy, choć w dobrym tonie jest nagrodzić w ten sposób kelnera, jeśli jesteśmy zadowoleni z posiłku i obsługi. Napiwek powinien wynosić 10 procent kwoty końcowej, ale jeśli będzie mniejszy, np. 5 procent, nie będzie to wielkie *faux pas*.

11b Tekst *Dobre maniery w restauracji* został podzielony na 7 akapitów. Po ich przeczytaniu proszę zaznaczyć wypowiedź, która jest zgodna z tekstem.

1. Fragment 1 informuje, że:
   a) Większość osób myśli, że potrafi zachować się przy stole, ale to nieprawda.
   b) Większość osób nie ma problemów z odpowiednim zachowaniem się przy stole.

2. Fragment 2 informuje, że:
   a) Płaszcze, parasole i walizki zostawiamy w szatni, a makijaż i ubranie poprawiamy przy stole.
   b) Płaszcze, parasole i walizki zostawiamy w szatni, tam możemy też poprawić makijaż lub ubranie.

3. Fragment 3 informuje, że:
   a) Zaczynamy obiad od zamówienia apéritifu.
   b) Zamawiamy apéritif po zakończeniu obiadu.

4. Fragment 4 informuje, że:
   a) Białe wino zamawiamy do delikatnych mięs.
   b) Czerwone wino zamawiamy do drobiu.

5. Fragment 5 informuje, że:
   a) Jeżeli czekamy na ważny telefon, możemy mieć przy sobie włączoną komórkę.
   b) Jeżeli czekamy na ważny telefon, możemy zostawić komórkę w szatni i poprosić portiera, aby nas zawołał, kiedy zadzwoni telefon.

6. Fragment 6 informuje, że:
   a) Rachunek płacimy dyskretnie, tak aby zaproszeni przez nas goście nie widzieli sumy.
   b) Dyskretnie prosimy kelnera, aby podał nam rachunek w ten sposób, aby nasi goście widzieli sumę, którą płacimy.

7. Fragment 7 informuje, że:
   a) Jeśli jesteśmy zadowoleni z obsługi i jedzenie nam smakowało, napiwek powinien wynosić 10% kwoty końcowej, jeśli nie jesteśmy zadowoleni, musimy dać kelnerowi co najmniej 5% sumy, którą płacimy.
   b) Napiwek nie jest obowiązkowy, ale jeśli zdecydujemy się go dać kelnerowi, powinien wynosić około 10% kwoty końcowej, jednak nie mniej niż 5% płaconej sumy.

SYTUACJE KOMUNIKACYJNE opowiadanie o świętach i tradycji • wyrażanie żalu, smutku, współczucia, radości • składanie życzeń i gratulacji

SŁOWNICTWO święta religijne i państwowe • POWTÓRZENIE: relacje rodzinne

GRAMATYKA I SKŁADNIA budowanie zdań współrzędnie złożonych i podrzędnie złożonych okolicznikowych czasu i miejsca • POWTÓRZENIE: użycie form bezosobowych • użycie spójników w zdaniach złożonych

Święta, uroczystości, tradycje

1.

1a Czy zna Pan / Pani te święta i uroczystości? Proszę podpisać rysunki.

`SŁOWNICTWO`

Wielkanoc	Nowy Rok	Święto Konstytucji 3 maja	Wigilia
urodziny	Boże Ciało	Wszystkich Świętych / Święto Zmarłych	chrzciny
Jom Kippur	imieniny	Święto Niepodległości	ślub
Boże Narodzenie	pogrzeb	Dzień Matki	szabat

....

1b **Proszę zdecydować, które święta / uroczystości to:**

- polskie święta państwowe: *Święto Niepodległości,...*
- święta religijne
- uroczystości rodzinne

1c **Kiedy obchodzimy te święta / uroczystości? Proszę dopasować.**

☐ 1. W jakim miesiącu obchodzi się Boże Ciało?
☐ 2. Kiedy obchodzi się Wielkanoc?
☐ 3. Kiedy Amerykanie obchodzą Dzień Niepodległości?
☐ 4. Kiedy Polacy obchodzą Święto Niepodległości?
☐ 5. Kiedy Niemcy obchodzą Dzień Jedności Niemiec?
☐ 6. Kiedy Polacy obchodzą Wigilię?
☐ 7. Kiedy Żydzi obchodzą szabat?
☐ 8. Kiedy obchodzimy Dzień Matki?
☐ 9. Kiedy w Polsce obchodzi się Święto Zmarłych?
☐ 10. Kiedy obchodzi się Święta Bożego Narodzenia?
☐ 11. Kiedy Polacy obchodzą Święto Konstytucji 3 maja?
☐ 12. Kiedy obchodzi się Nowy Rok?

a) na wiosnę   d) w czerwcu   g) 3 X   j) 25 – 26 XII
b) 3 V   e) 26 V   h) 1 I   k) 11 XI
c) 4 VII   f) 1 XI   i) 24 XII   l) w soboty

 1d **Proszę zapytać kolegę / koleżankę:**

- Jakie święta i uroczystości lubisz, a jakich nie lubisz? Dlaczego?
- Czy obchodzisz urodziny lub imieniny? Kiedy?
- Które święta obchodzi się w Twoim kraju? Których już się nie obchodzi, a których nie obchodzono nigdy?
- Jak nazywają się święta państwowe w Twoim kraju? Kiedy się je obchodzi? Które święta są międzynarodowe?

1e **Proszę jeszcze raz obejrzeć rysunki z ćwiczenia 1a. Proszę wspólnie z kolegą / koleżanką zdecydować, na jakich uroczystościach ludzie:**

- modlą się – *na ślubie,...*
- składają życzenia – ...
- dają kwiaty – ...
- składają kondolencje – ...
- bawią się i tańczą – ...
- dają prezenty – ...

lekcja 17

CD 62 **1f** **Proszę uzupełnić teksty, a następnie wysłuchać nagrania i sprawdzić, czy podane wyrazy zostały wpisane w odpowiednim miejscu i formie. Proszę zdecydować, która z wypowiedzi dotyczy poniższych uroczystości.**

1. uroczystość, ksiądz, ceremonia   ....*chrzest*..........

   Kiedy rodzi się dziecko, a rodzice są katolikami, decydują się na tę ....*uroczystość*.... . Odbywa się ona w kościele. Na .... obecni są: rodzice, dziecko, matka chrzestna i ojciec chrzestny. .... odprawia mszę i polewa głowę dziecka wodą. Dziecko jest od tego momentu katolikiem lub katoliczką.

2. rodzina, umierać, odprawiać   ....

   Kiedy ktoś ...., rodzina spotyka się w kościele przy trumnie. Ksiądz .... mszę, następnie rodzina idzie za trumną na cmentarz. Potem .... modli się jeszcze nad grobem. Wszyscy przynoszą kwiaty.

3. siedzieć, organizować, prezenty   ....

   Tego dnia .... się spotkanie rodzinne lub zaprasza przyjaciół. Wszyscy przynoszą .... i kwiaty, składają życzenia, a potem .... przy stole, jedzą, piją i rozmawiają. Ta uroczystość jest popularna w Polsce.

✓chrzest ślub imieniny urodziny pogrzeb

4. pić, msza, obecny, składać   ....

   Na uroczystości .... są: pan młody i panna młoda, rodzice, świadkowie, rodzina i przyjaciele. Ksiądz odprawia ...., podczas której państwo młodzi składają przysięgę małżeńską. Po uroczystości w kościele wszyscy .... młodym małżonkom życzenia, dają kwiaty, prezenty, często pieniądze, a następnie jadą na wesele. W lokalu czekają rodzice państwa młodych, żeby powitać ich chlebem i solą. Państwo młodzi .... szampana i zaczyna się zabawa. Wesele zwykle kończy się rano.

5. przynosić, obchodzić, zapraszać   ....

   Ten dzień jest raz w roku. Osoba, która organizuje imprezę, ... przyjaciół do domu lub do klubu. Wszyscy .... prezenty, składają życzenia, a potem bawią się i tańczą. Tę uroczystość .... głównie młodzi Polacy.

1g Proszę uzupełnić zdania czasownikami w odpowiedniej formie.

1. Kiedy weszłam do kościoła, ksiądz już ...*odprawiał mszę*... . Potem państwo młodzi składali przysięgę małżeńską.
2. (ja) .... na ślubie moich przyjaciół, ale nie pojechałem na wesele.
3. Moi rodzice .... na imprezę z okazji 40. rocznicy ślubu.
4. Po pogrzebie rodzina .... nad grobem.
5. Kiedy państwo młodzi wyszli z kościoła, wszyscy im gratulowali
   i ....
6. Moja babcia skończyła 70 lat i nie chce już .... urodzin.

> być obecnym na   obchodzić
> odprawiać mszę ✓   modlić się
> składać życzenia
> zaprosić gości

DVD
14

1h Proszę obejrzeć film, a następnie uzupełnić tabelkę.

Osoba	O jakim zwyczaju mówi?	Lubi...	Nie lubi / nie rozumie...
Przechodzień 1	*Oczepiny na weselach*		
Przechodzień 2			*korków*
Przechodzień 3			
Przechodzień 4			
Przechodzień 5			
Ankieterka		*imieniny*	

2.

2a Proszę uzupełnić tekst, wpisując odpowiednią formę bezosobową (w czasie teraźniejszym lub przeszłym) czasowników podanych w nawiasach.

• GRAMATYKA

Czy wiesz, że...

a) **święta Bożego Narodzenia** rozpoczynają się w Polsce w Wigilię, 24 grudnia? Kiedy na niebie pojawia się pierwsza gwiazda, Polacy dzielą się opłatkiem i składają sobie życzenia. Potem ....*siada się*... (siadać) do stołu wspólnie z rodziną i .... (jeść) kolację wigilijną. Po kolacji .... (oglądać) prezenty, ... (śpiewać) kolędy, a o północy wielu Polaków idzie do kościoła na specjalną mszę – pasterkę.

b) **dawniej** .... (obchodzić) święta Bożego Narodzenia inaczej niż dziś? Kiedyś nie było bombek, więc .... (ubierać) choinkę jabłkami, orzechami i świecami. Na kolację .... (przygotowywać) zawsze 12 potraw. .... (podawać) barszcz z uszkami, zupę grzybową, ryby, kluski z makiem i inne tradycyjne dania. .... (zostawiać) zawsze jeden pusty talerz dla gościa wędrowca. O północy .... (rozmawiać) ze zwierzętami.

c) **dawniej**, kiedy nie było jeszcze samochodów, rzadko .... (wyjeżdżać) na Boże Narodzenie do swoich rodzin? Obecnie często .... (odwiedzać) w święta bliskich, więc te dni .... (spędzać) głównie w samochodzie.

d) **wśród** młodych Polaków zapanowała ostatnio nowa moda? Na Boże Narodzenie .... (wyjeżdżać) z rodzinami lub przyjaciółmi w góry i .... (jeździć) na nartach.

e) **tłusty czwartek** to dzień, który kończy karnawał? W Polsce .... (kupować) wtedy pączki, które .... (jeść) wszędzie: w pracy, w szkołach, na uniwersytetach, a potem w domach.

f) **Święto Zmarłych** .... (obchodzić) w Polsce od wielu lat w ten sam sposób? Podobnie jak dzisiaj, dawniej też .... (spotykać się) na cmentarzu przy grobach bliskich, ... (modlić się) i .... (palić) znicze i świece.

g) **1 maja i 3 maja** to w Polsce święta państwowe? Nie .... (iść) wtedy do pracy, a często nawet .... (brać) urlop aż do końca tygodnia i .... (wyjeżdżać) na krótkie wakacje.

2b Proszę powiedzieć, kiedy możemy przeczytać takie tytuły w gazetach?

Gdzie po najlepsze pączki – ranking „Gazety Codziennej"

Najdłuższy weekend Europy

Święta na nartach
– koniec tradycji?

Pół miliona Polaków na drogach Małopolski

AKCJA ZNICZ

Akcja Znicz – artykuł pod takim tytułem możemy przeczytać w listopadzie lub... Jest to akcja przeprowadzana przez policję 1 listopada. Policja kontroluje zachowanie kierowców na drogach w tym dniu, bo wiele osób jedzie...

 2c Proszę rozwiązać quiz.

QUIZ ??

1. Boże Narodzenie to:
   a) święto
   b) uroczystość
   c) tradycja

2. Karp to:
   a) świąteczna zupa
   b) ryba
   c) kolęda

3. Na choince można zobaczyć:
   a) znicze
   b) pierogi
   c) bombki

4. Polacy na Wigilię jedzą:
   a) 2 potrawy
   b) 12 potraw
   c) 20 potraw

5. Kolęda to:
   a) świąteczna piosenka
   b) świąteczna potrawa
   c) świąteczne drzewko

6. Szopka to:
   a) świąteczna potrawa
   b) spektakl
   c) drewniany domek z Betlejem

7. Barszcz z uszkami to:
   a) zupa
   b) bigos
   c) inaczej „boeuf Strogonow"

8. Polacy:
   a) dają sobie opłatki
   b) dzielą się opłatkiem
   c) gotują opłatki

9. Pod jemiołą można:
   a) przedstawiać się
   b) śpiewać kolędy
   c) całować się

10. Pierwsza gwiazda to sygnał do:
    a) śpiewania kolęd
    b) rozpoczęcia kolacji
    c) rozpakowania prezentów

 2d Proszę zapytać kolegę / koleżankę:

1. Jakie święta obchodzi się w twoim kraju?
2. Jakie są wasze tradycje świąteczne?
3. Jakie są tradycyjne potrawy świąteczne w twoim kraju?
4. Czy w twoim kraju tradycje świąt Bożego Narodzenia są podobne do polskich?
5. Podczas jakich świąt w twoim kraju daje się prezenty?
6. Jakie prezenty najczęściej dostajesz? Jakie lubisz, a jakich nie lubisz?
7. Jakie prezenty kupujesz dla swoich bliskich?
8. Jaka tradycja świąteczna w twoim kraju jest najpiękniejsza?

3.

3a Kasia i Wojtek chcą się pobrać. Kasia ma 21 lat i studiuje marketing, Wojtek ma 22 lata i pracuje w restauracji, jest kelnerem. Proszę połączyć wypowiedzi.

lekcja 17

Bardzo się cieszę...

To była dla mnie bardzo smutna wiadomość.

Nie rozumiem Wojtka...

Bardzo, żałuję, że...

1 .... Kasia jest jeszcze za młoda, żeby wychodzić za mąż. Chciałabym, żeby najpierw skończyła studia. No, a Wojtek... Wojtek nie ma dobrej pracy i nie uczy się. Nie wiem, z czego będą żyć. Prawdę mówiąc, cały czas mam nadzieję, że Kasia zmieni swoją nieodpowiedzialną decyzję.

2 ...., jest jeszcze młody, dlaczego się żeni? Jeśli się kochają, mogą przecież mieszkać razem, ale ślub? Poza tym Kasia jeszcze studiuje, więc Wojtek będzie musiał więcej zarabiać. Mówił mi, że ma zamiar poszukać dodatkowej pracy. Prawdę mówiąc, współczuję mu.

3 .... Kasia wychodzi za mąż. Cały czas miałem nadzieję, że jeszcze zmieni zdanie, nie wiedziałem, że jej uczucie do Wojtka jest aż tak poważne. Dla mnie ten związek nie ma przyszłości. Kiedy Kasia skończy studia, będzie specjalistką od marketingu, a Wojtek tylko kelnerem. Przecież to śmieszne!

4 ...., oni naprawdę się kochają, na pewno będą szczęśliwi! Wiem, że Wojtek jest bardzo odpowiedzialny i potrafi utrzymać rodzinę. Mam nadzieję, że w przyszłości, kiedy Kasia znajdzie pracę i zacznie zarabiać na życie, Wojtek będzie mógł wreszcie pójść na studia.

3b Jakie uczucia wywołuje u bliskich Kasi i Wojtka ich decyzja o ślubie? Proszę wypisać z tekstu zdania, które wyrażają te uczucia.

	Kto wyraża to uczucie?	Jak wyraża to uczucie?
żal		*Bardzo żałuję, że Kasia wychodzi za mąż.*
smutek		
radość		
współczucie		

3c Proszę porozmawiać w grupie na temat planów Kasi i Wojtka.

- Jakie obawy lub nadzieje wyrażają bliscy Kasi i Wojtka na wiadomość o ich planach?
- Która z opinii najlepiej, Państwa zdaniem, opisuje sytuację? Proszę uzasadnić swój wybór.
- Co zrobiliby Państwo na miejscu Kasi i Wojtka?

WYRAŻANIE ŻALU, SMUTKU, WSPÓŁCZUCIA

– Jestem smutna, ponieważ moja córka wyjeżdża na stałe z kraju, nie będę mogła się z nią często spotykać.

– Jest mi smutno, że wyjeżdżasz.

– Żałuję, że wyjechał.

– Jest mi żal, że nie poszłam na ślub mojej przyjaciółki.

– Współczuję ci, naprawdę mi przykro.

SKŁADANIE ŻYCZEŃ, GRATULACJI

– Gratuluję!

– Gratuluję ci awansu.

– Gratuluję, że zostałeś ojcem.

– Życzę ci dużo zdrowia i szczęścia.

– Życzę ci, żebyś był szczęśliwy.

● SŁOWNICTWO

3d Jak zareaguje Pan / Pani w poniższych sytuacjach. Proszę podkreślić właściwą wypowiedź.

0. Twoi znajomi biorą ślub. Mówisz:
   a) Miło mi!
   b) <u>Wszystkiego najlepszego!</u>
   c) Tak mi przykro!

1. Masz urodziny. Twoi goście mówią:
   a) Dużo zdrowia, szczęścia, pomyślności!
   b) Jak się masz!?
   c) Trzymaj się!

2. Umarł dziadek twojego kolegi. Jesteś na pogrzebie. Mówisz:
   a) Sto lat!
   b) Jest ci smutno?
   c) Bardzo mi przykro.

3. Twoja koleżanka wychodzi za mąż za dużo starszego mężczyznę. Mówisz:
   a) Tak mi przykro!
   b) Gratulacje!
   c) To śmieszne!

4. Twoja siostra urodziła dziecko. Dzwonisz do niej i mówisz:
   a) To dziwne!
   b) Tak się cieszę!
   c) Sto lat!

5. Jesteś na weselu. Goście bawią się i piją szampana. Słyszysz toast:
   a) Hura!
   b) Sto lat!
   c) Cieszymy się!

6. Twoja babcia ma imieniny, piszesz kartkę:
   a) Najlepsze życzenia...
   b) Pozdrowienia...
   c) Gratulacje!

3e Proszę wysłuchać pięciu fragmentów rozmów telefonicznych.
CD 63
a) Proszę zdecydować, w której rozmowie słyszymy:

	żal	smutek	współczucie	życzenia	gratulacje
rozmowa nr	☐	☐	☐	☐	☐

b) Proszę zdecydować, które rozmowy mają charakter:

	1	2	3	4	5
oficjalny	☐	☐	☐	☐	☐
nieoficjalny	☐	☐	☐	☐	☐

3f Proszę uzupełnić tabelę. Proszę zdefiniować sytuację i uczucia lub intencje osób, które rozmawiają przez telefon.
CD 63

sytuacja		osoba, która dzwoni		osoba, która odbiera telefon
	1.		1.	*jest smutna*
	2.		2.	
	3.		3.	
zaproszenie na bal charytatywny	4.		4.	
	5.	*cieszy się, jest zainteresowana*	5.	

3g Role. Proszę zaprezentować następujące scenki w grupach.

Twoja (wasza) córka chce wyjść za mąż za twojego (waszego) kolegę. Dyskusja rodzinna.

Twoja (wasza) córka chce wyjść za mąż za obcokrajowca i zamieszkać na innym kontynencie.

Twój (wasz) syn chce ożenić się z twoją (waszą) koleżanką z pracy.

Twój (wasz) syn ma 18 lat, chce ożenić się ze swoją koleżanką ze szkoły.

Wymowa

CD 64
3h Proszę wysłuchać wypowiedzi, a następnie powtórzyć je z odpowiednią intonacją.

1. Jestem taka szczęśliwa!
2. Jest mi naprawdę przykro.
3. Wszystkiego najlepszego!
4. Właśnie się dowiedziałam o śmierci twojego ojca.
5. Właśnie się dowiedziałem o waszym ślubie!
6. Masz syna? Gratulacje!

4.

Proszę przeczytać fragment artykułu o świętach. Proszę zdecydować, które z osób mają dobre, a które złe wspomnienia z dzieciństwa.

Niezapomniane święta

Czy kiedy byliście dziećmi, święta wydawały się wam czymś magicznym? Niezwykłą przygodą? Pamiętacie te emocje, te wymarzone prezenty, na które czekało się cały rok, zapach ciasta? Jednak nie dla wszystkich święta oznaczają to samo i nie zawsze ich wspomnienia są miłe. Poprosiliśmy znane osoby, żeby opowiedziały nam o świętach swojego dzieciństwa.

Artur Rybacki
aktor

Kiedy byłem małym chłopcem, uwielbiałem Boże Narodzenie. Mama z babcią przygotowywały pyszne jedzenie na Wi-
5 gilię, a najlepsze były pierogi. Pamiętam, jak objadaliśmy się z rodzeństwem tymi pierogami, aż bolały nas brzuchy. Potem były kluski z makiem i kutia... Teraz już nic nie smakuje mi tak jak wtedy. A po
10 kolacji otwieraliśmy prezenty. Rodzice zawsze myśleli, że te prezenty są dla nas wielką niespodzianką, ale prawda jest taka, że już przed świętami wiedzieliśmy doskonale, co dostaniemy. Rodzice zawsze chowali prezenty na szafie i pewnego dnia, kiedy bawiliśmy się z siostrą, przypad-
15 kiem je znalazłem. To był szok, bo zrozumieliśmy, że świę-ty Mikołaj nie istnieje! No i od tego czasu, zawsze przed świętami, wchodziliśmy na szafę i oglądaliśmy nasze prezenty. To był nasz sekret.

Anna Podsiedlik
psycholog

Nie mam dobrych wspomnień związanych ze świętami. Nie zna-łam swoich rodziców, zginęli w wy-padku samochodowym, kiedy mia-
5 łam 6 miesięcy. Wychowywał mnie wuj Leon, brat mamy. Był osobą despotyczną, a przy tym bardzo re-ligijną. W Boże Narodzenie śpiewa-liśmy kolędy i wuj czytał fragmenty
10 Biblii, ale nigdy nie dostawałam prezentów. Pamiętam, że było mi wtedy bardzo smutno i chciałam, żeby moi rodzice wrócili i zabrali mnie z domu wuja Leona.

Dopiero mój mąż nauczył mnie, że święta mogą mieć miłą
15 rodzinną atmosferę. Wigilię obchodzimy w sposób tradycyj-ny: jest 12 potraw, kolędy, pasterka, a nasze dzieci dostają mnóstwo prezentów i są tego dnia naprawdę szczęśliwe.

Izabela Kawecka
pisarka

Urodziłam się przed wojną i nie-stety, swoje dzieciństwo spędzi-łam w okupowanej Warszawie. Mieszkaliśmy wtedy w getcie
5 i byliśmy bardzo biedni, często nie mieliśmy nic do jedzenia. W szabat jedliśmy to, co zawsze, czyli nic, ale pamiętam, że moja matka bardzo się starała, żeby
10 święta religijne miały uroczysty charakter. Dziadek czytał Torę, my mieliśmy czyste ubra-nia i zachowywaliśmy się tak, jakby koszmar wojny w ogó-le nie istniał.

Nie lubię i nie obchodzę świąt. Moi rodzice zginęli w cza-
15 sie wojny i te wspomnienia są dla mnie zbyt trudne.

Karol Krassowski
biznesmen

Dzieciństwo spędziłem w Afryce, gdzie pracował mój ojciec, któ-ry był wtedy dyplomatą. Rodzi-ce uczyli nas polskich tradycji,
5 dlatego na Wielkanoc malowali-śmy jajka, a na Boże Narodzenie mieliśmy choinkę. Oczywiście nie była to prawdziwa choinka.

Kiedy miałem 6 lat, przyjechaliśmy na święta do Polski. To
10 było niezwykłe. Po raz pierwszy w życiu zobaczyłem śnieg i pamiętam, że siedziałem przy oknie i zafascynowany obserwowałem białe drzewa. Babcia przygotowała na Wi-gilię pierogi z grzybami, barszcz, karpia, zupę grzybową i kutię, a ja jadłem i jadłem, i jadłem... I pamiętam, że po
15 Wigilii poprosiłem ojca, żebyśmy nie wracali już do Afryki i zamieszkali w Polsce.

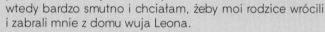

4b Co to znaczy? Proszę zaznaczyć poprawną odpowiedź.

1. ... uwielbiałem Święta Bożego Narodzenia...

   a) lubiłem   b) bardzo lubiłem   c) trochę lubiłem

2. ... objadaliśmy się...

   a) jedliśmy   b) jedliśmy mało   c) jedliśmy dużo

3. ... jedliśmy to, co zawsze, czyli nic.

   a) mieliśmy dużo jedzenia   b) mieliśmy mało jedzenia

4. ... moja matka bardzo się starała...

   a) moja matka chciała   b) moja matka nie chciała

5. Moi rodzice zginęli...

   a) żyją   b) nie żyją   c) zmarli tragicznie

6. ... mnóstwo prezentów...

   a) dużo   b) trochę   c) mało

7. ... nie była to prawdziwa choinka...

   a) była sztuczna   b) była inna niż znana w Polsce   c) nie mieliśmy choinki

lekcja
17

 4c Czy to prawda? Proszę zdecydować, czy te zdania są prawdziwe (P), czy nieprawdziwe (N).

1. Artur wiedział, że rodzice chowają świąteczne prezenty na szafie.   P / N
2. Pewnego dnia Artur zorientował się, że święty Mikołaj nie istnieje.   P / N
3. Rodzice Izabeli nie obchodzili świąt religijnych.   P / N
4. Anna nie lubiła swojego wujka.   P / N
5. Anna nie obchodzi świąt.   P / N
6. Karol nie chciał zamieszkać w Polsce.   P / N
7. Karolowi smakowały potrawy wigilijne, które przygotowała babcia.   P / N

4d Nie każda z osób wypowiadających się w artykule *Niezapomniane święta* powiedziała prawdę. Proszę wysłuchać, co na ten temat mówi ich rodzina i przyjaciele. Proszę porównać te wypowiedzi.

C D
65

Artur opowiada, że kiedy..., ale jego siostra mówi, że..., więc historia Artura nie jest prawdziwa.

4e Czy jako dziecko przeżył Pan / przeżyła Pani kiedyś wyjątkowe święta? Proszę je opisać. Proszę użyć poniższych struktur.

- Kiedy byłem małym chłopcem / byłam małą dziewczynką...
- Mam dobre wspomnienia z dzieciństwa...
- Nie mam dobrych wspomnień z dzieciństwa...
- Dzieciństwo spędziłem / spędziłam...
- Pamiętam, że...
- Pamiętam, jak...
- Mieszkałem / mieszkałam wtedy...
- Byłem / byłam wtedy...

5.

ZDANIA WSPÓŁRZĘDNIE ZŁOŻONE

łączne:	Mieszkaliśmy w getcie **i** byliśmy bardzo biedni.
	Jedliśmy wspólną kolację wigilijną, **a** później otwieraliśmy prezenty.
przeciwstawne:	My byliśmy szczęśliwi, **a** rodzice martwili się brakiem pieniędzy.
	Byliśmy biedni, **ale** bardzo się kochaliśmy.
rozłączne:	W Sylwestra idziemy na imprezę do znajomych **albo** wyjeżdżamy na narty.
	W tym roku spędzimy Wielkanoc u moich rodziców **lub** zostaniemy w domu.
wynikowe:	Trzeci Maja to święto narodowe, **więc** nie idziemy do pracy.
	Dwudziestego piątego grudnia wszystkie sklepy będą zamknięte, **dlatego** musimy kupić wszystko wcześniej.
włączne:	Dom był zamknięty, **czyli** rodzice jeszcze nie przyjechali.
	Piotr zadzwonił z życzeniami, **to znaczy**, że chyba nie gniewa się już na mnie.

ZDANIA PODRZĘDNIE ZŁOŻONE

okolicznikowe czasu:	**Kiedy** byłem małym chłopcem, uwielbiałem Boże Narodzenie.
	Czekaliśmy na matkę, **aż** wróci z prezentami.
okolicznikowe miejsca:	Dzieciństwo spędziłem w Afryce, **gdzie** pracował mój ojciec.

5a Proszę połączyć zdania z obu kolumn tak, aby powstały zdania złożone.

1. Jedliśmy kolację wigilijną i…
2. 14 lipca to we Francji święto narodowe, więc…
3. W sierpniu Polacy jeżdżą na urlop, więc…
4. Chrzest to ważna uroczystość w kościele katolickim, dlatego…
5. Jest mi smutno, że wyjeżdżasz, ale…
6. Zdałam egzamin, ale…
7. Goście prawie nic nie jedli, to znaczy, że…
8. Kiedy byłem mały,…
9. Czekaliśmy w oknie, aż…

a) rozumiem twoją decyzję.
b) na niebie pojawi się pierwsza gwiazda.
c) śpiewaliśmy kolędy.
d) rodzice dziecka przygotowują się do niej bardzo starannie.
e) chyba nie smakowała im kolacja.
f) spędzałem wszystkie święta w domu moich dziadków.
g) niektóre instytucje są w tym okresie zamknięte.
h) ten dzień jest wolny od pracy.
i) muszę jeszcze napisać pracę semestralną.

5b Proszę wstawić odpowiedni spójnik.

0. Kiedy byłam mała, wierzyłam, że święty Mikołaj przynosi prezenty na Boże Narodzenie, ..*i*. moje dzieci też w to wierzą.

1. Zaraz będzie padał deszcz, ……… moja mama miała rację, kiedy mówiła, żebym nie wychodził dziś bez parasola.

2. Jutro rano wyjeżdżamy na Wszystkich Świętych do rodziny, ……… musimy zrobić zakupy jeszcze dzisiaj.

3. Moi rodzice obchodzą tylko imieniny, ……… ja tylko urodziny.

4. Mój syn nie dzwoni, ……… egzamin maturalny jeszcze się nie skończył.

5. Na święta jedziemy w góry, ……… będziemy jeździć na nartach ……… na snowboardzie.

6. W sobotę babcia ma imieniny, ……… musimy kupić jej prezent.

5c Proszę dokończyć zdania.

1. Od kilku lat uczę się języka polskiego …*i coraz lepiej mówię po polsku*…………………………
2. Kiedy ostatnio byłem / byłam na kursie językowym ……………………………………………………
3. Najpiękniejsze wspomnienia mam z miejsca, gdzie ……………………………………………………
4. Będę się uczył / uczyła języka polskiego, aż ……………………………………………………………

6.

6a Kartki okolicznościowe. Z jakiej okazji wysyłamy takie życzenia?

> **z okazji:** ślubu pogrzebu urodzin imienin
> świąt Bożego Narodzenia   Nowego Roku   Wielkanocy ✓

> Wszystkiego najlepszego
> na nowej drodze życia
> życzy
> Ania

0

to jest kartka z okazji
Wielkanocy

Wesołych Świąt i Smacznego Jajka
życzy
Łukasz Bula wraz z rodziną

2

Szczęśliwego
Nowego Roku
życzy
Piotr

4

Najlepsze życzenia
zdrowia i szczęścia
od Agnieszki

3

Zdrowia, szczęścia
i spełnienia wszystkich
marzeń życzy
Ewa

6

Zdrowych
i Wesołych Świąt
życzą
Mariańscy

5

Wyrazy
najgłębszego współczucia
składają
Jan i Karolina Bilscy

 6b Proszę napisać kartkę lub krótki list z okazji ślubu, pogrzebu, urodzin, imienin, świąt Bożego Narodzenia, Nowego Roku, Wielkanocy, chrztu (do wyboru).

- Drogi Panie / Droga Pani (Drogi Janku / Droga Kasiu)
- Szanowny Panie / Szanowna Pani
- Kochany Janku / Kochana Kasiu
- Właśnie dowiedziałam się, że...
- Usłyszałem niedawno, że...
- Bardzo się cieszę, że...
- Bardzo mi przykro, że... / jest mi naprawdę przykro,...
- Przyjmij gratulacje, życzenia, wyrazy współczucia z powodu...
- Pozdrawiam Cię serdecznie
- Całuję Cię gorąco
- Z poważaniem
- Z wyrazami szacunku

> *Kraków, 5 listopada*
> *Kochana Kasiu!*
> *Właśnie dowiedziałam się, że Ty i Wojtek*
> *bierzecie ślub. Naprawdę się cieszę i mam*
> *nadzieję, że będziecie bardzo szczęśliwi!*
> *Przyjmij najlepsze życzenia szczęścia*
> *i miłości.*
> *Wszystkiego najlepszego na nowej*
> *drodze życia!*
> *Pozdrawiam Cię serdecznie*
> *Twoja Marta*

SYTUACJE KOMUNIKACYJNE opowiadanie o podstawowych funkcjach internetu i jego roli we współczesnym świecie • wyrażanie zdziwienia • opowiadanie o niezwykłych wydarzeniach • POWTÓRZENIE: określanie przeznaczenia rzeczy

SŁOWNICTWO internet

GRAMATYKA I SKŁADNIA budowanie zdań okolicznikowych celu • budowanie zdań przydawkowych • POWTÓRZENIE: zaimki pytające • rzeczowniki odczasownikowe

Internet

1. 1a Oto strony główne trzech popularnych portali internetowych. Proszę otworzyć te strony w internecie, a następnie powiedzieć, którą z nich wybrałby Pan / wybrałaby Pani i dlaczego. Proszę wziąć pod uwagę następujące kryteria: strona graficzna, rodzaj informacji, eksponowane tematy.

FAKTY SPRAWDŹ JAKOŚĆ POWIETRZA | ZRABOWANE DZIECI | AUTORZY | OPINIE | HISTORIA

24°C WARSZAWA
Pogoda na 72 godz. » Pogoda na 25 dni »

Ziemkiewicz: Trąd u ołtarza

Piękna córka znanego pisarza gwiazdą TVP! Co będzie robiła?

Dał księżom tydzień

Złe wieści dla Koalicji Europejskiej. Najnowszy sondaż

Samoloty za miliardy nie latają, a polski rząd znowu idzie na zakupy!

"żenujący" gest Nitrasa

- Pilne Zmarł były ambasador RP w Izraelu
- RMF: Poufne rozmowy KE z polskimi władzami
- Scheuring-Wielgus dla "Rz": To doprowadzi PiS do zguby
- Złamano regulamin? Ziobro o "obłudzie i hipokryzji"

REKLAMA
SACHOL Aftigel
Afty? Mikrozmiany w jamie ustnej?
Nie musi Ci to przeszkadzać!

WEEKEND W GAZETA.PL
Za murami szkoły baletowej, polscy osadnicy w USA, Houellebecq, archeologia przyszłości

GAZETA.PL Wiadomości Sport Next Kobieta Wyborcza.pl ▾
Poczta Forum Blox Praca Domy Szukaj

Piątek, 17 maja Miło Cię widzieć! SOLENIZANCI: Weronika, Paschalis i Herakliusz

17:48 Co się dzieje z Robertem Kubicą? Williams skomplikował sytuację Polaka

17:32 Zbigniew Ziobro na konferencji na temat pedofilii obok nagrania Tuska

17:30 Kelnerka pomyliła butelki. Klient wypił wino za ponad 22 tys. zł, płacąc za tańsze

NOWE Ziobro na konferencji o pedofilii. Przypomniał nagranie z Donaldem Tuskiem
POLITYKA

Prof. Stanisław Obirek: Kościół sam się nie oczyści

17:28 Msza z abp. Markiem Jędraszewskim bez władz miasta. Wiceprezydent Poznania Mariusz Wiśniewski: "To mój, katolika, gest

17:24 Michael Greis trenerem polskich biathlonistek. "Śmiejemy się, że do zespołu brakuje nam jeszcze tylko Bjoerndalena"

JACEK GĄDEK

TYLKO U NAS Polscy katolicy próbują dotrzeć do Watykanu. Inicjatywa za plecami biskupów

Szef Spotlight o "Tylko nie mów nikomu". Ma radę dla Sekielskich. "Wątek do podrążenia"

Morawiecki bierze się za polską piłkę. W kraju wyrosną wielkie białe balony

17:18 Czas zapomnieć o korkach? Lilium testuje latającą taksówkę

17:10 Massimiliano Allegri szybko może znaleźć nową pracę! Chcą go wielkie kluby

17:02 Ashley Massaro nie żyje. "Najseksowniejsza zawodniczka wrestlingu"

CULTURE.PL   polski ⟂ 🔍 👁 ☰

Karol Śliwka: PKO, Wars, Giewont i inne kultowe projekty

10 września 2019 minął rok od śmierci Karola Śliwki, jednego z najbardziej cenionych polskich projektantów. Śliwka jest znany przede wszystkim jako twórca rozpoznawalnych znaków graficznych, ale tworzył też plakaty czy opakowania. Anna Cymer przypomina jego realizacje.

#design

Meble do miasta: polskie projekty dla przestrzeni publicznej

Anna Cymer prezentuje prace polskich designerów przeznaczone dla codziennych użytkowników przestrzeni miejskiej.

#design

Polskie przedmioty z Bauhausu

Choć istniał jako szkoła zaledwie przez 14 lat, niemiecki Bauhaus odmienił na stałe to, jak mieszkamy i jakimi przedmiotami się otaczamy. Przypomina o tym Piotr Policht.

#design

Jak się robi pieniądze

Choć rzadko o tym się pamięta, każdy banknot jest właściwie dziełem sztuki. To praca graficzna, która spełniać musi wiele warunków, ale zawsze jest autorskim dziełem projektanta.

#design #culture

f
▶
📷
Obserwuj

Książkowe nowości jesieni

 1b Proszę powiedzieć, co jeszcze decyduje o tym, że ludzie odwiedzają niektóre strony internetowe chętniej niż inne.

 1c Proszę zapytać kolegę / koleżankę, na jakie strony wchodzi najczęściej, kiedy korzysta z internetu.

- *Chętnie wchodzę na strony sportowe, bo chcę znać aktualne informacje na ten temat.*
- *Wybieram strony związane z kulturą, ponieważ…*
- *Interesuje mnie przede wszystkim kino, więc…*

🗨 **1d** Na jaką stronę wejdziesz?

Jeśli chcesz wyjechać na wakacje i szukasz hotelu…   …wejdziesz na stronę bilet.com.

Jeśli chcesz znaleźć hasło: „monada"…   …wejdziesz na stronę banku.

Jeśli chcesz kupić książkę Miłosza…   …wejdziesz do sklepu internetowego.

Jeśli chcesz ugotować orientalną potrawę…   …wejdziesz na dowolny serwis sportowy.

Jeśli chcesz dowiedzieć się czegoś o antybiotyku, który zażywasz…   …otworzysz media społecznościowe.

Jeśli chcesz porozmawiać o sprawach kobiecych…   …wejdziesz na stronę biura podróży.

Jeśli chcesz poznać wynik meczu…   …wejdziesz na stronę telewizja.pl.

Jeśli chcesz sprawdzić, jaki jest film w telewizji…   …wejdziesz do słownika internetowego.

Jeśli chcesz znaleźć kolegę ze szkoły…   …wejdziesz na stronę kuchnia.com.

Jeśli chcesz zrobić przelew…   …wejdziesz do księgarni internetowej.

Jeśli chcesz kupić bilety na mecz…   …wejdziesz na stronę poświęconą farmaceutykom.

Jeśli chcesz kupić sandały na lato…   …wejdziesz na stronę dla pań.

2.

2a Proszę przeczytać wypowiedzi na temat internetu. Jak Pan / Pani myśli, która z osób może być ich autorem? Proszę uzasadnić swoją opinię.

> student✓   emerytka   matka   informatyk
> pani domu   filozof   uczeń   pracownik firmy

lekcja

18

(1) ....

Moje pokolenie już nie wyobraża sobie komunikacji z partnerami zagranicznymi przez telefon albo faks. Dzięki komunikatorom internetowym mogę być w stałym i równoczesnym kontakcie z partnerami biznesowymi z zagranicy. Oczywiście korzystamy z profesjonalnych komunikatorów, które szyfrują wiadomość. Zawsze istnieje ryzyko cyberataku.

(2) ....

Siedzę w internecie zwykle po 10 godzin dziennie. To moja pasja i praca. Ostatnio rzadziej projektuję strony internetowe, istnieją bowiem programy, które tworzą strony na zlecenie klienta. Oczywiście nadal tworzę aplikacje mobilne i zajmuję się kodowaniem, które jest ostatnio najbardziej dochodowym zajęciem.

(3) ... *student* ....

Rodzice zainstalowali sieć domową, do której podłączone jest oświetlenie, ogrzewanie i oczywiście system muzyczny. To ma złe strony, bo jak słucham za głośno muzyki, to mama mi ścisza głośniki swoim telefonem.

(4) ....

Wchodzę do internetu rzadko, tylko po to żeby napisać czy odebrać e-maile i zamówić książki w bibliotece. Ten cały szum informacyjny to chaos i śmieci. Po prostu strata czasu.

(5) ....

Jeszcze niedawno ludzie bali się internetu, ale teraz wszyscy z niego korzystają. A nowe pokolenia nie znają już świata bez możliwości funkcjonowania online. Dzisiaj problemem staje się prywatność w sieci. Jak ją chronić? W sieci zostawiamy tyle informacji o sobie.

(6) ....

Bardzo dużo siedzę w internecie, gównie piszę ze znajomymi na Snapchacie albo na Instagramie. Facebooka nie mam i nie mam zamiaru zakładać tam konta, bo nie chcę, żeby rodzice mnie dodawali do znajomych. Wiadomo, Facebook jest dla starszych ludzi. Chciałbym dostać na osiemnastkę nowego iPhona, ale obawiam się, że rodziców na to nie stać.

(7) ....

Internet pozwala mi przede wszystkim załatwiać codzienne sprawy online. Nie muszę wychodzić z domu, żeby zapłacić rachunki, zrobić zakupy, znaleźć interesujące mnie miejsce, kupić wycieczkę w góry. Jestem bardzo zajęta, więc internet to dla mnie oszczędność czasu.

(8) ....

Internet – cudowny wynalazek, bezcenne źródło informacji, ale też wielki śmietnik. Mój problem z internetem to jak uchronić dzieci przed negatywnym wpływem tego medium. Mój syn siedzi cały czas w mediach społecznościowych, nie potrzebuje spotkań z kolegami, kontakt online całkowicie mu wystarcza. Mówię mu, że to nie jest prawdziwe życie, ale on jest już z innego pokolenia.

2b Proszę napisać, w jaki sposób Pan / Pani korzysta z internetu.

....

....

....

....

SŁOWNICTWO

2c Czy to jest to samo?

> 1. *Rodziców na to nie stać*
>   a) *Rodzice nie chcą kupić iPhona.*
>   b) *Rodzice nie mają wystarczająco dużo pieniędzy, żeby kupić iPhona.*
>
> 2. *Nie chcę, żeby rodzice dodawali mnie do znajomych.*
>   a) *Nie chcę, żeby rodzice widzieli moje konto społecznościowe.*
>   b) *Nie chcę przyjaźnić się z rodzicami.*
>
> 3. *Dzisiaj problemem staje się prywatność w sieci.*
>   a) *Dzisiaj brakuje prywatności w świeci i ludzie za dużo o sobie wiedzą.*
>   b) *Dzisiaj jest za dużo prywatności w sieci i ludzie czują się wyizolowani.*
>
> 4. *Syn siedzi non stop w mediach społecznościowych.*
>   a) *Syn stracił kontakt z kolegami.*
>   b) *Syn nie spotyka się z kolegami w realu.*
>
> 5. *Strata czasu*
>   a) *Nie mam na to czasu.*
>   b) *Nie warto poświęcać na to czasu.*

2d Proszę znaleźć synonimy wśród znanych Panu / Pani wyrazów z kolumny po prawej stronie.

0. serio	a) oczywiście
1. jasne	b) poważnie
2. kasa	c) praca
3. no	d) tak
4. sporo	e) ciekawy, dobry
5. fajny	f) pieniądze
6. robota	g) dużo

2e Oto wypowiedzi młodego Polaka, który używa języka potocznego. Proszę zdecydować, jak będą brzmieć te wypowiedzi w polszczyźnie oficjalnej.

0. Nie mam kasy na nowy komputer. → *Nie mam pieniędzy na nowy komputer.*

1. Jasne, że wiem, jak to zrobić. ....

2. Nie mogę przyjechać, mam sporo roboty w weekend. ....

3. To jest bardzo fajna strona internetowa. ....

4. No jasne, że go znam! ....

5. Mówisz serio? ....

2f Proszę wysłuchać nagrania i zdecydować, która z osób mówi polszczyzną oficjalną, a która nieoficjalną.

CD 66

0. – *język nieoficjalny*
1. – ....
2. – ....
3. – ....
4. – ....
5. – ....

CO MOŻNA ROBIĆ W INTERNECIE?

• wchodzić do internetu i wychodzić z internetu • otwierać przeglądarkę • być online • wysyłać i odbierać e-maile • sprawdzać pocztę • być w grupie dyskusyjnej • rozmawiać na forum • ściągać pliki • pobierać dane • szukać stron internetowych • przeglądać strony internetowe • projektować strony, witryny internetowe • grać w gry komputerowe • kupować przez internet • przeglądać portale społecznościowe • prowadzić bloga • pisać na czacie grupowym • dodać kogoś do znajomych • usunąć kogoś ze znajomych • zablokować kogoś na Facebooku, na Instagramie • pisać na forum

lekcja 18

> **UWAGA!**
>
> W internecie (Internecie) / na internecie (Internecie)

2g Proszę połączyć podane elementy.

Piotr to prawdziwy internauta.
Przez cały dzień siedzi w internecie:

o 8.00	a) włącza	1. przeglądarkę
między 8.00 a 12.00	b) projektuje	2. pocztę
o 13.00	c) wysyła	3. strony internetowe
około 14.00	d) otwiera	4. grafikę
po 15.00	e) zamyka	5. komputer
przed 17.00	f) sprawdza	6. wiadomości
od 18.00 do 22.00	g) czyta	7. e-maile
po 23.00	h) przegląda	8. komputer
o 3.00	i) wyłącza	9. przeglądarkę

2h Proszę przeprowadzić ankietę wśród kolegów i koleżanek. Proszę zadać następujące pytania:

1. Czy masz konto na jednym z portali społecznościowych?
2. Ile godzin spędzasz przed monitorem komputera lub telefonu?
3. Jakich informacji szukasz w internecie?
4. Czy robisz zakupy w internecie?
5. Czy płacisz rachunki przez internet?
6. Czy korzystasz z portali randkowych w internecie?
7. Czy masz przyjaciół, których poznałeś przez internet?
8. Czy zamawiasz obiad / kolację przez internet?
9. Czy oglądasz filmy w internecie?
10. Czy korzystasz ze słowników internetowych?
11. Czy szukasz ofert pracy przez internet?

3. 🖳 CD 67 **3a** Proszę ułożyć fragmenty tekstu *Bajka o Jakubie i Internecie* w porządku chronologicznym. Następnie proszę wysłuchać bajki i porównać swoją wersję z nagraniem.

⟾ Bajka o Jakubie i Internecie ⟸

(.....)

– Moim dziadkiem? – zdziwiła się dziewczyna. – Ależ to niemożliwe! – Patrzyła przez chwilę na starca.
– Aaaa, wiem, jesteś wirtualnym dziadkiem.
– Co to jest? – zapytał znowu Jakub.
– To jest komputer. Właśnie siedzę w Internecie i wysyłam e-maile do znajomych.
– W czym siedzisz?

(.....)

– Wróżką? Dlaczego?
– Masz szklaną kulę, więc znasz magię.
– Co ty mówisz, jaką magię? Teraz każdy człowiek może mieć to w domu.
– To niesamowite! Więc teraz wszyscy są czarownikami! Pokaż mi coś jeszcze!

(.....)

– W Internecie. Nie wiesz, co to jest?
– Nie wiem.
– To taka sieć elektroniczna. Mogę oglądać wszystko, co dzieje się na świecie i rozmawiać z ludźmi na całym świecie.
– Niewiarygodne! Jak to możliwe?
– Sama tego nie rozumiem. Patrzę w ekran i widzę.
– Jesteś więc wróżką?

(.....)

A kiedy wrócił, opowiedział wszystko Neukowi i dodał:
– Mogę spokojnie umierać. Widziałem w przyszłości różne cuda, ale cóż, kiedy i tam, gdzie mieszkają tylko czarownicy, nie można żyć wiecznie.
Potem poszedł do swojego domu, usiadł pod drzewem i umarł.

(.....)

I tak wnuczka pokazywała Jakubowi kolejno telefon, telewizor, samochód, a Jakub ciągle dziwił się i pytał: Co to jest? Jak to działa? Do czego to służy? Po co ludzie to robią? Dziewczyna tłumaczyła, Jakub kiwał głową i powtarzał: To niesamowite! To niewiarygodne! To nieprawdopodobne! W końcu zapytał:
– A macie też eliksir młodości?

(..1..)

Dawno, dawno temu pewien stary człowiek imieniem Jakub odwiedził swojego przyjaciela, czarownika Neuka.

(.....)

– Przyjacielu, powiedział, jestem już stary, niedługo umrę. Chciałbym żyć jeszcze długo i patrzeć na świat, ale nie wiem, czy warto, bo jestem już zmęczony.
– Mam na to radę, odpowiedział Neuk. Mógłbym przenieść cię na jeden dzień w przyszłość.
Tak zrobili.

(.....)

Po chwili Jakub znalazł się w dziwnym, kolorowym pokoju. Było jasno, nad głową świeciło małe słońce, było głośno, naprzeciwko przy stole siedziała dziewczyna.
– Kim jesteś? – zapytała.
– Twoim prapraprapradziadkiem – uśmiechnął się Jakub. Co to jest? – zapytał i pokazał palcem migające pudełko.

(.....)

– Eliksir młodości, dziadku, przecież to niemożliwe! Człowiek nie może żyć wiecznie.
– W takim razie wracam do domu.

3b Proszę odpowiedzieć na pytania do tekstu.

1. Dlaczego Jakub odwiedził swojego przyjaciela Neuka?
2. Dlaczego dziewczyna tak szybko zaakceptowała obecność pradziadka?
3. Jak Jakub wytłumaczył sobie funkcjonowanie internetu?
4. Dlaczego Jakub postanowił umrzeć?

3c Proszę wyjaśnić znaczenie poniższych słów.

czarownik – ....
szklana kula – ....
eliksir młodości – ....
magia – ....

WYRAŻANIE ZDZIWIENIA, ZASKOCZENIA, NIEDOWIERZANIA

– To niesamowite!   – Naprawdę?
– To niewiarygodne!   – Co ty mówisz?
– To nieprawdopodobne!   – Nie żartuj!
– Nie mogę w to uwierzyć!   – Nie wierzę!
– To niemożliwe!   – Co ty?

3d Proszę zareagować na następujące wypowiedzi:

1. Do szkoły lecę aerorowerem.
2. Mój wirtualny nauczyciel zna wszystkie języki świata.
3. Ten pan, który siedzi koło ciebie, to cyberaktor. Oglądamy właśnie interaktywny film.
4. Telefonów już nie ma, rozmawiamy za pomocą telepatii.
5. Możemy iść na wirtualny spacer na Alaskę.

1 Słownik babel.com zawiera tłumaczenia z 10 najpopularniejszych języków oraz ok. 5 milionów haseł.
Oprócz pojedynczych słów podaje też przykłady
5 użycia w konkretnych kontekstach.
Nowością jest też możliwość redagowania słownika przez internautów. Jeśli dany użytkownik widzi błąd w tłumaczeniu, może napisać do moderatora informację o koniecznej korekcie.
10 Co więcej, internauci, którzy korzystają ze słownika, mogą wymieniać się między sobą informacjami na temat znaczenia i użycia danych słów. A więc jeśli np. uczysz się hiszpańskiego, możesz zapisać się do bazy użytkowników słownika, a moderator skontak-
15 tuje cię z Hiszpanem, który wyjaśni twoje wątpliwości językowe.

 3e Role. Proszę przygotować w parach krótkie scenki.

Jakub i Neuk rozmawiają ze sobą. Jakub opowiada, co widział w przyszłości, Neuk zadaje pytania.

Wyobraź sobie, że masz 100 lat i rozmawiasz z wnukiem. On opowiada ci o swoim życiu, które jest zupełnie inne od Twojego. Jaka jest Twoja reakcja?

Znajdujesz się w wirtualnej rzeczywistości. Jest rok 2200, robot przewodnik pokazuje ci Kraków.

3f Proszę przeczytać poniższe teksty i spróbować wyrazić swoje zdanie, wchodząc w następujące role:

a) starszej osoby, która jest zaskoczona oferowanymi usługami dla seniorów,
b) klienta, który odkrywa możliwości słownika internetowego,
c) klientki, która nie dowierza, że jej reklamacja została szybko zrealizowana.

1 Konta dla seniorów w niektórych bankach oferują dodatkowe korzyści dla osób starszych. W zamian za stałą opłatę miesięczną, klient dostaje w pakiecie wiele usług dodatkowych,
5 na przykład ubezpieczenia assistance i medyczne, rabaty na zakupy w aptekach czy większą sieć bankomatów.
Banki zachęcają seniorów do założenia konta online, bo koszty jego prowadzenia są minimalne,
10 a możliwości nieograniczone. Szczególnie zainteresowane kontem online są, oczywiście, osoby, które mają problemy ze zdrowiem, nie mogą np. wychodzić, a stanie w kolejce w banku jest dla nich dużym wyzwaniem.

1 Dzisiaj każdy sklep internetowy walczy o klienta, oferując mu coraz szerszą gamę produktów i usług, które ułatwiają zakupy. Trudno jest na przykład znaleźć sklep, który nie
5 realizuje natychmiast reklamacji. Wiele ze sklepów w przesyłce dla klienta dołącza przygotowany pakiet do zwrotu towaru. Klient nie musi nawet pisać adresu firmy, do której zwraca towar, wszystko na niego czeka. Zwrot pieniędzy często ma miej-
10 sce wcześniej, niż się spodziewamy. A więc jeśli np. oddaliśmy towar w poniedziałek i oczekujemy zwrotu pieniędzy w ciągu dwóch tygodni, często pieniądze pojawiają się na naszym koncie już po pięciu dniach.

4.

4a Proszę podpisać fotografie, a następnie napisać, do czego służą te urządzenia.

0. wyszukiwarka – *służy do wyszukiwania danych* ....

1. drukarka – ....

2. skaner – ....

3. kamera do vloga – ....

4. słuchawki – ....

5. ładowarka – ....

6. powerbank – ....

7. głośnik – ....

wyszukiwarka

• GRAMATYKA

4b Proszę przekształcić wyrażenia według wzoru.

0. skanować dokumenty – *skanowanie dokumentów* ....

1. przeglądać strony internetowe – ....

2. zapisywać plik – ....

3. pisać maila – ....

4. uruchomić aplikację – ....

5. wyszukiwać informacje – ....

6. drukować stronę – ....

7. ładować telefon – ....

8. dodać do ulubionych – ....

9. edytować zdjęcia – ....

4f Proszę ułożyć pytania do poniższych odpowiedzi.

0. *Do czego służy ładowarka?* ....
   Do ładowania telefonów, laptopów, tabletów itd.

1. ....
   Myszka.

2. ....
   Ze znajomymi.

3. ....
   Do wyszukiwania informacji.

4. ....
   Nie wiem.

5. ....
   To jest kabel do laptopa.

6. ....
   Słuchawki bezprzewodowe.

7. ....
   Bo chcę oglądać wiadomości.

Wymowa

4c Proszę przeczytać adresy internetowe.

pankowalski@popolsku.pl

wakacje@urlop-popolsku.com

ania_b@if.edu.pl, www.interia.pl, www.gov.pl

4d Proszę razem z kolegą / koleżanką przygotować ofertę wybranego z poniższej listy produktu, a następnie zareklamować go grupie.

Jest to najnowszy model... Najlepszy... Warto... Można...

| laptop | smartfon |
| tablet | głośnik bezprzewodowy |

4e Proszę połączyć pytania i odpowiedzi.

- [e] 0. Co to jest?
- [ ] 1. Dlaczego ludzie korzystają z mediów społecznościowych?
- [ ] 2. Po co ludzie kupują drogie smartfony?
- [ ] 3. Do czego służy ta aplikacja?
- [ ] 4. Do czego jest ta ładowarka?

a. Do edytowania zdjęć i filmów.

b. Bo są szybsze i mają więcej funkcji.

c. Do laptopa.

d. Żeby mieć kontakt ze znajomymi.

e. Głośnik.

4g Proszę wyjaśnić terminy, używając zaimka *który*:

informatyk – *...to osoba, która zajmuje się programowaniem...*

a) *internauta* ....

b) *haker* ....

c) *grafik* ....

d) *bloger* ....

e) *uczestnik wideokonferencji* ....

f) *administrator sieci* ....

5b **CD 68** Proszę jeszcze raz posłuchać nagrania i uzupełnić wypowiedzi, wpisując brakujące słowa.

1. Moja córka .... z mediów społecznościowych, ja nie. Nie mam takiej potrzeby. Ona ciągle .... na telefonie, a ja myślę, że to .... czasu. Mogłaby lepiej poczytać książkę.

2. Internet jest niebezpieczny. Dzieci mają .... do pornografii, treści rasistowskich, organizacji terrorystycznych. Są oczywiście dobre ...., ale to brak .... może mieć katastrofalne skutki.

3. Internet to ogromna oszczędność .... i .... Przedtem listy wysyłaliśmy pocztą, teraz wszystko .... przez internet, nie kupujmy gazet, bo można czytać i oglądać wiadomości za ...., produkty w sklepach internetowych są tańsze, słowniki i tłumacze językowe są .... bez opłat, a Wikipedia zastępuje encyklopedie i leksykony.

4. To jest przede wszystkim .... Przedtem wszystkie listy wysyłaliśmy pocztą, teraz wiele spraw załatwiamy .... internet.

5. **5a** **CD 68** Proszę posłuchać nagrania i zdecydować, która wypowiedź wyraża:

	a) zadowolenie
	b) obawę
	c) niechęć

5c Proszę znaleźć dobre i złe strony internetu. Proszę przygotować listę jego wad i zalet i podyskutować o tym w grupie.

lekcja **18**

- -

5d **DVD 15** Proszę obejrzeć film i zaznaczyć, kogo dotyczą poniższe stwierdzenia.

	Matka	Ojciec	Córka
Nie może się zalogować, bo nie pamięta hasła.	x		
Próbuje się zalogować z tableta.			
Odrabia lekcje na telefonie.			
Chce zapłacić rachunki za prąd.			
Przypalił obiad i musi otworzyć okno.			
Ma dużo adresów mailowych i to samo hasło do wszystkiego.			
Zalogował się na nie swoim koncie na Facebooku.			
Uważa, że rodzice muszą wiedzieć, co dzieci robią na Facebooku.			
Zamawia pizzę.			

5e **DVD 15** Proszę porozmawiać z partnerem lub w grupach na jeden z poniższych tematów:

- Czy uważasz, że rodzice powinni mieć pełny wgląd w aktywność dzieci w internecie i czy nie jest to naruszenie prywatności?
- Czy członkowie twojej rodziny znają twoje hasła dostępu? Wyjaśnij, dlaczego tak lub dlaczego nie.
- W jaki sposób zmienia się dynamika życia w rodzinie w czasach internetu, smartfonów i mediów społecznościowych?

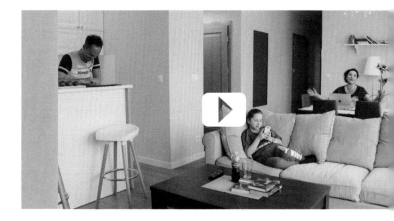

- -

5f Proszę przeczytać tekst, a następnie zaznaczyć, które z poniższych zdań zawierają prawdziwe (P), a które nieprawdziwe (N) informacje dotyczące tekstu.

Anna Leśko, 42 lata, była gospodyni domowa z Pszczyny opowiada o tym, jak internet zmienił jej życie.

Przez 12 lat pracowałam jako sekretarka pre-[5]zesa dużej firmy w Pszczynie. Nie lubiłam tej pracy, ale zarabiałam dużo pieniędzy i nie chciałam nic zmieniać w moim życiu. Kiedy 7 lat temu urodziłam dziecko, a lekarze powiedzieli mi, że moja córeczka jest niepeł-[10]nosprawna i będzie wymagała specjalnej opieki, nie chciało mi się żyć. Musiałam zrezygnować z pracy, a ponieważ leczenie Emilki było bardzo drogie, zaczęły się problemy finansowe. To był dla mnie trudny czas, czułam się bardzo źle, okazało się, że mam depresję i moja lekarka poradziła mi, żebym zdecy-[15]dowała się na psychoterapię. Tak zrobiłam i nie żałuję. W spotkaniach grupy terapeutycznej uczestniczyła też Ilona, również matka niepełnosprawnego dziecka, obecnie moja przyjaciółka. Kiedy poznałyśmy się lepiej, wspólnie założyłyśmy stronę internetową dla rodziców z problemami podobnymi do na-[20]szych. Z roku na rok strona stawała się coraz bardziej popularna i dzięki ludziom, którzy ją odwiedzali, zdobyłyśmy pieniądze na operacje naszych dzieci. Obecnie mam wielu przyjaciół, których poznałam przez internet i na których zawsze mogę liczyć, a moje życie stało się lepsze.

1. Anna pracowała jako sekretarka, ale nie była zadowolona ze swojej pracy i szukała innej.   P / N
2. Anna zrezygnowała z pracy, ponieważ leczenie dziecka było bardzo drogie.   P / N
3. Trudna sytuacja życiowa spowodowała, że Anna wpadła w depresję.   P / N
4. Przyjaciółka Anny, Ilona, jest psychoterapeutką.   P / N
5. Anna i Ilona założyły stronę internetową dla rodziców niepełnosprawnych dzieci.   P / N
6. Annie nie udało się zdobyć pieniędzy na operację córki.   P / N

 5g Proszę wysłuchać wypowiedzi trzech osób, a następnie powiedzieć, w jaki sposób internet zmienił ich życie. Czy ten wpływ był pozytywny czy negatywny? Proszę podać argumenty.
CD 69

 5h Czy internet wpłynął w istotny sposób na Pana / Pani życie? A na życie Pana / Pani bliskich? W jaki sposób korzystanie z internetu może zmienić życie człowieka? Proszę podyskutować o tym w grupie.

• GRAMATYKA

6.

ZDANIA PODRZĘDNIE ZŁOŻONE PRZYDAWKOWE

Internet to wynalazek, **który** zmienił życie ludzi.
To jest ten komputer, **którego** rodzice nie mogą mi kupić.
Gość czatu to osoba, **z którą** mogę porozmawiać online.

UWAGA!
Zaimek *który* odmienia się tak jak przymiotnik.

ZDANIE PODRZĘDNIE ZŁOŻONE OKOLICZNIKOWE CELU

Ludzie zakładają konta w mediach społecznościowych, **żeby** kontaktować się ze znajomymi.
Rodzice blokują niektóre strony internetowe, **żeby** ich dzieci nie miały do nich dostępu.

6a Proszę uzupełnić zdania przydawkowe za pomocą zaimka *który*.

0. Internauta to człowiek, ...*który*... spędza dużo czasu w internecie.

1. Nie mogę być w grupie dyskusyjnej, w .... nie ma osób o podobnych zainteresowaniach.

2. To witryna, ... szukam!

3. Kupił gry, ... interesuje się mój syn.

4. Musimy wejść na forum, na .... piszą o turystyce.

5. Nie odebrałam e-maila, ... wysłałaś mi wczoraj.

6. Czy przesłałaś te dane, ... mówiłam ci wczoraj?

6b Proszę zbudować zdania celowe. Proszę zdecydować, czy należy użyć w zdaniu podrzędnym bezokolicznika czy formy osobowej czasownika.

0. Jan zainstalował filtr, żeby jego dzieci nie ...... *mogły znaleźć* .... (móc znaleźć) nieodpowiednich dla nich stron.
1. Kupiłem drukarkę, żeby moja żona czasami .... (móc drukować) artykuły prasowe.
2. Kupiłem drukarkę, żeby czasami .... (móc drukować) artykuły prasowe.
3. Musisz wymienić komputer, żeby .... (móc pracować) normalnie.
4. Musisz wymienić komputer, żeby twój syn .... (móc pracować) normalnie.
5. Musi użyć wyszukiwarki, żeby .... (znaleźć) interesujące go hasło.
6. Kiedy mam rozładowany telefon, muszę użyć ładowarki, żeby .... (móc) z niego korzystać.

6c Proszę zbudować zdania z poniższych elementów.

0. założyć konto internetowe / płacić rachunki online – ...... *Założyłem konto internetowe, dzięki któremu* ....
...... *mogę opłacać rachunki online.* ......

1. chcieć mieć konto na portalu społecznościowym / łączyć się z kolegami i przyjaciółmi z całego świata – ....
....
2. chcieć / ty / sprzedać mi swoją drukarkę – ....
3. wchodzić na strony dla kobiet / poczytać o ich problemach – ....
4. chcieć mieć szybkie łącze / nie płacić za dużo za internet – ....
5. szukać witryn sportowych / mój ojciec miał aktualne informacje o piłce nożnej – ....
....
6. wchodzić często na strony o literaturze / kupić nowe książki – ....
7. chcieć / twój syn / zostać informatykiem – ....
8. prosić / ty / znaleźć mi to w portalu www.muzyka.com – ....

Ortografia

6d Proszę uzupełnić tekst brakującymi literami.

```
Często wcho......ę na strony sportowe, bo chcę zna... wyniki me......ów.
Strony dla kobiet p......edstawiają tylko p......episy kulinarne i najnow......e
trendy w mo.........e.
Ko......ystamy z internetu, bo mo...na tam znale...ć najnow......e informacje.
Zało...yłem konto bankowe online, bo ko......ty prowadzenia są ni...sze.
```

 6e Proszę napisać tekst argumentacyjny na jeden z wybranych tematów. Proszę skorzystać z poniższej listy zwrotów. Wzór tekstu argumentacyjnego znajduje się w lekcji 6 (s. 46)

1. Plusy i minusy bankowości internetowej.

2. Plusy i minusy zakupów przez internet.

ZALETY

Nie musimy czekać w kolejce w banku.

Większość operacji bankowych załatwiamy w domu.

Oszczędzamy czas.

Mamy dostęp do konta o każdej porze w każdym miejscu.

WADY

To nie jest opcja dla klientów, którzy lubią kontakt z drugą osobą.

Podawanie swoich danych osobowych w internecie to niebezpieczeństwo dla naszej prywatności.

ZALETY

Zakupy bez wychodzenia z domu.

Oszczędność czasu.

Większy wybór, większa oferta niż w sklepach stacjonarnych.

Możliwość zapoznania się z opiniami klientów na forum danego sklepu / produktu.

WADY

Nie możemy dotknąć produktu.

Musimy czekać na produkt.

Istnieje ryzyko nieuczciwego sprzedawcy.

SYTUACJE KOMUNIKACYJNE wyrażanie opinii na temat filmu, recenzowanie filmów • opowiadanie o telewizji, jej funkcji i roli w dzisiejszym świecie • cytowanie wypowiedzi innych • POWTÓRZENIE: składanie propozycji spędzenia wolnego czasu • argumentowanie, recenzowanie

SŁOWNICTWO kino, telewizja, czas wolny

GRAMATYKA I SKŁADNIA mowa zależna

Kino czy telewizja?

1.

1a Proszę przeczytać wypowiedzi i powiedzieć, o jakich typach programów telewizyjnych mówią poszczególne osoby.

Kino czy telewizja? Zdecydowanie kino. Nie oglądam telewizji i nie lubię, kiedy mój mąż zmienia ciągle kanały. W telewizji nic nie ma, tylko głupie seriale albo reality show. Lubię filmy w wersji oryginalnej, z napisami, nie lubię dubbingu ani lektora. Informacje? Programy informacyjne w telewizji nie są dobre, choć czasami można obejrzeć dobre programy publicystyczne. Programy rozrywkowe są na bardzo niskim poziomie. Wolę słuchać informacji w radiu albo czytać gazety.

Bogna

Adam

Kino czy telewizja? Zdecydowanie telewizja, zwłaszcza internetowa. Jest większy wybór filmów dokumentalnych i seriali, mogę oglądać, kiedy chcę i co chcę. Lubię oglądać seriale i zdarza mi się obejrzeć cały sezon w jeden weekend. Do kina nie lubię chodzić, irytują mnie multipleksy i ludzie, którzy przez cały seans jedzą popcorn. Zdarza mi się pójść do małego kina studyjnego na jakiś niskobudżetowy film. Lubię kino niezależne.

Kino czy telewizja? I to, i to. Od czasu do czasu chodzę do kina na dobry film w wersji oryginalnej. Kiedy jestem zmęczona, otwieram laptopa i oglądam jakiś lekki film albo serial. Lubię też filmy przyrodnicze. A kiedy program jest nudny, szukam czegoś na YouTube. Natomiast w kinie wybieram tylko ambitny repertuar, nie znoszę komercji i tandety.

Cecylia

Bogna woli kino od telewizji. Lubi oglądać filmy w wersji oryginalnej, nie lubi .... Mówiąc o telewizji wymienia seriale, ... Lubi oglądać ... Woli ....

SŁOWNICTWO

 1b Proszę zapytać kolegę / koleżankę:

• Jakie lubi kino – komercyjne czy ambitne?
• Jaki jest jego / jej ulubiony gatunek filmowy?

> *film sensacyjny (akcji)*
> *film obyczajowy*
> *film psychologiczny*
> *film przygodowy   komedia*
> *kino niezależne   thriller*
> *horror   film historyczny*
> *melodramat*

• Kto jest twoim ulubionym reżyserem, w jakim gatunku filmowym się specjalizuje? Proszę uzasadnić swój wybór.

1c Proszę wysłuchać zapowiedzi kinowych i zdecydować, jakie gatunki reprezentują omówione filmy.

CD 70

film 1

film 2

film 3

film 4

1d Praca w grupach. Proszę zrobić listę najpopularniejszych kanałów telewizyjnych i internetowych. Czy są dostępne w Państwa kraju i jakie programy można tam obejrzeć? Poniżej kilka propozycji:

filmy fabularne	filmy animowane	filmy dokumentalne

programy dla dzieci	sport	informacje „Fakty"

programy publicystyczne	programy historyczne	programy przyrodnicze

programy rozrywkowe	seriale	muzyka

koncerty	klipy muzyczne	filmiki video

 1e Jak Pan / Pani myśli, do kogo adresowane są poniższe programy?

- reality show
- program publicystyczny
- informacje
- teatr telewizji
- programy kulinarne

*sitcom – dla młodych ludzi, którzy lubią się
śmiać i mają dużo czasu po południu*

 1f Jakie programy są również emitowane w Pana / Pani kraju? Czy ludzie w Pana / Pani kraju oglądają jeszcze telewizję? Jeśli tak, jakie programy są najbardziej popularne?

*W moim kraju najbardziej popularne są filmy sensacyjne. Większość
ludzi ogląda...*

1g Proszę wspólnie z kolegą / koleżanką zredagować program telewizyjny idealny dla:

a) emeryta   c) studenta
b) gospodyni domowej   d) biznesmena

 1h Proszę napisać na kartce, jakie programy lubi Pan / Pani oglądać. Proszę ją oddać nauczycielowi, a następnie wylosować jedną kartkę i zgadnąć, kto ją napisał. Proszę uzasadnić swoje przypuszczenie.

*Najczęściej oglądam programy
informacyjne i wiadomości
ekonomiczne. Lubię też sport,
dlatego oglądam mecze.*

*Myślę, że tę kartkę napisał Michael, bo on studiuje ekonomię i jest
bardzo wysportowany.*

Cinema City Plaza

Pewnego razu w... Hollywood, 2019, USA, Wielka Brytania,
20:00, 21:50

Król Lew, 2019, USA, 11:30, 13:00, 15:45

Wyprawa Magellana, 2019, Hiszpania, 12:15, 15:10

Ad Astra, 2019, Brazylia, USA, 16:45, 19:15

Legiony, 2019, Polska, 16:30, 18:30, 22:30

Rambo: Ostatnia krew, 2019, USA, 14:30, 17:00, 19:30, 22:00

Szybcy i wściekli: Hobbs i Shaw, 2019, USA, Wielka Brytania,
15:45, 19:45, 21:45

Sztuka ścigania się w deszczu, 2019, USA, 12:00, 17:45, 22:00

Psy 3. W imię zasad, 2020, Polska, 14:00, 21:45

Świat w ogniu, 2019, USA, 13:00, 18:00, 20:15, 22:30

Złodziej i oszustka, 2019, USA, 19:30, 22:00

Gdzie jesteś, Bernadette?, 2019, USA, 16:15

W lesie dziś nie zaśnie nikt, 2020, Polska, 16:17, 18:30

Sala samobójców. Hejter, 2020, Polska, 17:30, 19:10; 20:45

Dżentelmeni, 2020, USA / Wielka Brytania, 16:00, 17:45, 18:15,
23:10

Mikro

Ból i blask, 2019, Hiszpania, 16:00, 19:30

Piłsudski, 2019, Polska, 18:30

Opowieść o trzech siostrach, 2019, Grecja, Holandia,
Niemcy, Turcja, 15:30

Zawód: kobieciarz, 2020, Francja, 17:15

Niezbędna konieczność, 2019, Francja, 18:00, 20:45

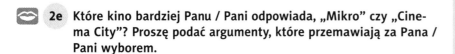

2a Proszę przeczytać program kina „Cinema City" i kina „Mikro". Jak Pan / Pani myśli, w czym się specjalizują? Jaka jest ich oferta? Do kogo adresowana jest ich oferta?

„Cinema City" to duże kino dla masowego odbiorcy, program jest...
„Mikro" to elitarne małe kino dla...

2b Dlaczego kina takie jak *Cinema City* specjalizują się w repertuarze komercyjnym? Dlaczego ambitniejszy repertuar oglądamy głównie w kinach małych? Proszę uzasadnić swoją opinię.

2c Co w Państwa przypadku, poza repertuarem, decyduje o wyborze kina? Proszę porozmawiać o tym z kolegą / koleżanką.

> *parking   klimatyzacja*
> *podjazd dla niepełnosprawnych   wygodne fotele*

Wymowa

CD 71

2d Proszę wysłuchać wypowiedzi, a następnie powtórzyć je z odpowiednią intonacją.

– Wybieram kino „Mikro", bo interesuje mnie ambitny repertuar.

– Z powodu skandalu obyczajowego zamknięto kino „Światło".

– Ponieważ lubię Katarzynę Figurę, oglądam wszystkie jej filmy.

– Lubię horrory i dlatego często chodzę na nie do kina.

– Moim ulubionym reżyserem jest Krzysztof Kieślowski, dlatego że jego filmy mają specyficzny klimat.

2e Które kino bardziej Panu / Pani odpowiada, „Mikro" czy „Cinema City"? Proszę podać argumenty, które przemawiają za Pana / Pani wyborem.

Zdecydowanie wolę kino Cinema City, ponieważ ma bogatszą ofertę i...

2f Proszę przygotować w parach krótkie scenki.

Grupa uczniów chce założyć w szkole klub filmowy. Chcą wyświetlać filmy niezależne.
a) Jesteś dyrektorem. Nie zgadzasz się i podajesz swoje argumenty.
b) Jesteś jednym z uczniów i podajesz swoje argumenty.
c) Jesteś nauczycielem. Popierasz pomysł uczniów i podajesz swoje argumenty.

Córka chce wziąć udział w castingu do filmu znanego reżysera.
a) Jesteś córką i podajesz swoje argumenty.
b) Jesteś matką. Uważasz, że córka musi najpierw skończyć szkołę i podajesz swoje argumenty.
c) Jesteś ojcem. Uważasz, że to szansa dla córki i podajesz swoje argumenty.

Radni chcą zamknąć małe kino i wybudować na jego miejscu duży kompleks handlowy z kinem.
a) Jesteś burmistrzem. Uważasz, że małe kino ma tradycje i ambitny repertuar, więc nie należy go zamykać. Podajesz swoje argumenty.
b) Jesteś radnym / radną i podajesz swoje argumenty.

3. UZASADNIANIE

> Nie mogę pójść do kina, **bo** nie mam nastroju.
> **Ponieważ** nie oglądam telewizji, nie mam w domu odbiornika.
> Polacy interesują się polityką **i dlatego** chętnie oglądają programy informacyjne.

3a Proszę przedstawić swoje upodobania filmowe i uzasadnić wybór.

a) Jakie filmy lubisz oglądać i dlaczego?

> sensacyjne   psychologiczne
> thrillery obyczajowe   historyczne   inne

b) Czy często rozmawiasz z partnerem / znajomymi o filmie, który planujecie obejrzeć? Jak uzasadniasz w rozmowie swój wybór? Jak go / ją / ich przekonujesz, że warto go obejrzeć?

c) Czy po obejrzanym filmie wymieniasz się ze znajomymi opiniami o filmie? Jeśli tak, to czy często macie odmienne zdania? Jak próbujesz uzasadnić swoje zdanie. Proszę podać jeden przykład.

d) Dlaczego ludzie chodzą do kina?

e) Dlaczego ludzie rezygnują z telewizji?

f) Dlaczego ludzie lubią dyskutować o polityce?

g) Jak uzasadnić popularność seriali w internecie?

3b Proszę uzupełnić zdania za pomocą podanych spójników: *bo, ponieważ, dlatego, że, i dlatego.*

1. Nie lubię chodzić do multipleksów, ...*bo*......... wszyscy tam jedzą popcorn.

2. Lubię spędzać czas w domu *i dlatego*. rzadko chodzę do kina.

3. W tym kinie jest klimatyzacja, ... chętnie tam chodzimy.

4. Ten portal ma ofertę dla widza masowego, ... ma dużo wejść.

5. Polacy coraz chętniej wybierają oglądanie filmów w internecie .... oglądalność seriali telewizyjnych spada.

6. Główny target telewizji to osoby 60 plus, ... oferta dla starszych jest bardzo bogata.

7. Nie ma tam miejsca do parkowania .... nie pojedziemy do tego centrum.

8. .... nie ma nic w telewizji, wybieram dzisiaj spacer i kino.

• GRAMATYKA

ZDANIA PODRZĘDNIE ZŁOŻONE OKOLICZNIKOWE PRZYCZYNY

> Lubię oglądać filmy psychologiczne, **bo** interesuje mnie życie ludzi.
> Chodzę często do „Cinema City" **dlatego, że** mieszkam blisko tego kina.
> Nie chodzimy często do kina, **ponieważ** nie mamy na to czasu.

 3c Idzie Pan / Pani do kina z partnerem / partnerką. Proszę wybrać razem jeden film z oferty. Proszę zrobić rezerwację.

• Dlaczego wybrali Państwo ten film?
• Dlaczego nie wybrali Państwo żadnego filmu?

> **Lipiec w kinie PANORAMA**
>
> 10.00 Lego® Przygoda 2
> 12.45 Kapitan Marvel
> 14.30 Green Book
> 18.00 Narodziny gwiazdy
> 20.15 Faworyta
> 22.20 Zimna wojna

 3d Proszę wysłuchać dialogu i odpowiedzieć na pytania.

CD 72

• Na jaki film powinni pójść Adam i Ewa? Proszę uzasadnić swój wybór.

• A może powinni zostać w domu? Proszę uzasadnić wybór.

kino

 3e Proszę przygotować z kolegą / koleżanką podobny dialog.

4.

4a Proszę przeczytać poniższy tekst i zdecydować, czy jest to recenzja filmu czy nie. Proszę odpowiedzieć na poniższe pytania.

Już przed premierą w Polsce „Ida" Pawła Pawlikowskiego, zbudowała sobie silną pozycję – nagrody na festiwalach w Toronto, Warszawie, Londynie oraz Gdyni. Film opowiada o młodej dziewczynie (Ida Lebenstein), która przed złożeniem ślubów zakonnych zostaje poddana próbie. Siostra przełożona sugeruje jej nawiązanie kontaktu ze swoją jedyną krewną Wandą Gruz (w tej roli Agata Kulesza) – byłą panią prokurator, która po pełnej „sukcesów" karierze w komunistycznym wymiarze sprawiedliwości („sama wysłałam kilku ludzi na śmierć") – zaczęła zmagać się z depresją. Kobiety wyruszają wspólnie w PRL-owską wieś lat 60. w poszukiwaniu wiedzy o nieznanym losie swoich żydowskich krewnych.

„Ida" to film bardzo ascetyczny w formie i ostrożny w przekazywanej treści. Zmaga się z kwestiami drażliwymi i konfliktogennymi w sposób niezwykle subtelny i dojrzały. Film budują milczenie, monochromatyczne zdjęcia, muzyka i... genialna jak zawsze Agata Kulesza.

Relacja Idy z Wandą to konfrontacja idealizmu, wiary i niewinności z cynizmem i rozczarowaniem światem. Ten konflikt wkomponowany jest w powojenne trudne dziedzictwo Polski, opisane w filmie przez zbrodnie hitlerowców, komunizm, Kościół oraz wspólny los Żydów i Polaków. „Ida" odwołuje się do zbiorowego sumienia, ale bynajmniej nie po to, by prosto kwalifikować jako kata bądź ofiarę. Zakończenie opowiadanej historii pozostaje otwarte – reżyser zostawia widza osamotnionego, osaczonego przez nasuwające się wątpliwości i trafnie zadane, pozostawione bez odpowiedzi pytania.

Jeśli „Idę" zestawić ze współczesnymi filmami polskimi to jest to obraz z pewnością pozytywnie się wyróżniający. Film stanowi cenny powiew świeżości, nie tylko jeśli chodzi o polskie kino, ale także o dyskurs publiczny dotyczący konfrontacji z przeszłością.

Gregory Well, Bóg, Polska i jazz, filmweb.pl

1. Czy film miał już swoją premierę?
2. Na jakich festiwalach był pokazywany film „Ida"?
3. Kim są bohaterki filmu i jaka jest ich misja?
4. W jakich latach i gdzie rozgrywa się akcja filmu?
5. Na czym polega kontrast między bohaterkami?
6. Co to znaczy, że film jest ascetyczny w formie?
7. Jak przyjęła film publiczność i krytycy?
8. Co wiemy o zakończeniu filmu?
9. Kto jest gwiazdą filmu „Ida"?

OCENY

★★★★★★ – trzeba zobaczyć

★★★★★ – warto zobaczyć

★★★★ – można zobaczyć

★★★ – można, ale po co

★★ – wyprawa do kina na własną odpowiedzialność

★ – nie zbliżać się do kina

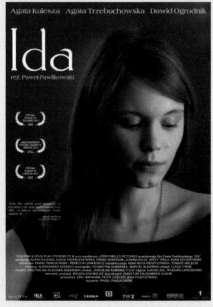

● SŁOWNICTWO

4b Proszę wyjaśnić zwroty.

film właśnie wchodzi na ekrany – ....

film zrobił klapę – ....

kręcić / nakręcić film – ....

w rolach głównych – ....

obsada – ....

4c Proszę przeczytać rubrykę *Oceny*. Proszę ocenić poniższe wypowiedzi liczbą gwiazdek.

super!	* * * * * *
beznadziejny film!	....
niezły!	....
rewelacja!	....
ujdzie!	....
taki sobie!	....
świetny!	....
może być!	....
gniot!	....

 4d Proszę napisać recenzję ulubionego filmu. Warto skorzystać z powyższych określeń, a także spróbować odpowiedzieć sobie na następujące pytania:

a) Co i jak powinniśmy zaprezentować na wstępie? Pamiętajmy, że recenzja to nie opowiadanie!

b) Może warto powiedzieć coś o reżyserze albo aktorach, jeśli nie są znani? Jak zaprezentować problematykę, żeby nie opowiadać treści?

c) Jakich środków artystycznych używa reżyser? Jaki ma styl? Czy jest wierny tradycji, czy jest nowatorski?

d) Czy tytuł, tematyka i realizacja filmu tworzą harmonijną całość? Czy temat jest przedstawiony ciekawie?

e) Co jest atutem filmu? A jakie są jego słabe strony?

f) Jaka jest ostateczna ocena dzieła?

4e Proszę podkreślić w tekście elementy charakterystyczne dla opisu filmu i dla recenzji.

Na pierwszy rzut oka „Wieża. Jasny dzień" sprawia wrażenie obrazu o siostrzanej rywalizacji, gdzie Mula i Kaja (doskonałe Anna Krotoska i Małgorzata Szczerbowska) walczą o dziecko, ale tak naprawdę to jedynie pretekst, aby przedstawić film skupiający się na walce 5 porządku z nieporządkiem oraz cywilizacji z naturą, gdzie z tą ostatnią nie da się wygrać. Wszyscy są skazani na porażkę. Warto zwrócić uwagę na postać małej Niny (Laila Hennessy), pełniącej niejako funkcję symboliczną; to w niej kumulują się wszelkie lęki, niepokoje, ale też ciekawość. (…)

Urodzona w 1984 roku reżyser przedstawiła nam misternie przygoto-10 waną produkcję, gdzie wszystko działa w stu procentach, włącznie z drugim planem, gdzie błyszczą Rafał Kwietniewski i Rafał Cieluch (przy okazji dość ciekawie portretują współczesnych mężczyzn), po zdjęcia, gdzie malownicze kadry uwodzą widzów. Na uwagę zasługuje też stopniowa metamorfoza „Wieży" zmieniającej się w „Jasny dzień", gdzie dokonuje 15 się nie tylko gatunkowy przeskok, ale przede wszystkim zmienia się perspektywa, wymowa oraz główna bohaterka.

(…)

Chciałbym w prosty sposób sklasyfikować „Wieżę. Jasny dzień", jednak jeszcze nie potrafię. Film o kryzysie wiary? Film o kryzysie rodziny? 20 O zbliżającym się końcu świata bądź zwiastujący zwycięstwo zła nad dobrem? A może o sile natury? Wiele pytań, mało odpowiedzi – i za to cenię ten film. Wielka metafizyczna podróż. Nie oczekujcie, że Jagoda Szelc wyłoży wam kawę na ławę, sami wyciągnijcie z całości co chcecie. Aż chciałoby się powiedzieć: bierzcie z tego wszyscy.

 4f Proszę napisać maila do koleżanki / kolegi. Początek maila wyglądałby następująco:

Od:
Do:
Data:
Temat:
Cześć Ewo,
przeczytałam wczoraj recenzję filmu „Wieża. Jasny dzień" i pomyślałam, że może poszłabyś ze mną do kina na ten film.

Krzysztof Połaski, „Wieża. Jasny dzień". Jeden wielki metafizyczny trip. Oceniamy debiut Jagody Szelc, telemagazyn.pl

5.

5a Zapytaliśmy cudzoziemców, którzy mieszkają lub studiują w Polsce, czy znają i lubią polskie kino. Proszę przeczytać ich wypowiedzi.

Britta
36 lat, Niemcy

Kiedy przyjechałam do Krakowa, nie znałam zbyt dobrze polskiego kina. Widziałam kilka filmów Kieślowskiego i wiedziałam, że Andrzej Wajda dostał Oskara. Moja przyjaciółka, Polka, powiedziała, że muszę zobaczyć kilka filmów: *Dom Zły* Wojciecha Smarzowskiego i *Jack Strong* Władysława Pasikowskiego. Poszłam do kina, obejrzałam i od tej chwili oglądam każdy nowy polski film, który można zobaczyć w kinie.

Laurent, 21 lat, Francja

Znałem tylko filmy Polańskiego, na przykład *Frantic* i *Podwójne życie Weroniki* Kieślowskiego. Mój kolega namówił mnie, żebym zobaczył *W ciemności* Agnieszki Holland. Podobał mi się ten film, mocny. Ale generalnie nie jestem fanem polskiego kina. Filmy są trudne i smutne.

Goran, 37 lat, Serbia

Chociaż pracuję w Polsce, nie mam czasu, żeby chodzić do kina. Moja nauczycielka polskiego poleciła mi kilka filmów na DVD. Oglądałem, nawet mi się podobały. Najbardziej chyba *Carte Blanche* Jacka Lusińskiego, śmieszny film, tak. Nie rozumiałem wszystkiego, ale to była komedia. Wczoraj moja nauczycielka pytała, czy widziałem już *Body/Ciało* Małgorzaty Szumowskiej. Może pójdę wreszcie do kina!

Milla, 65 lat, Czechy

Interesuję się polskim kinem, lubię filmy Andrzeja Wajdy, Agnieszki Holland, Krzysztofa Kieślowskiego. Mój przyjaciel jest krytykiem filmowym i był na ostatnim Festiwalu Filmowym w Gdyni. Ostatnio dostałam od niego e-maila, w którym napisał mi, że powinnam zobaczyć film *Bogowie* Łukasza Palkowskiego. Słyszałam też, że *Julia wraca do domu* Agnieszki Holland jest bardzo dobry.

5b Proszę powiedzieć, która z ankietowanych osób:

- lubi polskie kino
- ma do polskiego kina stosunek obojętny
- interesuje się polskim kinem
- niespecjalnie lubi polskie kino

Britta lubi polskie kino, bo mówi, że ogląda każdy nowy film, który pokazują w kinie.

Goran...

RELACJONOWANIE WYPOWIEDZI WŁASNYCH LUB OSÓB TRZECICH

Piotr mówi, że to dobry film.
Ewa pyta, czy pójdziemy do kina.
Maria chce wiedzieć, gdzie i kiedy się spotykamy.
Edyta prosi syna, żeby wyłączył komputer.
Słyszałem, że to dobry film.
Mówi się, że coraz mniej ludzi ogląda telewizję.

• GRAMATYKA

MOWA ZALEŻNA I NIEZALEŻNA

tryb oznajmujący	Ewa: „Ten film jest dobry"	Ewa mówi, **że** ten film jest dobry.
tryb rozkazujący	Ewa: „Zobacz ten film!"	Ewa mówi, **żebym** zobaczyła ten film.
zdanie pytające	Ewa: „Czy widziałaś ten film?"	Ewa pyta, **czy** widziałam ten film.

5c Proszę zamienić zdania w mowie zależnej na zdania w mowie niezależnej.

0. Moja przyjaciółka Polka, powiedziała, że muszę zobaczyć kilka filmów, np.: *Dom Zły* Wojciecha Smarzowskiego i *Jack Strong* Władysława Pasikowskiego.

   Przyjaciółka: „*Musisz zobaczyć kilka filmów:* ....
   ....
   ...."

1. Mój kolega namówił mnie, żebym zobaczył *W ciemności* Agnieszki Holland.

   Kolega: „..
   ...."

2. Wczoraj moja nauczycielka pytała, czy widziałem już *Body/Ciało* Małgorzaty Szumowskiej.

   Nauczycielka: „...
   ...."

3. Ostatnio dostałam od niego maila, w którym napisał mi, że powinnam zobaczyć film *Bogowie* Łukasza Palkowskiego.

   Przyjaciel: „...
   ...."

4. Słyszałam też, że film Agnieszki Holland *Julia wraca do domu* jest bardzo dobry.

   Ludzie: „..
   ...."

MOWA ZALEŻNA I NIEZALEŻNA (cd.)

mówić / powiedzieć pisać / napisać twierdzić / stwierdzić słyszeć / usłyszeć wiedzieć	..., że		
namawiać / namówić mówić / powiedzieć	..., **żebym** (ja)	..., **żebyś** (ty)	..., **żeby** (on / ona / ono)
prosić / poprosić proponować / zaproponować	..., **żebyśmy** (my)	..., **żebyście** (wy)	..., **żeby** (oni / one)
pytać / zapytać	..., **czy**		

lekcja
19

5d Proszę zamienić poniższe wypowiedzi na mowę zależną:

A.

0. Andrzej namawia mnie: „Chodźmy dzisiaj do kina!". *Andrzej namawia mnie, żebyśmy poszli do kina.*
1. Zosia zapytała: „Masz dzisiaj czas?". ....
2. Ania napisała: „Widziałam dobry film". ....
3. Paweł namawia Ewę: „Jedźmy na weekend do Zakopanego!". ....
   ....
4. Kinga prosi Wojtka: „Pożycz mi ten film!". ....
5. Marta stwierdziła: „Najbardziej lubię kino hiszpańskie". ....
6. Maryla pyta mnie: „Byłaś ostatnio w kinie?". ....
7. Krzysiek poprosił nas: „Przyjedźcie do mnie w lipcu!". ....
8. Przyjaciel namawiał mnie: „Przyjedź na Festiwal Filmowy w Gdyni". ....
   ....
9. Katja napisała mamie: „Jestem właśnie w Krakowie". ....
10. Robert twierdzi: „Polskie filmy mają specyficzny klimat". ....

B.

0. Polskie kino jest świetne! (ja) *Słyszałam, że polskie kino jest świetne.* ....
1. W Polsce jest wielu dobrych reżyserów. (Monika) *Monika słyszała* ....
   ....
2. Sylwester Latkowski robi świetne filmy dokumentalne. (my) ....
   ....
3. Roman Polański mieszkał w Krakowie. (ty) .... ?
4. Sławomir Idziak jest znakomitym operatorem. (wy) .... ?
5. *Pianista* Polańskiego był realizowany w Polsce. (ja) .... ?

5e Proszę zapytać trzy osoby w grupie:

- jaki film / jakiego reżysera lubią
- jaki film polecają / jakiego filmu nie polecają

Kerstin powiedziała mi, że lubi kino hiszpańskie. Namawia mnie, żebym obejrzała Kikę Almodóvara. Mówi też, żebym nie oglądała ostatniego filmu...

Proszę zanotować wypowiedzi kolegów, a następnie zrelacjonować je grupie.

6.

6a Poniższe fotografie przedstawiają znanych polskich aktorów. Czy zna Pan / Pani kogoś z nich? Jeśli tak, proszę opowiedzieć o nim grupie. Proszę wspólnie z kolegą / koleżanką zastanowić się, jakie role byłyby odpowiednie dla każdego z nich. Proszę uzasadnić swoją decyzję.

Marcin Dorociński   Joanna Kulig
Agata Kulesza   Janusz Gajos

Myślę, że dla Marcina Dorocińskiego byłaby odpowiednia rola amanta, bo jest bardzo przystojny. Mógłby też grać w filmach kostiumowych...

• SŁOWNICTWO

6b Proszę sprawdzić w słowniku, a następnie wyjaśnić znaczenie następujących słów i zwrotów.

pielęgnować wizerunek – ....

ustalać wysokość honorarium – ....

wartość rynkowa – ....

kraj zamożny – ....

przynosić korzyści – ....

6c Proszę wysłuchać rozmowy i odpowiedzieć na poniższe pytania.

CD 73

a) Kto kreuje gwiazdę telewizyjną?

b) Co szokuje dziennikarkę i szefową agencji public relations?

c) Kim jest Maria Zielińska?

d) Kim jest Piotr Wilhelm?

e) Jak argumentuje wysokość honorariów gwiazd szefowa agencji public relations?

6d Proszę wysłuchać jeszcze raz rozmowy dziennikarki i szefowej agencji public relations i skończyć zdania:

CD 73

1. Dziennikarka pyta, kto kreuje ....

2. Szefowa agencji PR odpowiada, że ....

3. Dziennikarka chce wiedzieć, czy ....

4. Jej rozmówczyni twierdzi, że ....

6e Jakie cechy powinien mieć dobry dziennikarz publicystyczny? A dobry prezenter programu rozrywkowego? Proszę wybrać te cechy z poniższej listy.

• Czy dobry dziennikarz publicystyczny / prezenter programu rozrywkowego powinien:

– mieć charyzmę?

– mieć autorytet?

– znać się dobrze na polityce?

– znać się na ludziach?

– czytać bieżącą prasę?

– być atrakcyjny fizycznie?

– mieć dobrą dykcję?

– mieć własne zdanie?

• Które z powyższych cech mają Maria Zielińska i Piotr Wilhelm?

6f Proszę obejrzeć film, a następnie określić, jakie preferencje filmowe ma Błażej, a jakie Adam. Proszę wykorzystać poniższe słowa:

D V D
16

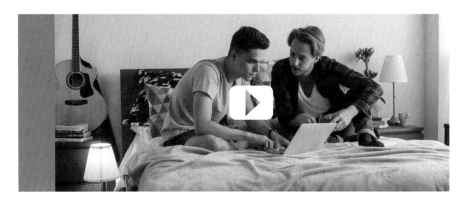

lekkie kino
serial kryminalny
film historyczny
serial policyjny
film kostiumowy
gangsterzy
filmy Marvela
komedia romantyczna
morderstwa

Błażej lubi: ....

Adam woli: ....

 6g Proszę porozmawiać z kolegą / koleżanką
lub w grupach na jeden z poniższych tematów:

– Czy zgadzasz się z opinią, że telewizja internetowa zastępuje klasyczną. Czy masz telewizję internetową lub myślisz o wykupieniu dostępu?

– Czy można się uzależnić od oglądania seriali? Jakie są oznaki takiego uzależnienia?

6h Proszę wykonać poniższy quiz i powiedzieć, czy jest Pan uzależniony / Pani uzależniona od seriali.

QUIZ CZY JESTEŚ UZALEŻNIONY/ UZALEŻNIONA OD SERIALI?

1. Czy spędzasz przed ekranem więcej niż 2 godziny dziennie?

2. Czy jesteś gotowy / gotowa dla swojego serialu zrezygnować z posiłku?

3. Czy jesteś gotowy / gotowa dla swojego serialu zrezygnować ze snu?

4. Czy jesteś gotowy / gotowa dla swojego serialu zrezygnować z aktywności fizycznej?

5. Czy z powodu serialu odwołujesz spotkania z przyjaciółmi?

6. Czy na spotkaniu z przyjaciółmi mówisz tylko o serialach, a inne tematy cię nudzą?

7. Czy w rozmowie z bliskimi na tematy związane z waszym życiem często mówisz: „To tak, jak w serialu x"?

8. Czy irytujesz się, kiedy bliska Ci osoba chce poważnie porozmawiać, a Ty akurat masz ochotę na kolejny sezon ulubionego serialu?

9. Czy symulujesz chorobę, żeby móc zostać w domu i oglądać seriale?

10. Czy oglądanie seriali jest dla ciebie sposobem na ucieczkę od rzeczywistości?

Jeśli na większość pytań odpowiedziałeś / odpowiedziałaś pozytywnie, to znaczy, że masz poważny problem!

Powtarzamy!!!

test

1 Proszę zaznaczyć poprawną odpowiedź.

1. Ślub to .... .
   - ☐ święto religijne
   - ☐ święto państwowe
   - ☐ uroczystość rodzinna

2. 24 grudnia w Polsce ..... Wigilię.
   - ☐ obchodzą
   - ☐ obchodzi się
   - ☐ obchodzili

3. Twoja babcia obchodzi urodziny. Mówisz: ..... !
   - ☐ „Życzę ci dużo zdrowia"
   - ☐ „Gratuluję"
   - ☐ „Bardzo ci współczuję"

4. 3 Maja to święto narodowe, ... tego dnia nie idziemy do pracy.
   - ☐ więc
   - ☐ a
   - ☐ albo

5. Lubię ..... strony internetowe.
   - ☐ szukać
   - ☐ przeglądać
   - ☐ widzieć

6. @ – Polacy często mówią na ten znak ..... .
   - ☐ żaba
   - ☐ myszka
   - ☐ małpa

7. Kiedy jesteś bardzo zdziwiony / zdziwiona, mówisz: ..... !
   - ☐ „To niesamowite"
   - ☐ „To nieprawda"
   - ☐ „To nieznane"

8. Drukarka ..... do drukowania tekstu.
   - ☐ używa się
   - ☐ służy
   - ☐ obsługuje

9. Danie główne podajemy:
   - ☐ w szklance
   - ☐ w kubku
   - ☐ na talerzu

10. Znalazłeś / znalazłaś w zupie włos. Mówisz:
    - ☐ Może być...
    - ☐ Obrzydliwe!
    - ☐ Palce lizać!

11. Jeśli robisz sałatkę, ... jajka dwie godziny wcześniej.
    - ☐ ugotuj
    - ☐ zagotuj
    - ☐ gotować

12. Lubię spędzać czas w domu ..... rzadko chodzę do kina.
    - ☐ bo
    - ☐ i dlatego
    - ☐ że

13. „Wiadomości" to ..... .
    - ☐ program publicystyczny
    - ☐ program rozrywkowy
    - ☐ program informacyjny

14. Często chodzę do tego kina, ... znajduje się ono najbliżej miejsca, w którym mieszkam.
    - ☐ dlatego
    - ☐ ponieważ
    - ☐ dlatego żeby

15. Koleżanka zapytała mnie, ... mam ochotę pójść z nią do kina.
    - ☐ czy
    - ☐ że
    - ☐ żeby

2 Poniżej przedstawiono kilkanaście sytuacji. Proszę wylosować jedną z nich i zaprezentować na forum grupy swoją reakcję w danej sytuacji.

0. Jesteś na ślubie swoich przyjaciół. Składasz życzenia.
   – „Życzę wam wszystkiego najlepszego na nowej drodze życia!"

1. Jesteś pacyfistą / pacyfistką. W Twoim mieście zostanie otwarta fabryka, która ma produkować sprzęt dla wojska.

2. Wracasz z kina. Film Ci się nie podobał. Opowiadasz o tym koledze, którego właśnie spotkałeś / spotkałaś.

3. W Twoim ogrodzie wylądowało UFO.

4. Twoja koleżanka urodziła właśnie dziecko. Dzwonisz do niej.

5. Twoja mama wysłała Ci wiadomość tekstową:
   „Co u ciebie słychać? Przyjedziesz na weekend? U nas wszystko w porządku. Ubieraj się ciepło. Mama".
   Proszę opowiedzieć koledze, co napisała twoja mama.

6. Dowiedziałeś się / dowiedziałaś się, że za kilka lat na niektórych uniwersytetach będzie można studiować przez internet.

7. Wysyłasz do przyjaciół kartkę z wakacji. Co piszesz?

8. Koleżanka pyta cię, czy w Twoim kraju też obchodzi się Boże Narodzenie. Jakie zwyczaje związane z tymi świętami są znane na całym świecie?

9. Dzieci, które korzystają z internetu, mają łatwy dostęp do pornografii. Twój kolega mówi, że jest mu to obojętne. Proszę odpowiedzieć mu, co o tym myślisz.

10. Wspominacie z rodzeństwem swoje dzieciństwo. Opowiadasz o sytuacji, którą pamiętasz najlepiej.

11. Twój ojciec zastanawia się, czy zainstalować w swoim domu internet. Pyta, do czego służy internet i co można w nim robić.

lekcja
20

 3 Poniżej znajduje się pięć fotografii. Proszę wybrać jedną z nich i ułożyć w grupach zabawną lub smutną historyjkę, a następnie opowiedzieć ją. Proszę wykorzystać słowa, które podano obok fotografii.

Wigilia
Internet
e-mail
ślub
Sylwester

urodziny
komputer
książka
drukarka
nagroda

telefon
wakacje
kino
imieniny
pogrzeb

program rozrywkowy
ślub
list
telewizja
film

program publicystyczny
strona internetowa
recenzja
Wielkanoc

4 Proszę zapytać trzy osoby w grupie:

- W jakiej uroczystości ostatnio uczestniczyłeś / uczestniczyłaś?
- Kiedy ostatnio i dlaczego czułeś się oburzony / czułaś sie oburzona?
- Co i dlaczego cię ostatnio zdziwiło?
- Jaki film oglądałeś / oglądałaś lub jaką książkę czytałeś / czytałaś ostatnio i czy ci się podobał / podobała?

5 Proszę wysłuchać sześciu wypowiedzi i zdecydować, która z nich wyraża:

CD 74

upodobanie	protest	zdziwienie	smutek	żal	radość
☐	☐	*1*	☐	☐	☐

6 Proszę połączyć elementy z obu kolumn, tak aby powstały zdania. Następnie proszę ułożyć je chronologicznie w opowiadanie. Można budować zdania złożone za pomocą znanych Państwu słów: *następnie, potem, później, w końcu, ponieważ, więc, a, ale* itd.

0. Kiedy byłem mały...
1. W Wielki Piątek...
2. Przed świętami...
3. W mojej rodzinie...
4. W polskim kościele katolickim...
5. Jest taka tradycja, że...
6. Wspólnie...
7. Zawsze...
8. W tym czasie mama...
9. W niedzielę rano...

a) sprzątaliśmy z moim tatą mieszkanie i robiliśmy zakupy.
b) obchodziło się to święto w sposób tradycyjny.
c) dzieliliśmy się jajkiem, składaliśmy sobie życzenia i jedliśmy wspólnie śniadanie.
d) chodziliśmy tam z kolegami ze szkoły.
e) bardzo lubiłem Wielkanoc.
f) farbowaliśmy jajka na kilka kolorów i rysowaliśmy na nich różne obrazki.
g) przygotowywała świąteczne potrawy.
h) nic się u nas nie jadło, a po południu szło się do kościoła.
i) w Sobotę Wielkanocną idzie się do kościoła z koszykiem z jedzeniem, żeby poświęcił je ksiądz.

7 Proszę zapisać poniższą scenkę w formie relacji.

(*Andrzej siedzi przy komputerze. Dzwoni telefon*)
ANDRZEJ: Tak, słucham?
RAFAŁ: Cześć, stary. Masz chwilę czasu?
ANDRZEJ: Mam, o co chodzi?
RAFAŁ: Mam problem z drukarką. Muszę wydrukować projekt na jutro i nie mogę. Chyba się zepsuła.
ANDRZEJ: A jest włączona?
RAFAŁ: Tak włączyłem ją, ale nie działa.
ANDRZEJ: Ale włączyłeś ją do kontaktu?
RAFAŁ: Poczekaj, zaraz sprawdzę.
(*Rafał podchodzi do komputera i widzi, że drukarka nie jest włączona do kontaktu*)
RAFAŁ: Hmm... zapomniałem.
ANDRZEJ: To włącz i spróbuj, czy działa.
(*Rafał sprawdza. Po chwili...*)
RAFAŁ: Teraz działa. Dziękuję, stary.
ANDRZEJ: Nie ma za co. Cześć.
(*Andrzej odkłada słuchawkę i zaczyna się śmiać*)

Andrzej siedział właśnie przy komputerze, kiedy zadzwonił telefon. To był Rafał.
Rafał zapytał Andrzeja, czy ma chwilę czasu, a ten odpowiedział, że ma i zapytał...

8 Proszę wysłuchać czterech dialogów i zdecydować, która para rozmawia o:

CD 75

	1	2	3	4
a) spotkaniu rodzinnym	☐	☐	☐	☐
b) wyjściu do kina	☐	☐	☐	☐
c) nowej książce Jerzego Pilcha	☐	☐	☐	☐
d) ulubionym czasopiśmie	☐	☐	☐	☐

lekcja 20

9 Proszę ponownie wysłuchać dialogów i zrelacjonować to, o czym mówią bohaterowie.

CD 75

Dialog 1

Jacek zapytał Magdę, co robi po południu. Odpowiedziała, że nie ma żadnych planów...

Dialog 2

Piotr chciał wiedzieć, co robił jego kolega Andrzej przez ostatnie dwa dni. Andrzej powiedział, że był u rodziny na Podhalu...

Dialog 3

Agnieszka spotyka Anetę, która idzie ulicą i czyta „Twój Styl". Wita ją i pyta, czy jest tam coś interesującego.

Dialog 4

Ewa była na spotkaniu autorskim i opowiada swojej przyjaciółce o spotkaniu ze swoim ulubionym autorem. Asia chce wiedzieć, czy...

10 Poniżej znajdują się dwie opinie o tym samym serialu telewizyjnym.

a) Proszę przeczytać opinie i odpowiedzieć, która z nich ma charakter oficjalny (recenzja), a która nieoficjalny (forum internetowe). Dlaczego tak uważasz?

1 *Chłopi* to udana ekranizacja znanej polskiej powieści Władysława Reymonta pod tym samym tytułem. Produkcję zrealizowano z dużym rozmachem. Reżyser wiernie oddaje realia polskiej wsi końca XIX wieku, atutem serialu są też znakomite kreacje aktorów. Na szczególną uwagę zasługują Władysław Hańcza w roli Boryny, Emilia Krakowska jako Jagna i oczywiście Ignacy Gogolewski, niezrównany odtwórca postaci Antka.
Serial pojawił się na ekranie prawie 50 lat temu i od tej pory jest stale wyświetlany w telewizji, ciesząc się niesłabnącym uznaniem.

2 W tamtym roku czytałam *Chłopów*, a niedawno po raz pierwszy obejrzałam serial. Jest naprawdę świetny i bardzo dobrze zrobiony. Reżyser pokazuje wszystko dokładnie tak, jak jest w książce. No i aktorzy też dobrze grają. Najbardziej podoba mi się Antek, bardzo pasuje do tej roli.
To jest bardzo stary film, pierwszy raz był w telewizji jakieś 50 lat temu, oglądali go moi rodzice. Od tej pory ciągle go grają i naprawdę nie wiem, dlaczego nie oglądałam go wcześniej. Rozmawiałam z mamą i powiedziała, że ten serial wszystkim się podoba. Polecam!

b) W jednej z powyższych opinii zostały zaznaczone niektóre wyrażenia. Proszę znaleźć ich odpowiedniki w drugiej z nich.

udana ekranizacja – naprawdę świetny serial

• GRAMATYKA

11 Proszę podkreślić odpowiedni spójnik.

0. Kiedy byłam mała, często wyjeżdżaliśmy na święta do babci, <u>*a*</u> / *i* czasem zostawaliśmy w domu.
1. Kiedy byłem mały, czasem wyjeżdżaliśmy na święta do dziadków, *albo* / *a* czasem zostawaliśmy w domu.
2. Kiedy byłem dzieckiem, zawsze wyjeżdżaliśmy z rodzicami na święta do znajomych *albo* / *ale* na narty.
3. Kiedy byłem dzieckiem, zawsze zostawaliśmy na święta w domu *a* / *i* zapraszaliśmy na Wigilię naszą rodzinę.
4. W tym roku wyjedziemy na święta do moich rodziców *lub* / *ale* zostaniemy w domu.
5. W tym roku zaprosiliśmy na święta rodziców męża, *a* / *więc* nie spędzimy Wigilii sami.
6. W przyszłym roku chcemy zostać na święta w domu *więc* / *i* zaprosić do nas moją matkę.
7. W tym roku chcemy wyjechać na święta na narty, dlatego *że* / *dlatego* poprosiłam szefową o dłuższy urlop.
8. Moi rodzice nie przyjadą do nas na Wielkanoc, *czyli* / *dlatego* spędzimy święta tylko z dziećmi.
9. Siostra nie odpowiedziała na mój list, to znaczy, *że* / *więc* nie przyjedzie do nas na święta.
10. Nigdy nie otwieramy prezentów, *kiedy* / *aż* nie skończymy kolacji wigilijnej.
11. Otworzyliśmy prezenty, *kiedy* / *aż* wszyscy skończyli jeść.

TRANSKRYPCJE
nagrań i filmów DVD

CD 01 **1c** Proszę uzupełnić zdania, a następnie wysłuchać dwóch wypowiedzi i porównać swoją wersję z nagraniem.

Wypowiedź 1
Monika Olejnik jest dziennikarką. Pracuje w radiu i w telewizji, rozmawia z politykami i z osobami publicznymi o aktualnych problemach. Jej programy są bardzo ciekawe.

Wypowiedź 2
Ryszard Kapuściński był znanym w Polsce i w Europie pisarzem. Ten publicysta dużo podróżował i pisał książki – reportaże z różnych kontynentów.

CD 02 **2a** Proszę wpisać numer dialogu, który dotyczy tych osób.

CD 02 **2b** Proszę zaznaczyć, w którym dialogu przedstawione osoby wyrażają się o kimś z sympatią, a w którym z antypatią.

CD 02 **2c** Proszę posłuchać nagrania jeszcze raz i zanotować wady i zalety osób, o których jest mowa w dialogach.

Dialog 1
– Nie rozumiem, dlaczego krytykujesz Ankę. Przecież to świetna dziewczyna: odpowiedzialna, pracowita, zorganizowana.
– Tak, masz rację, trudno powiedzieć coś złego o Ance. Jest naprawdę solidna. Ale wiesz, nie lubię ludzi zamkniętych w sobie, a Anka jest mało spontaniczna.

Dialog 2
– Ten nowy Wojtek jest super, nie?
– No, bardzo fajny chłopak, wesoły i otwarty. Cieszę się, że będzie chodził z nami do szkoły!

Dialog 3
– Ta Kaśka mnie irytuje! Ładna dziewczyna, to fakt, ale za bardzo pewna siebie.
– Masz rację, mnie też denerwuje. Jest bardzo zarozumiała, prawda? Nie chce wcale z nami rozmawiać, chociaż studiujemy razem.

Dialog 4
– Nie rozumiem, dlaczego Elka spotyka się z tym Mateuszem! Dla mnie on jest po prostu nieciekawy. Jakiś taki smutny.
– Nieprawda, chłopak Elki to bardzo mądry człowiek. Jest spokojny i może trochę nieśmiały, to wszystko.

Dialog 5
– Nie wiem, co robić z tym Artkiem, uczniowie go lubią, ale on dezorganizuje mi lekcje. Poza tym jest arogancki.
– Nie, myślę, że to nie jest kwestia arogancji. To po prostu ambitny, niezależny uczeń, poza tym bardzo inteligentny.

Dialog 6
– Ta Matylda jest naprawdę kontrowersyjną osobą, nie? A Jacek chyba naprawdę ją kocha, cały czas o niej mówi: moja żona to..., moja żona tamto...
– Masz rację, jest bardzo oryginalna, ale wiesz, ona jest artystką. Myślę, że jest bardzo wrażliwa.

CD 03 **3e** Dyktando. Proszę posłuchać tekstu i uzupełnić brakujące litery.

Dla mnie autorytetem jest człowiek, który ma silny charakter. Ludzie zdecydowani, tak samo jak pracowici, to często ludzie sukcesu. Myślę, że autorytet to także osoba wrażliwa i odważna. Czy musi być romantyczna? To ciekawe pytanie.

CD 04 **5a** Proszę wysłuchać fragmentu wywiadu ze znaną warszawską stylistką, przeczytać zdania i powiedzieć, czy są prawdziwe (P), czy nieprawdziwe (N).

CD 04 **5b** Proszę posłuchać tekstu jeszcze raz i zaznaczyć określenia, które pasują do ludzi charakteryzowanych przez Martę Guzy.

Wywiad z Martą Guzy
Dziennikarz: Powiedz, z kim pracuje ci się lepiej, z gwiazdami czy z młodymi uczestnikami programu „Talenty"?
Marta Guzy: Oczywiście, że z młodymi jest łatwiej, są niedoświadczeni i często nieśmiali. To ich pierwszy kontakt ze światem show-biznesu.

Akceptują wszystko, co im proponuję... Z reguły, bo wiesz, zdarzają się młodzi, którzy już doskonale wiedzą, jak chcą wyglądać. Zresztą, wiesz, mam wrażenie, że w tej edycji „Talentów" ludzie są jakby bardziej pewni siebie.
D: A gwiazdy?
M.G.: To jest różnie... Oczywiście lubię pracować z artystami typu Kayah czy Piasek, którzy są zdecydowani i mają swój oryginalny styl. Praca z takimi ludźmi mnie inspiruje. Tak więc nie mogę odpowiedzieć na twoje pytanie czy wolę pracować z młodymi, czy..., czy z gwiazdami, po prostu lubię, wiesz, pracować z ludźmi, którzy mają charyzmę.
D: Dobrze, a powiedz, jakie są gwiazdy, masz swoich faworytów?
M.G.: Oczywiście, że mam, ale rozumiesz, nie powiem ci, kogo lubię, a kto mnie irytuje. Wiesz, to są egocentrycy, każdy z nich, ale oczywiście nie wszyscy są aroganccy. Mam swoją teorię na ten temat. Muzycy pop na przykład są mili, ale często nienaturalni, muzycy rockowi są naturalni, ale zamknięci w sobie, czasem zarozumiali. Muzycy reggae są spokojni, a heavymetalowców w ogóle nie znam, bo nie potrzebują stylistki (*śmiech*). Ale najfajniejsi są jazzmani, to inteligentni, otwarci ludzie.
D: OK. Ostatnie pytanie. Jak ja wyglądam? Czy potrzebuję stylisty?
M.G.: Nie wiem, jak ci to powiedzieć, (*cisza*) baardzo! (*Śmiech obojga*).

▶ DVD 1 **6b** Proszę obejrzeć film, aby dowiedzieć się, kto popełnił przestępstwo. Dlaczego ta osoba zdecydowała się zdefraudować pieniądze?

Policjantka: Muszę się napić kawy.
Policjant: Kawa jest jeszcze gorąca. No i co, ktoś się przyznał?
Policjantka: Ha, tak, zgadnij kto.
Policjant: Ja cały czas myślę, że to dyrektor finansowy. On jest taki niby spokojny, poważny, idealny pracownik, ale jest w nim coś denerwującego. Nie dziwię się, że go nie lubią w pracy. Zarozumiały, patrzy na wszystkich z góry, arogant.
Policjantka: No wiesz, to że ktoś jest niesympatyczny, nie znaczy, że jest złodziejem, prawda?
Policjant: Prawda, ale on jest taki idealny, że nikt by go nie podejrzewał. Niby taki mądry, dojrzały, ale popatrz, ma rodzinę, dzieci, wnuki, za parę lat pójdzie na emeryturę, pieniądze będą potrzebne.
Policjantka: Ignorujesz fakt, że dyrektor generalny ma problemy finansowe i dostęp do wszystkich haseł. Dlaczego jego nie podejrzewasz?
Policjant: No daj spokój, przecież ty już wiesz, kto to zrobił! Powiedz!
Policjantka: No pomyśl chwilę, spróbuj zgadnąć.
Policjant: Czyżby jednak dyrektor generalny? Ja wiem, że pieniądze znalazły się na jego koncie na Bahama, ale to niemożliwe, ten facet jest za głupi. Jest złym dyrektorem, przez niego firma ma problemy i wiem, że jest dużo dowodów na to, że to on ukradł pieniądze, ale jakoś nie wierzę, że on to zrobił...
Policjantka: A kasjerki nie podejrzewasz?
Policjant: Nie. Ona co prawda mogła to zrobić, ale ma dzieci, za duże ryzyko, że ją złapią i pójdzie do więzienia. Nie, nie mogła tego zrobić, poza tym to taka miła dziewczyna, taka nieśmiała. Ja myślę, że pieniądze zdefraudował dyrektor finansowy. Zgadłem?
Policjantka: I tak i nie.
Policjant: Jak to?
Policjantka: Masz rację, dyrektor finansowy brał udział w kradzieży, ale nie działał sam.
Policjant: Co? Powiedz!
Policjantka: No dobrze słuchaj. Kasjerka miała romans z dyrektorem generalnym. To trwało długo, prawie dwa lata, a on nie jest żonaty i kasjerka myślała, że to poważny związek. Tymczasem dziewczyna odkryła, że on ma kilka kont na Facebooku i kilka innych kochanek. No i poszło szybko. Kiedy brał prysznic, przeszukała jego iPhone'a i znalazła wiadomości od kobiet, z którymi spotykał się w tym samym czasie.
Policjant: Hm, to akurat mała niespodzianka, wszyscy wiedzieli, że to babiarz.
Policjantka: No niby tak, ale ona była zakochana. Zdradził się, więc postanowiła się zemścić. Wiedziała, że dyrektor finansowy go nienawidzi, więc zaproponowała spisek. Finansowy chciał, żeby dyrektor generalny stracił pracę. Pomógł jej zrobić transfer pieniędzy na konto dyrektora generalnego na Bahama.
Policjant: Ale po co im to było potrzebne? Żeby chociaż ukradli te pieniądze dla siebie.
Policjantka: Zazdrość mój drogi, zazdrość. Najważniejsze, że sprawa zakończona i możemy iść do domu.

CD 05 **1f** Proszę wysłuchać wypowiedzi sześciu osób i zaznaczyć, co słyszymy.

1. Urodził się w pięćdziesiątym drugim.
2. Dzień dobry Państwu, jest dwunasta.
3. Muszę kupić dwanaście róż.

4. Moja mama? Ma pięćdziesiąt sześć lat.
5. Od szesnastego do osiemnastego jest na urlopie.
6. W tysiąc dziewięćset… no, nie wiem, zapomniałam.

2f Proszę wysłuchać wypowiedzi ośmiu osób. W których wypowiedziach słyszymy entuzjazm (E), a w których niezadowolenie (N)?

1. Przeprowadziliśmy się!
2. Poznał fantastyczną dziewczynę!
3. Zarobili dużo pieniędzy.
4. A więc pobrali się!
5. Wyjechali wcześnie.
6. To ona dostała pracę.
7. Nasza sąsiadka wyprowadziła się.
8. Ożenił się w ubiegłym tygodniu!

4a Pan Ryszard i pani Maria są kuzynami. Pan Ryszard od wielu lat mieszka w USA, teraz przyjechał z wizytą do swojej rodziny w Polsce. Proszę wysłuchać rozmowy pana Ryszarda z kuzynką i jej mężem Władysławem i odpowiedzieć na poniższe pytania.

Maria: To co, napijemy się kawy?
Ryszard: Obiad był doskonały Marysiu, naprawdę, ale za kawę dziękuję, później, później…
M: No to opowiadaj, co u ciebie słychać!
Władysław: No właśnie. Pracujesz jeszcze?
R: Nie, nie, już dwa lata na emeryturze. Od roku planowałem ten wyjazd do Polski. Wiecie, Basia umarła 7 lat temu, Robert i Halinka się wyprowadzili, a ja zostałem sam.
M: To już 7 lat odkąd Basia nie żyje? A ja pamiętam wasz ślub. Ile ty miałeś lat, jak się z Basią ożeniłeś?
R: 25. Tak, tak to było 40 lat temu. Miesiąc po naszym ślubie wyjechaliśmy do Ameryki. Potem urodził się Robert.
W: A co u Roberta słychać? Jest oficerem, dobrze pamiętam?
R: Tak, tak, od ponad dwudziestu lat w armii. Ożenił się 10 lat temu z piękną dziewczyną, mają troje dzieci. Ale wiecie, jak to jest w armii, często się przeprowadzają, teraz mieszkają na Florydzie i rzadko się spotykamy.
M: A Halinka?
R: A Halinka mieszka blisko. Dzięki Bogu ułożyła sobie życie, wyszła drugi raz za mąż, za bogatego lekarza, mają córeczkę, trzy lata… Czekajcie, czekajcie, pokażę wam zdjęcie. O jest! Emilka, o ho ho, śliczna prawda? A tu obok Natan, syn z pierwszego małżeństwa, duży chłopak, za rok już idzie do college'u.
M: Jak ten czas leci… No Rysiu, my Natanka bardzo dobrze pamiętamy!
R: Prawda! Halinka z Natanem byli u was w Polsce na wakacjach, ale to było już dawno temu…
W: 12 lat temu, tak, 12. Pamiętam, bo Robert wtedy jeszcze nie był żonaty i Halinka opowiadała, że ty i Basia chcielibyście, żeby się wreszcie ożenił.
M: Mój Boże, jak ten czas leci… No nic, pójdę zrobić kawy, napijecie się? Mam pyszny sernik.
R: Z przyjemnością Marysiu, z przyjemnością.

4b Proszę posłuchać jeszcze raz lub obejrzeć film i zaznaczyć, której z wymienionych osób dotyczą podane informacje.

Maria: To co, napijemy się kawy?
Ryszard: Obiad był doskonały Marysiu, naprawdę, ale za kawę dziękuję, później, później…
M: No to opowiadaj, co u ciebie słychać?
Władysław: No właśnie. Pracujesz jeszcze?
R: Nie, nie już dwa lata na emeryturze. Od roku planowałem ten wyjazd do Polski. Wiecie, Basia umarła 7 lat temu, Robert i Halinka się wyprowadzili, a ja zostałem sam.
M: To już 7 lat, jak Basia umarła. A ja pamiętam wasz ślub. Ile ty miałeś lat, kiedy się z Basią żeniłeś?
R: 25. Tak, to było 40 lat temu. Miesiąc później wyjechaliśmy do Ameryki, a potem urodził się Robert.
W: A co u Roberta słychać? Jest oficerem, dobrze pamiętam?
R: Tak, tak, od ponad dwudziestu lat w armii. Ożenił się 10 lat temu z piękną dziewczyną, mają troje dzieci. Ale wiecie, jak to jest w armii, często się przeprowadzają, teraz mieszkają na Florydzie i rzadko się spotykamy.
M: A Halinka?
R: A Halinka mieszka blisko. Dzięki Bogu ułożyła sobie życie, wyszła drugi raz za mąż, za bogatego lekarza, mają córeczkę, trzy lata… Czekajcie, czekajcie, pokażę wam zdjęcie. O jest! Emilka, śliczna, prawda? A tu obok Natan, syn z pierwszego małżeństwa, duży chłopak, za rok już idzie do college'u.
M: Jak ten czas leci… No Rysiu, my Natanka bardzo dobrze pamiętamy!
R: Prawda! Halinka z Natanem byli u was w Polsce na wakacjach, ale to już było dawno temu…

W: 12 lat temu, tak, 12. Pamiętam, bo Robert jeszcze wtedy nie był żonaty i Halinka opowiadała, że ty i Basia chcielibyście, żeby się wreszcie ożenił.
M: Mój Boże, jak ten czas leci… No nic, pójdę zrobić kawy, napijecie się? Mam pyszny sernik.
R: Z przyjemnością Marysiu, z przyjemnością.

5d Proszę posłuchać wypowiedzi ośmiu osób. Kim są z zawodu, skąd pochodzą i jaki jest ich stan cywilny? Proszę wpisać odpowiedzi do rubryk.

1. Mam na imię Dominik. Urodziłem się 23.09.1982 roku. Moja praca i pasja to komputery, piszę programy, projektuję strony internetowe. Ludzie w moim kraju jedzą dużo serów i bardzo lubią wino. Mam dziewczynę i chcemy pobrać się w przyszłym roku.
2. Na imię mi Juanita. Urodziłam się 12.12.1970 roku. Zajmuję się chorymi dziećmi, leczę je. Pracuję w szpitalu. Mój kraj sąsiaduje ze Stanami Zjednoczonymi Ameryki. Ludzie mówią tu po hiszpańsku. Mamy wspaniałą kuchnię. Kiedyś mieszkał w moim kraju znany dramaturg polski – Sławomir Mrożek. Mam męża i dwoje dzieci.
3. Jestem Ramon. Urodziłem się 3.11.1950 roku. Od dziecka lubiłem czytać i chciałem zostać pisarzem. Tak się jednak nie stało. Mój zawód jest jednak związany z literaturą, piszę o książkach dobrych i złych. Mój kraj jest bardzo stary i znany. Nawet Napoleon oglądał nasze wspaniałe piramidy. Moja żona już nie żyje. Od 5 lat mieszkam sam i bardzo za nią tęsknię.
4. Mam na imię Żanka. Urodziłam się 13.08.1985 roku. Interesuję się modą i doradzam ludziom, jak powinni się ubierać, jaką nosić fryzurę. Mój kraj sąsiaduje z Polską. Co roku, w zimie, wielu turystów przyjeżdża w nasze piękne Tatry. Nie mam chłopaka.
5. Na imię mi Walter. Urodziłem się 10.03.1973 roku. Pracuję w gazecie. Piszę artykuły, czasem podróżuję po świecie i robię zdjęcia do kolorowych magazynów. W moim kraju narodził się walc. Mamy słynną operę w naszej stolicy. Mówimy po niemiecku z charakterystycznym akcentem. Mam żonę i dwie córki.
6. Jestem John. Urodziłem się 18.10.1968 roku. Projektuję domy i biura. Interesuję się historią sztuki. Ludzie w moim kraju lubią bawić i pić piwo. Tutaj rozgrywa się akcja słynnej powieści *Ulisses*. Miałem żonę, ale dwa lata temu rozwiedliśmy się. Teraz ona ma nowego męża.
7. Na imię mi Eva. Urodziłam się 5.02.1980 roku. Kiedy byłam małą dziewczynką postanowiłam, że będę śpiewać całe życie. Mam swój zespół, gramy rocka. W moim kraju można legalnie palić marihuanę. Jest tu bardzo bezpiecznie. Kochamy kwiaty – przede wszystkim tulipany. Miałam już dwóch mężów. Ale teraz jestem sama.
8. Mam na imię Anna. Urodziłam się 30.12.1945 roku. Pracowałam na uniwersytecie i w klinice. Zajmowałam się chorymi ludźmi, leczyłam ich dusze i psychikę. Teraz już nie pracuję. W moim kraju ludzie są gościnni. Mamy dużo lasów, mieszkają w nich nawet żubry. Sąsiadujemy z Niemcami i Rosją, a na północy mamy bardzo zimne morze. Mój mąż umarł 20 lat temu. Nie wyszłam po raz drugi za mąż.

2e Proszę posłuchać wypowiedzi trzech osób i porównać swoją wersję ćwiczenia 2d z nagraniem.

1. Studiuję prawo, ponieważ chcę być adwokatem. Praca adwokata na pewno jest stresująca, ale daje dużo satysfakcji i oczywiście gwarantuje wysokie zarobki. Chcę mieć własną kancelarię w moim mieście. Uważam, że to dobry zawód.
2. Ludzie myślą, że zawód nauczyciela jest łatwy i przyjemny, ale to nieprawda. Moja praca jest odpowiedzialna i nie zawsze daje satysfakcję, to zależy od uczniów. To fakt, mam dwa miesiące wakacji i ferie, ale moje zarobki nie są wysokie i muszę pracować wieczorami w domu.
3. Praca fryzjerki na pewno nie jest monotonna. W mojej pracy mam kontakt z ludźmi, często z nimi rozmawiam, a oni mnie lubią. Moja praca daje mi satysfakcję, chociaż nie zarabiam dużo.

3b Proszę posłuchać informacji o grupach zawodów i podać kolejność, w jakiej są przedstawiane.

3c Proszę posłuchać po raz drugi nagrania i zanotować cechy wspólne dla zawodów z list.

1. Ci ludzie są artystami. Zarabiają bardzo dużo pieniędzy, są popularni i znani na całym świecie. Są aktywni w mediach, szczególnie w telewizji i w radiu.
2. Ich praca jest ciężka, ale nie zarabiają dużo pieniędzy. Nie muszą mieć wysokich kwalifikacji ani studiów. Ich praca jest ważna dla całego społeczeństwa, często trudno bez nich żyć.
3. Ich praca to misja. Jest bardzo odpowiedzialna i trudna. Muszą długo się uczyć i mieć pewne predyspozycje do tej pracy. Mają bardzo duży prestiż społeczny.

4. Ich praca jest prestiżowa, ale przede wszystkim elitarna. Są artystami, ale nie zawsze są popularni. Aby odnieść sukces nie muszą koniecznie studiować, muszą jednak mieć talent.

5. Ich studia są długie i trudne, aby pracować muszą znać wiele reguł i procedur. Ci ludzie często są elitą finansową w kraju, muszą jednak być naprawdę kompetentni. Ich praca ma często charakter praktyczny, ale nieraz decydują o życiu innych ludzi.

4c Proszę obejrzeć nagranie, a następnie wymienić z kolegą / koleżanką opinie na temat kandydatów. Proszę skorzystać z pytań pomocniczych.

4d Proszę ponownie obejrzeć nagranie i zaznaczyć, który z kandydatów wypowiada poniższe stwierdzenia.

SCENA 1

Rekruter 2: Dzień dobry, proszę usiąść, napije się pan czegoś?
Kandydat 1: Dziękuję, tak chętnie napiję się zielonej herbaty.
Rekruter 1: Zielonej? Hmm, obawiam się, że nie mamy…
K1: Może być mięta.
R1: Mogę zaproponować tylko czarną herbatę, niestety.
K1: Może być kawa, podwójne espresso proszę.
R2: Czy udało się panu trafić bez problemu do naszego biura?
K1: Koszmar, nie wiedziałem, że to tak daleko od centrum, musiałem wziąć taksówkę, żeby być na czas.
R2: Cieszymy się, że pan jednak dotarł. Jak dowiedział się pan o ofercie pracy i co pana skłoniło do wysłania aplikacji?
K1: Mój wujek jest tutaj księgowym, Czarnecki. Mówił, żebym się zgłosił, bo dobrze płacicie.
R1: O?! Wspaniała rekomendacja.
R1: Nie smakuje panu kawa?
K1: Piłem lepszą. No umówmy się, Starbucks to to nie jest, he, he, he.
R2: Zaaplikował pan o pracę w biurze obsługi klienta. Proszę opowiedzieć, jakie ma pan doświadczenie w tym zakresie.
K1: Wszystko jest w CV, mam powtórzyć?
R1: Tak, prosimy.
K1: No więc skończyłem studia dwa lata temu, zarządzanie i marketing na Akademii Ekonomicznej i od tej pory pracowałem w sześciu firmach w dziale obsługi klienta. Jednak mam większe aspiracje niż rozmawiać z klientami przez telefon. Mam zdolności menedżerskie i w przyszłości zamierzam być dyrektorem generalnym dużej spółki.
R2: Pracował pan w sześciu firmach w ciągu dwóch lat, proszę powiedzieć, dlaczego tak często zmieniał pan pracę?
K1: Wie pani jak trudno jest trafić na odpowiedniego szefa? Pierwszy szef był bardzo arogancki, traktował mnie jak osobistą sekretarkę, musiałem robić ksero dokumentów. Nie po to studiowałem, żeby kserować papiery, proszę pani. Moja druga szefowa była miła, ale niezbyt inteligentna. Ja, proszę pani, chcę się uczyć od szefa, a nie tłumaczyć podstawy marketingu. W kolejnych firmach ludzie byli nieciekawi, bardzo niekoleżeńscy. Egoiści. Spotykali się po pracy, a mnie nie zapraszali. A firma, w której pracuję teraz jest bardzo dobra, ale mam niską pensję i bonus od transakcji. Moje wynagrodzenie zależy od tego, czy klienci mnie lubią, a ja, proszę pani, nie jestem małpą w cyrku, żeby klienci mnie lubili.
R2: Hmm, bardzo ciekawa ścieżka zawodowa. A jak opisze pan siebie, swoje mocne i słabe strony?
K1: Jestem osobą otwartą, bezkonfliktową, przyjacielską. Mam bardzo dobry kontakt z ludźmi. Klienci i koledzy w pracy mnie lubią. Jestem osobą bezproblemową. A moją największą wadą jest to, że hmm… jestem czasem zbyt sympatyczny.

SCENA 2

R2: Dzień dobry, proszę usiąść, napije się pani czegoś?
Kandydat 2: Dziękuję, tak wody.
R2: Czy udało się pani trafić bez problemu do naszego biura?
K2: Tak, przyjechałam na rowerze, świetna trasa z centrum przez park. Naprawdę szybko i bezpiecznie.
R2: Zaaplikowała pani o pracę w biurze obsługi klienta. Proszę opowiedzieć, jakie ma pani doświadczenie w tym zakresie.
K2: Prawdę mówiąc niewielkie. Studiuję wieczorowo cybernetykę, do tej pory pracowałam głównie w pubach, barach wegetariańskich oraz na targach książek i gier, gdzie prowadziłam stoisko z mangą. Mam dobry kontakt z ludźmi.
R1: Nasza firma trochę różni się od tego, co pani opisała, działamy na rynku finansowym. Zastanawiam się, jak pani siebie widzi w tym sektorze.
K2: Słyszałam, że jesteście zainteresowani robotyką i wprowadzeniem na rynek bankowy oprogramowania, które systematyzuje operacje periodyczne. To jest bardzo ciekawe, myślę, że może zainteresować startupy.
R2: Sporo pani o nas wie! A proszę powiedzieć coś o sobie, jakie są pani mocne i słabe strony?
K2: Moją mocną stroną jest ciekawość świata i energia. Lubię wyzwania, potrafię pracować ciężko, dobrze radzę sobie ze stresem. Słabą stroną jest

organizacja pracy, ale między innymi dlatego chcę pracować w korporacji, żeby się tego nauczyć.
R1: Dziękujemy za szczerość.

3a *Nie mam problemu z moją przyszłością.* Proszę wysłuchać fragmentu reportażu radiowego. Dziennikarka rozmawia z osiemnastoletnią Majką, która właśnie zdała maturę i opowiada o swoich planach na przyszłość. Proszę zdecydować, czy są prawdziwe (P), czy nieprawdziwe (N).

Dziennikarka: Będziesz zdawać na studia?
Majka: Jasne, będę zdawać na Akademię Sztuk Pięknych i mam nadzieję, że się dostanę.
Dziennikarka: A jeśli nie zdasz?
Majka: Zdam, na pewno zdam. Umiem świetnie rysować! Wolę nie myśleć, co będzie jeśli się nie dostanę.
Dziennikarka: Chcesz być malarką?
Majka: Nie, chcę projektować modę.
Dziennikarka: Co będziesz robiła na studiach?
Majka: Jak wszyscy: będę zdawać egzaminy, będę chodzić na imprezy, poznam nowych ludzi, może będę pracować …
Dziennikarka: Chcesz pracować podczas studiów?
Majka: Jasne, muszę mieć doświadczenie. Po studiach otworzę swoje studio mody i myślę, że będę miała dużo klientów…
Dziennikarka: A pieniądze? Trzeba mieć dużo pieniędzy, żeby otworzyć takie studio.
Majka: Wezmę kredyt. Mam nadzieję, że to nie będzie takie trudne.
Dziennikarka: A więc chcesz odnieść sukces.
Majka: Tak, planuję sukces. Wiem, że zrobię karierę, bo jestem zdeterminowana i mam dużą motywację.
Dziennikarka: A rodzina? Wyjdziesz za mąż?
Majka: Nie wiem, mam nadzieję, że wyjdę za mąż i będę miała dzieci. Zobaczymy. Może będę miała duży dom i psa, i będę podróżować…
Dziennikarka: Jesteś bardzo pewna siebie!
Majka: Jestem optymistką. Ja po prostu nie mam problemu z moją przyszłością, bo wiem, że jeśli człowiek czegoś naprawdę chce, to zrealizuje swoje marzenia.

4a Proszę wysłuchać tekstu i zaznaczyć, która z wypowiedzi jest prawdziwa (P), a która nieprawdziwa (N).

Wróżbita: Śmiało moje dziecko, śmiało! Siadaj tutaj, proszę. Jak masz na imię?
Teresa: Teresa.
W: Tereska!? Klasyczne, piękne imię. W czym mogę ci pomóc, Teresko?
T: W tym roku zdaję maturę i nie wiem, co dalej. Rodzice chcą, żebym poszła na studia, ale ja nie jestem pewna, czy chcę studiować. Chciałabym się dowiedzieć, jaka będzie moja przyszłość.
W: Oj, trudna decyzja, trudna… Zobaczymy, co karty powiedzą… przełóż karty.
W: Zobacz, moje dziecko, przed tobą dwie możliwe drogi, w zależności od twojej decyzji, czy pójdziesz na studia, czy nie. Którą chcesz poznać najpierw?
T: Co będzie, jeśli pójdę na studia?
W: Widzę, że twoi rodzice chcą, żebyś studiowała prawo…
T: Skąd pan wie?!
W: Karta prawdę ci powie, Teresko. Trudne studia, trudne. Będziesz długo studiować, pięć lat albo dłużej. Dużo się będziesz musiała uczyć, a egzaminy będą bardzo trudne, ale zdasz wszystkie. Na studiach poznasz przystojnego chłopaka, z dobrej rodziny. Pokochasz go. Będziecie dużo podróżować po świecie, a potem razem otworzycie kancelarię prawniczą. Będziecie bogaci i szczęśliwi.
T: Tak moi rodzice sobie wyobrażają moje życie… oboje są prawnikami i chcą, żebym żyła tak jak oni, a ja nie chcę!
W: Och, nie martw się moje dziecko. Karty mówią, że pewnie nie pójdziesz na studia i zrobisz tak, jak planujecie z Twoim chłopakiem. Widzę, że on jest muzykiem… tak widzę wyraźnie, że gra na gitarze…
T: To niesamowite, tak!
W: Widzę też, że lubi piwo i marihuanę…
W: Wielka miłość między wami, wielka.
W: Niestety jego plany się nie powiodą i nie zrobi kariery muzycznej, ale to nie szkodzi, dalej będzie cię kochać i będziecie bardzo szczęśliwi. Urodzisz mu czworo dzieci zanim skończysz 25 lat. Będziesz świetną mamą. A tutaj widzę jego kłopoty ze zdrowiem, będzie dużo brał narkotyków i pił, ale ty będziesz go bardzo kochała. Kiedy będziesz miała 26 lat pójdziesz do pracy w cateringu, będziesz pakować kanapki i sałatki. Nie martw się dziecko, będziesz tam miała dużo przyjaciół, razem będziecie pakować sałatki. A dziećmi będzie zajmowała się teściowa. Tak, widzę, że będziecie mieszkali z rodzicami twojego chłopaka.

T: Co? Ale oni mieszkają w bloku i mają tylko 2 pokoje.

W: No tak, oni w jednym, a wy w dużym pokoju z 4 dzieci. To dobrze, będziecie blisko siebie. Jak lu ludzie kochają, to lubią być blisko…

T: Proszę pana, niech pan się nie gniewa, ale ja chyba już pójdę do domu… Głowa mnie rozbolała.

W: Nic nie szkodzi Teresko, idź do domu. 200 złotych się należy.

SCENA 2

Ojciec: No i co?!

W: Masz piękną córkę, Karol. Myślę, że będzie świetną prawniczką.

O: Dziękuję ci Michał. Nie wiem, jak się odwdzięczę!

W: Daj spokój, byliśmy najlepszymi kolegami w szkole. Masz, oddaję moje wynagrodzenie. Nie, nie, Karol, ja tego nie wezmę. A tak swoją drogą, to twój scenariusz zgadza się z tym, co karty mówią o przyszłości twojej córki, z jednym wyjątkiem.

O: Jak to?

W: Wyjdzie za mąż za prawnika, ale nie pozna go na studiach.

O: Ach, to nieważne, aby tylko był inteligentny, nie tak jak ten jej chłopak, Dominik… muzyk … leniwy idiota.

W: Wygląda na to, że Dominik też będzie studiował prawo…

O: Co??? O, nie!

 4e Proszę wysłuchać wypowiedzi trzech osób, a następnie powiedzieć, które z nich mają wykształcenie:

a) Nazywam się Jan Meller. Dwa lata temu zdałem maturę, a teraz studiuję w Szkole Biznesu. Za trzy lata skończę studia, oczywiście jeśli napiszę pracę magisterską.

b) Nazywam się Piotr Bagiński. Nigdy nie byłem dobrym uczniem. Nie interesowała mnie nauka. Skończyłem tylko zawodówkę, nie mam matury. Pracuję jako monter. Może w przyszłości spróbuję skończyć szkołę średnią.

c) Nazywam się Ewa Krasowska. Mam trzydzieści lat, jestem magistrem psychologii. Pracuję z dziećmi autystycznymi. Lubię moją pracę, ale myślę o doktoracie. Za rok chcę wrócić na uniwersytet i zająć się pracą naukową.

5a Proszę wysłuchać wypowiedzi 4 osób i zdecydować, kto to mówi:

1) Mam 25 lat i niedawno skończyłem studia na kierunku marketing i zarządzanie. Pracuję teraz chwilowo w barze ze zdrową żywnością, ale szukam czegoś w swoim zawodzie. Niedawno otrzymałem nową ofertę pracy, bardzo ciekawą, ale jest jeden wymóg: częste delegacje. Dostanę samochód służbowy i… no, właśnie, boję się, że nic z tego nie wyjdzie, bo nie mam prawa jazdy! Dlaczego nie pomyślałem o tym wcześniej!

2) Jestem na czwartym roku zarządzania na Akademii Ekonomicznej. Mój profesor zaproponował mi, żebym wyjechała na staż do Francji na pół roku. To bardzo atrakcyjna propozycja, ale nie mogę się zdecydować. Mówię bardzo dobrze po angielsku, to fakt, ale mój francuski… To prawda, uczyłam się francuskiego w liceum i nawet to lubiłam, ale teraz boję się, że wszystko zapomniałam.

3) Jestem bibliotekarką. Pracuję już ponad 30 lat. Jestem już zmęczona, a wciąż mam nowe obowiązki. Ostatnio okazało się, że znowu zmieniają nam program do obsługi biblioteki. Martwię się, że nie dam rady się go nauczyć. Może warto pomyśleć o wcześniejszej emeryturze?

4) Kim chcę być? Oczywiście dziennikarzem! W przyszłym roku będę mógł redagować gazetkę szkolną w internecie. Co prawda, nie umiem jeszcze projektować stron internetowych, ale mam nadzieję, że się nauczę… Po prostu pójdę na jakiś kurs, to chyba nie jest takie trudne?

5b Proszę zdecydować, która wypowiedź wyraża: nadzieję, obawę, strach, zmartwienie.

5c Proszę przeczytać ogłoszenia, a następnie posłuchać jeszcze raz wypowiedzi i zdecydować, który kurs wybiorą te osoby.

Jestem bibliotekarką. Pracuję już ponad 30 lat. Jestem już zmęczona, a wciąż mam nowe obowiązki. Ostatnio okazało się, że znowu zmieniają nam program do obsługi biblioteki. Martwię się, że nie dam rady się go nauczyć. Może warto pomyśleć o wcześniejszej emeryturze?

Mam 25 lat i niedawno skończyłem studia na kierunku marketing i zarządzanie. Pracuję teraz chwilowo w barze ze zdrową żywnością, ale szukam czegoś w swoim zawodzie. Niedawno otrzymałem nową ofertę pracy, bardzo ciekawą, ale jest jeden wymóg: częste delegacje. Dostanę samochód służbowy i … no, właśnie, boję się, że nic z tego nie wyjdzie, bo nie mam prawa jazdy! Dlaczego nie pomyślałem o tym wcześniej!

Kim chcę być? Oczywiście dziennikarzem! W przyszłym roku będę mógł redagować gazetkę szkolną w internecie. Co prawda, nie umiem jeszcze projektować stron internetowych, ale mam nadzieję, że się nauczę… Po prostu pójdę na jakiś kurs, to chyba nie jest takie trudne?

Jestem na czwartym roku zarządzania na Akademii Ekonomicznej. Mój profesor zaproponował mi, żebym wyjechała na staż do Francji na pół roku. To bardzo atrakcyjna propozycja, ale nie mogę się zdecydować.

Mówię bardzo dobrze po angielsku, to fakt, ale mój francuski…
To prawda, uczyłam się francuskiego w liceum i nawet to lubiłam, ale teraz boję się, że wszystko zapomniałam.

6d Proszę wysłuchać wypowiedzi dwóch osób i porównać swoją wersję ćwiczenia 6c z nagraniem.

a) Mam dużo planów. Teraz mam 23 lata, ale za rok skończę studia i będę musiał szukać pracy. Myślę, że to nie będzie trudne. Znam bardzo dobrze angielski, mam prawo jazdy, jestem ambitny i inteligentny. Myślę, że moje kwalifikacje gwarantują dobrą pracę. Będę menedżerem!

b) Mam dużo planów. W przyszłym roku będę już magistrem, ale chcę znaleźć dobrą pracę, więc zapiszę się jeszcze na kurs niemieckiego i pojadę na staż do Niemiec. Teraz jest trudna sytuacja na rynku pracy, dlatego dużo się uczę.

LEKCJA 5

16 Proszę wysłuchać wypowiedzi czterech osób i porównać swoją wersję ćwiczenia 15 z nagraniem.

1. Jan, 30 lat, makler – Dla mnie najważniejsza w pracy jest możliwość awansu i duże zarobki. Lubię pieniądze i chcę zrobić karierę.

2. Ewa, 33 lata, sekretarka premiera – Dla mnie najważniejszy jest oczywiście prestiż. Lubię moją pracę, bo mam kontakt z różnymi znanymi ludźmi. No i stała pensja.

3. Marta, 50 lat, księgowa – Najważniejsze jest stałe zatrudnienie i samodzielność. Niestety nie mam dużo urlopu.

4. Piotr, 40 lat, biznesmen – Mam rodzinę, więc dla mnie najważniejsze w pracy jest ubezpieczenie. Cieszę się też, bo mam służbowy samochód.

19 Proszę wysłuchać wypowiedzi przedstawiciela firmy IKEA. Opowiada o osobie, która dostała pracę na stanowisku Szefa Działu Zabawek.

Ta osoba nie ma doświadczenia na podobnym stanowisku, ale ma odpowiednie kwalifikacje. Szef Działu Zabawek nie musi być projektantem zabawek, nie musi być miłym człowiekiem, nie musi być zbyt kreatywny, ani nie musi mieć dobrego kontaktu z dziećmi. Ważne jest, by była to osoba bezkonfliktowa, która umie zmobilizować ludzi do pracy, która nie toleruje niekompetencji i która potrafi być bezwzględna. Szukaliśmy po prostu dobrego menedżera.

LEKCJA 6

1c Reporter Adam Śpiewak przeprowadza sondę uliczną. Proszę wysłuchać nagrania i zdecydować, czy wypowiadające się osoby są zadowolone, czy niezadowolone z tego, że są mieszkańcami dużego miasta.

1d Proszę wysłuchać nagrania po raz drugi i powiedzieć, jakie argumenty podają wypowiadające się osoby.

1. Urodziłam się i wychowałam w dużym mieście, więc życie tutaj jest dla mnie czymś naturalnym. W mieście jest wszystko: sklepy, kina, szkoły, instytucje. Uważam, że to bardzo wygodne.

2. Jestem zadowolony, ponieważ w mieście jest więcej możliwości. Na przykład bezrobocie jest mniejsze niż na prowincji, więc łatwiej znaleźć pracę. No i zarobki są dużo wyższe.

3. W dużym mieście żyje się szybko. Ludzie ciągle gdzieś się spieszą, gdzieś biegną… Poza tym jest brudno, głośno i anonimowo.

4. Zaletą mieszkania w dużym mieście jest dobra infrastruktura, ale ja widzę same minusy: jest za dużo ludzi, za dużo samochodów i za dużo hałasu.

5. Kiedy byłam dzieckiem, mieszkałam w dużym domu pod miastem i wszędzie miałam daleko. Od niedawna mieszkam sama w małym mieszkaniu w centrum miasta i jestem zadowolona. Mamy świetną komunikację miejską, więc wszędzie jest blisko, a poza tym mieszkanie jest tańsze niż dom.

1e Proszę wysłuchać dialogów i zdecydować, gdzie są wypowiadające się osoby.

1.
– Może napijemy się kawy? O, tu jest fajne miejsce!
– Czemu nie, podoba mi się tutaj. Całkiem sympatyczna atmosfera!

2.
– Tankujemy do pełna?
– Nie, nie. Proszę 30 litrów benzyny bezołowiowej.

3.
– Czy mogę tu nadać list polecony i zapłacić rachunki?
– Tak, proszę.
4.
– Proszę bilet powrotny na pośpieszny do Berlina. Wagon dla niepalących.
– Proszę bardzo. Płaci pan kartą?
5.
– Dzień dobry, mówi Paulina. Czy mogę rozmawiać z Jolą?
– Nie ma Joli, wyszła na angielski. Coś przekazać?
6.
– Przepraszam, którym tramwajem dojadę na ulicę Karmelicką?
– Czwórką, dwunastką, ósemką. Zresztą wszystko jedno, stąd wszystkie tramwaje jadą Karmelicką, to jakieś 5 przystanków.
7.
– Halo, tu nie parkujemy!
– A gdzie mogę zostawić samochód?
8.
– Co się stało?
– Nie wiem dokładnie, ale mam problemy z samochodem. Czy mogą państwo go obejrzeć?
9.
– Proszę nie dotykać eksponatów!
– Och, przepraszam!

 3b Frank i Ola rozmawiają w kawiarni w Krakowie. Proszę obejrzeć film, a następnie podkreślić prawdziwe stwierdzenia.

Kelnerka: Co dla państwa?
Ola: Prosimy dwie kawy z mlekiem i deser. Frank, zdecydowałeś już? Szarlotka czy sernik?
Frank: Co jest lepsze, jak pani myśli?
K: Szarlotka jest na ciepło, z lodami i bitą śmietaną, sernik na zimno, z karmelem lub sosem czekoladowym.
F: No, ale co jest lepsze?
K: Sernik jest słodszy i bardziej kaloryczny, szarlotka może być bezglutenowa i z sorbetem, więc mniej kaloryczna.
F: Ja nie jestem na diecie, proszę sernik. Ola, chcesz szarlotkę?
O: Jak bezglutenowa, to chętnie.
O: Jak ci się podoba Kraków?
F: Mniejszy od Warszawy, ale rynek większy i ładniejszy. Tak, tu jest dużo sklepów i restauracje w centrum, a w Warszawie tak nie ma.
O: No, bo Warszawa ma kilka centrów: Starówka to tak jak rynek w Krakowie, ale jest jeszcze Krakowskie Przedmieście, gdzie jest Belweder, Sejm, Pałac Kultury i centrum biznesowe.
F: Tam gdzie są te wieże, koło dworca centralnego?
O: Wieżowce.
F: Wieżowce, tak. Albo biurowce się mówi też.
O: Mhmm, szybko się uczysz, Frank. A w Krakowie jest tylko jedno centrum, rynek.
F: To gdzie tu jest centrum biznesowe?
O: Nie ma, biurowce są w różnych miejscach. Kraków jest mniej biznesowy niż Warszawa.
F: A które miasto jest starsze?
O: Kraków, ale niewiele. Oba miasta mają ponad tysiąc lat, ale są inne.
F: Tak, Warszawa ma szersze ulice i wyższe domy.
O: Tak, bo Warszawa była zniszczona w czasie II wojny światowej i nowe ulice były zbudowane inaczej. Ale to nie jedyna różnica.
F: A gdzie jest drożej?
K: W stolicy jest drożej proszę pana, ale my mamy lepszą kawę i ciasto. Zdecydowanie.
F: Zaraz sprawdzę.
O: Tak, w Warszawie jest trochę drożej, ale ceny mieszkań są podobne. W Warszawie ludzie więcej zarabiają, bo tam jest biznes i polityka.
F: To nie rozumiem, dlaczego w Krakowie jest tak samo drogo, jeśli ludzie mniej zarabiają.
O: Bo miasto jest piękne, spokojne, bo jest dużo turystów, bo Kraków ma prestiż. Mówi się, że to miasto artystów. W Warszawie jest więcej aktorów, celebrytów, tam jest telewizja.
F: Czyli Warszawa jest bardziej rozrywkowym miastem?
O: Niekoniecznie. W Krakowie 90% klubów jest na Rynku i na Kazimierzu, więc można chodzić piechotą od imprezy do imprezy. W Warszawie kluby są porozrzucane po całym mieście, więc trzeba jeździć taksówką. W Krakowie jest wygodniej imprezować. Ale z kolei w Warszawie jest dużo klubów nad Wisłą, tam bawią się studenci. Ale generalnie wszędzie trzeba dojechać.
F: To w Warszawie jest pewnie lepsza komunikacja?
O: W Warszawie jest metro, w Krakowie autobusy i tramwaje, ale są mniejsze korki. W Warszawie są straszne korki i wszędzie daleko.
F: Hmm, pyszny ten sernik, lepszy niż ten w Warszawie. To co będziemy dzisiaj zwiedzać?
O: Najpierw spacer po rynku, obejrzymy Sukiennice, potem pójdziemy na Wawel – to jest najstarszy w Polsce zamek królewski, a jutro pójdziemy

na Kazimierz, czyli do dzielnicy żydowskiej. To 15 minut piechotą od Wawelu. W Krakowie wszystko jest blisko.
F: Czy wszyscy ludzie z Krakowa są tacy zarozumiali i myślą, że ich miasto jest najlepsze na świecie?
O: Bo jest najpiękniejsze na świecie, za chwilę sam zobaczysz. Możemy prosić rachunek?

CD 20 **6a** Proszę wysłuchać wypowiedzi Polaków. Opowiadają oni o miastach, w których mieszkają, mieszkali dawniej lub które zwiedzili. Proszę dopasować numer wypowiedzi do miasta.

CD 20 **6b** Proszę podzielić się na dwie grupy, a następnie wysłuchać nagrania po raz drugi. Każda z grup notuje, jakie cechy decydują o unikalnym charakterze wskazanych miast.

1. Mieszkańcy tego miasta uważają, że jest najładniejsze w Polsce. Dawniej było stolicą Polski i mieszkali w nim królowie. Teraz mieszkają tu głównie studenci i artyści. Znajduje się tu najstarszy w Polsce uniwersytet. Każdy, kto odwiedził moje miasto, mówi, że ma ono magiczną atmosferę.
2. To miasto nie jest stolicą, ale jest chyba najważniejsze dla tego kraju. To miasto leży na wyspie. Znajdują się tam najwyższe wieżowce, a w środku miasta jest największy park na świecie. Można powiedzieć, że aktualnie jest ono centrum kultury światowej.
3. Mieszkam w tym mieście od urodzenia. Leży nad morzem i oczywiście znajduje się tam najstarszy w Polsce port. W centrum miasta można obejrzeć pomnik Neptuna.
4. To miasto ma bardzo długą historię. Po drugiej wojnie światowej zostało podzielone na dwie strefy, jedna z nich była stolicą państwa. Dopiero w 1989 roku mieszkańcy tego miasta zburzyli mur, który je dzielił. Teraz jest to jedno z najnowocześniejszych miast w Europie.
5. Miasto, w którym mieszkam, nie jest zbyt duże i nigdy nie było stolicą Polski. Ale to najstarsze miasto w moim kraju i ma bardzo specyficzny klimat.
6. Studiowałam w tym mieście i chyba chciałabym tam mieszkać. Nie tylko ja uważam, że jest najpiękniejsze na świecie. Nazywa się je miastem artystów i zakochanych.
7. To największe i najważniejsze miasto w Polsce. Jego historia jest długa i skomplikowana. Nie zawsze było stolicą Polski, ale teraz nią jest. To miasto wyglądało kiedyś zupełnie inaczej, potem na kilka lat przestało istnieć. Ale jego mieszkańcy zbudowali je od nowa.
8. Byłam tam tylko raz, na wakacjach. Dla mnie to jest najbardziej romantyczne miasto na świecie. Nie ma tam ulic – są tylko kanały, po których pływają gondole.

CD 21 **7a** Proszę wysłuchać następujących zdań, a następnie powtórzyć je z właściwą intonacją.

a) z przekonaniem
• On jest niższy? Nieee, on na pewno jest trochę wyższy.
• Ona jest najmilszą osobą, jaką znam.
• Każde miasto różni się od innych!
• Tu jest większy ruch.
b) bez przekonania
• To miasto chyba jest większe niż nasze.
• Tu można kupić fajne rzeczy.
• Rzeszów to miasto przemysłowe?

CD 22 **1d** Proszę posłuchać wypowiedzi trzech osób na temat życia na wsi. Proszę zdecydować, czy poniższe zdania są prawdziwe (P), czy nieprawdziwe (N).

CD 22 **1e** Proszę posłuchać wypowiedzi po raz drugi i uzupełnić brakujące wyrazy.

Wypowiedź 1
Mam na imię Adam, jestem rolnikiem, mam 25 lat. Mieszkałem w mieście kilka lat, kiedy chodziłem do szkoły, ale nie chciałem tam zostać. Moim zdaniem na wsi jest lepiej: czyste powietrze, zdrowe jedzenie, spokój. Mam duże gospodarstwo: zwierzęta, 30 hektarów pola i to jest moja firma, moja przyszłość.

Wypowiedź 2
Marian Zarębski, skromny profesor polonistyki na Uniwersytecie Jagiellońskim, 58 lat. Naturalnie uważam, że wieś jest cudowna, naprawdę cudowna: można spacerować po lesie i pić świeże mleko. Słuchać śpiewu ptaków, siedzieć pod drzewem i pisać książki. Chciałbym być rolnikiem!

Wypowiedź 3
Mam na imię Anna, jestem socjologiem wsi, mam 34 lata. Myślę, że wieś to oczywiście piękne miejsce… dla turystów. Ale praca w polu jest naprawdę

ciężka i nie ma tu dobrej infrastruktury. Dzieci mają daleko do szkoły, dorośli do urzędów. To jest po prostu inny model życia.

 4e Proszę wysłuchać następujących par wyrazów i zdecydować, czy słyszą Państwo to samo czy nie? Następnie proszę powtórzyć wyrazy.

1. ładni – ładnie   4. taniej – tanie
2. ładniej – ładniej   5. ciekawie – ciekawie
3. drożej – dłużej   6. dobrze – dobrzy

 5c Proszę wysłuchać trzech nagrań i zdecydować, w jakiej sytuacji znajdują się te osoby i na jaki temat rozmawiają.

 5d Proszę posłuchać po raz drugi nagrania i odpowiedzieć na pytania.

1.
Dziecko: Mamooo (*przeciągając*)
Matka: Nie, nie ma mowy!
Dziecko: Mamo, ale tata się zgadza!
Matka: Nie dyskutuj ze mną, ojciec nie będzie wychodził z psem na spacery ani czyścił akwarium.
Dziecko: Mamo, ale ja będę wychodził na spacery.
Matka: Nie, Mateusz!
Dziecko: A kanarek???

2.
Prezenter: Proszę państwa, obejrzeliśmy reportaż z gminy Wodzisław i teraz zapytajmy może naszego eksperta, co gmina powinna zrobić w tej sytuacji.
Ekspert: Więc proszę państwa, to jest po prostu horror! Ja w ogóle się dziwię, że jeszcze nikt nie znalazł się w szpitalu. Ekspertyzy mówią jasno, woda jest zanieczyszczona odpadami chemicznymi do tego stopnia, że może być niebezpieczna dla życia.
Prezenter: No tak, ale widzieliśmy plażę pełną ludzi, kąpiące się dzieci!!!
Ekspert: No właśnie, te dzieci! Gdzie są ich rodzice? To jest po prostu kryminał!

3.
Dziewczyna: Tomek? Jesteś już na Mazurach?
Chłopak: No cześć! Słuchaj, dzwonię z takiej wsi koło Mikołajek i słuchaj, znalazłem tu bardzo fajny dom!
Dziewczyna: No, ale mieliśmy mieszkać w hotelu w Mikołajkach!
Chłopak: No tak, ale wiesz, tu jest spokojniej i ciszej! Słuchaj, to jest pięć minut drogi do Mikołajek.
Dziewczyna: No wiem, w hotelu jest basen…
Chłopak: A tu jest jezioro! Słuchaj, tu jest na pewno lepiej. Taniej niż w Mikołajkach i wiesz, zarezerwowałem już miejsce.
Dziewczyna: Już?!
Chłopak: No tak, gospodarz mówi, że jest coraz więcej rodzin z dziećmi, które chcą tu przyjechać!
Dziewczyna: Oj!

 7a Proszę obejrzeć materiał filmowy, a następnie odpowiedzieć na pytania. Proszę porównać odpowiedzi w grupie.

 7b Proszę obejrzeć ponownie wywiad, a następnie wspólnie z kolegą zrobić listę korzyści związanych z przeprowadzką na wieś. Proszę uwzględnić perspektywę dzieci i rodziców.

Dziennikarka: Dzień dobry.
Matka: Dzień dobry.
D: Dzień dobry.
Ojciec: Dzień dobry.
D: Dzień dobry.
M: Zapraszamy.
D: Czy urodziliście się w Krakowie?
M: Tak, tak, urodziliśmy się w Krakowie obydwoje.
O: Moja rodzina w Krakowie mieszka od połowy dziewiętnastego wieku.
D: Jak długo mieszkaliście w Krakowie?
M: No, całe życie, od urodzenia…
O: Całe życie.
M: … do momentu przeprowadzki tutaj.
D: Co zdecydowało o przeprowadzce za miasto?
M: No, chęć zmiany trybu życia, kontakt z przyrodą, posiadanie własnego domku, spełnienie marzeń z dzieciństwa, którymi był właśnie taki drewniany domek na wsi z ogródkiem.
O: Właśnie mieć więcej, mieć naokoło siebie siebie więcej przestrzeni.
M: Więcej przestrzeni. Tak, ta przestrzeń, mhm.
D: Dlaczego wybraliście tą właśnie miejscowość?
M: No, przypadkowo. To zdarzyło się tak, że znaleźliśmy ogłoszenie w gazecie… bo na samym początku wynajmowaliśmy tutaj domek i to był przypadek.
D: Jak dzieci zareagowały na wiadomość o przeprowadzce?

O: No, entuzjastycznie. Były ciekawe tego, co się stanie, jak będzie wyglądało nasze życie. Były, no podekscytowane tym faktem, że mamy radykalnie coś zmienić w życiu.
D: Jak wyglądały pierwsze miesiące po przeprowadzce za miasto?
O: Bardzo dobrze. Bardzo no, znaczy no my wiedzieliśmy, gdzie będziemy mieszkać i to nam się podobało, także byliśmy bardzo entuzjastycznie do tego nastawieni i to wszystko nam się zaczęło sprawdzać. Tym bardziej, że zaczęliśmy wchodzić w tę społeczność, poznawać ludzi.
M: Uczyliśmy się też dużo od tutejszej społeczności. Szczególnie takich różnych zwyczajów tutaj panujących na wsi. Wszyscy się znamy, ale nawet jak się z kimś nie znamy to i tak kłaniamy się sobie, rozmawiamy ze sobą. Tego w mieście nie mamy.
D: Jak zmieniło się wasze życie?
O: Diametralnie.
M: Wszystko się zmieniło.
O: Teraz nas budzą ptaki, a nie samochody.
M: I tramwaje.
D: Czy tęsknicie za życiem w mieście? Jeśli tak, to za czym najbardziej?
M: Nie tęsknimy, bo zawsze możemy do miasta pojechać. Mamy blisko. Możemy pojechać na koncert, do kina, na basen. Czasami też jak chcemy popływać w większym basenie. Chociaż tutaj już też mamy w naszych miejscowościach dwa baseny dostępne w szkołach, nowe. Nie, raczej nie tęsknimy.
D: Jakie macie rady dla tych, którzy chcą przeprowadzić się za miasto?
O: Żeby dobrze poznali miejscowość, w której zamierzają mieszkać. To jest bardzo ważne wtedy, kiedy buduje się dom i wtedy kiedy się chce mieć przyjaznych sąsiadów.
M: Żeby poznali troszeczkę mentalności, zwyczajów w lokalnej społeczności, ale też tego, na przykład, skąd wieją wiatry.
O: Tak, bo to jest ważne przy budowie domu, po prostu.
SCENA 2
D: Jak zareagowaliście na wiadomość o przeprowadzce?
Dziecko 1: Chyba bardzo dobrze, ponieważ cieszyliśmy się, że pojedziemy tutaj i będziemy mieli dużo miejsca do zabawy, dużo przestrzeni i swobody.
Dziecko 2: Ja w sumie też nie pamiętam, bo miałam tylko pięć lat.
D: Co wam najbardziej podoba się w waszej miejscowości?
Dz1: Jest tu dużo roślin i zwierząt.
Dz2: No i ma się gdzie pobawić.
D: Za czym tęsknicie?
Dz1: Tęsknimy może za tym, że wtedy w mieście mieliśmy…
Dz2: Było dużo ludzi i znajomych.
Dz1: I nie tylko, ale też mieliśmy mniej czasu do przejścia do kina na przykład.
D: Jak oceniacie decyzję o przeprowadzce?
Dz2: Myślę, że rodzice dobrze postąpili, przeprowadzając się na wieś, bo tutaj rzeczywiście mamy dużo miejsca.
D: Gdzie będziecie mieszkać za dziesięć, piętnaście lat?
Dz1: Na pewno tutaj.
Dz2: Też na wsi.

 2b Ewa ma problem. Proszę wysłuchać wypowiedzi i zaznaczyć, czego oczekuje od Ewy jej rodzina.

Mam 27 lat, pracuję na uniwersytecie – jestem asystentką na anglistyce. Mieszkam z rodzicami, dziadkami, siostrą i psem, i… mam już tego dość! Moja babcia cały dzień ogląda seriale, dziadek słucha radia „Parlament", mama nie pracuje i chyba się nudzi, a siostra ma trudny okres. Wszyscy czegoś ode mnie oczekują, mają pretensje o coś, nawet ojciec. Nie lubię, jak ktoś ingeruje w moje życie! Od rana słyszę:
Babcia: Nie rozumiem, dziecko, jak można tak żyć. Ciągle tylko praca i praca, a mógłbyś odpocząć i obejrzeć jakiś serial. A poza tym, ja w twoim wieku już dawno miałam męża i dzieci, i uważam, że ty też powinnaś! Masz 27 lat!
Ojciec: Ewuniu, masz 27 lat i powinnaś zdecydowanie zamieszkać sama! Możesz przecież wynająć mieszkanie, a jeśli będziesz miała daleko do pracy, to zawsze możesz sobie kupić samochód. Nie musisz się martwić, pomożemy ci finansowo.
Siostra: Jesteś coraz grubsza, Ewka! Uważam, że powinnaś zacząć chodzić na aerobik. A poza tym nie rozumiem, jak możesz mieszkać z rodzicami! Oni cały czas mają o coś pretensje. Dlaczego nie chcesz jechać na ten staż do Londynu, który proponował ci twój profesor? Miałabyś wreszcie spokój.
Dziadek: Myślisz, że nie wiem, że palisz papierosy? To wszystko dlatego, że nie masz nic do roboty! Powinnaś rzucić palenie i znaleźć sobie jakieś hobby, na przykład zacząć się interesować polityką.
Matka: Kiedy wreszcie zrobisz ten doktorat?! Powinnaś zacząć więcej czytać, bo inaczej do końca życia będziesz asystentką na anglistyce!

4c Proszę wysłuchać nagrania po raz drugi i uzupełnić wypowiedzi Magdy i Marka, a następnie zaproponować dalszy ciąg ich historii.

Magda: To nie ma sensu. Jesteśmy ze sobą prawie dwa lata, ale ciągle mamy problemy. Marek mnie nie rozumie, chce, żebym była kimś innym, nie potrafi mnie zaakceptować. Od roku mieszkamy razem. Marek chciałby, żebym gotowała i zajmowała się domem. Nie chcę być gospodynią domową! Marek ma do mnie pretensje o to, że interesuję się tylko architekturą. Ale ja studiuję architekturę dlatego, że to moja pasja! Uważa, że za mało czytam, chce, żebym chodziła z nim do teatru i czytała trudne książki. Szkoda mi na to czasu. Nie rozumiem go! Najpierw prosi, żebym zrobiła kolację, potem chce, żebym posprzątała, a w końcu mówi, że jestem głupia. Mam dość!
Marek: Magda jest trudna. Mieszkamy ze sobą już prawie rok, ale ciągle jej nie rozumiem. Wiem, że studiuje architekturę, ma mało czasu i dużo pracy. Po prostu chcę jej pomóc. Magda chyba chciałaby być idealną gospodynią domową. Mówię jej, żeby nie sprzątała i nie gotowała, proszę, żebyśmy poszli do teatru, żeby przeczytała jakąś dobrą książkę. Ale ona uważa, że ja myślę, że jest głupia. Ona nigdy nie prosi, żebym pomógł jej zrobić kolację… Nie wiem, może ona chce, żebym to ja się zajmował domem? Chciałbym, żeby nie myślała, że ją ciągle krytykuję. Nie wiem, o co ma do mnie pretensje, mógłbym jej pomóc, gdyby tylko chciała.

4e Proszę posłuchać wypowiedzi i zaznaczyć, kogo z wymienionych osób dotyczą podane informacje.

1. Chciałabym, żebyście przyjechali na święta, tak dawno was nie widziałam…
2. Prosiłam, żeby w moim pokoju nie było czarnych mebli!
3. A teraz proszę, żebyście przeczytali ten tekst.
4. Oczekuję, że przygotuje pan ten bilans na poniedziałek!

6a Aktorzy czytają fragmenty trzech scenariuszy. Proszę wysłuchać nagrania i zdecydować, co jest tematem tych scenariuszy.

6b Proszę posłuchać nagrania po raz drugi i powiedzieć:

Scenariusz 1
On: Zabiję ciebie i mojego brata! Jak mogliście mi to zrobić! (*bardzo dramatycznie*)
Ona: Eryku, proszę nie rób tego! Twój brat Alfred i ja nie chcieliśmy tego!
On: Lauro, tak bardzo cię kochałem, a ty mnie zdradziłaś!
Ona: Eryku, najdroższy, myślałam że umarłeś. Kiedy dostałam list z Afryki, że była ta straszna epidemia, i że ty nie żyjesz, byłam w rozpaczy! A twój brat był blisko.

Scenariusz 2
Ona: Proszę, zrozum… Ja nie potrafię dłużej tak żyć.
On: Nie możesz mieć do mnie pretensji Anno, przecież mówiłaś, że nie chcesz całej tej rutyny, domu, dzieci, psa, całego tego mieszczaństwa… Przecież sama tego chciałaś!
Ona: Masz rację, chciałam tego…
On: Nie chcę, żebyś odeszła, kocham cię.
Ona: Ja też myślałam, że cię kocham, że potrafię zrozumieć sytuację, że potrafię żyć z twoimi depresjami, z twoimi euforiami, z twoją wódką, z twoją żoną … Musimy się rozstać.

Scenariusz 3
Ona: (*odbiera słuchawkę*)
On: Nie śpisz jeszcze?
Ona: (*śmieje się*) Dzwonisz do mnie w środku nocy i pytasz, czy nie śpię? Ale nie, nie spałam jeszcze.
On: Chciałem ci podziękować za dzisiejszy dzień, za ten spacer i za wszystko.
Ona: Nie ma za co, możemy to powtórzyć, kiedy tylko będziesz chciał. Jesteśmy w końcu przyjaciółmi.
On: Wiesz…
Ona: No, co jeszcze?
On: Wiesz ja…, właściwie dzwonię, bo…
Ona: Nie możesz spać?
On: …bo chciałem cię zapytać, co byś powiedziała, gdybym ci powiedział, że…. zakochałem się w tobie.
Ona: Ty?
On: Kocham cię!

6e *Przed obejrzeniem filmu:*
Dzieci będą mówiły o tym, jak rozumieją miłość i problemy w związkach romantycznych i w rodzinie. Pracując wspólnie z partnerem, proszę zgadnąć, co powiedzą dzieci. Swoje propozycje proszę wpisać do tabeli poniżej do rubryki „Prognoza".

6f Proszę obejrzeć wywiad z dziećmi i zanotować ich wypowiedzi w rubryce „Wypowiedzi dzieci". Proszę porównać swoje prognozy z uzyskanymi wypowiedziami. Proszę podzielić się swoimi refleksjami na forum grupy.

Co to jest miłość?
Dziennikarka: A co to jest miłość?
Dziewczynka 2: Że na przykład jak jest mi smutno, to mama mnie przytula.
Dziewczynka 1: Nie wiem.
Chłopiec: Ja się zakochałem w płatkach z mleka.

Skąd wiadomo, że ludzie się kochają?
Dz: A skąd wiadomo, że ludzie się kochają?
D2: Bo dają sobie kwiaty.
D1: Jak biorą ślub.
Ch: Dają sobie torciki i prezenty, i czekoladki, i buziaki, i kwiaty.

Opowiedz o swojej rodzinie.
D2: Ja mam w swojej rodzinie siostrę, siostrę, tatę, mamę.
D3: Mam młodszego brata, mamę, tatę i psa. I siebie oczywiście.

Co chcielibyście zmienić w swojej rodzinie?
Dz: Co chcielibyście zmienić w swojej rodzinie?
D2: Chciałabym mieć psa.
Ch: Chciałbym, żeby mój tata się zmienił na dobr… na lepszego.

Czy masz dziewczynę albo chłopaka?
Dz: Czy masz dziewczynę?
Ch: Mam. Kornelkę, Nadię i …. za dużo. Mam pięć dziewczyn albo sześć.
P: Masz jakiegoś chłopaka?
D1: Nie mam.
D2: Masz.
D1: Nie.
D2: Masz!
D1: Nie.
D2: Franka i Kostka.
D2: Franka i Kostka.
D1: Nie mam.
D2: Mam kogoś. Takiego Tymka.
Dz: Czy masz jakiegoś chłopaka?
D3: Tak. Takiego Filipa. On się lubi wygłupiać, a ja też się lubię wygłupiać. I on jest fajny. Ogólnie.

Jak będzie wyglądała twoja rodzina?
Dz: Czy wyjdziesz za mąż i jak będzie wyglądała Twoja rodzina?
D3: Nie. Nie.
Ch: Ja chciałbym się ożenić z Kornelką. Jee.
D2: Będę miała taki dom, który cały będzie z waty cukrowej. Dach będzie miał piernikowy, a meble będą z cukierków i lizaków.
D1: A z czego będzie komin?
D2: Komin będzie z laseczek cukrowych.

LEKCJA 9 ●

1b Proszę wysłuchać nagrania i uzupełnić brakujące dane. Czy wyniki sondy są dla Państwa zaskoczeniem?

Większość Polaków jest bardzo tolerancyjna dla swoich przyjaciół.
Aż 25% dałaby szansę przyjacielowi, który wykorzystał ich przyjaźń!
1. Co zrobiłbyś, gdyby twój przyjaciel wykorzystał waszą przyjaźń?
   Skończyłbym z nim znajomość.   35%
   Dałbym mu jeszcze jedną szansę.   25%
   Nic, nikt nie jest doskonały.   40%
2. Czy troszczysz się o swojego przyjaciela?
   Oczywiście!   55%
   Tak.   20%
   Nie. Wiem, że to nie fair.   25%
3. Czy twój przyjaciel rozczarował cię kiedyś?
   Tak.   36%
   Nie.   64%
4. W jakiej sytuacji powinniśmy zawsze móc liczyć na przyjaciela?
   W chorobie.   20%
   Kiedy mamy problemy finansowe.   10%
   Kiedy mamy problemy osobiste.   70%

1e Proszę wysłuchać wypowiedzi trzech osób. Wypowiedzi zostały nagrane i przedstawione w audycji radiowej, której tematem była przyjaźń. Proszę napisać w rubrykach właściwą odpowiedź: *tak / nie / jest niezdecydowany / niezdecydowana / brak informacji*.

CD 30 **1f** Proszę posłuchać jeszcze raz nagrania i zdecydować, czy te zdania są prawdziwe (P), czy nieprawdziwe (N).

1.

D.: Zbyszek Zawisza, prezenter telewizyjnych programów rozrywkowych. Co to jest przyjaźń?

Z.Z.: Zaufanie, wspólne pasje, wspólne poczucie humoru.

D.: Czy przyjaźń jest dla ciebie ważna?

Z.Z.: Nie wiem, myślę, że ważniejsza jest miłość. W naszej branży, wiesz sama, przyjaźń jest trudna, jeśli nie niemożliwa. Jest za duża konkurencja i trudno sobie nawzajem ufać. Mam kilku przyjaciół jeszcze z czasów liceum, ale nie spotykamy się, rozumiesz, oni nie mieszkają w Warszawie. Ale myślę, że mógłbym na kilka osób liczyć w każdej sytuacji.

D.: Czy jest możliwa przyjaźń między kobietą i mężczyzną?

Z.Z.: (śmiech) Trudno powiedzieć… Może tak, jeśli kobieta nie byłaby dla mnie atrakcyjna seksualnie, to może tak, ale… nie wiem, nie próbowałem przyjaźni z kobietą.

2.

D.: Gabrysia Młodawska, licealistka. Co to jest przyjaźń?

G.M.: Zaufanie. Moją najlepszą przyjaciółką jest mama, mogę jej powiedzieć wszystko.

D.: Czy przyjaźń jest dla ciebie ważna?

G.M.: Tak, jest bardzo ważna. Mam wielu przyjaciół, nie tylko w szkole, ale też w harcerstwie. To są ludzie, z którymi naprawdę dobrze się czuję.

D.: Czy jest możliwa przyjaźń między kobietą i mężczyzną?

G.M.: Oczywiście, że tak. Mam przyjaciół, w harcerstwie, chłopaków. Razem jeździmy na obozy, mieszkamy często razem na kempingu i wszystko jest OK.

3.

D.:Maria Nawrotna, pisarka. Co to jest przyjaźń?

M.N.: Przyjaźń to jest to samo, co miłość: wspólny system wartości, wspólna wizja świata plus magnetyzm. A miłość to jest przyjaźń plus seks (mówi dobitnie).

D.: Czy przyjaźń jest dla pani ważna?

M.N.: Człowiek nie mógłby istnieć bez trzech elementów: powietrza, jedzenia i miłości, czy jak pani woli, przyjaźni.

D.: Czy jest możliwa przyjaźń między kobietą i mężczyzną?

M.N.: Nie, bo tak jak powiedziałam, przyjaźń między kobietą i mężczyzną to jest miłość. Sama, wyizolowana od seksu przyjaźń, może łączyć tylko dwie kobiety lub dwóch mężczyzn.

CD 31 **3a** Proszę wysłuchać wypowiedzi, a następnie zaznaczyć, w której z nich występuje: prośba, propozycja, przypuszczenie, życzenie.

1. Mógłbym przyjść, jeśli chcesz.
2. Chciałabym mieć przyjaciela.
3. Może pojechalibyśmy za miasto?
4. Myślę, że ona mogłaby to zrobić.
5. Zjadłbym coś!
6. Poszlibyście z nami?
7. Nie wiem, może zrobiłbym to.
8. Napiłbym się herbaty.
9. Mógłbyś mi pożyczyć słownik?
10. To byłoby możliwe.
11. Mogłabyś mi pomóc?
12. Mógłbym ci w tym pomóc.

CD 32 **4c** Proszę wysłuchać wypowiedzi czterech osób i uzupełnić zdania.

CD 32 **4d** Proszę przypomnieć, co powiedzieli bohaterowie z poprzedniego ćwiczenia.

Jan: Gdybym miał przyjaciela, byłbym naprawdę szczęśliwy.
Ewa: Gdybym mieszkała w Warszawie, poznałabym wielu świetnych ludzi.
Piotr: Gdybym miał więcej pieniędzy, pojechałbym na wakacje.
Maria: Gdybym mogła liczyć na Agnieszkę, byłabym spokojna.

 6a Proszę obejrzeć film DVD i powiedzieć, kim są poniższe osoby.
DVD 8

 6b Proszę zdecydować, czy to prawda (P), czy nieprawda (N).
DVD 8

 6c Proszę uzupełnić zdania.
DVD 8

Mariola: Sylwia! To ty?! Nic się nie zmieniłaś kochana!

Sylwia: A ty się zmieniłaś i to bardzo, ledwie cię poznałam! Co za spotkanie! Ostatnio widziałyśmy się… czekaj, hmm… na ślubie Sebastiana i Moniki, prawda? A co ty tu robisz, myślałam, że mieszkasz w Gdańsku?!

M: Mieszkałam przez parę lat. Przeprowadziłam się do Warszawy, kilka miesięcy po tym, jak wyjechałaś do Anglii. Ale co ty tu robisz? Przyjechałaś odwiedzić rodziców?

S: Nie, wróciłam do Polski na stałe.

M: Poważnie? Jak długo mieszkałaś w Londynie, 10 lat?

S: Prawie. Postanowiliśmy wrócić i założyć tu firmę, wiesz taki mały startup. Zajmujemy się nieruchomościami.

M: My?

S: Tak, ja i mój mąż Imran, wyszłam za mąż 2 lata temu.

M: Imran?

S: Tak, Imran, mój mąż jest Pakistańczykiem.

M: Ooo? A Tomek? Co się z nim stało? Byliście parą jeszcze w szkole?

S: Tomek został w Londynie. Gdybyśmy nie wyjechali, pewnie bylibyśmy już małżeństwem, mielibyśmy dzieci, a ja bym pracowała w szkole jako anglistka. Całe szczęście, że zdecydowaliśmy się wyjechać do Londynu. Gdyby nie ta decyzja, nigdy nie odkryłabym swojej pasji do inwestowania w nieruchomości i nie poznałabym Imrana.

M: A jak go poznałaś?

S: Mieliśmy wspólnych przyjaciół. Moja najlepsza przyjaciółka i przyjaciel Imrana pracowali razem w agencji rekrutacyjnej i mieli otwarty karnet do fitness clubu, który czasem pożyczałam, a Imran robił to samo. No i poznaliśmy się na siłowni, jeździliśmy na rowerach treningowych i godzinami rozmawialiśmy o inwestowaniu w nieruchomości. Potem zaczęliśmy się spotykać.

M: A Tomek, jak on zniósł rozstanie?

S: Na początku było mu ciężko, ale w sumie to była dobra decyzja. Gdybym go nie zostawiła, nigdy nie poznałby swojego obecnego partnera Jamiego.

M: Partnera? Jak to partnera?

S: Okazało się, że Tomek jest gejem. A co u ciebie, opowiadaj! Wyglądasz rewelacyjnie!

M: Dzięki! Mieszkałam trochę w Gdańsku, gdzie uczyłam angielskiego w prywatnej szkole językowej. Potem przeprowadziłam się do Warszawy, 4 lata temu wyszłam za mąż i mamy dwoje dzieci.

S: Żartujesz?! Dwoje dzieci? Gratuluję! A mąż?

M: Znasz go. Wyszłam za Sebastiana.

S: Jak to Sebastiana? Nowaka?

M: Tak. Rozwiedli się z Moniką rok po ślubie.

S: Ale historia!! A co się stało, jeśli mogę zapytać?

M: Monika miała romans z przyjacielem Sebastiana, klasyka. Zostawiła go. Sebastian przeprowadził się do Gdańska i zaczęliśmy się spotykać.

S: Ty i Sebastian, ale numer. Wiesz, ale ja wiedziałam, że tak będzie. Ja mówiłam Monice, żeby nie wychodziła za mąż za Sebastiana, gdyby mnie posłuchała, nie byłoby rozwodu. On był jej najlepszym przyjacielem, ale nie było między nimi chemii.

M: Gdyby Sebastian nie ożenił się z Moniką, ja nie wróciłabym do Gdańska. Może poznałabym kogoś w Warszawie, może wyjechałabym do Anglii tak jak ty.

S: Kto wie, co by było gdyby… Nigdy nie wiadomo. Najważniejsze, że jesteś szczęśliwa. Jesteś, prawda?

M: Tak, bardzo! Musimy się spotkać we czwórkę, Imran mówi po polsku?

S: Hmm, uczy się. Ale musimy koniecznie się spotkać. Koniecznie!

CD 33 **5** Proszę wysłuchać wypowiedzi trzech osób. Proszę zdecydować, czy poniższe zdania są prawdziwe (P), czy nieprawdziwe (N).

CD 33 **6** Proszę wysłuchać nagrania po raz drugi, a następnie uzupełnić zdania według wzoru.

1. młody mężczyzna

Zakupy w supermarkecie zajmują mniej czasu i jest na pewno taniej. Nie mam dużo czasu, więc na zakupy jeżdżę głównie w niedzielę albo późno po pracy. No właśnie, to też jest ogromną zaletą supermarketów, że są otwarte dłużej i we wszystkie dni tygodnia. Oczywiście w małych sklepikach jest sympatycznie, ale nie ma dużego wyboru.

2. młoda kobieta

Zdecydowanie wolę uczyć się angielskiego na lekcjach indywidualnych niż na kursie językowym. Praca w grupie jest dla mnie stresująca z kilku powodów: po pierwsze dlatego, że osoby, które uczą się szybciej, chcą, żeby na lekcji było większe tempo. Po drugie, te osoby więcej mówią, a ja muszę mieć dużo czasu, żeby sformułować zdanie. Na lekcjach indywidualnych sama dyktuję tempo pracy i jestem zadowolona.

3. starsza pani
Najbardziej lubię spędzać wakacje w luksusowym hotelu na plaży, najlepiej w jakimś egzotycznym miejscu. To jest oczywiście droższa forma wypoczynku, ale ma swoje zalety. W hotelu jest wygodnie i spokojnie, pokoje są eleganckie, a obsługa miła. Nie wiem, może zwiedzanie świata jest ciekawsze, ale na pewno bardziej męczące.

 17 Proszę wysłuchać dialogów, a następnie zdecydować, w którym z nich występują: życzenie, przypuszczenie, propozycja, prośba.

 18 Proszę zdecydować, kim są osoby z dialogów i gdzie się znajdują, a następnie proszę dokończyć zdania.

Dialog 1
– Strasznie tu gorąco... Nie masz klimatyzacji w samochodzie?
– Niestety, nie mam.
– A czy mogłabyś otworzyć okno?
– Oczywiście, już otwieram.

Dialog 2
– Ojej, już 8.15! Szef już przyszedł?
– Na szczęście nie. A co się stało?
– Nic, autobus się spóźnił.
– Wiesz co, mam pomysł! Mieszkam niedaleko, więc moglibyśmy jeździć razem do pracy. Samochodem jest szybciej.
– Ale...
– To żaden problem!

Dialog 3
– Recepcja, słucham.
– Chciałabym napić się szampana!
– Oczywiście, zaraz przyniesiemy. Jakiego szampana pani sobie życzy?
– Najdroższego, oczywiście! Co za pytanie?

Dialog 4
– Wiesz, że Jan mówił mi ostatnio, że planuje kupić dom na wsi?
– Eeee, na pewno nie mówił tego poważnie. Ma tu piękne, duże atelier, a poza tym, co artysta może robić na wsi? Organizować wystawy dla rolników? (śmiech)
– Nie śmiej się, ja myślę, że on mógłby to zrobić. Zresztą sama wiesz, jaki z niego oryginał.

● **LEKCJA 11**

 1f Proszę wysłuchać wypowiedzi ośmiu osób i porównać swoją wersję ćwiczenia 1e z nagraniem.

1. Uważam, że mikrofalówka jest bardzo funkcjonalna, można w niej szybko przygotować jedzenie.
2. Chcesz coś do picia? Mam w lodówce zimny sok pomarańczowy.
3. Kupiłam nowoczesny, rewelacyjny ekspres do kawy i teraz codziennie piję cappuccino.
4. To żelazko jest małe i praktyczne. Zabieram je zawsze w podróż, bo lubię, żeby moje ubrania były dobrze wyprasowane.
5. Zupa stoi na kuchence, możesz ją sobie podgrzać, jeśli jesteś głodny.
6. Mój nowy czajnik jest bardzo oryginalny, ma ładny kolor, nowoczesny kształt i bardzo szybko gotuje wodę.
7. Zmywarka do naczyń oszczędza czas, jest wygodna przede wszystkim dla tych, którzy nie lubią zmywać.
8. Mój robot kuchenny ma kilka fajnych opcji, ale najczęściej używam go do robienia sałatek.

  2a Proszę wysłuchać pięciu dialogów, a następnie zdecydować, gdzie się znajdują i o co proszą wypowiadające się osoby.

Dialog 1
– Haniu, czy mogłabyś wyłączyć ten robot kuchenny? Jest mecz!
(milczenie)
– Haniu, możesz go wyłączyć?
(milczenie)
– Haniu, wyłącz go, bo nic nie słyszę!
(wyłącza)
– Co mówiłeś Januszu? Nic nie słyszę!

Dialog 2
– Czy mógłby pani się przesunąć? Pod oknem jest wolne miejsce.
– Ale ja wysiadam na następnym przystanku!

Dialog 3
– Przepraszam, czy mógłby mi pan pomóc? Ten plecak waży chyba ze 100 kilo.
– Uff... Faktycznie ciężki... Co pani tam ma?

– Książki. Jadę na weekend do domu.
– A co pani studiuje?

Dialog 4
– Proszę, proszę panie profesorze. Niech pan siada. Co się dzieje?
– *(panika w głosie)* Coraz gorzej, pani doktor, coraz gorzej. Nie mogę już prawie czytać, pisanie sprawia mi trudność. Boję się, że niedługo nic nie będę widział. Czy mogłaby pani doktor dać mi mocniejsze okulary?
– Spokojnie, panie profesorze, zaraz pana zbadamy i na pewno wszystko będzie dobrze.

Dialog 5
– Przepraszam, czy ma pani może komórkę?
– Mam.
– Mogę zadzwonić?
– Ale...
– Proszę pani, ja muszę zadzwonić po karetkę i na policję. Tam był wypadek! Ja widziałem!
– Tam leży człowiek!

 2d Proszę wysłuchać następujących zdań, a następnie powtórzyć je z właściwą intonacją.

a) grzecznie
b) z irytacją
   – Czy mógłbyś wyłączyć telewizor? Mecz się skończył.
   – Czy możesz wysuszyć włosy gdzieś indziej? Nic nie słyszę.
   – Czy możesz mi powiedzieć, jak to działa?

 3d Proszę posłuchać wypowiedzi czterech osób, a następnie zaznaczyć w tabeli, która z nich podaje poniższe informacje.

 3e Proszę ponownie wysłuchać nagrania i wpisać brakujące słowa i zwroty.

Stanisława: Młodzi mają teraz i gorzej, i lepiej. Gorzej, bo trudno znaleźć dobrą pracę. Kiedy ja byłam młoda, nie było bezrobocia, miało się zagwarantowaną pracę w swoim zawodzie. Lepiej, bo mogą kupić tyle wspaniałych rzeczy do domu: lodówki, pralki, zmywarki do naczyń. Kiedyś nie było zmywarek, a i lodówkę trudno było kupić. Stało się w kolejce, czasem i kilka dni. No i mają kolorowe telewizory. Kiedy byłam młoda, nie miałam telewizora, w piątki chodziło się do sąsiadów, którzy mieli czarno-biały „Ametyst". Nic nie było widać, ale... to było święto...

Władysław: Młodzi mają teraz dobrze, mogą bez problemu kupić samochód. Drogi czy tani, ważne że mogą kupić. Kiedyś czekało się na samochód, trzeba było robić przedpłaty, to znaczy najpierw płacić raty, a potem czekać. Dobrze było mieć kogoś znajomego w urzędzie, wie pani, kogoś, kto pomoże... Pierwszy samochód miałem w latach 60. (sześćdziesiątych) – Syrenkę. Jak parkowałem pod blokiem, to sąsiedzi pękali z zazdrości. No i szanowało się ten samochód, myło się w każdą sobotę... A teraz, proszę pani, teraz się nic nie szanuje!

Aniela: Kiedyś to wszystko trudno było kupić. Mąż jeździł za granicę, na delegację, to przywoził, a to suszarkę, a to toster. Mąż był dyrektorem, to mieliśmy bony do Peweksu, można było i kawę rozpuszczalną kupić, i sweterek, i dżinsy dla dziecka. Ale teraz młodzi mają lepiej! Wyjeżdża się za granicę na wakacje... Dawniej, jak się chciało wyjechać za granicę na urlop, to tylko do Bułgarii albo na Krym. Mieliśmy specjalne paszporty na „demoludy", a do Europy Zachodniej nie wolno było. Mąż był dyrektorem, to...

Marian: Teraz, proszę pani, jak się ma pieniądze, to można kupić wszystko. Chce się mieć telefon? Proszę bardzo! Stacjonarny czy komórkowy kupuje się „od ręki". Dawniej, proszę pani, to na telefon czekało się i 10 lat. Tak samo na mieszkanie w bloku, czekało się po kilkanaście lat. A teraz? Do agencji, pieniążki na stół i można się wprowadzać. A jak mój syn idzie na zakupy, to nawet nie musi mieć gotówki, bo teraz, proszę pani, to się kartą płaci.

 5f Proszę wysłuchać wypowiedzi osób na fotografii, a następnie uzupełnić poniższą tabelkę.

Babcia:
Do moich obowiązków domowych należy przede wszystkim wychowywanie wnuków, poza tym codziennie przygotowuję kolację dla całej rodziny. Lubię też prasować. Moim ulubionym zajęciem jest surfowanie po internecie. Natomiast bardzo nie lubię oglądać telewizji.

Ojciec:
Bardzo lubię gotować, dlatego do moich obowiązków domowych należy robienie zakupów i gotowanie obiadów dla całej rodziny. Nie lubię prania ani zmywania naczyń. Moim ulubionym zajęciem jest oczywiście czytanie dobrych książek.

Matka:
Do moich domowych obowiązków należy sprzątanie, które bardzo lubię, i pranie, którego niestety nie lubię. W czasie weekendu chodzimy z mężem i z przyjaciółmi do teatru albo na koncert. To są fantastyczne wieczory! Ale moim ulubionym zajęciem jest malowanie portretów moich dzieci.

Syn:
Podobnie jak babcia, lubię surfowanie po internecie, ale jest to problem, bo mamy tylko jeden komputer. Nie lubię wynoszenia śmieci, które należy do moich obowiązków domowych, ale cóż… Lubię robić zakupy z tatą i chodzić do kina. Ale moim ulubionym zajęciem jest jedzenie!

Córka:
W weekendy lubię chodzić z moimi przyjaciółkami do klubu albo na imprezy, lubię też pisać e-maile. Nie lubię zajęć domowych, żadnych! Niestety do moich obowiązków należy zmywanie naczyń. Moim ulubionym zajęciem jest pisanie – kiedyś będę znaną pisarką.

 5g Proszę obejrzeć film i zaznaczyć, o których sprzętach i urządzeniach domowych oraz środkach czystości jest mowa.

 5h Proszę ponownie obejrzeć film i zdecydować, czy poniższe sformułowania są prawdziwe (P), czy nieprawdziwe (N).

Ciocia: Kochani, tacy jesteśmy wdzięczni, że zaopiekujecie się naszym Filemonem, no i oczywiście domem.
Julia: Nie ma za co ciociu, dla nas to przyjemność.
C: Mam nadzieję, że będziecie się tu czuć jak u siebie w domu.
Wujek: Ekhmm… Do pewnego stopnia oczywiście… Urządzanie imprez w tej okolicy jest niemile widziane. Sąsiedzi to spokojni ludzie, nie lubią hałasu.
C: Kochanie, nie przesadzaj, Julcia i Kacperek to nie są dzieci, tylko odpowiedzialni, młodzi ludzie, prawda Juleczko?
J: Prawda ciociu. Wujku, jakie imprezy! My musimy się uczyć do egzaminów. W waszym domu będziemy przynajmniej mieli ciszę i spokój.
C: No widzisz! Zaraz wam wszystko pokażę. No więc tak, zmywarka do naczyń, o tutaj. Zawsze puszczaj program ECO, jest energooszczędny, tu w szafce macie tabletki do zmywarki, macie tu też proszek do prania, płyny, środki czystości. Pralka jest prosta w obsłudze, te programy są dość długie, ja używam najczęściej tego: kolorowe, syntetyczne i na 40 stopni. Jeśli będziecie używać suszarki, pamiętaj, żeby nie wkładać swetrów, bo się zniszczą. Jest też opcja delikatne, ale ja nie mam zaufania.
W: Kochanie, no przecież sobie poradzą z obsługą prostych sprzętów domowych.
Kacper: A czy możemy korzystać z tego ekspresu do kawy?
C: Oczywiście Kacperku, zaraz ci pokażę, jak się go obsługuje.
K: A nie, dziękuję, pracowałem w kawiarni, mieliśmy tam taki sam. Umiem go obsługiwać.
C: Ach, wspaniale! Kawa i herbata są w tamtej szafce, jest duży zapas.
C: Tutaj macie zapasy Filemona. Prawda kochanie? Jedzonko dla syneczka, prawda? On niczego innego nie jada. I pamiętajcie o przekąsce na noc i zawsze zostawiajcie mu włączone światło, Filemon nie lubi ciemności.
C: Co jeszcze… aha, żelazko jest tutaj i deska do prasowania za lodówką. No właśnie, lodówka jest pełna, proszę wszystko zjeść. W zamrażalniku macie mięso. Gdyby coś się zepsuło, wszystko jedno co, awaria wody, prądu, sprzętu, proszę dzwonić do pana Rysia. O, tutaj jest jego numer. Pan Rysio potrafi naprawić wszystko.
W: Kochanie, taksówka czeka, musimy jechać, bo spóźnimy się na samolot.
C: Tak, Fileeeemon! Pożegnaj się z rodzicami!
K: Ja mam jeszcze pytanie o hasło do wi-fi.
W: Jest na ruterze, obok telewizora. Kochanie, wychodzimy.
C: Filemon! Filemon! Pożegnaj się z mamusią.
W: Wychodzimy.
C: Obraził się, że go nie zabieramy na wakacje. Juleczko, Kacperku, pożegnajcie ode mnie Filemonka, opiekujcie się moim skarbem. Do widzenia, do widzenia kochani. Do zobaczenia za dwa tygodnie.
J: Ciociu nie martw się, wszystko będzie dobrze.
K: Uff… No chodź tu kocie, chodź. Masz ochotę na kiełbasę? Nie będzie przecież jadł tego syfu z puszki.
J: Cześć Ala. Pojechali, …wpadajcie wieczorem, … tak, chata wolna. … Tak… jest gdzie spać… No pewnie… Jasne… Nie, pełna lodówka jedzenia… alkohol też, tak… cała piwnica wina… no jasne, powiedz wszystkim. Tak, widzimy się o ósmej. Pa!
K: Ha, wakacje czas zacząć! Jula, przybij piątkę!

 LEKCJA 12

 CD 40 **1c** Proszę wysłuchać wypowiedzi tych osób, a następnie uzupełnić tabelę.

Małgosia, 16 lat
Co jest mi najbardziej potrzebne? Nie mógłbym żyć bez smartfona! Mam dużo znajomych na Instagramie i na Snapchacie, lubię wiedzieć, co u nich słychać, ja też wrzucam dużo zdjęć. Mógłbym spokojnie żyć bez laptopa. Mam tableta, którego zabieram do szkoły, używam do czytania i do robienia notatek. Nie korzystam z telewizora. Rodzice mają, ale ja wolę oglądać

---

na tablecie. Mam telewizję internetową. Lubię oglądać, co chcę i kiedy chcę, najlepiej w łóżku. Czasem oglądam filmy na telefonie.

Renata, 45 lat
Bardzo jest mi potrzebny laptop, zresztą mam już, ale chciałabym kupić nowy. Jest mi potrzebny, bo ciągle gdzieś wyjeżdżam, a muszę pracować i mieć stały dostęp do internetu. Mam też w domu normalny komputer, ale teraz prawie w ogóle z niego nie korzystam, bo wszystkie dokumenty mam na moim laptopie. Co nie jest mi potrzebne do życia…? Selfie stick. Irytują mnie ludzie, którzy cały czas chodzą ze swoimi smartfonami na tym patyku i filmują wszystko, albo cały czas robią sobie sweetfocie. Bez sensu. Ja nie używam kamery, wystarczy, że inni cały czas mi robią zdjęcia albo filmują. Natomiast zawsze zastrzegam, że nie zgadzam się na publikowanie moich zdjęć w internecie. Nie chcę żeby moje zdjęcia były dostępne na Facebooku, czy jakimś innym portalu społecznościowym.

Jan, 73 lata
Mam kamerę, ale chciałbym kupić taką nowoczesną, cyfrową… Zawsze dużo podróżowałem i lubiłem filmować, przede wszystkim zwierzęta, ale i ludzi. Mam też aparat fotograficzny, ale prawie wcale z niego nie korzystam, bo wolę filmować. Nigdy nie kupiłbym… smartfona. Po pierwsze nie jest mi potrzebny, bo już nie pracuję, a w domu mam internet, a po drugie, dlatego że człowiek z telefonem komórkowym nie jest wolny.

CD 41 **2b** Proszę posłuchać trzech rozmów telefonicznych i zdecydować: Która rozmowa to:
   a) pytanie o realizację zamówienia
   b) prośba o naprawę urządzenia
   c) reklamacja
   O jakim urządzeniu rozmawiają te osoby?

CD 41 **2c** Proszę posłuchać nagrania po raz drugi i zanotować, jakie problemy mają te osoby oraz jaki jest proponowany sposób ich rozwiązania.

1.
– Salon sieci „Halostrada", słucham!
– Dzień dobry. Proszę pani, mam problem, wczoraj kupiłem u państwa aparat, ale niestety nie działa. Czy przyjmujecie państwo reklamacje?
– Dlaczego nie działa?
– Jak to dlaczego??? Nie działa!!! Nie mogę zadzwonić, nie mogę wysłać SMS-a, nie mogę w ogóle go włączyć.
– A czy włożył pan kartę SIM?
– Jaką kartę?
– SIM. Proszę przeczytać instrukcję i włożyć kartę SIM, jeżeli będzie pan miał problemy, proszę do nas przyjechać.
– Eeee, dziękuję. Do widzenia.

2.
– „Studio Foto", słucham.
– Dzień dobry, panie Krystianie, Grzesiek Żuwała z tej strony.
– A dzień dobry, panie Grześku! Mamy dla pana tę lampę, którą pan zamawiał, ale niestety, na obiektyw trzeba poczekać jeszcze tydzień.
– No to fatalnie! W sobotę jedziemy do Chorwacji i myślałem, że zrobię jakieś fajne zdjęcia.
– Panie Grześku, przykro mi bardzo, ale ten obiektyw jest naprawdę specjalistyczny, nie mamy go w magazynach i dopiero muszą nam go przysłać z zagranicy.

3.
– „Ultima", słucham.
– Mówi Marta Wąsowska, dzień dobry,
– Aaa, dzień dobry pani Marto. Co się stało?
– Nie wiem, chyba mam jakiegoś wirusa, bo nie sądzę, żeby to był problem z twardym dyskiem.
– A co się dzieje?
– Monitor gaśnie.
– Hmm, to dziwne… Monitor był ostatnio wymieniany na nowy. No nic, Jurek przyjedzie do pani jutro rano, dobrze?

 3a Proszę obejrzeć film, a następnie zaznaczyć, w jaki sposób bohaterka używa smartfona. Proszę podkreślić czynności, o których mowa w nagraniu.

 3b Proszę po dwukrotnym obejrzeniu filmu podkreślić sformułowania, które najbardziej pasują do kontekstu.

 3c Po obejrzeniu filmu znajdź w grupie osobę, która używa smartfonu / telefonu w podobny sposób do Pana / Pani. Skorzystaj z poniższych pytań.

Sprzedawca: W czym mogę państwu pomóc?
Babcia: Chciałabym zmienić telefon, przyszłam z wnuczką, żeby mi doradziła.
S: Interesuje panią telefon w abonamencie?

B: To zależy od oferty, może być, ale niekoniecznie. Teraz mam telefon na kartę i jestem zadowolona, ale potrzebuję więcej internetu.
S: A wie pani, ile danych pani teraz zużywa?
Wnuczka: Babcia kupuje doładowanie z ofertą 6 giga, ale to zdecydowanie za mało.
S: A mogę zapytać, w jaki sposób pani wykorzystuje dane?
B: Normalnie, czytam prasę, oglądam wiadomości, oglądam filmiki na Facebooku.
W: No i komunikatory internetowe. Babcia używa WhatsAppa, Messengera, Vibera i Skypa.
B: Instagram i Snapchat też. Chociaż od niedawna.
S: W takim razie 20 giga powinno wystarczyć, chyba że jeszcze do czegoś pani potrzebuje internetu.
B: Chciałabym móc oglądać moje seriale, kiedy na przykład idę do parku czy do lekarza.
S: Rozumiem, to może chciałaby pani ofertę rozszerzoną z tabletem? Na tablecie lepiej się ogląda.
W: Babcia ma iPada.
B: Tak, na iPadzie oglądam w domu. Jest za duży, nie mieści się do torebki. Chciałabym po prostu większy telefon, żeby się wygodnie oglądało, ale żeby zmieścił się też do torebki.
W: Najlepiej 7 cali.
S: Oczywiście, mamy kilka modeli. Jeszcze proszę powiedzieć, jaka oferta panią interesuje, nielimitowane połączenia, SMS-y?
B: Wie pani, ja praktycznie korzystam tylko z komunikatorów internetowych i oczywiście maili. Pewnie musi być opcja połączeń telefonicznych, żebym mogła zadzwonić po pogotowie czy po policję. Ale wszyscy moi znajomi mają Facebooka. Z dziećmi rozmawiam przez Skypa, a z wnukami przez Snapchat. Takie czasy, proszę pani.
S: Takie czasy. No dobrze, to chyba mam dla pani ofertę, internet bez limitu i duży smartfon. Ma pani jakieś preferencje? Android czy iOS?
B: iPhone byłby dobry, ale to zależy od ceny. Jestem przyzwyczajona do Androida, ale chyba oba systemy mają takie same apki, więc wszystko jedno.
W: Babciu, pamiętaj o kamerze.
B: A właśnie, jeszcze zależy mi na dobrej kamerze. Tak żeby miała dobre filtry, bo wie pani, ja już mam swoje lata i jak wrzucam selfika na Facebooka, to chciałabym wyglądać dobrze. Zwłaszcza, że poważnie myślę o zarejestrowaniu się na portalu randkowym.
S: Naprawdę?
B: Ja jestem wdową proszę pani!
W: Babciu, nie musisz się tłumaczyć.
S: Oczywiście, oczywiście… Zaraz przyniosę kilka modeli…

CD 42 **4e** Marian Lipko, psycholog, opowiada o tym, w jaki sposób wynalazki XX wieku zmieniły naszą wizję świata. Proszę posłuchać wypowiedzi, a następnie zdecydować, czy te zdania są prawdziwe (P), czy nieprawdziwe (N).

CD 42 **4f** Pan Marian Lipko mówi, że rozwój techniki zmienił naszą wizję świata i dzieli ten proces na dwa etapy. Jakie to etapy?

CD 42 **4g** Proszę zdecydować, w jaki sposób, według opinii psychologa, omawiane wynalazki zmieniły naszą wizję świata.

CD 42 **4h** Proszę wysłuchać nagrania po raz ostatni i dokończyć zdania.

Psycholog Marian Lipko, 45 lat
Często nawet nie zdajemy sobie sprawy, jak bardzo wynalazki ubiegłego wieku zmieniły naszą wizję świata. Ludzie XX wieku, jako pierwsi w historii zaczęli myśleć globalnie, świat stał się nagle mniejszy i bardziej dostępny. Ten proces możemy podzielić na co najmniej dwa etapy. Po pierwsze, upowszechnienie telefonu i rozwój komunikacji, czyli najpierw pociągi, potem samochody i samoloty sprawiły, że zniknął dystans między ludźmi. Ta odległość nagle stała się łatwa do pokonania, mała… Wymiana informacji stała się nagle prosta. Wcześniej wymieniano informacje tylko i wyłącznie za pomocą poczty, a wiemy, że korespondencja mogła trwać miesiącami. Potem pojawił się telefon i komunikacja między ludźmi nabrała tempa. I to nie chodzi tylko o relacje rodzinne, nie. To był przede wszystkim impuls dla biznesu. I potem rozwój motoryzacji oczywiście ten proces przyspieszył. W ogóle możemy się zastanawiać, czy współczesna forma kapitalizmu mogłaby istnieć bez rozwoju techniki. Moim zdaniem, nie. Co więcej, bez telefonu i samolotu nie byłoby globalizacji. Ale wracając do tematu, drugim etapem był rozwój telewizji. I choć możemy powiedzieć o niej wiele złego, pełni ona przede wszystkim funkcję edukacyjną. Dzięki telewizji dowiedzieliśmy się, jak naprawdę wygląda świat, poznaliśmy nieznane dotąd kontynenty, dowiedzieliśmy się, jak żyją ludzie. I znowu można powiedzieć, że telewizja przyspieszyła proces globalizacji, mówię tu o popularyzowaniu pewnego stylu życia, zachodniego stylu życia. Tak, zawdzięczamy to właśnie telewizji.

CD 43 **1f** Proszę posłuchać wypowiedzi pięciu osób i dopasować je do poniższych opisów samopoczucia.

1. Dzisiaj wstałam o dziesiątej. Pierwszy raz od tygodnia.
2. Czuję się dziwnie. Zaczyna mnie boleć gardło.
3. Poszłam spać o trzeciej, a musiałam wstać o siódmej.
4. Od rana mam dobry humor. Jestem wypoczęty i zrelaksowany.
5. Poszedłem spać wcześnie, ale cały czas myślałem o pracy. Nie mogłem się uspokoić. W końcu zasnąłem o czwartej. Co za koszmar.

CD 44 **2e** Proszę wysłuchać krótkich wypowiedzi i zaznaczyć, w których słyszymy:

prośbę o radę, doradzanie, odradzanie
1. Nie warto wyjeżdżać w maju nad morze, jest jeszcze za zimno.
2. Możesz kupić sobie magnez, to naprawdę poprawia koncentrację.
3. Na twoim miejscu nie jadłabym tyle czekoladek.
4. Naprawdę nie wiem, dokąd wyjechać na wakacje. Możesz mi doradzić?
5. Chcę kupić nowy rower, ale nie mogę się zdecydować jaki. Możesz mi pomóc?
6. Nie kupuj tych nart! Są beznadziejne.
7. Pij wodę mineralną, najlepiej 2 litry dziennie!
8. Zastanawiam się, czy nie zapisać się na kurs jogi. Co byś zrobiła na moim miejscu?
9. Nie powinnaś chodzić tak często do solarium. To może mieć bardzo poważne konsekwencje.

CD 45 **3a** Oto dekalog zdrowego człowieka. Proszę uzupełnić tekst, a następnie wysłuchać nagrania i sprawdzić, czy wyrazy w ramce zostały wpisane w odpowiednim miejscu i formie.

1. Jedz dużo owoców i warzyw!
2. Jedz w spokoju! Jedzenie w pośpiechu szkodzi!
3. Nie jedz między posiłkami!
4. Pij co najmniej 2 litry wody dziennie!
5. Pij mleko, ale tylko to, które ma mniej niż 1% tłuszczu!
6. Nie nadużywaj alkoholu!
7. Ćwicz. Sport to zdrowie!
8. Spotykaj się z ludźmi. Kontakty z innymi to lekarstwo na stres!
9. Nie pal!
10. Rób regularnie badania!

CD 46 **4b** Proszę posłuchać nagrania i zdecydować, jaki problem mają te osoby.

CD 46 **4c** O co proszą te osoby? Proszę dokończyć zdania według podanego wzoru.

0. Uff, jaki upał! Jest chyba ze 40 stopni w słońcu. Proszę cię, nie otwieraj okna, tylko włącz wentylator!
1. Masz jakiś sweter? Daj mi proszę, bo tu jest strasznie zimno!
2. Idziesz do sklepu? To bądź taki dobry i kup mi wodę mineralną, ale niegazowaną!
3. Mamo, proszę, nie dawaj mi szalika. Przecież dzisiaj wcale nie jest zimno!
4. Proszę, zrób mi herbaty! Zjadłam sushi i boli mnie brzuch, chyba wezmę tabletkę.
5. Daj mi spokój! Miałem dzisiaj naprawdę zły dzień i chcę być sam.
6. Zarezerwuj stolik na wtorek! Dla mnie to jest bardzo dobry termin!
7. Babciu, nie proś mnie, żebym zamieszkał u ciebie! Akademik jest wygodny, a poza tym chcę mieszkać z kolegami!
8. Nie dawaj mi tego małego słownika! Potrzebny mi jest duży słownik polsko-
-niemiecki.
9. Nie rób mi kanapki, bo i tak jej nie zjem! Jestem po obiedzie.

CD 47 **4e** Proszę wysłuchać dialogów i wpisać brakujące litery. Następnie proszę przeczytać dialogi z kolegą / koleżanką.

a)
– Cześć! Jak leci?
– Wszystko w porządku. A u ciebie?
– Nic nowego.
b)
– Masz tabletkę od bólu głowy?
– Tak, proszę. Ale myślę, że powinieneś iść do lekarza.
c)
– Jestem za gruby. Czuję się źle. Chce mi się spać.
– Zrób sobie dietę niskokaloryczną! Nie jedz słodyczy ani tłuszczu!

6a Proszę obejrzeć film, a następnie zaznaczyć kogo dotyczą poniższe sformułowania.

DVD 11

6b Proszę ponownie obejrzeć film i zaznaczyć, które z poniższych zajęć będą się odbywały w Komnacie Relaksu.

DVD 11

Roma: Znowu spóźniona! Masz szczęście, trenerka prosiła, żebyśmy poczekali na nią 10 minut, mają jakiś problem.

Alicja: Czepiasz się Roma, nie spóźniam się, tylko nie mam czasu, żeby przychodzić pół godziny wcześniej jak ty i plotkować. Cześć Klaudia! Przyprowadziłam kolegę z firmy, tego Mateusza, o którym ci mówiłam, przebiera się.

R: A czemu ja nic nie wiem? Jaki Mateusz?

A: Kolega… a ty musisz wszystko wiedzieć?

Mateusz: Cześć wszystkim.

A: To jest Mateusz, mój kolega z pracy. Mateusz, poznaj Klaudię i Romę.

A: Mateusz jest naszym dyrektorem kreatywnym. Klaudia jest dietetyczką i instruktorką narciarstwa, Roma prowadzi swój wegański bar.

M: O, naprawdę? Eksperymentuję ostatnio z dietami i zastanawiam się nad przejściem na weganizm. Jak się nazywa, może znam?

R: „Wegamator", przy Sądowej.

M: Żartujesz! Mieszkam przy Sądowej, mijam ten bar dwa razy dziennie! Uwielbiam wasze smoothie! Często kupuję rano na wynos.

Klaudia: Dobra decyzja, koktajl owocowy zamiast kawy dostarcza energii na cały dzień.

M: Zdecydowanie! Uwielbiam koktajle warzywno-owocowe na bazie szpinaku. Nigdy cię nie widziałem w „Wegamatorze"… Roma… tak?

R: O nie, ja rano zawsze jestem na basenie albo masażu, pracownik otwiera, ja przychodzę o 11.00 najwcześniej.

M: O, jak ci zazdroszczę! Uwielbiam zaczynać dzień od basenu! Niestety, taką mam pracę, że rano muszę być w firmie, porozdzielać zadania. Na masaże chodzę przynajmniej raz w tygodniu. Człowiek nie jest w stanie bez tego funkcjonować. Jakie polecasz?

R: Ajurwedyjski, akupresurę…

M: Uwielbiam ajurwedyjski!

K: Powinieneś spróbować izometrycznego, bardzo dobrze relaksuje ciało, przede wszystkim po wysiłku fizycznym, po siłowni, po nartach. Jeździsz na nartach?

A: Klaudia jest instruktorką narciarską, wspominałam ci…

M: Wolę deskę.

K: Jazda na desce jest teraz bardzo popularna, robię dodatkowe kwalifikacje na instruktorkę snowboardu.

R: Sporty zimowe mają podstawową wadę, uprawia się je w zimie – ja nienawidzę zimy.

A: Ja też nie, zawsze w zimie mam depresję, mój lekarz twierdzi, że jestem meteoropatką.

M: To tak jak ja, w zimie regularnie chodzę na solarium.

K: Solarium jest bardzo niezdrowe!

M: Wiem, ale potrzebuję światła.

A: A propos, mamy nową inicjatywę w firmie, zarząd udostępnił jedną salę konferencyjną na zajęcia rekreacyjne. Będziemy mieli tam lampy antydepresyjne i maty. Zarząd zgodził się przeznaczyć pieniądze na instruktorów mindfulness i jogi. Będziemy też mieli tam możliwość konsultacji z psychologiem i szkolenia z zakresu dietetyki. Nasza Komnata Relaksu ma zacząć działać od września. A propos, szukamy też firm cateringowych, chcemy promować zdrowe lunche…

M: Tak, szukamy teraz instruktorów i szkoleniowców. Nasza Komnata Relaksu ma zacząć działać od września. A propos, szukamy też firm cateringowych, chcemy promować zdrowe lunche…

I: Przepraszam was kochani za to spóźnienie, mieliśmy awarię… Wszystko jest dobrze, zaczynamy. Kto z was nie może zostać dłużej, dostanie oczywiście zwrot pieniędzy za dzisiejszą sesję. Zaczynamy. Stajemy na matach i …

LEKCJA 14

CD 48

2e Proszę posłuchać nagrania i zdecydować: dokąd idą / jadą, gdzie są lub skąd wracają te osoby.

0.
– O której zaczyna się spektakl?
– O ósmej.

1.
– Cześć! Masz nową fryzurę? Naprawdę świetnie wyglądasz!
– Dzięki.

2.
– Co podać?
– Dwa piwa proszę.

3.
– Jaką miałeś pogodę?
– Piękną! Dużo śniegu, cały czas jeździliśmy na nartach.

4.
– Co podać?
– Dużą sałatkę grecką, tą z pomidorami i serem feta, i sok marchewkowy.

5.
– Dobrze. A teraz proszę popatrzeć w lustro. Oto pani nowe zęby.
– Piękne! Dziękuję, panie doktorze!

6.
– Co będziesz robić w lipcu?
– Jak co roku będę się opalać na słońcu i dużo pływać.

7.
– Kto wygrał?
– Niestety Anglia, ale polscy piłkarze zagrali naprawdę świetny mecz.

8.
– Przepraszam, z którego peronu odjeżdża pociąg do Wiednia?
– Z pierwszego.

CD 49

3a Proszę wysłuchać nagrania i zdecydować, w których wypowiedziach słyszymy zachęcanie, a w których zniechęcanie.

1. Jedźmy w Bieszczady! Tam jest naprawdę pięknie, można obejrzeć stare cerkwie.
2. Nie warto jechać na ferie do Zakopanego. Będzie tam za dużo ludzi.
3. Musisz pojechać na Mazury. To najpiękniejsze miejsce na świecie!
4. A może przyjedziecie do naszego domu nad Soliną? Można tam naprawdę odpocząć.
5. Nie rozumiem, dlaczego chcesz jechać na wakacje za granicę. Szkoda czasu i pieniędzy, w Polsce jest tyle pięknych miejsc!

CD 50

3e Proszę posłuchać nagrania i zdecydować
a) która osoba doradza, a która odradza wakacje,
b) która osoba zachęca, a która zniechęca do omawianej formy wypoczynku.

CD 50

3f Proszę posłuchać nagrania po raz drugi i wpisać numer wypowiedzi, w której występują następujące zwroty:

1. Słuchaj, na pewno nie będziesz żałować! Żaglówka jest duża, można się opalać na pokładzie, jest wygodna kabina… No i ta cisza, spokój, dzika przyroda… Będziesz zachwycona!
2. To bez sensu leżeć cały dzień na plaży i smażyć się na słońcu! Ja rozumiem dzień, dwa, ale trzy tygodnie?! No i pogoda nad Bałtykiem jest niepewna, często pada albo jest zimno.
3. Będziesz naprawdę zadowolona, jest sauna, basen, pub, prawie codziennie wieczorem organizowane są dyskoteki. A przede wszystkim masz wygodne łóżko i łazienkę do własnej dyspozycji.
4. Zobaczysz, po kilku dniach będziesz miał dosyć. Bolą nogi, bo trasy są naprawdę długie, codziennie musisz szukać noclegu, a w schroniskach jest tak dużo ludzi, że czasem trzeba spać na podłodze.
5. To jest naprawdę fantastyczny pomysł na wakacje, masz pokój z łazienką, jedzenie przygotowuje gospodyni, wszystko jest świeże, mleko prosto od krowy, warzywa z ogródka. A dzieci będą zachwycone. Kury, koniki, świnki… Po prostu raj!
6. Daj spokój! To dobre dla studentów! Trudno jest znaleźć dobry kemping, a nawet jak ci się uda, to jest dużo ludzi. Poza tym musisz wziąć dużo bagażu, dosłownie wszystko!

CD 51

4a Pan Janusz Cholewa, właściciel biura turystycznego, jest gościem porannej audycji radiowej. Proszę posłuchać nagrania i zdecydować:

CD 51

4b Proszę posłuchać jeszcze raz nagrania i zdecydować, czy te zdania są prawdziwe (P), czy nieprawdziwe (N).

CD 51

4c Proszę posłuchać nagrania po raz ostatni i dokończyć wypowiedzi.

Prowadzący audycję: Słuchacze skarżą się, że oferta biur turystycznych jest monotonna.

Janusz Cholewa: I to jest nieprawda. Działa już naprawdę wiele biur turystycznych zorientowanych na alternatywne formy wypoczynku. My doskonale wiemy o tym, że gusta klientów zmieniają się, że moda się zmienia… Teraz na przykład jest duże zainteresowanie aktywnymi formami wypoczynku.

P.a.: No właśnie, czy to znaczy, że ludzie teraz masowo chcą uprawiać sporty ekstremalne?

J.C.: Nie, to nie o to chodzi. Po prostu dawniej ludziom wystarczało, że są w Hiszpanii, we Włoszech czy na Wyspach Kanaryjskich nad ciepłym morzem i właściwie nic poza leżeniem na słońcu, nie chcieli robić. Teraz jest inaczej, ludzie chcą maksymalnie wykorzystać swój urlop.

P.a.: Czyli co, wakacje agroturystyczne wychodzą z mody?

J.C.: Wprost przeciwnie, rośnie zainteresowanie tą ofertą, bo właśnie gospodarstwa agroturystyczne oferują najwięcej atrakcji: rowery, jazda konna, polowanie, żeglarstwo, kursy gotowania lub pieczenia chleba i tak dalej…

P.a.: No dobrze, co w takim razie jeszcze proponujecie waszym klientom?

J.C.: To zależy od wieku i zainteresowań. Na przykład ludziom, którzy wyjeżdżają na wakacje z rodziną, choć tak naprawdę chcieliby wyjechać sami, oferujemy wyjazdy do ośrodków rekreacyjnych.

P.a.: To znaczy, że rodziny wyjeżdżają razem, ale mieszkają osobno?

J.C.: Nie, rodziny mieszkają oczywiście razem, ale spotykają się tylko wieczorami, bo w ciągu dnia mają mnóstwo zajęć. Na przykład: panowie żeglują albo grają w paintballa, panie mają kurs jogi, aerobik w wodzie, czy też są w salonie odnowy biologicznej, a dziecko ma kurs karate i naukę pływania. W ten sposób rodzina odpoczywa od siebie, poznaje nowych ludzi i aktywnie spędza czas.

P.a.: Tak, ale przedstawił pan ofertę dla rodzin, a co proponujecie młodym ludziom?

J.C.: No wie pan, młodzi organizują sobie najczęściej wyjazdy sami, ale oczywiście mamy w ofercie kursy żeglarskie czy naukę nurkowania. Ale wie pan, największym zainteresowaniem cieszą się szkoły przetrwania, czyli tzw. survival. To jest oferta dla bardzo młodych ludzi, najczęściej do 21 lat. Taki obóz wymaga dobrej kondycji fizycznej, młodzi budują tratwy, pokonują bagna, śpią w lesie i sami szukają jedzenia. Nie jest to łatwe!

P.a.: Na pewno. Dziękuję, naszym gościem był pan Jacek Cholewa z biura „Chol-tour"

J.C.: Do widzenia państwu.

 4d Proszę wysłuchać nagrania i uzupełnić brakujące wyrazy.

– Biuro turystyczne „Obieżyświat", słucham?
– Chciałbym przyjechać do Polski na urlop, na dwa tygodnie. Co pani proponuje?
– Może Mazury... Można tam zobaczyć prawdziwą przyrodę.
– To nudne.
– To może Kraków. Można tam posłuchać dobrej muzyki, pochodzić do teatrów, pooglądać sobie wystawy, zabytki...
– To nie urlop, to praca!
– Może Tatry? Nie ma tam tylu muzeów i teatrów, ale za to można pochodzić sobie po górach, posłuchać dobrej góralskiej muzyki...
– Nie interesuje mnie folklor.
– A może wakacje agroturystyczne na polskiej wsi? Można naprawdę odpocząć: pooglądać zwierzęta, popróbować polskiej kuchni tradycyjnej...
– Dziękuję! Wolę prawdziwą cywilizację. Pojadę na urlop na safari!

 4i Proszę obejrzeć film, a następnie odpowiedzieć na pytania.

 4j Proszę porozmawiać z partnerem lub w grupach na jeden z poniższych tematów.

Głos przez megafon: Pasażerowie podróżujący do Gran Canaria proszeni są o pozostanie w sektorze ósmym na terenie terminala. Przewidywane opóźnienie lotu 2 godziny. Przepraszamy za utrudnienia w podróży.
Rózia: Ja chcę siku!
Mama: Przecież byłaś w toalecie 10 minut temu!
R: Ale tam jest taki dmuchacz, który dmucha i dmucha...
Tata: Suszarka do rąk.
R: Tak, suszarka. Tatusiu, chodź!
T: Ja nie mogę iść do damskiej toalety. A może Jaś z tobą pójdzie?
Jaś: Ja nie pójdę do dziewczyńskiej toalety.
R: To chodźmy do chłopackiej, może też mają taki dmuchacz.
M: Suszarkę.
R: Suszarkę. Mamusiu, chodź!
M: Ja byłam z tobą 10 minut temu.
Kobieta: A może ja pójdę z tobą? Jeśli rodzice pozwolą?
T: O, to byłoby miłe z pani strony, Róziu, chcesz pójść z panią?
R: Ja z tobą nie pójdę, bo ty jesteś obca, a pani w przedszkolu mówiła, żeby nie chodzić z obcymi.
K: Bardzo słusznie! To ja się przedstawię. Mam na imię Zofia, a ty chyba jesteś Rózia, dobrze słyszałam?
R: Ja jestem Rozalia Pogorzelska, a to mój brat Jan Pogorzelski i moja mama Paula Pogorzelska, i mój tata Jakub Pogorzelski. I jeszcze jest Bąbel Pogorzelski, ale on nie jedzie z nami na wakacje.
K: Bąbel?
J: Nasz chomik...
R: Tak, nasz chomiczek Bąbel. On został z ciocią Kasią i będzie bardzo tęsknił, ale ja mu powiedziałam, żeby się nie martwił, bo ja mu przywiozę taką górę prezentów!
K: No, teraz już się znamy i możemy pójść razem do toalety. Pokażesz mi ten dmuchacz?
R: Suszarkę, to się nazywa suszarka do rąk.
K: Suszarkę.
M: Nie chcemy robić kłopotu...
K: To żaden kłopot, czekamy już od godziny, dzieci się nudzą, my zresztą też.
T: Róziu, chcesz pójść z panią?

R: Tak.
Mężczyzna: Jaka rezolutna dziewczynka.
J: A co to znaczy rezolutna?
M: Inteligentna, błyskotliwa.
J: Inteligentna? Nie umie nawet policzyć do dwudziestu.
M: Ty pewnie jesteś bardziej rezolutny, bo jesteś starszy... Chodzisz już do szkoły?
J: Do pierwszej klasy.
M: Ojej, a jedziesz teraz na wakacje? Przecież jest dopiero maj!
T: Szkoła się zgodziła, żeby go zabrać na 2 tygodnie. Nie jesteśmy w stanie jechać w lecie, jest za drogo i za gorąco, szczególnie na Wyspach Kanaryjskich. Wykupiliśmy te wakacje w ofercie last minute, już w styczniu. I zaczyna się od opóźnionego lotu. A pan zna to biuro podróży?
M: Tak, tak, niech się państwo nie martwią, to bardzo dobre biuro podróży, jeździmy z nimi od wielu lat, zawsze *all inclusive*. Zwykle są niezawodni.
Mama: Może to wina lotniska? Ten opóźniony lot?
M: Tak myślę. Niech lepiej się upewnią, że wszystko jest w porządku. Te kilka godzin, to nic wielkiego, ważne żebyśmy dolecieli bezpiecznie.
Mama: Ma pan rację. Poprzednim razem, jak lecieliśmy do Grecji, lądowaliśmy w czasie burzy i były takie turbulencje, że myślałam, że nie dolecimy. Jaś zwymiotował.
J: Mamo!
Mama: Przepraszam cię kochanie, ale pamiętasz, że było strasznie.
J: Zwymiotowałem, bo mi kazałaś zjeść kanapkę z sałatą i awokado.
M: A, to naturalne, że się nie poczułeś dobrze, ja też nie jestem fanem kanapek z sałatą i awokado. A państwo będziecie w którym hotelu? Aquamaryna czy Imperial?
K: Aquamaryna. I też mamy wykupione *all inclusive*.
M: A to świetny wybór. My będziemy w Imperial, ale znam Aquamarynę, przeznaczona głównie dla rodzin. Byliśmy tam kilka lat temu z wnukami. Fantastyczne baseny, pyszne jedzenie. Wcale tam nie serwują kanapek z sałatą i awokado, tylko frytki, i pizzę, i lody.
R: Mamo, mamo, czy możemy kupić taki dmuchacz do domu, będziemy dmuchać na chomiczka Bąbelka.
J: Suszarkę.
R: Suszarkę!
T: Bąbel nie będzie zachwycony.

4 Jarek opowiada, jak zakończyła się jego wakacyjna przygoda. Proszę wysłuchać nagrania i porównać Państwa wersję wydarzeń z opowiadaniem Jarka.

CD 53

CD 53 **5** Proszę ułożyć zdania w porządku chronologicznym, zgodnie z opowiadaniem Jarka.

Opowiadanie Jarka:
Tymczasem zbliżał się wieczór. Postanowiłem natychmiast wrócić na kemping, ale nie było to łatwe. Od ponad dziesięciu godzin chodziłem przecież po górach, więc mój namiot musiał być bardzo daleko. Po trzech godzinach szybkiego marszu znalazłem się na szlaku, który, jak pamiętałem, był dość blisko górskiego schroniska. Bardzo się ucieszyłem, bo obliczyłem, że przede mną jeszcze około 40 minut drogi. Zdecydowałem, że nie będę już tego dnia wracać na kemping, ale poproszę o nocleg w schronisku. I wtedy zaczęła się straszna burza. Nigdy w życiu nie bałem się tak jak wtedy. Wiedziałem, że w czasie burzy nie wolno stać pod drzewem, położyłem się więc na ziemi i leżałem tak chyba z godzinę, sparaliżowany ze strachu. Była już prawie 23.00 w nocy, kiedy mokry i zmęczony dotarłem do schroniska. Byłem na siebie zły. Jak mogłem zrobić coś tak głupiego i nieodpowiedzialnego?

CD 54 **9** Proszę wysłuchać nagrania. Czy zgadli Państwo, kim są Łucja i Hubert? Proszę odpowiedzieć na pytania.

Łucja: W tym roku chciałabym polecieć do Australii!
Hubert: Do Australii? I co tam będziesz robić?
Łucja: Będę pływać z delfinami i może kupię sobie kangura albo dwa kangury...
Hubert: Hm, kangury to dobry pomysł, ale wolałbym pojechać do Afryki na safari i polować na tygrysy.
Łucja: Ale w Afryce nie ma tygrysów!
Hubert: Na pewno są!
Łucja: Nieprawda, nie ma!
Hubert: No to gdzie są?
Łucja: Na przykład w Indiach. Możemy tam pojechać.
Hubert: O, to świetny pomysł, zawsze chciałem zobaczyć jak żyją prawdziwi Indianie!
Matka: Cześć dzieciaki, o czym tak dyskutujecie?
Łucja: O wakacjach. W tym roku chcielibyśmy pojechać do Australii.
Hubert: Do Indii!
Matka: Wiecie co, mam dla was propozycję. Pojedziemy nad morze.

Łucja: Mamo, ale tam nie ma delfinów.
Hubert: Ani tygrysów.
Matka: Ale za to w Gdyni jest oceanarium i można tam zobaczyć wiele morskich zwierząt, na przykład koralowce i piranie.
Łucja: A będziemy się kąpać w morzu?
Matka: Oczywiście, będziemy się kąpać, opalać, budować zamki z piasku, grać w piłkę na plaży i jeść lody.
Hubert: To ja chcę jechać!!!
Łucja: Ja też!!!
Hubert: Mamo, a kupisz mi piranię?

 19 Proszę powtórzyć zdania za lektorem, naśladując ich intonację.

Jadę nad morze.
Byłam na wakacjach z rodziną.
Oferta od gospodarza jest bogata.
Chciałabym pochodzić po sklepach.
Jesteśmy nad jeziorem.
Jestem u rodziny.
Lubię spędzać urlop na żaglówce.

● LEKCJA 16

 1c Proszę wysłuchać rozmowy Oli i Jarka i porównać z Państwa wersją wydarzeń. Proszę uzupełnić brakujące słowa.

– Włożyłeś makaron do garnka?
– Tak. Jak długo ma się gotować?
– Około 10 minut.
– W takim razie zrobię sos. Mamy pomidory?
– Świeżych nie mamy. Ale pomidory z puszki też są dobre!
– Jak chcesz. I jeszcze pesto. Podasz mi słoik?
– Hmm, ale ładnie pachnie... ale pesto nie miesza się z pomidorami. Wiesz co, ja zrobię ten sos. Może nakryjesz do stołu?
– Dobrze.
– Poczekaj! Weź ścierkę, trzeba posprzątać na stole!
– No i jak ci się podoba? Każde nakrycie składa się z talerza, widelca z lewej strony, noża i łyżki z prawej, łyżeczki deserowej, talerzyka, szklanki i kubka! A tutaj są serwetki.
– Ale po co łyżki i noże? Przecież spaghetti je się widelcem! A talerzyk deserowy po co?
– Do deseru!
– Ale mamy lody! Hmm... A po co szklanki i kubki?
– Do herbaty i kawy.
– Ale my nie będziemy pić herbaty, tylko wino! A kawę będziemy pić w filiżankach! No tak... Czujesz? Coś dziwnie pachnie! To chyba dym!
– Sos!
– Cześć! A co tu tak dziwnie pachnie?
– Nasza kolacja... Chyba będziemy musieli zamówić pizzę.
– O nie, tym razem pójdziemy do chińskiej knajpy.
– Nie, nie.
– Żadne nie, żadne ale. Musicie spróbować, to świetne jedzenie!
– Ale w chińskiej knajpie je się pałeczkami!
– No więc wreszcie nauczycie się jeść pałeczkami!

 5a Proszę wysłuchać krótkich wypowiedzi. Proszę wpisać numer wypowiedzi pod każdym rysunkiem.

1. Pyszne ciasto! Mniam, mniam!
2. Ta zupa wygląda bardzo apetycznie!
3. W moim soku jest mucha! Łee, to obrzydliwe!
4. Obiad był naprawdę znakomity!
5. Te lody są wspaniałe! Niebo w gębie!
6. Świetna kawa!
7. Wyśmienity gulasz!
8. W tej sałacie coś jest... Ohyda!
9. Niezłe wino!
10. Smakowało mi, ale jadłem już lepsze rzeczy.

 7a Proszę wysłuchać nagrania, a następnie zdecydować, o jakich kuchniach świata mówią ankietowane osoby. Proszę zaznaczyć, które wypowiedzi mają charakter pozytywny, a które negatywny.

 7b Proszę ponownie wysłuchać nagrania, a następnie dokończyć zdania.

 7c Proszę zanotować, jakie upodobania kulinarne mają ankietowane osoby. Proszę porównać z kolegą / koleżanką zanotowane informacje.

1.
Polecam kuchnię włoską: makarony, sosy pomidorowe. Przede wszystkim dlatego, że jest dietetyczna. Ale lubię też kuchnię polską – pierogi, tradycyjne polskie dania. Niektóre potrawy są tuczące, wiem, ale nie mam z tym problemu. Nie lubię tłustych potraw. W kuchni włoskiej są również ciężkostrawne potrawy, ale po prostu nie jem takich rzeczy.

2.
Dla mnie podstawą w kuchni jest mięso i dlatego zachęcam do jedzenia polskich tradycyjnych dań typu: bigos, schabowy z kapustą, pierogi z mięsem. Tak naprawdę w każdej kuchni można znaleźć coś dla siebie: lubię ostre rzeczy, a więc kuchnię węgierską – gulasz, paprykarze; kuchnię arabską typu kebab...; grecką – gyros; niemiecką – kiełbasy, golonka i amerykańską – smakują mi fast foody: hamburgery, hot dogi i inne rzeczy.

3.
Jestem osobą, która całe życie jest na diecie. Na szczęście lubię kuchnię lekkostrawną – śródziemnomorską i japońską. Uwielbiam makarony, ryby i owoce. Nie znoszę polskiej kuchni; jest niezdrowa i ciężkostrawna: zupy, tłuste mięsa, ciasta. Lubię zdrowe jedzenie i uważam, że warto jeść potrawy dietetyczne.

4.
Uwielbiam kuchnię francuską i skandynawską. Obie są przede wszystkim niskokaloryczne. Uważam, że włoskie dania są zbyt tłuste, nie lubię majonezu i żółtego sera. Myślę, że każdy powinien koniecznie spróbować chińskiej i indyjskiej kuchni. Orientalne potrawy nie są zbyt tłuste, a poza tym bogate w mikroelementy.

 9b Proszę obejrzeć film i zaznaczyć, które z poniższych stwierdzeń są prawdziwe (P), a które nieprawdziwe (N).

 9c Pogrupuj poniższe wyrazy na tylko dwie kategorie zgodnie z pierwszym skojarzenie. Jeśli potrafisz to zrobić, to uzasadnij swoją decyzję.

 9d W filmie zostały przedstawione niektóre stereotypy związane z nawykami żywieniowymi, spróbuj je zidentyfikować. Porozmawiaj w grupie o innych stereotypach związanych z jedzeniem lub stylem życia.

Mateusz: Wygląda cudownie, Roma, jesteś fantastyczna! Ludzie będą cię kochać!
Alicja: Na pewno, ale myślę, że ograniczanie się tylko do wegańskiej kuchni jest ryzykowne.
M: Jest na pewno zgodne z filozofią firmy – tylko naturalne produkty.
A: Mleko, jaja, ryby i mięso, to też naturalne produkty. Poza tym, nasza firma zajmuje się promocją kosmetyków naturalnych, a nie żywności.
Roma: Zgadzam się z Mateuszem. Wasze kosmetyki bazują na produktach roślinnych, tak jak kuchnia wegańska.
A: Prawda, ale nie wszyscy pracownicy używają kosmetyków naturalnych prywatnie i nie wszyscy są wegetarianami.
R: Weganami.
A: Weganami, wegetarianami... co za różnica.
R: No wiesz?! Zasadnicza, weganie nie jedzą żadnych produktów zwierzęcych, ani mleka, ani sera, ani masła, ani jajek!
A: Przecież wiem.
M: Może wiesz, ale zachowasz się, jakby to była nieistotna różnica.
R: Jestem pewna, że ten facet zaraz poprosi o schabowego.
M: To jest nasz księgowy. Straszny gbur.
R: Carpaccio z selera i burger z oberżyną, hmm, fantastyczny wybór!
Klient: Mam nadzieję, że smakuje równie dobrze jak wygląda, he he.
A: To jest kuchnia WEGAŃSKA, robimy eksperyment, czy się przyjmie w naszej firmie.
K: Tak, tak, wiem, jesteśmy z żoną weganami od 7 lat.
A: Naprawdę?
R: I reszta.
K: Dziękuję, dzisiaj cena promocyjna?
R: Tak, dzisiaj 20 procent taniej.
K: A będą jakieś zniżki dla stałych klientów?
R: Jeżeli będzie zainteresowanie, to oczywiście.
K: To proszę jeszcze sok marchewkowy.
Klientka 1: Czy tarta ze szpinakiem jest bezglutenowa?
R: Wszystko jest bezglutenowe.
Klientka 1: Cudownie!
Klientka 2: Ja też spróbuję carpaccio z selera, chociaż nie ukrywam, że wolałabym wołowinę. I jeszcze wrap z falafelem.
M: A nie mówiłem?
A: Spokojnie, to tylko 3 osoby. Zaraz przyjdą informatycy i będą się domagać kurczaka z frytkami.
M: A założymy się, że nie?

M: Sukces dziewczyny, mamy spektakularny sukces.

A: Znudzi im się po tygodniu.

R: Też tak myślę, Mateusz. Ja myślę, że warto pozostać przy 1 dniu w tygodniu, tak jak dzisiaj, bo inaczej się znudzi, Alicja ma rację. Może będę przywozić lunche we wtorki?

M: Hmm. Może macie rację... Słyszałem, jak informatycy mówili, że jedzenie pyszne, ale zaraz będą znowu głodni. Potem widziałam, jak szli w kierunku McDonalda...

A: A nie mówiłam?

M: To tylko informatycy, reszta była zachwycona. Ale dobrze, pozostańmy przy jednym dniu. Wtorki, wtorki... Możemy je nazwać Wegawtorki.

R: Świetny pomysł!

A: A możemy zaplanować jakiś dzień dla normalnych ludzi? Na przykład: Mięsośrody, mięsne środy?

M: Fuj...

● LEKCJA 17

CD 62 **1f** Proszę uzupełnić teksty, a następnie wysłuchać nagrania i sprawdzić, czy podane wyrazy zostały wpisane w odpowiednim miejscu i formie. Proszę zdecydować, która z wypowiedzi dotyczy poniższych uroczystości.

1.

Kiedy rodzi się dziecko, a rodzice są katolikami, decydują się na tę uroczystość. Odbywa się ona w kościele. Na ceremonii obecni są rodzice, dziecko, matka chrzestna i ojciec chrzestny. Ksiądz odprawia mszę i polewa głowę dziecka wodą. Dziecko jest od tego momentu katolikiem lub katoliczką.

2.

Kiedy ktoś umiera, rodzina spotyka się w kościele przy trumnie. Ksiądz odprawia mszę, następnie rodzina idzie za trumną na cmentarz. Potem rodzina modli się jeszcze nad grobem. Wszyscy przynoszą kwiaty.

3.

Tego dnia organizuje się spotkanie rodzinne lub zaprasza przyjaciół. Wszyscy przynoszą prezenty i kwiaty, składają życzenia, a potem siedzą przy stole, jedzą, piją i rozmawiają. Ta uroczystość jest popularna w Polsce.

4.

Na uroczystości obecni są: pan młody i pani młoda, rodzice, świadkowie, rodzina i przyjaciele. Ksiądz odprawia mszę, podczas której państwo młodzi składają przysięgę małżeńską. Po uroczystości w kościele wszyscy składają młodym małżonkom życzenia, dają kwiaty, prezenty, często pieniądze, a następnie jadą na wesele. W lokalu czekają rodzice państwa młodych, żeby powitać ich chlebem i solą. Państwo młodzi piją szampana i zaczyna się zabawa. Wesele zwykle kończy się rano.

5.

Ten dzień jest raz w roku. Osoba, która organizuje imprezę, zaprasza przyjaciół do domu lub do klubu. Wszyscy przynoszą prezenty, składają życzenia, a potem bawią się i tańczą. Tę uroczystość obchodzą głównie młodzi Polacy.

  1h Proszę wysłuchać nagrania, a następnie uzupełnić tabelkę.

DVD 14

Ankieter: Siema, siema ludzie.

Ankieterka: Witajcie kochani!

Ankieter: Dzisiaj zapytaliśmy ludzi, jaki jest najbardziej polski zwyczaj.

Ankieterka: Jak myślicie, co odpowiedzieli mieszkańcy naszego miasta? Ja się zdziwiłam, a ty?

Ankieter: A ja ani trochę, ha ha. Zobaczcie sami.

Ankieter: Hej, możemy cię prosić o komentarz do naszego vloga?

Ankieter: Jaki zwyczaj jest twoim zdaniem super polski? Jakaś tradycja związana ze świętami lub uroczystością rodzinną, która jest tylko w Polsce?

Przechodzień 1: Śmigus-dyngus!

Ankieter: Lubisz być oblewana wodą?

P1: Nie bardzo, ale jak wracasz do domu mokra, to znaczy, że masz powodzenie, więc okej, lubię.

Ankieterka: Co jeszcze?

P1: Oczepiny na weselach, najbardziej żenująca tradycja, jaką znam.

Ankieterka: Przepraszam pana, czy możemy prosić o komentarz do naszego vloga? Jaka jest, pana zdaniem, najbardziej typowa polska tradycja, związana ze świętami lub uroczystością rodzinną?

Przechodzień 2: Wszystkich Świętych i palenie zniczy na cmentarz. W innych krajach obchodzi się Halloween, tylko u nas obchodzi się to inaczej.

Ankieter: I jak się panu to podoba?

P2: Jak najbardziej, jak najbardziej. Lubię Wszystkich Świętych, tylko niespecjalnie lubię podróżować w tym okresie, korki są masakryczne.

Ankieter: Dziękujemy.

Ankieterka: Hej, możemy prosić o komentarz do naszego vloga? Jaki jest, twoim zdaniem, najbardziej polski zwyczaj?

Przechodzień 3: Co, przepraszam?

Ankieter: Typowa polska tradycja.

P3: O, to musimy dużo czasu mówić, ja mam dużo przykładów.

Ankieterka: Nie ma sprawy!

P3: Picie dużo wódki na weselach i na urodzinach. Ludzie śpiewają 100 lat, 100 lat, niech żyje, żyje nam. Na Wigilię to ludzie jedzą za dużo różnych dań, ale to dobrze, no bo ja lubię pierogi. Na Halloween to Polacy idą na cmentarz, palą świeczki, ale nie mają tych masek wampira albo diabła, albo co jeszcze – „skeleton".

Ankieter: Szkielet.

P3: A, no tak, szkielet. No ja lubię jak wy te jajka malujecie, idziecie w Wielkanoc do kościoła, no i ksiądz robi tak.

Ankieterka: A jaki zwyczaj lubisz najbardziej?

P3: Picie dużo na weselu i następnego dnia też.

Ankieter: Dziękujemy.

Ankieterka: Przepraszam panią, czy możemy prosić o komentarz do naszego vloga? Jaka jest, pani zdaniem, najbardziej typowa polska tradycja, związana ze świętami lub uroczystością rodzinną?

Przechodzień 4: Dwanaście potraw na Wigilię i Wszystkich Świętych.

Ankieter: Hej, możemy cię prosić o komentarz do naszego vloga?

Przechodzień 5: No dawaj.

Ankieter: Jaki zwyczaj jest, twoim zdaniem, super polski? Jakaś tradycja związana ze świętami lub uroczystością rodzinną, która jest tylko w Polsce?

P5: Wszystkich Świętych, niestety.

Ankieterka: Nie lubisz?

P5: Nie, to jest najgłupszy zwyczaj w Polsce. Wiesz, ja rozumiem ideę pójścia na cmentarz, ale starzy ludzie to normalnie się tam przeprowadzają na kilka dni, stoją nad grobami i wiesz gadają o pierdołach...

Ankieter: A jaki zwyczaj lubisz?

P5: Lubię Wielkanoc i chodzenie z koszykiem do kościoła, lubię Wigilię i dwanaście potraw... Ach, przypomniałem sobie, typowo polski zwyczaj, to obchodzenie imienin... Rany... bracie, bo co to są w ogóle imieniny? Kto to wymyślił?

Ankieterka: Dziękujemy ci!

P5: Na razie!

Ankieter: No i co kochani, szoku nie ma, co? Dwanaście potraw na Wigilię i Wszystkich Świętych ciągle króluje. Ciekawe, co cię zdziwiło?

Ankieterka: A to, że tylko jedna osoba wymieniła imieniny. Dla mnie, to najbardziej kuriozalna polska tradycja. Nigdy nie wiem, kiedy są moje imieniny, dziadkowie zawsze pamiętają. Ale wiesz co, chyba nawet to lubię.

CD 63 **3e** Proszę wysłuchać pięciu fragmentów rozmów telefonicznych. Proszę zdecydować, w której rozmowie słyszymy: żal, smutek, współczucie, życzenia, gratulacje. Proszę zdecydować, które rozmowy mają charakter: oficjalny, nieoficjalny.

CD 63 **3f** Proszę uzupełnić tabelę. Proszę zdefiniować sytuację i uczucia lub intencje osób, które rozmawiają przez telefon.

1.

– Słucham.

– Cześć, mówi Ola. Słuchaj, dowiedziałam się wczoraj, że umarł ci dziadek i... Chciałam powiedzieć, że bardzo ci współczuję i jest mi naprawdę przykro.

– Dzięki, Ola.

– I wiesz, trzymaj się jakoś... Jestem z tobą.

2.

– Halo.

– No hej, tu Paweł. Słuchaj stary, podobno zostałeś prezesem!

– No, wybrali mnie w zeszłym tygodniu.

– No to fantastyczna wiadomość! Gratulacje stary, jestem pod wrażeniem!

– Dzięki, dzięki, Paweł. Słuchaj, zapraszam w sobotę na imprezę, przyjdziecie?

– Jasne!

3.

– Tak, słucham.

– Dzień dobry, pani Karolino.

– Dzień dobry, panie dyrektorze.

– Jak uroczystość, na pewno ślub był piękny?

– Tak...

– Pani Karolino, dzwonię, żeby w imieniu swoim i wszystkich pani kolegów i koleżanek złożyć najlepsze życzenia szczęścia i pomyślności na nowej drodze życia. Życzymy wam, żeby wasze małżeństwo było udane i żebyście byli naprawdę szczęśliwą parą.

– Dziękuję panie dyrektorze.

4.

– Halo!

– Alina Sypnicka, dzień dobry. Pani Grażyno, ja dzwonię, żeby podziękować za zaproszenie na bal charytatywny, który organizujecie. Niestety, nie będę mogła wziąć w nim udziału.

– Ojej, pani Alino, to bardzo zła wiadomość...

– No, bardzo mi przykro, naprawdę, ale w styczniu zaczynam tournée i prawie codziennie mam koncerty. To już zostało dawno zaplanowane, no i sprzedaliśmy trochę biletów. Pani Grażyno, naprawdę bardzo, bardzo żałuję!

5.

– Tak?

– No cześć, Teresa, jak tam nowy dom? Urządziliście się już?

– Prawie.

– No, ale co, nie jesteś zadowolona?

– Wiesz co, powiem ci szczerze, że nic mnie nie cieszy…

– No wiesz!

– Dom jest naprawdę piękny i mamy dużo miejsca, ale ja lubiłam to stare mieszkanie, było blisko centrum i teraz, wiesz, jest mi tak jakoś smutno…

 3h Proszę wysłuchać wypowiedzi, a następnie powtórzyć je z odpowiednią intonacją.
CD 64

1. Jestem taka szczęśliwa!
2. Jest mi naprawdę przykro.
3. Wszystkiego najlepszego!
4. Właśnie się dowiedziałam o śmierci twojego ojca.
5. Właśnie się dowiedziałem o waszym ślubie!
6. Masz syna? Gratulacje!

CD 65 **4d** Nie każda z osób wypowiadających się w artykule *Nieza-pomniane święta* powiedziała prawdę. Proszę wysłuchać, co na ten temat mówi ich rodzina i przyjaciele. Proszę porównać te wypowiedzi.

Siostra Artura:
Artur uwielbiał Boże Narodzenie, ale nie był pewny, czy św. Mikołaj naprawdę istnieje, dlatego zawsze przed świętami szukał prezentów. Nigdy jednak nie udało mu się ich znaleźć. Nasz tata powiedział nam kilka lat temu, że wiedział o tym, dlatego wszystkie prezenty trzymał w pracy i przynosił je do domu dopiero w Wigilię.

Przyjaciółka Izabeli:
Moja przyjaciółka miała naprawdę trudne dzieciństwo. Jej rodzice zginęli w getcie w czasie wojny i dlatego Izabela nie obchodzi świąt. Kiedyś próbowałam ją zaprosić do mojego domu na Jom Kippur, ale nie chciała, powiedziała, że to dla niej za trudne.

Syn Anny:
Święta w naszym domu są naprawdę wspaniałe. Obchodzimy je w sposób bardzo tradycyjny, podobnie jak w rodzinie mojego taty: mamy dwanaście potraw, śpiewamy kolędy, chodzimy na pasterkę i dostajemy dużo prezentów. Ale nasza mama często jest smutna w czasie świąt; myślę, że wspomina swoje dzieciństwo w domu wuja Leona.

Brat Karola:
Karol nigdy nie lubił polskich świąt. Mieszkaliśmy w Afryce, ale nasi rodzice chcieli, żebyśmy nauczyli się polskich tradycji, więc na Boże Narodzenie zawsze ubieraliśmy choinkę. Ale Karol nigdy nie chciał tego robić. A kiedy przyjechaliśmy do Polski i babcia ugotowała nam pyszne potrawy wigilijne, Karol prawie nic nie jadł i pytał rodziców, kiedy wrócimy do Afryki, bo tu jest zimno i nic mu nie smakuje.

 LEKCJA 18

CD 66 **2f** Proszę wysłuchać nagrania i zdecydować, która z osób mówi polszczyzną oficjalną, a która nieoficjalną.

Przykład: Kurczę, ale fajny monitor!
1. Ten monitor jest wspaniały! Bardzo mi się podoba.
2. Kupię nowy sprzęt, jak tylko będę miał więcej pieniędzy.
3. Kupię go, jak zarobię trochę kasy.
4. Znam sporo fajnych ludzi.
5. Znam wiele miłych osób.

CD 67 **3a** Proszę ułożyć fragmenty tekstu *Bajka o Jakubie i Internecie* w porządku chronologicznym. Następnie proszę wysłuchać bajki i porównać swoją wersję z nagraniem.

Bajka o Jakubie i Internecie
Dawno, dawno temu pewien stary człowiek imieniem Jakub, odwiedził swojego przyjaciela, czarownika Neuka.
– Przyjacielu, powiedział, jestem już stary, niedługo umrę. Chciałbym żyć jeszcze długo i patrzeć na świat, ale nie wiem, czy warto, bo jestem już zmęczony.
– Mam na to radę, odpowiedział Neuk. Mógłbym przenieść cię na jeden dzień w przyszłość.
Tak zrobili.

Po chwili Jakub znalazł się w dziwnym kolorowym pokoju. Było jasno, nad głową świeciło małe słońce, było głośno, naprzeciwko, przy stole siedziała dziewczynka.
– Kim jesteś?- zapytała.
– Twoim prapraprapraprapradziadkiem – uśmiechnął się Jakub. – Co to jest? – zapytał i pokazał palcem migające pudełko.
– Moim dziadkiem? – zdziwiła się dziewczyna. – Ależ to niemożliwe! – Patrzyła przez chwilę na starca. – Aaaa, wiem, jesteś wirtualnym dziadkiem.
– Co to jest? – zapytał znowu Jakub.
– To jest komputer. Właśnie siedzę w Internecie i wysyłam e-maile do znajomych.
– W czym siedzisz?
– W Internecie. Nie wiesz, co to jest?
– Nie wiem.
– To taka sieć elektroniczna. Mogę oglądać wszystko, co dzieje się na świecie i rozmawiać z ludźmi na całym świecie.
– Niewiarygodne! Jak to możliwe?
– Sama tego nie rozumiem. Patrzę w ekran i widzę.
– Jesteś więc wróżką?
– Wróżką? Dlaczego?
– Masz szklaną kulę, więc znasz magię.
– Co ty mówisz, jaką magię? Teraz każdy człowiek może mieć to w domu.
– To niesamowite! Więc teraz wszyscy są czarownikami! Pokaż mi coś jeszcze!
I tak wnuczka pokazywała Jakubowi kolejno telefon, telewizor, samochód, a Jakub ciągle dziwił się i pytał: „Co to jest?", „Jak to działa?", „Do czego to służy?", „Po co ludzie to robią?". Dziewczyna tłumaczyła, Jakub kiwał głową i powtarzał: „To niesamowite!", „To niewiarygodne!", „To nieprawdopodobne!" W końcu zapytał:
– A macie też eliksir młodości?
– Eliksir młodości, dziadku, przecież to niemożliwe! Człowiek nie może żyć wiecznie.
– W takim razie wracam do domu.
A kiedy wrócił, opowiedział wszystko Neukowi i dodał:
– Mogę spokojnie umierać. Widziałem w przyszłości różne cuda, ale cóż, kiedy i tam, gdzie mieszkają tylko czarownicy, nie można żyć wiecznie. Potem poszedł do swojego domu, usiadł pod drzewem i umarł.

 5a Proszę posłuchać nagrania i zdecydować, która wypowiedź wyraża:
CD 68
a) zadowolenie
b) obawę
c) niechęć

CD 68 **5b** Proszę jeszcze raz posłuchać nagrania i uzupełnić wypowiedzi, wpisując brakujące słowa.

1. Moja córka korzysta z mediów społecznościowych, ja nie. Nie mam takiej potrzeby. Ona ciągle siedzi na telefonie, a ja myślę, że to strata czasu. Mogłaby lepiej poczytać książkę.
2. Internet jest niebezpieczny. Dzieci mają dostęp do pornografii, treści rasistowskich, organizacji terrorystycznych. Są oczywiście dobre strony, ale to brak kontroli może mieć katastrofalne skutki.
3. Internet to ogromna oszczędność czasu i pieniędzy. Przedtem listy wysyłaliśmy pocztą, teraz wszystko załatwiamy przez internet, nie kupujmy gazet, bo można czytać i oglądać wiadomości za darmo, produkty w sklepach internetowych są tańsze, słowniki i tłumacze językowe są dostępne bez opłat, a Wikipedia zastępuje encyklopedie i leksykony.
4. To jest przede wszystkim tanie. Przedtem wszystkie listy wysyłaliśmy pocztą, teraz wiele spraw załatwiamy przez internet.

CD 69 **5g** Proszę wysłuchać wypowiedzi trzech osób, a następnie powiedzieć, w jaki sposób internet zmienił ich życie. Czy ten wpływ był pozytywny czy negatywny? Proszę podać argumenty.

1.
Oboje z żoną pracujemy w międzynarodowej korporacji, żona w dziale prawnym, a ja w HR. To zawsze oznaczało długie godziny pracy i częste wyjazdy za granicę. Zawsze chcieliśmy mieć dzieci, ale przy takim trybie życia to byłoby trudne. Zastanawialiśmy się nad tym, żeby jedno z nas zrezygnowało z pracy, ale to jest niemożliwe, bo mamy duży kredyt na dom. W zeszłym roku postanowiliśmy porozmawiać otwarcie z naszymi menedżerami. To była bardzo dobra decyzja, firma zgodziła się, żebyśmy pracowali z domu, moja żona trzy, a ja dwa dni w tygodniu. W dobie internetu to nie problem, większość spotkań odbywamy online. No i udało się! Spodziewamy się dziecka w maju i jesteśmy mega szczęśliwi.

2.
Pracowałam przez kilka lat w dużej księgarni w centrum miasta. Ludzie często pytali mnie o autora książki lub moją opinię na ten temat i właśnie wtedy wpadłam na pomysł, żeby założyć stronę internetową o literaturze. Okazało się, że moja strona cieszy się dużą popularnością, więc po roku zdecydowałam się otworzyć własną księgarnię online. Była jedną z pierwszych w Polsce,

miałam bogatą ofertę, a książki były dużo tańsze niż w księgarniach tradycyjnych. I odniosłam duży sukces finansowy. Myślę teraz o otwarciu własnego wydawnictwa. No cóż, internet zmienił moje życie.

3.

Moja mama przez wiele lat chorowała na astmę. Brała zawsze dużo leków i mówiła, że nie ma innej metody leczenia. Kilka lat temu znalazłem stronę internetową na temat medycyny niekonwencjonalnej. Była tam informacja o eksperymentalnej metodzie walki z astmą, na tyle interesująca, że poradziłem mamie, żeby jej spróbowała. Mama nie była pewna, ale po jakimś czasie jednak się zdecydowała. Wyjechała na tygodniową kurację, a po powrocie była w tak dobrej kondycji, że myśleliśmy, że jest już zupełnie zdrowa. Niestety, kilka dni później znalazła się w szpitalu, a jej lekarz powiedział, że ten cały eksperyment mógł kosztować ją życie.

 5d Proszę obejrzeć film i zaznaczyć, kogo dotyczą poniższe stwierdzenia.

DVD 15

 5e Proszę porozmawiać z partnerem lub w grupach na jeden z poniższych tematów.

DVD 15

Matka: Nie mogę się zalogować! Bartek, a może to konto było na ciebie? Spróbuj się zalogować z tabletu.
Ojciec: Moment… Jaki tam jest adres?
M: www, energos, kropka, pl, ukośnik, bok.
O: www, kropka, energos, pl… i co dalej?
M: Ukośnik, bok.
O: Blog?
M: Zwariowałeś? Nie blog, tylko b o k! Biuro Obsługi Klienta – BOK.
Córka: Nie krzycz, mamo.
M: Nie krzyczę, tylko mówię.
C: Krzyczysz mamo.
M: A ty nie masz lekcji do odrobienia?
C: Odrabiam właśnie.
O: Przecież siedzisz na telefonie! Pewnie znowu na czacie siedzisz.
C: Siedzę na czacie, bo się uczymy.
M: Jak to się uczycie?
C: No z Julką, Olą i Kacprem. Jutro mamy test z lektury i się pytamy nawzajem. Ola znalazła w internecie quiz ze znajomości książki, zrobiliśmy go razem i teraz każdy dodaje swoje pytania.
B: Jak się można na telefonie uczyć… oj, przypala się! Nie, nie! Przez to twoje logowanie przypaliłem gulasz!
M: Rzeczywiście śmierdzi. Bartek, no otwórz okno! O, jest! Jest! Udało się! Zalogowałam się!
O: A niech to, chyba nie da się tego uratować!
C: Może zamówimy pizzę?
O: To po co mi zawracasz głowę, jak znasz hasło.
M: Hasło znałam, tylko nie wiedziałam, który e-mail podałam.
C: Mamo, ty masz takie samo hasło do wszystkiego.
M: Przepraszam, że ci zawracam głowę i proszę o pomoc w zalogowaniu się na stronie Energos, żeby zapłacić rachunki za prąd.
C: Ale mamo, możesz dać zlecenie w banku i nie będziesz musiała płacić co chwilę. Bank będzie płacił.
O: Mówiłem ci, żeby dać zlecenie w banku. Nigdy nie pamiętasz hasła.
M: Mówiłem ci, że hasło znam, tylko nigdy nie wiem, który e-mail podałam.
C: Nie rozumiem, po co ci tyle adresów mailowych… Tato, zamówić tę pizzę?
O: Ja zamówię.
M: Zośka, a ty skąd wiesz, że mam takie samo hasło do wszystkiego?
C: Bo mi podałaś swoje hasło do konta w przychodni, żeby się umówić u lekarza i potem próbowałam się zalogować na twoim Facebooku. Bez problemu.
M: Logowałaś się na moim koncie na Facebooku!? Jak mogłaś, to jest naruszenie prywatności!
C: Ty też zawsze chcesz wiedzieć, co robię w internecie. To też naruszanie prywatności.
O: Zośka, pepperoni dla ciebie?
C: Mhm.
O: Justyna, wolisz z tuńczykiem i oliwkami, czy ze szpinakiem?
M: Szpinak i ricotta. To co innego, Zośka, rodzice mają obowiązek wiedzieć, co dzieci robią w internecie.
C: Rodzice moich znajomych nie sprawdzają. Rodzice Karola nawet nie wiedzą, jak sprawdzić historię wyszukiwania. Nawet nie wiedzą, że można sprawdzić historię.
O: Justyna, nie mogę się zalogować na nasz profil, żeby zamówić tę pizzę. Pamiętasz hasło?
C: Jeśli mama zakładała konto, to spróbuj: BartekZosia35, Be i Zet dużą literą.
O: O, działa!
M: Chyba muszę zmienić hasło. No nie, jak zmienię hasło, to przecież będzie katastrofa.

CD 70 **1c** Proszę wysłuchać zapowiedzi kinowych i zdecydować, jakie gatunki reprezentują omówione filmy.

1. Jest to historia dwojga młodych ludzi, którzy poznali się przed laty. Ona była córką bogatego hodowcy koni, on pracował na farmie jej ojca. Przeżyli wtedy krótki romans, a potem ich drogi się rozeszły, oboje założyli rodziny i wychowali dzieci. Teraz spotykają się po latach i stają przed trudną życiową decyzją…
2. Ten film został zrealizowany również z myślą o rodzicach, którzy wybiorą się z pociechami do kin. Zabawne dialogi, wartka akcja, to wszystko gwarantuje blisko dwie godziny dobrej zabawy.
3. Film jest skierowany do amatorów mocnych wrażeń. Zastosowano w nim niemal wszystkie chwyty filmowe tego gatunku: Mroczna atmosfera, podnosząca napięcie muzyka i doskonała animacja postaci gwarantują, że będziemy się naprawdę bać.
4. Film opowiada o losach rodziny biednych emigrantów, która wyrusza na podbój Ameryki i tam zaczyna nowe życie. Bohaterami filmu są trzej mężczyźni: farmer, jego syn i wnuk. Poznajemy koleje ich losu, dramaty, a wszystko na tle przemian społecznych. Film pokazuje, w jaki sposób historia wpływa, czy tego chcemy czy nie, na nasze życie.

CD 71 **2d** Proszę wysłuchać wypowiedzi, a następnie powtórzyć je z odpowiednią intonacją.

– Wybieram kino „Mikro", bo interesuje mnie ambitny repertuar.
– Z powodu skandalu obyczajowego zamknięto kino „Światło".
– Ponieważ lubię Katarzynę Figurę, oglądam wszystkie jej filmy.
– Lubię horrory i dlatego często chodzę na nie do kina.
– Moim ulubionym reżyserem jest Krzysztof Kieślowski, dlatego że jego filmy mają specyficzny klimat.

CD 72 **3d** Proszę wysłuchać dialogu i odpowiedzieć na pytania.

Ewa: Proszę cię, chodźmy dzisiaj do kina, mam dość telewizji!
Adam: Dobra, na co?
Ewa: Na jakiś melodramat.
Adam: O nie, nie znoszę melodramatów. Odpada.
Ewa: To chodźmy na *Moulin Rouge*!
Adam: Nie lubię filmów muzycznych.
Ewa: To co proponujesz?
Adam: *Buena Vista…*
Ewa: Przecież nie lubisz filmów muzycznych!
Adam: Ale to nie jest typowy film muzyczny, to raczej dokument.
Ewa: Nie ma mowy! Wolę iść na jakiś sensacyjny.
Adam: *Bad Company*?
Ewa: Boże, przecież to gniot.
Adam: To co proponujesz?

CD 73 **6c** Proszę wysłuchać rozmowy i odpowiedzieć na poniższe pytania.

CD 73 **6d** Proszę wysłuchać jeszcze raz rozmowy dziennikarki i szefowej agencji public relations i skończyć zdania:

Dziennikarka: Ostatnio dużo się mówi o zarobkach gwiazd telewizyjnych. Czy to, że Maria Zielińska, znana publicystka, zarabia 30 razy więcej niż przeciętny Polak, nie szokuje Pani?
Szefowa agencji PR: Trochę szokuje. Z drugiej strony, sama Pani powiedziała, że Maria Zielińska to znana publicystka telewizyjna. Jest kompetentna. Buduje prestiż stacji. Jest integralną częścią tej stacji. Telewidzowie identyfikują ją z Kanałem 6.
Dz.: A Piotr Wilhelm? On też publicznie mówi, ile zarabia. I są to duże sumy.
Sz.a.: Czy jest jakaś różnica między Marią Zielińską a Piotrem Wilhelmem?
Dz.: Moim zdaniem tak. Maria Zielińska to profesjonalistka, a Piotr Wilhelm to gwiazda telewizyjna, którą wylansował program typu reality show.
Sz.a.: Racja, Piotr Wilhelm prowadzi program rozrywkowy. Jest dobry w tym, co robi. Ma naturalny talent i kamera go lubi. I co najważniejsze, telewidzowie go lubią! A to jest podstawowe kryterium przy ustalaniu wysokości honorarium.
Dz.: A więc nie staż pracy, nie kompetencje, ale popularność jest najważniejsza?
Sz.a.: Oczywiście! W telewizji, a szczególnie w komercyjnej telewizji, o wszystkim decydują prawa rynku. Jesteś oglądany, twoja wartość rynkowa rośnie.
Dz.: To prawda. Mnie jednak wciąż szokuje fakt, że mówimy o tak gigantycznych sumach. Wrócę do tego, o czym mówiłam na początku. Przeciętny Polak zarabia 30 razy mniej!
Sz.a.: Tak, to może być trudne do zaakceptowania. Powtarzam jednak: wysokość zarobków gwiazdy jest wprost proporcjonalna do popularności. Proszę pamiętać, że twarz i nazwisko przynosi konkretne korzyści stacji. Jeżeli szef stacji chce zapłacić swojej gwieździe tyle i tyle, to jest jego

sprawa. Jestem pewna, że z powodu honorarium jednej gwiazdy stacja nie zbankrutuje.

 6f **Proszę obejrzeć film, a następnie określić, jakie preferencje filmowe ma Bartek, a jakie Adam. Proszę wykorzystać poniższe słowa.**

Adam: A może jednak obejrzymy film, a nie serial?
Błażej: Ale ja chcę obejrzeć serial, nie lubię filmów!
A: Błażej, dobrze wiesz, że jeśli zaczniemy teraz nowy serial, to będziemy znowu oglądać do rana. Znam cię.
B: Tylko dwa odcinki, obiecuję.
A: Tak, teraz obiecujesz, a potem powiesz, że jeszcze jeden odcinek i jeszcze jeden i będziemy oglądać do 5:00 rano.
A: Obejrzymy serial w weekend, obiecuję!
B: No dobrze, ale dzisiejszy film ja wybieram.
A: O nie, nie zgadzam się... To znowu będzie jakiś makabryczny kryminał, policja, morderstwa, gangsterzy i tak dalej. Może obejrzymy coś lekkiego, jakąś komedię romantyczną?
B: Proszę cię, tylko nie komedię romantyczną...
A: A może jakiś historyczny film? Kostiumowy? Jest nowy francuski film o...
B. Adam, wiem do czego zmierzasz. Zamiast komedii romantycznej proponujesz historyczny melodramat. Nie. Może jakieś kino akcji?
A: Poczekaj, zobaczymy, jakie są nowości.
B: O, tutaj jest jakiś kryminał...
B: No dobrze, dobrze... hmm... musical... Nie, to wygląda na komedię romantyczną....
A: Stop, stop... A to co jest, nowy Marvel?
B: Nie nowy, z zeszłego miesiąca...
A: Dlaczego ja tego nie widziałem... No pewnie, bo ciągle oglądamy seriale kryminalne.
B: Wiesz co, mnie w zasadzie nie chce się już nic oglądać... Może dzisiaj odpuścimy.
A: Masz rację.
A: Julka pisze, że są z Olą i Kamilem pod naszym blokiem, i pytają, czy mamy czas.
B. No pewnie.
B: Co? Że co mają?
A: Julka pożyczyła od rodziców odtwarzacz VHS i mają kasety video... z *Matrixem*.
B: Wow, a więc jednak będzie film historyczny. To co, zamawiam pizzę?

 5 **Proszę wysłuchać sześciu wypowiedzi i zdecydować, która z nich wyraża:**

1. To naprawdę niesamowite, jak to zrobiłaś?
2. To skandal! Jak mogłeś to zrobić?
3. Szkoda, że nie pojechaliśmy tam.
4. To naprawdę bardzo smutne. Jest mi bardzo przykro.
5. Kocham literaturę science-fiction!
6. Świetnie! Naprawdę się cieszę!

 8 **Proszę wysłuchać czterech dialogów i zdecydować, która para rozmawia o:**

a) spotkaniu rodzinnym
b) wyjściu do kina
c) nowej książce Jerzego Pilcha
d) ulubionym czasopiśmie

 9 **Proszę ponownie wysłuchać dialogów i zrelacjonować to, o czym mówią bohaterowie.**

Dialog 1
– Cześć Magda, co robisz po południu?
– Nie mam żadnych planów. Dlaczego pytasz? Masz jakąś propozycję?
– Właściwie tak, chciałbym zaprosić cię do kina.
– Ale proszę cię, tylko nie na jakąś superprodukcję. Wiesz, że uważam je za nudne i płaskie.
– Nie, nie, to mały, kameralny film. Jakiś młody polski reżyser zrobił podobno całkiem dobry dramat obyczajowy o współczesnym polskim małym miasteczku. Grają Rafał Maćkowiak i jakaś nieznana, ale utalentowana aktorka. Co o tym myślisz?
– Brzmi intrygująco! Uwielbiam Rafała Maćkowiaka. Jest interesującym mężczyzną i całkiem dobrze gra!
– No więc? Idziemy?
– Jasne, o której i gdzie się spotkamy?

Dialog 2
– Cześć stary, gdzie byłeś? Nie widziałem cię dawno...
– A wiesz, musiałem pojechać z rodzinką na Podhale do babci.

– To fajnie! Fajną pogodę miałeś, nie?
– Tak, ale prawie w ogóle nie wychodziłem z domu, siedziałem i jadłem. Babcia obchodziła osiemdziesiąte urodziny. Wiesz, była impreza, przyjechało dwadzieścia osób.
– To też nieźle. A znasz przynajmniej tych ludzi?
– Kilka osób. Kuzyna z Warszawy, jego żonę, brata mojej mamy i jego rodzinę. Reszta, niestety obca. Wiesz, oni siedzieli i rozmawiali tylko o polityce, o dzieciach, o pracy. Pasjonujące.
– Mogę sobie wyobrazić.

Dialog 3
– Cześć, jest tam coś interesującego?
– Akurat w tym numerze tak. Normalnie nie kupuję tego pisma. Jak wiesz, trochę mnie denerwuje...
– Trochę? Ta gazeta jest beznadziejna!
– No nie, trochę przesadzasz. Gdyby była taka zła, już dawno nie byłoby jej na rynku. Po prostu nie jest dla ciebie.
– Nie jest, przyznaję. Jeżeli pisze się w niej tylko o modzie, o tym jak być „sexy" i co zrobić w piątkowy wieczór, to dziękuję bardzo. Faktycznie, nie dla mnie.
– Ale tym razem naprawdę numer jest ciekawy. Jest dużo materiałów o podróżowaniu, są rady, jak przygotować się do wyjazdu, co kupić. Jest też wywiad z Anną Dymną.
– Naprawdę? Anna Dymna zgodziła się na wywiad dla tej gazety?
– A co w tym dziwnego? Możesz nie lubić tego pisma, ale jest redagowane profesjonalnie, ma dużo czytelników, a Anna Dymna jest popularną aktorką.

Dialog 4
– Cześć Ewa, no, i jak było?
– Gdzie?
– No, jak to gdzie? Na spotkaniu z Pilchem!
– Aaa, racja! Wybacz, miałam dzisiaj ciężki dzień. Jak było? Świetnie!
– A jak on wygląda? Tak samo jak w telewizji?
– Właściwie tak. Interesujący facet w średnim wieku. Dałam mu książkę do podpisania, uśmiechnął się do mnie.
– Szczęściara. A wiesz, że ja nie czytałam tej jego nowej książki? Mogłabyś mi ją pożyczyć?
– Oczywiście, musisz ją przeczytać. Wiesz coś o niej?
– Mało.
– Może lepiej nie będę ci nic mówić, sama zobaczysz.

Dlaczego HURRA!!!?

NOWE HURRA!!!

FILMY

Pierwsza na polskim rynku publikacja do JPJO zawierająca obszerny materiał filmowy dostosowany do każdego etapu nauki. Zabawne scenki, dialogi i sytuacje z dnia codziennego. Na wyższych poziomach zaproponowano materiał dokumentalny. Wszystkim filmom towarzyszą różnorodne ćwiczenia, pytania i propozycje tematów do dyskusji, które pomogą w aktywny sposób skorzystać z materiału filmowego.

NOWOŚĆ!!! Pierwsza na polskim rynku publikacja do JPJO umożliwiająca odtwarzanie ćwiczeń VIDEO i AUDIO za pomocą aplikacji na telefon.

Hurra!!! to nowoczesna SERIA do nauczania języka polskiego jako obcego, która

- jest napisana w duchu podejścia komunikacyjnego, umożliwiającego efektywne porozumiewanie się już na początkowych etapach nauki;
- pozwala na poznawanie języka polskiego poprzez samodzielne odkrywanie i formułowanie reguł gramatycznych;
- przedstawia trudne zagadnienia gramatyczne w sposób atrakcyjny graficznie i przyjazny dla uczącego się;
- proponuje systematyczne rozwijanie kompetencji językowych w słuchaniu, czytaniu, mówieniu, pisaniu;
- ma przejrzystą strukturę – oznaczone różnymi kolorami poszczególne rozdziały, sekcje słownictwa i gramatyki ułatwiają poszukiwanie konkretnych zagadnień bądź ćwiczeń.

Seria Hurra!!! zawiera:

- w każdej lekcji bogaty materiał ilustrujący współczesną Polskę i pokazujący realia życia codziennego;
- aktualne tematy prezentowane w autentycznych sytuacjach z życia codziennego, które wprowadzają informacje realioznawcze i kulturoznawcze oraz odpowiadają praktycznym potrzebom komunikacyjnym uczących się;
- liczne propozycje ćwiczeń, gier i zabaw, które wspomagają uczenie się języka obcego i powodują, że proces nauki i nauczania staje się efektywniejszy, łatwiejszy i przyjemniejszy;
- gotowe testy osiągnięć i ćwiczenia kontrolne oraz powtórzeniowe, które umożliwiają stałą kontrolę postępów w nauce;
- zestaw egzaminacyjny, czyli propozycje testów wzorowanych na państwowych egzaminach certyfikatowych na poziomie PL-B1;
- osobne zeszyty ćwiczeń wraz z kluczem oraz transkrypcje tekstów AUDIO/VIDEO, które pozwalają na dodatkową samodzielną pracę i umożliwiają samokontrolę;
- podręczniki nauczyciela z grami i praktycznymi wskazówkami zarówno dla początkujących, jak i doświadczonych nauczycieli, z gotowymi materiałami do kopiowania i sugestiami jak modyfikować oraz urozmaicać lekcje;
- gramatykę języka polskiego w trzech wersjach językowych, napisaną w sposób zrozumiały dla użytkownika i przyjazną w użyciu (systematyczny opis języka / żartobliwe objaśnienia rysunkowe / wiele dowcipnych przykładów zdań / przejrzysty skład / tabelaryczne zestawienia zagadnień gramatycznych / ikony informujące o systemie języka / praktyczny w użyciu format).

Hurra!!! to SERIA pomyślana i zaprojektowana tak, by pomóc uczącemu się w skutecznym opanowaniu poznawanego materiału, a nauczycielowi w pracy dydaktycznej.